杭州余杭汉六朝墓

杭州市文物考古研究所　余杭博物馆　编著

文物出版社

图书在版编目（CIP）数据

杭州余杭汉六朝墓／杭州市文物考古研究所，余杭博
物馆编著. -- 北京：文物出版社，2017. 12

ISBN 978 - 7 - 5010 - 5540 - 1

Ⅰ. ①杭…　Ⅱ. ①杭… ②余…　Ⅲ. ①汉墓 - 发掘报
告 - 杭州 ②墓葬（考古）- 发掘报告 - 杭州 - 六朝时代
Ⅳ. ①K878. 85

中国版本图书馆 CIP 数据核字（2017）第 311825 号

杭州余杭汉六朝墓

编　　著：杭州市文物考古研究所
　　　　　余杭博物馆

责任编辑：陈春婷
封面设计：张　帆
责任印制：陈　杰

出版发行：文物出版社
社　　址：北京市东直门内北小街 2 号楼
邮　　编：100007
网　　址：http://www.wenwu.com
邮　　箱：web@wenwu.com
经　　销：新华书店
印　　刷：北京鹏润伟业印刷有限公司
开　　本：889mm×1194mm　1/16
印　　张：39. 5
版　　次：2017 年 12 月第 1 版
印　　次：2017 年 12 月第 1 次印刷
书　　号：ISBN 978 - 7 - 5010 - 5540 - 1
定　　价：560. 00 元

The Han and Six Dynasties Tombs of Yuhang in Hangzhou

(with an English abstract)

by

Hangzhou Municipal Institute of Cultural Relics and Archaeology

Yuhang Museum

Cultural Relics Press

Beijing · 2017

目　录

贰　余杭百亩地墓地

叁 余杭马家山墓地

肆　余杭里山墓地

伍　余杭东西大道墓地

陆　研究与讨论

插图目录

彩版目录

表 格 目 录

壹　余杭七里亭墓地

第一章 概　况

一　地理环境

杭州市余杭区位于杭嘉湖平原南端，西依天目山，南濒钱塘江，是长江三角洲的圆心地。地理坐标为北纬 30°09′~30°34′、东经 119°40′~120°23′，东西长约 63 千米，南北宽约 30 千米，总面积约 1220 平方千米。余杭区从东、北、西三面呈弧形拱卫杭州中心城区，东面与海宁市接壤，东北与桐乡市交界，北面与德清县毗连，西北与安吉县相交，西面与临安区为邻，西南与富阳区相接。

余杭区地势由西北向东南倾斜，大致以东苕溪为界，西部为山地丘陵河谷，东部为水网平原、滩涂。区境西北与西南部属天目山东麓和千里岗山脉之余脉。东北部为水网平原，主要分布在京杭大运河流域，东南部为滩涂平原，地势略高亢平坦，土层深厚，平原面积 8.62 万公顷，占全区面积的 70.31%。余杭地处北亚热带南缘季风气候区，冬夏长春秋短，温暖湿润，四季分明，光照充足，雨量充沛。年平均气温 15.3℃~16.2℃，年平均雨量 1391.8 毫米。境内自然资源丰富。境内已探明的矿物有 22 种，另有磁铁、锰、铜、锡、萤石、重晶石、天然气等矿藏。余杭交通便利，穿境而过的两条铁路、两条国道、五条高速公路、两条主要河流和五条省道，把余杭和长江三角洲各大城市紧紧相连①。

七里亭墓地位于余杭区西部的余杭镇西北侧（图 1-1），东距余杭镇约 3000 米，东南距离南湖约 1200 米，西部为天目山余脉，坐落着安山、白虎山、杨尖山、大王山和天打山等低矮山体，东部为平地。墓地所在地隶属于七里亭村，西北距离南湖农场约 800 米，南距南苕溪约 350 米，东距白衣亭村约 500 米，北为杨尖

图 1-1　七里亭墓地位置示意图

▲ 七里亭墓地

---

① 余杭县志编纂委员会：《余杭县志》，浙江人民出版社，1990 年。

山南麓。规划建设的临余公路从墓地穿过。墓地所在区域为低矮丘陵地，自东向西由安山、白衣山、小白虎山、桃山等小山丘组成，墓葬均分布在这些山丘的坡地上（图1-2；彩版1-1）。安山、白衣山两座山的山体上原来种植茶树，考古队进场时现场已经被推平；小白虎山原来种植桃树，现已迁移；桃山上长满毛竹。这些山体海拔在6~19米，桃山地理坐标为北纬30.269511°、东经119.89956°，小白虎山地理坐标为北纬30.270488°、东经119.902114°。

二　历史沿革

七里亭墓地位于余杭区西部的余杭镇七里亭村。余杭之名，春秋时已见诸史籍，七里亭墓地一直处于余杭辖区。余杭历史源远流长，境内吴家埠、茍山、小古城等遗迹的发掘表明，早在距今7000~6000年的马家浜文化时期，已有先民在此生息繁衍。距今四五千年前，成了良渚文化的发祥地，孕育了"中华文明的曙光"。

今余杭区地，春秋时，初属越，后属吴。战国初（前473年），勾践灭吴后复属越。公元前334年，楚收越，尽取吴地至浙江，又属楚。

秦王政二十五年（前222年），平定江南诸国，于故吴地置会稽郡。余杭、钱唐两县自此始设，属会稽郡。

西汉余杭、钱唐两县仍属会稽郡。钱唐为会稽郡西部都尉治。元封五年（前106年）置十三州刺史部，会稽郡隶扬州刺史部。

新莽时（9~23年）设余杭县为进睦，钱唐县名为泉亭。

东汉建武元年（25年），复名余杭、钱唐。六年（30年）西部都尉撤销，并钱唐县入余杭县。永建四年（129年），分会稽郡浙江以西地置吴郡，余杭县属吴郡，仍隶扬州刺史部。光和二年（179年），汉灵帝封朱隽为钱唐侯，恢复钱唐县。建安十六年（211年），析余杭县西部地置临水县。

三国时，余杭、钱唐均入吴国版图，仍属吴郡，隶扬州，钱唐县并为吴郡都尉治。吴黄武五年（226年），于富春县置东安郡，余杭县属之，七年废东安郡，余杭县仍属吴郡。宝鼎元年（266年）于乌程（今湖州）置吴兴郡，余杭县改属吴兴郡，钱唐县仍属吴郡，均仍隶扬州。

两晋，两县隶属不变。

南北朝，梁太清三年（549年），侯景以钱唐为临江郡，寻废。陈祯明元年（587年），于钱唐县置钱唐郡，余杭仍属吴兴郡。

隋开皇九年（589年），废钱唐郡，改置杭州，州治初设余杭，次年移钱唐。大业三年（607年），又改杭州为余杭郡，钱唐、余杭仍为所属。

唐武德四年（621年）复余杭郡为杭州，为避国号讳，改钱唐为钱塘。七年并盐官县入钱塘。贞观元年（627年），设江南道，杭州隶江南道。四年，分钱塘县东部恢复盐官县。开元二十一年（733年）设江南东道，杭州属之。天宝元年（742年），改杭州为余杭郡。乾元元年（758年），复为杭州，余杭郡从此不再设置。

五代后梁龙德二年（922年），划钱塘、盐官、富春3县置钱江县，与钱塘县同城设治。

北宋太平兴国四年（979年），钱江县更名仁和县。至道二年（996年），分天下为十五路，杭州

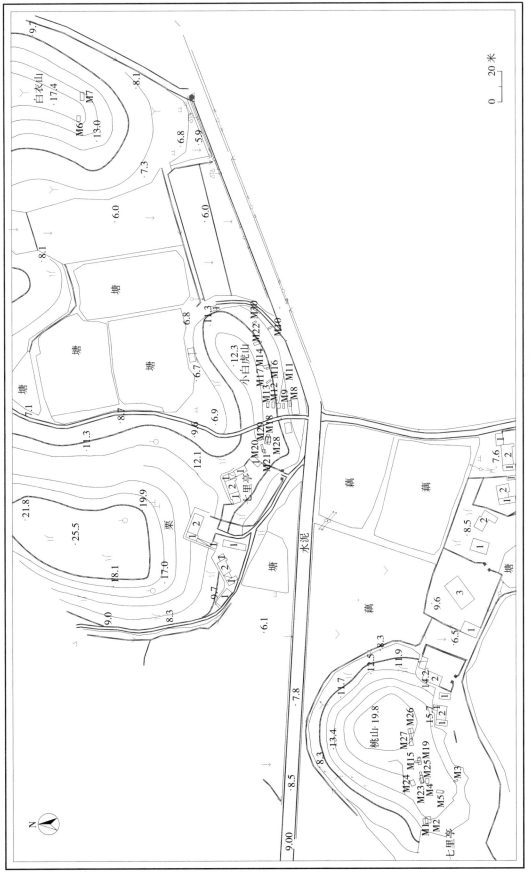

图 1-2　七里亭墓地墓葬分布图

隶两浙路并为路治。

南宋建炎三年（1129 年），升杭州为临安府，属两浙西路。钱塘、仁和升赤，余杭升畿。八年，定都临安，称"行在所"。

元至元十五年（1278 年），改临安府为杭州路，杭州为江浙行省治所，钱塘、仁和、余杭属杭州路。至正二十六年（1366 年），朱元璋攻下杭州，改杭州路为杭州府。

明清两代，仍称杭州路，并为浙江省省会，余杭、钱塘、仁和属之。

民国初，废杭州府，置钱塘道。并钱塘、仁和两县为杭县，与余杭县同属钱塘道。十六年（1927 年）废道制，实行省、县二级制，划杭县城区、西湖、全堡、江干、皋塘、湖墅 6 个区，置杭州市。二十四年，设行政督察区，余杭属第一行政督察区，杭县属第二行政督察区。二十九年，调整行政督察区，杭县、余杭仍属第一行政督察区。三十六年，杭县改为省直属县，余杭仍属第一行政督察区，7 月改属第九行政督察区。

1949 年 5 月 2 日，余杭县解放；次日，杭州市、杭县解放，余杭县属临安专区，为专区驻地。1950 年 3 月，专区迁临安。1953 年，改属嘉兴专区，1957 年改属建德专区。

1958 年 4 月，杭县撤销，划为杭州市郊区。10 月，余杭县撤销，并入临安县。

1959 年 3 月，杭州市郊区分成半山、拱墅两个联社，1960 年 1 月，合并为钱塘联社（县级）。

1961 年 3 月，原余杭县地域从临安县析出，并入钱塘联社，4 月，改为县建制，定名余杭县，县治设临平镇，属杭州市①。

1994 年 4 月，撤销余杭县，设立余杭市。2001 年 3 月，撤销余杭市，设立杭州市余杭区。

从公元前 222 年秦建县时起直至 1958 年撤县时止，余杭镇一直是余杭县的治所，城郭建于苕溪之侧。

三　发现与发掘概况

2010 年 11 月初，有市民举报称，浙江天一交通建设有限公司在临余公路余杭段施工过程中，多次发现古墓葬，部分文物在施工和不法分子盗掘哄抢中遭到毁坏，古墓遭到严重破坏。得知消息后，杭州市文物考古研究所对此高度重视，11 月 12 日，杭州市文物考古研究所和余杭博物馆有关人员，前往现场进行调查踏看。调查发现工地现场已经有数座墓葬暴露在外，墓砖、文物残片散落在地表，许多文物遭到人为损坏，现场遗存显示该处应该是一处汉六朝时期的墓地，墓葬分布较集中。观察尚未动工的区域，地表隐约可见大小不一的土包，这些土包应该是古代墓葬的封土。据此，我们认为该区域是一处古墓葬埋藏较多的地区。

随即，我们与基建部门进行交涉，并制止其进一步的破坏行动。经过多次协商，双方就该地块的考古发掘事宜达成协议。为贯彻"既有利于文物保护，又有利于基本建设"的两利方针，杭州市文物考古研究所迅速组织专业技术人员前往工地现场，紧急进场进行抢救性考古发掘。2010 年 11 月 25 日进场，26 日田野考古工作正式启动，2011 年 1 月 5 日田野工作结束。清理战国两汉至清代的墓葬 30 座，其中竖穴岩坑墓 15 座，砖椁墓 2 座，砖室墓 13 座，墓内出土文物 261 件（组），采集文物

① 余杭县志编纂委员会：《余杭县志》，4～6 页，浙江人民出版社，1990 年。

20 件。

根据现场条件，我们制定翔实可操作考古发掘工作计划，一方面尽量做到发掘的科学性，另一方面保证完成保护地下文物的任务。进场后，我们先对已经暴露出的墓葬进行紧急清理。根据考古工地的特殊情况，我们对考古队伍进行了分工，采用对已施工区域紧急发掘清理的被动发掘与对未施工区域进行科学的主动发掘相结合的方式来完成发掘任务。我们进场后，由于基建部门并未停止施工，施工队快速推进，我们面临时间紧、任务重的局面。同时又值严冬苦寒，在寒冷冰冻的天气下，考古队员发扬吃苦耐劳精神，保持任劳任怨的精神状态，加班加点，对当天发现的墓葬及时做好清理、照相、绘图、文字记录等基本工作，努力做到"墓葬不过夜"。在考古发掘期间，考古队员见缝插针，充分利用好每一分时间，一旦遇到天气变化，工地无法进行考古发掘的时候，组织人员对已经发掘出土的文物进行清洗。另外，为确保地下文物安全，对考古发掘区采取昼夜 24 小时值班制度，同时，当天清理的文物及时运送到专门的文物库房保存。我们在施工现场还派出专人紧跟施工队伍，一旦发现墓葬，及时要求工程队立即停工，并对发现的墓葬进行紧急清理。同时，我们组织另一支队伍对工程队尚未动工的区域进行科学发掘，发掘工作主要采用钻探和布探沟发掘的方式进行，一旦发现墓葬即开始扩方清理。由于根据实际需要调整了工作思路，明确了工作分工，考古队员们出色地完成了考古发掘任务。

在考古发掘过程中，杭州市文物考古研究所、余杭区文物部门的领导非常重视，多次到现场协调各方关系，并对发掘工作进行技术指导。浙江天一交通建设有限公司从发掘经费、工程施工安排、民工组织和现场保卫等诸多方面给予了很大的支持，为考古工作的顺利实施提供了有力保障。

此次清理的古墓葬，按时代可分为战国两汉、六朝、宋代和清代几个时期，墓葬类型丰富多样。其中以战国两汉和六朝墓葬为主，分别为 19 座和 7 座。

本次考古发掘现场负责人为杨金东，参与发掘的工作人员有梁宝华、赵一杰、沈国良、何国伟等。

四　报告编写

墓地发掘过程中，我们初步梳理墓地情况，为后期发掘报告的编写做好准备，认真填写各墓的墓葬登记表，出土遗物及时清洗，并作分类统计，发掘结束后撰写发掘小结。

2014 年 6 月，我们将出土遗物运至萧山工作站整理。经过认真研究，我们决定采用按墓葬单位公布资料的形式进行整理，拆箱将所有遗物取出并按照墓葬单位摆放。由于时间久远，很多器物标签残损严重，有的字迹模糊，有的被虫蛀过部分缺失，同时，很多器物上并没有上墨，再加上这批器物经过多次辗转搬运，又有多人接触，有些标签并非原始标签，这些都给分类工作带来很大困难。经过较长时间的努力，我们才将它们按照墓葬单位完成分类工作。分类后，我们发现很多器物需要修复。器物分类的同时，我们整理原始发掘资料。对照遗迹图、墓葬登记表和器物，我们剔除了重号器物，改正了部分器物的名称。之后开始修复和器物绘图、遗迹图电脑清绘工作，并按照墓葬单位依次描述。2014 年 7 月至 8 月，吉林大学 2014 级硕士研究生尚如春、谢静协助整理工作，主要进行大部分已修复器物的绘图和描述工作。

2014 年 10 月，开始发掘报告编写工作，11 月报告编写完成。

参与整理的人员有杨金东、崔太金、尚如春、谢静、李迎、施梦以、赵一杰、何国伟、方勇、孔飞燕、孟佳恩、王博等。遗迹图由孔飞燕、谢静电脑清绘，杨金东核对校正；器物图由尚如春、谢静、方勇、王博绘制，杨金东核对校正；器物拓片由李迎完成；器物摄影由何国伟、王博和方勇完成。本报告由杨金东执笔撰写。

第二章　汉　墓

共 19 座，分为竖穴岩坑墓、砖椁墓和砖室墓三大类，其中竖穴岩坑墓 15 座，砖椁墓 2 座，砖室墓 2 座。

一　竖穴岩坑墓

共 15 座，分别是 M1、M2、M4、M8、M11、M12、M18、M19、M23、M24、M25、M26、M27、M28 和 M29。

M1

墓葬位于桃山西南坡，墓坑南壁和西壁已被施工破坏，南部打破 M2。长方形竖穴岩坑墓，方向 85 度。墓坑开口于灰褐色基岩上，口大底小，壁面斜直，墓底平整，修制规整。墓内填土为灰黄色五花土，填土坚实，近墓底处发现有朱红色漆皮痕迹。未见人骨痕迹。墓口距地面深 14～90、墓深 240、上口长 356、底部长 330、上口宽 220、底部宽 160 厘米（图 1 - 3；彩版 1 - 2，1）。

随葬品位于墓底偏南侧。共 4 件，器形包括硬陶罍、泥质陶残件、残铁刀和"大泉五十"铜钱。

硬陶罍　1 件。

M1：1，方唇，直口，矮颈，广弧肩，上腹圆鼓，下腹弧收，腹的最大径偏上，平底微凹。肩部饰三组弦纹。肩部至下腹满施席纹。肩部及上腹部施釉，脱釉严重。紫褐色胎，泥条盘筑而成，内壁有指摁痕。口径 16、腹径 38.8、底径 17.8、高 31.1 厘米（图 1 - 3）。

陶器　1 件。

M1：3，残碎，仅剩器底，似为陶井底部。

铁刀　1 件。

M1：2，锈残。

铜钱　1 枚。

M1：4，残，大泉五十。圆形方穿钱，郭径 2.5、厚 0.15 厘米。穿外有郭，正面穿外有篆书"大泉五十"四字，对读，钱纹清晰（图 1 - 3）。

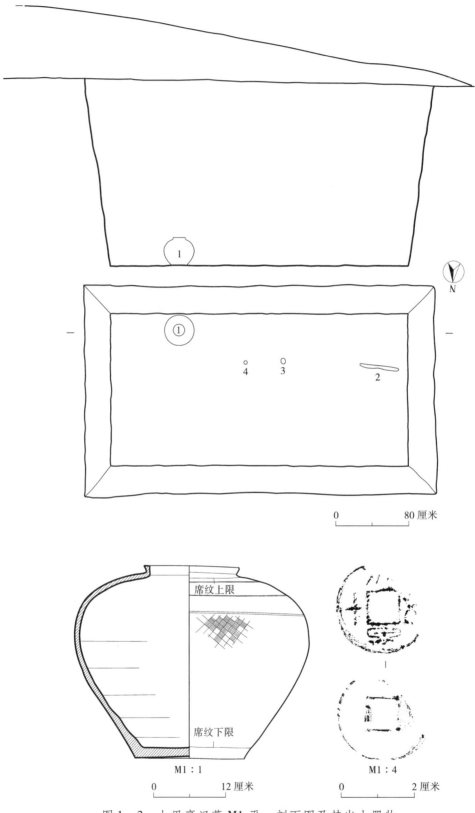

图 1 - 3　七里亭汉墓 M1 平、剖面图及其出土器物

1. 硬陶罍　4. 铜钱

M2

墓葬位于桃山西南坡，北部被 M1 打破，南侧被施工破坏，东侧保存完整。长方形竖穴岩坑墓，方向 85 度。墓坑开口于灰褐色基岩上，口大底小，壁面斜直，墓底平整，墓坑填土为灰黄色五花土，土中含有碎石。未见人骨、葬具痕迹。墓口距地面深 20～110 厘米，墓深 120、墓口长 404、墓底长 363、墓口宽 224、墓底宽 184 厘米（图 1－4A；彩版 1－2，2）。

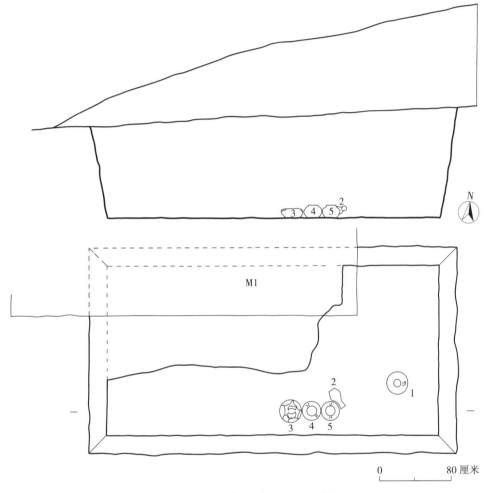

图 1－4A　七里亭汉墓 M2 平、剖面图

随葬品位于墓底南侧，排列规整有序，呈东西向一字形置放。共 5 件，器形包括釉陶壶、瓿和罐。

釉陶壶　1 件。

M2：2，方唇，喇叭口，高束颈，弧肩，上腹圆鼓，下腹弧收，高圈足外撇。肩部贴饰对称半环耳一对，耳部饰叶脉纹，肩部至上腹部饰三组弦纹，弦纹间各饰一组水波纹。灰胎，耳部为手制，其余部位为轮制，底足结合处粘连一块窑渣。肩部及上腹施釉，脱落严重。口径 9.5、腹径 18.8、底径 11、高 26 厘米（图 1－4B；彩版 1－3，1）。

釉陶瓿　1 件。

M2：1，方唇，直口，矮颈，弧肩，上腹圆鼓，下腹弧收。平底。肩部贴饰对称铺首耳一对，耳上部饰兽面纹，下部饰栉齿纹，一耳残缺。肩至上腹部饰三组弦纹，弦纹之间为两组水波纹。灰胎，内

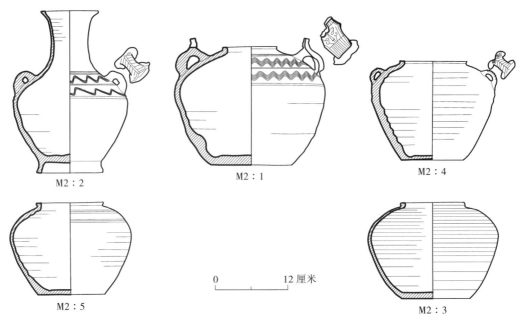

图 1-4B　七里亭汉墓 M2 出土器物
1. 釉陶瓿　2. 釉陶壶　3~5. 釉陶罐

壁烧结起泡，耳部为模制，其余部位为轮制。器口、肩及上腹部施青釉，脱落严重。口径 8.9、腹径 24.8、底径 13、高 18.8 厘米（图 1-4B；彩版 1-3，2）。

釉陶罐　3 件。方唇，直口，矮颈，鼓腹。轮制而成。口部及肩部施釉，脱落严重。

M2:3，弧肩，平底。红胎。口径 10.5、腹径 21.2、底径 11.2、高 15.3 厘米（图 1-4B）。

M2:5，弧肩，平底。肩部饰两组细弦纹。灰胎。口径 10.9、腹径 19.9、底径 10.7、高 14.6 厘米（图 1-4B）。

M2:4，鼓肩，平底微凹。肩部饰对称半环耳一对，耳部饰叶脉纹，耳上端饰鬼眼纹。灰胎。口径 10.9、腹径 20、底径 10.1、高 15.7 厘米（图 1-4B；彩版 1-3，3）。

M4

墓葬位于桃山南坡，保存完整。长方形竖穴岩坑墓，方向 90 度。墓上尚存明显的封土堆，平面略呈圆形，直径 416 厘米，顶部距离墓口高度 37 厘米。墓坑开口于红褐色基岩上，坑壁规整斜直，墓底平整，坑内填土为五花土，填土坚硬，填土中出土新石器时代的石钺、石锛、石犁、石镞、夹砂红陶鼎足及一些夹砂红陶片、泥质陶残件、春秋时期印纹硬陶片等。未见人骨、葬具痕迹。墓口距地面深 36、墓深 160、墓口长 366、墓底长 324、墓口宽 268、墓底宽 225 厘米（图 1-5A；彩版 1-4，1）。

随葬品多位于墓底北侧，排列规整，呈东西向一字形置放，中间置放铁剑、铜镜、料器和铜钱。共 16 件（组），器形包括釉陶壶、瓿、罐，硬陶罍，铜镜，铜钱，铁刀和料器。

釉陶壶　9 件。M4:8 和 M4:9，残碎。束颈，溜肩，鼓腹。肩部贴饰对称半环耳一对，耳部主体饰叶脉纹。腹部满饰旋纹。耳部为手制，其余部位为轮制。

盘口　5 件。

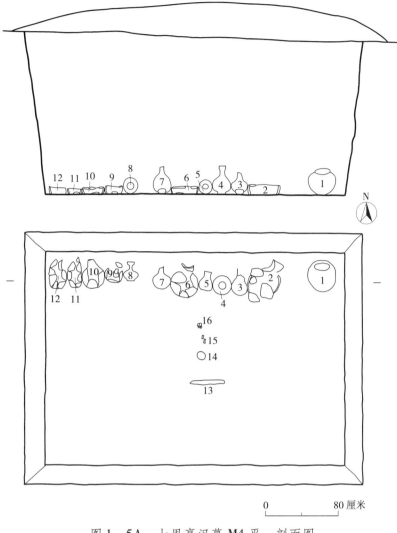

图 1 - 5A 七里亭汉墓 M4 平、剖面图

M4 : 3，平底微凹。盘口下端及肩部各饰一组弦纹。灰胎，夹砂质，脱釉严重。口径 12.3、腹径 18.2、底径 10.5、高 23.2 厘米（图 1 - 5B；彩版 1 - 4，2）。

M4 : 4，平底微凹。盘口下部饰两道凹弦纹，颈下部饰弦纹，肩部饰弦纹。脱釉严重。口径 12.3、腹径 20.7、底径 10.3、高 27.5 厘米（图 1 - 5B）。

M4 : 6，平底。盘口下部饰细弦纹，肩部饰两组弦纹。灰胎。脱釉严重。口径 12.3、腹径 20.8、底径 10.2、高 27.4 厘米（图 1 - 5B）。

M4 : 7，平底。盘口下部饰细弦纹，肩部饰两组弦纹。灰胎。脱釉严重。口径 12.8、腹径 20.1、底径 9.8、高 27.1 厘米（图 1 - 5B）。

M4 : 12，平底。盘口下端饰有两道弦纹。颈下部饰两组弦纹，弦纹之间为一组细密水波纹。一耳上端、另一耳下端饰一对鬼眼纹。肩部饰两组弦纹。灰胎。口内侧、肩部及上腹部满施青黄釉，脱釉严重。口径 14.6、腹径 24.9、底径 12.6、高 35.5 厘米（1 - 5B）。

壶残件 2 件。红褐色胎，胎体夹砂。上部施釉，釉层几乎脱落殆尽。

M4 : 2，腹径 19.9、底径 12、残高 21.8 厘米（图 1 - 5B）。

M1：12

M4：3

M4：4

M4：6

M4：7

M4：10

M4：2

M4：11

M4：5

0　　　　12厘米

图 1–5B　七里亭汉墓 M4 出土器物

2~4、6、7、11、12. 釉陶壶　5. 釉陶瓿　10. 釉陶罐

M4：11，胎体起泡，外壁近底处有指摁痕。腹径 20.8、底径 11.7、残高 23.8 厘米（图 1–5B）。

釉陶瓿　1 件。

M4：5，斜方唇，敛口，弧肩，鼓腹，平底。肩部饰对称简化兽面半环耳一对。肩部饰弦纹，下腹部饰旋纹。灰胎，耳为模制，其余为轮制。上部施青釉，釉面光滑，玻化较好。口径 11.3、腹径 22.6、底径 11、高 20.3 厘米（图 1–5B）。

釉陶罐　1 件。

M4：10，方唇，直口，高直颈，弧肩，上腹鼓，下腹弧收，平底。颈部饰有两道弦纹。灰胎，轮制而成。肩部及上腹部施青釉，脱落严重。口径 10.5、腹径 25.7、底径 15.6、高 23.2 厘米（图1－5B）。

硬陶罍 1件。

M4:1，敛口，凹沿，矮颈，鼓腹，平底。肩腹部满饰拍印席纹。灰胎，泥条盘筑而成。口径 22、腹径 35.4、底径 14.8、高 28.5 厘米（图1－5C）。

铜镜 1件。

M4:14，昭明连弧纹铭文镜，圆形铜镜。残碎，拼对后局部残缺，镜面有绿锈侵蚀，局部闪露着青黑色的金属光泽。圆纽，圆纽座。内区纽座外饰一周凸弦纹，外侧一周内向八连弧纹带，连弧纹与弦纹之间有短线相连，外侧为栉齿纹带，其外为一周铭文带，镜铭为："昭而日而以而昭而明而光而日而夫而" 16 字。铭文带外侧为一周弦纹和一周栉齿纹。外区素面。直径 8.5、厚 0.8 厘米（图1－5C）。

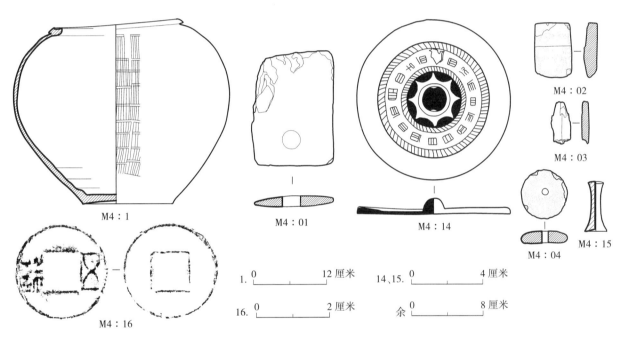

图1－5C 七里亭汉墓 M4 出土器物
1. 硬陶罍 14. 铜镜 15. 琉璃耳瑱 16. 铜钱 01. 石钺 02. 石锛 03. 石镞 04. 石纺轮

铜钱 1串。

M4:16，锈蚀严重，粘连成一串，大小形制类似。圆形方穿钱，郭径 2.6、厚 0.15 厘米。钱正面穿外无郭，背面穿外有郭，正面穿外有篆文"五铢"二字，钱纹字口清晰。"五"字中间两笔呈弧曲形，"铢"字的金字头为小三角形（图1－5C）。

铁刀 1件。

M4:13，残碎，残长 34 厘米。

琉璃耳瑱 1组。

M4:15，2 件，大小形制相同。喇叭形，琉璃质。直径 1.2、高 2.6 厘米（图1－5C）。

石钺 1件。

M4：01①，灰色岩。磨制光滑。有钻孔，对钻。长 12.2、残宽 8.6、厚 1.2 厘米（图 1 –5C）。

石锛 1 件。

M4：02，青灰色岩。磨制光滑，中间有段。长 5.8、宽 4.1、厚 1.2 厘米（图 1 –5C）。

石镞 1 件。

M4：03，青灰色岩。磨制光滑，中间有铤。长 4.5、宽 2.1、厚 0.8 厘米（图 1 –5C）。

石纺轮 1 件。

M4：04，灰黄色砂岩质。圆饼形，中间有孔。直径 5.1、厚 1.2 厘米（图 1 –5C）。

M8

墓葬位于小白虎山南坡下部，靠近马路，北距 M9 约 2 米，墓葬破坏严重。长方形竖穴岩坑墓，方向 90 度。墓坑开口于红褐色基岩上，南壁和东壁已破坏，西壁和北壁保存尚可，口大底小，坑壁规整斜直，墓底平整，坑内填土为黄色五花土，土质疏松。未见人骨、葬具痕迹。墓口距地表约 20 厘米，墓口残长 414、残宽 180、墓底残长 392、残宽 162、残深 80 厘米（图 1 –6A）。

随葬品位于墓底北侧。共 5 件，器形包括釉陶罐，硬陶罍和泥质陶灶。

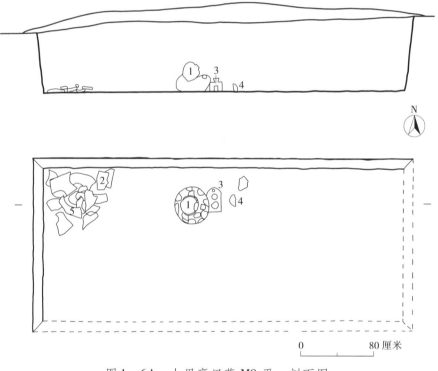

图 1 –6A　七里亭汉墓 M8 平、剖面图

釉陶罐 2 件。

M8：1，方唇，敛口，矮束颈，弧肩，鼓腹，平底微凹。肩部两侧饰对称半环耳一对，耳上饰叶脉纹，叶脉纹之上为鬼眼纹，鬼眼纹比较模糊。灰胎，耳部为模制，其余部位为轮制。外壁在口沿至腹

---

① 器物编号前加上"0"，表示器物出土于填土中或出土位置不明确，全书同。

上部施青釉，内壁在腹下部至底部施青釉，脱釉严重。口径
10.6、腹径21.7、底径11、高15.2厘米（图1-6B）。

M8：4，残碎。

硬陶罍 2件。

M8：2、5，均残碎，无法复原。方唇，直口，鼓腹。腹
部满饰拍印席纹。

陶灶 1件。

M8：3，船形灶，上附陶釜。残碎。

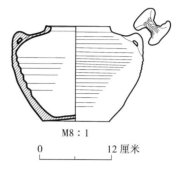

图1-6B 七里亭汉墓M4出土釉陶罐

M11

墓葬位于小白虎山南坡，南距M9约1.85米，北距M12约1.5米。地表原种植桃树，地面可见近
期形成的盗挖痕迹。长方形竖穴岩坑墓，方向90度。由封土堆、生土二层台和墓室组成。封土堆略呈
圆形，直径4.92米，顶部距离墓口约0.87米。墓坑开口于灰褐色基岩上，平面呈长方形，坑壁竖直
规整，坑底四周设生土二层台，四面尺寸均匀，台宽30、高20厘米。墓底平整，坑内填土为黄色五花
土，土质松软，包含石钺、石锛等，未见人骨、葬具痕迹。墓坑长325、宽216、深110厘米（图1-
7A；彩版1-5，1）。

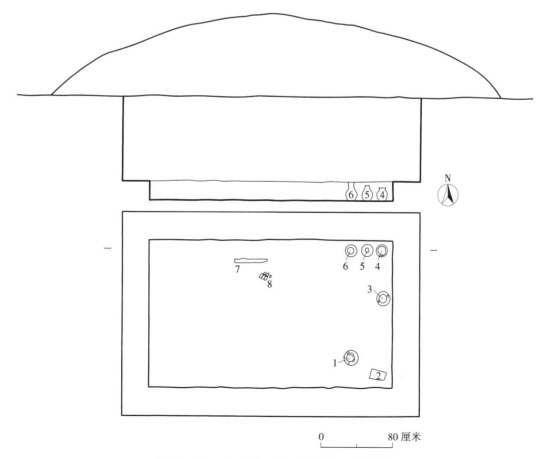

图1-7A 七里亭汉墓M11平、剖面图

随葬品多位于墓底东部，铁刀、铜钱位于中部偏北。共8件（组），器形包括釉陶壶，陶罐、灶，铁刀和铜钱。

釉陶壶　2件。盘口，束颈，弧肩，鼓腹，盘口下端、颈部下端及肩部各饰一组细弦纹。腹部满饰旋纹。灰胎，轮制而成。盘口内侧、肩部及上腹部施釉，脱落严重。

M11:5，平底。肩部两侧贴饰对称半环耳一对，耳上饰叶脉纹。口径8.2、腹径15.2、底径7.3、高20.8厘米（图1-7B；彩版1-6，1）。

M11:6，平底微凹。肩部贴饰对称耳一对，耳部残失。口径8.5、腹径15.3、底径8.2、高19.4厘米（图1-7B；彩版1-6，2）。

陶罐　3件。矮颈，溜肩，鼓腹，肩部至腹部遍饰旋纹。未施釉。轮制，内外壁均有轮制痕迹。

M11:1，侈口，宽沿，平底。肩部两侧贴饰对称半环耳一对，耳上纹饰模糊不清。红褐色胎，口径10.9、腹径16.4、底径6.6、高11.8厘米（图1-7B）。

M11:3，侈口，宽沿，平底。灰胎。口径10.1、腹径14.9、底径7.7、高13厘米（图1-7B；彩版1-6，3）。

M11:4，母口，方唇，平底微凹。肩部两侧原饰有对称双耳，已不存，仅留两处长方形凹坑。口沿处、颈下部和肩部各饰一组细弦纹。颈下部的细弦纹有断裂，大部分区域为三条，部分区域为两条。灰胎。口径14.1、腹径17.3、底径8.5、高15厘米（图1-7B）。

陶灶　1件。

M11:2，泥质灰陶，船型。残碎。残高8.2厘米。

铜钱　1串。

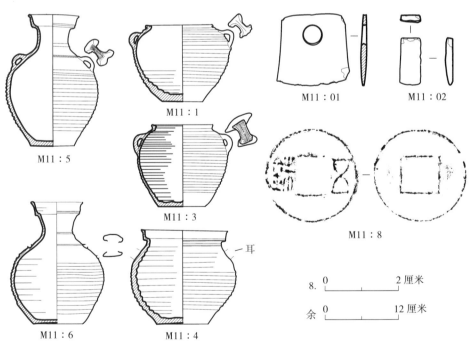

图1-7B　七里亭汉墓M11出土器物

1、3、4. 陶罐　5、6. 釉陶壶　8. 铜钱　01. 石钺　02. 石锛

M11:8，锈蚀严重，粘连呈一串，大小形制类似。圆形方穿钱，郭径 2.6、厚 0.15 厘米。钱正面穿外无郭，背面穿外有郭，正面穿外有篆文"五铢"二字，钱纹字口清晰。"五"字中间两笔呈弧曲形相交，略显瘦高，"铢"字的金字头为正三角形，朱字上下两笔弧曲较甚（图 1-7B）。

铁刀　1 件。

M11:7，锈残，长条形。残长 35.5 厘米。

石钺　1 件。

M11:01，铲状，厚薄不均。上有圆孔。通体磨光。长 11.4、宽 11.8、厚 0.3~0.9、孔径 2.9 厘米（图 1-7B；彩版 1-6，4）。

石锛　1 件。

M11:02，长条块状。一面和刃部磨光，其余面粗糙。长 7.5、宽 3.4、厚 0.8~1.1 厘米（图 1-7B；彩版 1-6，5）。

M12

墓葬位于小白虎山南坡，南距 M11 约 1.5 米，北距 M13 约 1.9 米。地表原种植桃树，地面有一个近期形成的盗洞，盗洞已达墓底。长方形竖穴岩坑墓，方向 90 度。由封土堆、熟土二层台和墓室组成。封土堆破坏严重，略呈圆形，直径 5 米，顶部距离墓口约 1.08 米，封土呈黄褐色，土质疏松。墓坑开口于灰褐色风化基岩上，平面呈长方形，坑壁竖直，修制规整，坑底四周设熟土二层台，台面较平，台壁竖直，东壁宽 10、其余三面宽 30、高 88 厘米，墓底平整，坑内填土为黄色五花土，土质松软，填土中夹杂少量石块，底部略硬，未见人骨、葬具痕迹。墓坑长 400、宽 200、深 184 厘米（图 1-8A；彩版 1-5，2）。

随葬品较少，分布散乱，陶罍位于坑底东部，铜钱位于中部偏北，陶壶位于中部，陶灶位于西南角。共 5 件（组），器形包括釉陶壶，硬陶罍，陶灶和铜钱。填土中发现一件釉陶钵。

釉陶壶　2 件。束颈，弧肩，鼓腹。肩部饰有两组弦纹。肩部贴饰对称半环耳一对，耳部饰叶脉纹。腹部满饰旋纹。灰胎，轮制而成。肩部及上腹部施釉，脱釉严重。

盘口　1 件。

M12:4，圆唇，平底。盘口处和颈下部各饰一组细弦纹，肩部饰两组细弦纹，内壁在口沿处施青釉，内壁烧结起泡。口径 11.1、腹径 20.6、底径 9.9、高 28 厘米（图 1-8B）。

残件　1 件。

M12:2，口部至颈上部残，底部因烧结起泡向外凸出。颈下部饰两组细弦纹，弦纹之间饰水波纹；肩部饰三组凸弦纹；内壁在底部施青釉，内壁有烧结起泡现象。在内壁腹部（器表双耳处）各有两个指窝痕迹。腹径 25.6、底径 12.8、高 27.6 厘米（图 1-8B）。

硬陶罍　1 件。

M12:1，敛口，方唇，弧肩，鼓腹，腹部最大径偏上，平底微凹。通体拍印席纹。灰胎，轮制，内壁有轮制痕迹。内外壁腹部均有烧结起泡。口径 20.7、腹径 35.7、底径 16.4、高 30.9 厘米（图1-8B）。

陶灶　1 件。

M12:5，泥质灰陶，船型。残碎。残高 8 厘米。

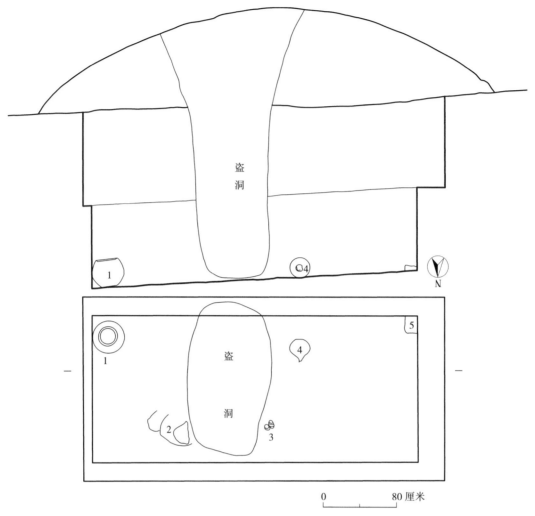

图 1-8A　七里亭汉墓 M12 平、剖面图

釉陶钵　1 件。

M12:01，敛口，斜方唇，弧腹，平底。外壁饰五条弦纹。外壁在口沿及腹上部施青釉，内壁在腹中部至底部施青釉，脱釉严重。灰胎，轮制，内壁有明显的轮制痕迹。口径 11.6、腹径 13.1、底径 8.2、外高 6.5 厘米（图 1-8B）。

铜钱　1 件。

M12:3，锈蚀严重，粘连成一串，大小形制类似。圆形方穿钱，郭径 2.6、厚 0.15 厘米。钱正面穿外无郭，背面穿外有郭。正面穿外有篆文"五铢"二字，钱纹字口清晰。"五"字中间两笔略呈弧曲形相交，略显瘦高，"铢"字的金字头为等腰三角形，朱字上下两笔转折较甚（图 1-8B）。

M18

墓葬位于小白虎山西端南坡，清理前地表隐现隆起的封土堆，略呈圆形，直径约 6 米，上部扰乱严重，打破 M28 和 M29，为凸字形竖穴岩坑墓，方向 87 度，由斜坡墓道、熟土二层台和墓室组成。墓坑开口于黄色基岩之上，坑壁斜直，修制考究。墓道为斜坡形，位于东壁中部，口长 112、宽 196、底长 110、宽 170 厘米。墓坑南北两侧设熟土二层台，宽 30、高 100 厘米，为红褐色五花土，十分

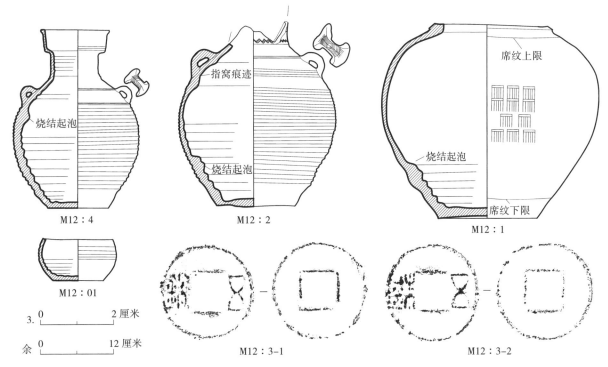

图1-8B　七里亭汉墓 M12 出土器物
1. 硬陶罍　2、4. 釉陶壶　3. 铜钱　01. 釉陶钵

坚硬。墓坑口大底小，墓口长410、宽345、墓底长390、宽325、深120厘米，墓口距离地表114厘米。墓内填黄褐色五花土，较松软，上部纯净，下部有许多扰乱遗物，未见人骨葬具痕迹（图1-9A；彩版1-7，1）。

随葬品多置于墓底南侧，呈一字形排列，西南角遗物较为密集。共16件（组），器形包括釉陶壶、瓿、罐、熏炉、角形器、麟趾金，陶灶、井（附釜甑）和铁釜等。

釉陶壶　7件。M18:3、13，残碎。束颈，弧肩，鼓腹，矮圈足。颈部下端饰两组弦纹，弦纹之间饰一组水波纹。灰胎，轮制而成。肩部及上腹部施釉，脱落严重。

盘口　4件。

M18:2，盘口上下端各饰一组弦纹，弦纹之间为一组水波纹；肩部贴饰对称铺首衔环耳。耳部上端为鬼眼纹，主体为叶脉纹，下端为圆环。一耳残缺。肩部至上腹部饰三组较粗的凸弦纹和一组细弦纹，弦纹之间为两组云气纹和两组细密水波纹。口径15.9、腹径32.3、足径16.9、高42.8厘米（图1-9B）。

M18:5，肩部两侧为半环耳，耳部饰叶脉纹，耳上部饰鬼眼纹。口部饰两组细弦纹，弦纹之间饰水波纹。颈下部饰一组水波纹。肩部饰一组弦纹。腹部遍饰旋纹。内壁在口沿和底部施青釉，腹下部和器底、圈足部位有火烧痕迹。口径10.5、腹径20.5、足径11.7、高28.1厘米（图1-7，3）。

M18:6，盘口上端饰一道弦纹，下端饰一组水波纹。肩部贴饰对称半环耳。耳部上端为横向"S"纹，主体为叶脉纹。肩部至上腹部饰三组较粗的凸弦纹。胎体起泡。肩部积釉。口径14.7、腹径26.2、足径14.3、高38.9厘米（图1-9B）。

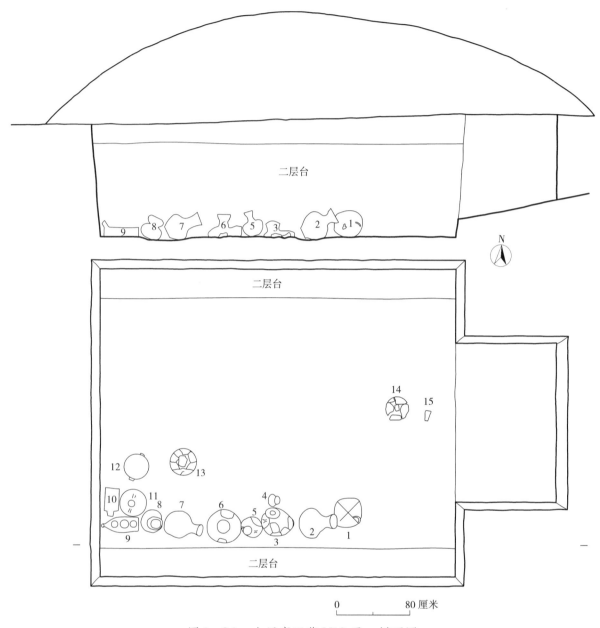

图 1-9A　七里亭汉墓 M18 平、剖面图

　　M18:7，盘口上端饰一组弦纹，下端饰一组水波纹及弦纹。肩部贴饰对称泥点，泥点由压印圆环环绕，上部饰卷云纹。肩部至上腹部饰三组较粗的凸弦纹，弦纹之间为两组云气纹。口径 13.9、腹径 26、足径 15.1、高 36.6 厘米（图 1-9B）。

　　残件　1 件。

　　M18:11，肩部两侧贴塑铺首衔环。肩部饰三组凸弦纹，第一、二组凸弦纹之上均刻划有云气纹，上下两组云气纹样式基本一样。内壁在颈上部和底部施青釉，外壁底部有火烧痕迹。腹径 26.2、足径 14.7、残高 33.3 厘米（图 1-9B）。

　　釉陶瓿　2 件。方唇，敛口，矮束颈，弧肩，鼓腹，平底微凹。灰胎，耳部为模制，其余部位为轮制。口部、肩部及上腹部施青黄釉，釉面玻化程度较好。

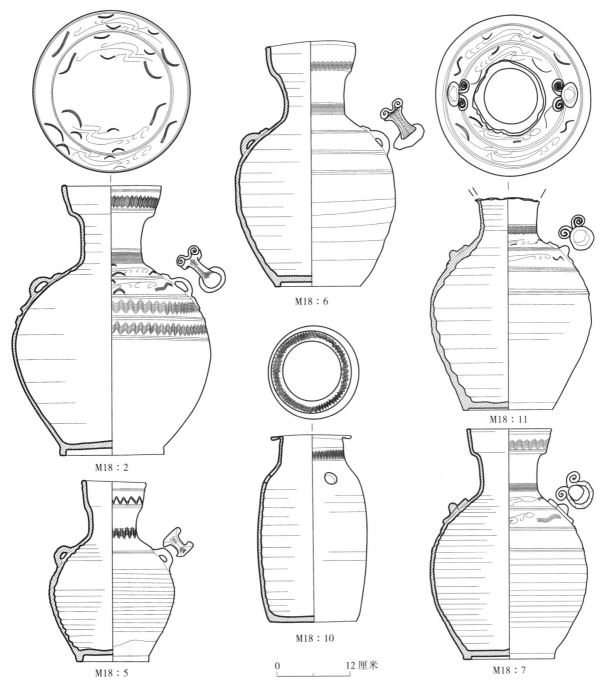

图 1 - 9B　七里亭汉墓 M18 出土器物
2、5~7、11. 釉陶壶　10. 陶井

　　M18:1，肩部饰三组较粗的凸弦纹。肩部贴饰铺首衔环耳一对，耳上端为方形兽面纹，耳部主体为几何纹，耳下端为圆环。口径 11.7、腹径 36.8、底径 16.8、高 31 厘米（图 1 - 9C）。

　　M18:14，肩部饰两组弦纹。肩部贴饰对称铺首耳一对，耳上饰兽面纹，下部饰栉齿纹。外口径 10.5、腹径 23、底径 12.7、通高 19.1 厘米（图 1 - 9C）。

　　釉陶罐　1 件。

　　M18:4，侈口，圆唇，矮颈，溜肩，鼓腹，平底。肩部两侧为半环耳，耳上饰叶脉纹。肩部至腹部遍饰旋纹。外壁在肩部和腹上部施青釉，内壁在口沿和腹下部及底部施青釉，脱釉严重。质地为陶。

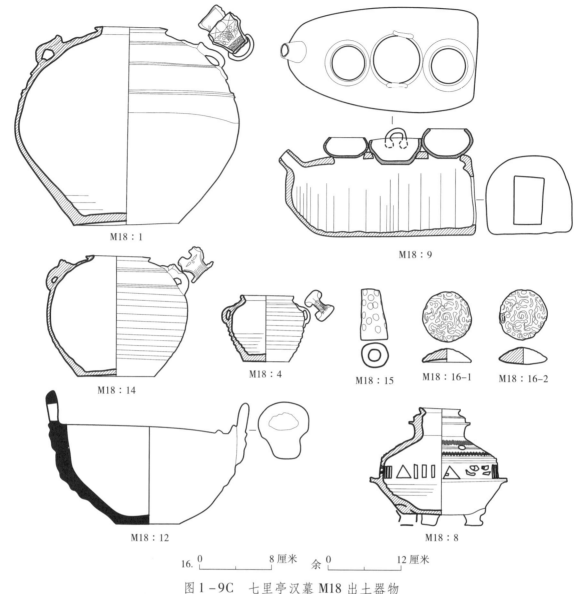

图 1 - 9C　七里亭汉墓 M18 出土器物

1、14. 釉陶瓿　4. 釉陶罐　8. 釉陶熏炉　9. 陶灶　12. 铁釜　15. 釉陶角形器　16. 釉陶麟趾金

灰胎，轮制，器内壁有轮制痕迹。口径 8.7、腹径 12.4、底径 7.5、高 10.5 厘米（图 1 - 9C）。

釉陶熏炉　1 件。

M18：8，盖与器身合为一体，盖顶开口为侈口，器身宽平沿，斜弧腹，平底，下附 3 个兽蹄足。盖身上部饰弦纹和水波纹各两组，相间分布，上部弦纹被 3 个圆孔打断，盖身下部为几何形状镂孔。外壁在盖身上施青釉，内壁在底部施青釉，脱釉严重。灰胎，轮制，内壁有轮制痕迹；足部为手制。外壁腹下部和足部有火烧痕迹。口径 6.7、腹径 20、底径 13.6、高 18.5 厘米（图 1 - 9C；彩版 1 - 8，1）。

釉陶角形器　1 件。

M18：15，羊角状，尖端残，内部中空。器身满饰单圈戳印纹。灰白胎。器身外侧施青釉。残长 7.6、最大径 4.3、内孔深 3.7 厘米（图 1 - 9C；彩版 1 - 8，2）。

釉陶麟趾金　1 组。

M18：16，共 61 件。模制。馒首形，上面饰模印蟠螭纹。灰胎，模制。上面施青釉，局部脱釉。

M18：16 - 1，底内凹。直径5.3、高1.4厘米（图1 - 9C）。

M18：16 - 2，底凸起。直径5.2、高1.7厘米（图1 - 9C）。

陶井　1件。

M18：10，直口，平沿，高束颈，弧肩，近直腹，平底。口沿面上饰一组水波纹。颈部饰两组弦纹，弦纹之间为一组水波纹。肩部饰3个圆孔。泥质黄褐色陶，轮制而成。口径13、底径14.0、高29.2厘米（图1 - 9B；彩版1 - 7，4）。

陶灶　1件。

M18：9，船形灶，灶面设三眼，上置两釜一锅。后置圆管状烟囱，前置长方形灶门。泥质黄陶，灶体为手制，釜、锅为轮制。通长32.2、宽16.7、通高13.4、烟囱直径2.5、灶门高7.7、宽4.9厘米（图1 - 9C）。

铁釜　1件。

M18：12，方唇，直口，曲腹，平底。口部饰两个对称环形立耳。铁质，锈蚀严重。口径28.8、底径10.2、高15.1厘米（图1 - 9C）。

M19

墓葬位于桃山南坡，上部被M15打破，下部保存较为完整。为凸字形竖穴岩坑墓，方向80度。地表不见封土堆。由斜坡墓道和墓室组成。墓道位于墓坑东壁正中，残长66、宽142、深175厘米，墓道底部高出墓室底约10厘米。墓坑开口于灰色基岩之上①，坑壁竖直，修制规整。墓坑长420、宽230、深186厘米。墓内填土为灰黄色土，土质坚硬，似经夯筑。墓口距离地表115厘米。填土内出土大量新石器时代遗物，有夹砂陶鼎足、灰陶豆、盘等。未见人骨、葬具痕迹（图1 - 10A；彩版1 - 7，2）。

随葬品多位于墓底东西两端，东端排列规整有序，共18件。器形包括原始瓷罐，釉陶壶、瓿、罐、樽、杯、钵、熏炉和硬陶罍等。

原始瓷罐　1件。

M19：2，方唇，侈口，矮颈，鼓肩，鼓腹，平底。灰胎，耳部为手制，其余部位为轮制。肩部饰有对称横耳一对。肩部和腹部各饰两组弦纹，弦纹间各为一组水波纹。下腹近底部饰有一道弦纹。器身外壁满饰青釉，脱落严重，底部不施釉。口径9.8、腹径21.5、底径12.1、高18.4厘米（图1 - 10B；彩版1 - 9，2）。

釉陶壶　2件。方唇，喇叭口，束颈，弧肩，上腹鼓、下腹弧收，矮圈足外撇。肩部贴饰对称半环耳一对，耳部饰叶脉纹，耳上下两端饰鬼眼纹。肩部饰有三组弦纹，弦纹之间各饰一组水波纹。灰胎，耳部为手制、其余部位为轮制。口、底内侧，肩部下部，颈部，腹部上部施青黄釉，釉面玻化程度较好。

M19：1，中腹部饰旋纹。口径11.7、腹径20.3、底径9.6、高30.1厘米（图1 - 10B；彩版1 - 9，1）。

---

① 此类墓葬的开口位于基岩与表土之间的文化层，在清理时未能仔细辨出。暂把基岩顶端当作墓葬开口层面计算墓坑深度及墓口到地表的距离。下同。

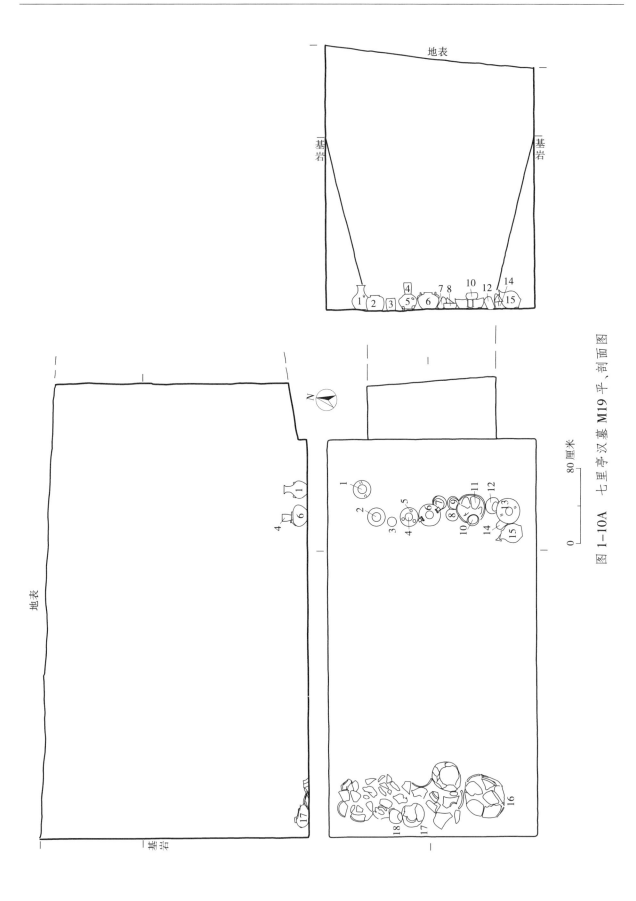

图 1-10A　七里亭汉墓 M19 平、剖面图

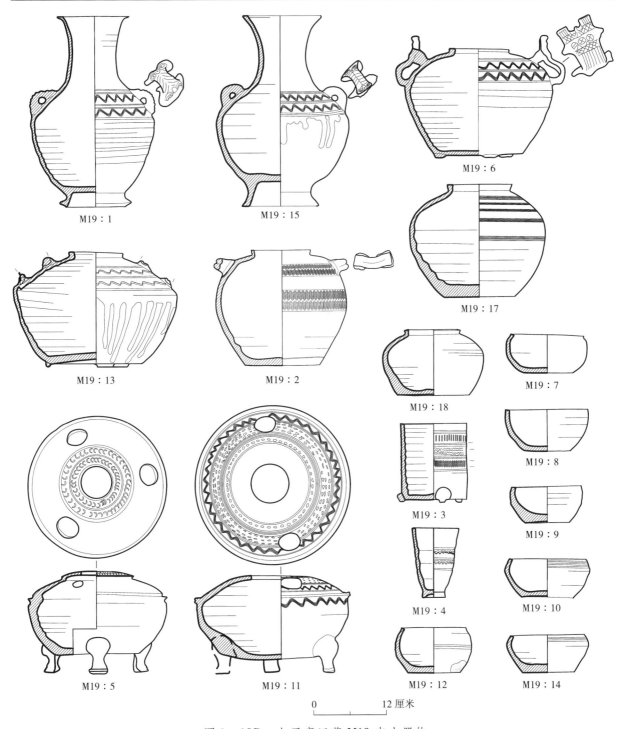

图 1–10B　七里亭汉墓 M19 出土器物

1、15. 釉陶壶　2. 原始瓷罐　3. 釉陶樽　4. 釉陶杯　5、11. 釉陶熏炉　6、13. 釉陶瓿　7～10、12、14. 釉陶钵
17. 陶罐　18. 釉陶罐

M19：15，口径 12.8、腹径 21.6、底径 12.4、高 30.2 厘米（图 1–10B）。

釉陶瓿　2 件。敛口，方唇，矮颈，弧肩，上腹圆鼓，下腹弧收。底部附三个矮瓦足。肩部饰三组弦纹，弦纹间饰两组水波纹。灰胎，口部、肩部及腹部上部施釉。

M19：6，肩部贴塑对称铺首耳一对，耳高于口唇，耳部饰几何纹。耳部为模制，其余部位为轮制。脱落严重。口径 9.9、腹径 24.4、底径 14.5、高 16.9 厘米（图 1–10B；彩版 1–9，3）。

M19：13，耳残。下腹流釉严重。口径8.9、腹径26.8、底径15.9、通高18.2厘米（图1-10B）。

釉陶罐 1件。

M19：18，方唇，侈口，矮颈，弧肩，下腹弧收，平底微凹。灰胎，素面。口部、肩部及腹部上部施釉，脱落严重。口径9.2、腹径16.8、底径11.7、高10.4厘米（图1-10B；彩版1-9，4）。

陶罐 1件。

M19：17，方唇，侈口，矮颈，鼓腹。颈部至腹上部饰五组细弦纹。未施釉。红褐色陶。口径10.6、腹径22.4、底径11.6、高18.2厘米（图1-10B）。

硬陶罍 1件。

M19：16，残碎。弧腹，小平底。

釉陶钵 6件。方唇，弧腹，轮制而成。

敛口 5件。

M19：7，平底。素面。灰胎，脱釉。口径11.9、底径8.1、高6.2厘米（图1-10B；彩版1-10，1）。

M19：9，平底微凹。素面。红褐色胎，脱釉。外底部有陶胎的粘接痕迹。口径11.7、底径7.2、高5.7厘米（图1-10B；彩版1-10，2）。

M19：10，平底微凹。口部外侧饰五条细弦纹。脱釉。口径12.4、底径8.5、高6厘米（图1-10B；彩版1-10，3）。

M19：12，平底。腹部饰有两道弦纹。灰胎，口内侧、内底及外壁中上部施青釉，脱釉严重。口径10.4、底径8.5、高7.2厘米（图1-10B；彩版1-10，4）。

M19：14，平底。灰胎，脱釉。口径12.2、底径8.1、高6.1厘米（图1-10B；彩版1-10，5）。

直口 1件。

M19：8，平底。素面。红褐胎，脱釉。口径13.5、底径7.5、高6.7厘米（图1-10B；彩版1-10，6）。

釉陶杯 1件。

M19：4，直口，方唇，斜直腹，矮圈足。腹部中间饰三组细弦纹。弦纹之间饰水波纹，上部水波纹可分为上下两组，上组水波纹为一条，下组水波纹为三到六条不等；下部水波纹与上部水波纹基本一致，上组水波纹为一条，下组水波纹为二到四条不等。口沿上和内壁施青釉，脱釉严重。灰胎，轮制，内外均壁有轮制痕迹。外壁有指纹痕迹。口径7.6、足径3.7、圈足高0.5、高11.1厘米（图1-10B；彩版1-10，7）。

釉陶樽 1件。

M19：3，直口，斜方唇，直腹，腹中部原饰一耳，现不存。平底，下附三个兽蹄足。腹部饰四组细弦纹，上部弦纹之间竖向戳印箆点纹，中部和下部弦纹之间饰水波纹。灰胎，薄褐釉。轮制，内壁轮制痕迹明显。足部为手制。口径11.1、底径10.6、高12.3厘米（图1-10B；彩版1-11，1）。

釉陶熏炉 2件。盖与器身合为一体，盖顶中间为圆孔。灰胎，蹄足为手制，其余部位为轮制，盖身施釉，釉面玻化程度较好。弧腹、平底上附三只兽蹄足。

M19：5，盖身上有三个圆形镂孔，盖顶饰三组细弦纹，弦纹之间戳印指甲纹。外底部和足上有火烧痕迹。口径4.9、腹径22.6、底径13.7、高16.3厘米（图1-10B；彩版1-11，2）。

M19：11，器身宽平沿。盖上共饰四组弦纹。盖顶饰两组细弦纹，弦纹间饰一组戳印指甲纹；盖身饰两组细弦纹，弦纹间饰一组戳印指甲纹和一组水波纹。盖身有两个圆形镂孔。平沿下上腹部饰一组水波纹。口径5.9、腹径24.7、底径15.7、高15.5厘米（图1-10B）。

M23

墓葬位于桃山南坡，东距M19约10米，北距M24约3.5米，东南打破M25，墓葬保存完整，地表种植毛竹，未见明显封土堆。长方形竖穴岩坑墓，方向70度。长370、宽224、深210厘米，墓口距离地表深150厘米。墓坑开于灰色基岩上，坑壁竖直，修制规整，墓底平整，墓底高出M25墓底约10厘米。墓内填土为灰色五花土，十分坚硬，似经夯筑。墓底中部偏北发现红黑相间的漆皮痕迹，其间夹杂少量棺木朽痕，厚约0.5厘米，漆痕长约190、宽约85厘米。未见人骨（图1-11A）。

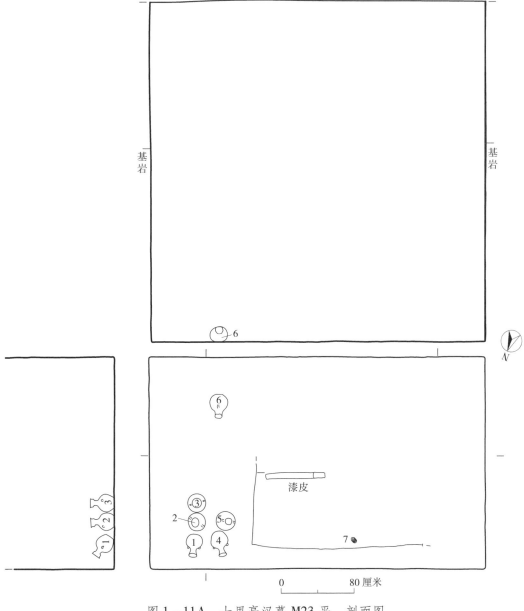

图1-11A 七里亭汉墓M23平、剖面图

随葬品多位于墓底东端，铜钱位于漆痕之内，共7件，器形包括釉陶盘口壶、罐和铜钱。

釉陶壶　5件。圆唇，束颈，弧肩，鼓腹，肩部贴饰对称半环耳一对，轮制而成。腹部满饰旋纹。

盘口　4件。

M23：1，平底微凹。耳上饰叶脉纹，口沿下部和颈肩部各饰一组细弦纹，肩部饰两组细弦纹。灰胎，外壁在颈下部至腹上部施青釉，内壁在口沿处和底部施青釉，脱釉严重。腹下部靠近底部处有火烧痕迹。口径10.4、腹径16.4、底径10.25、高23.3厘米（图1－11B；彩版1－12，1）。

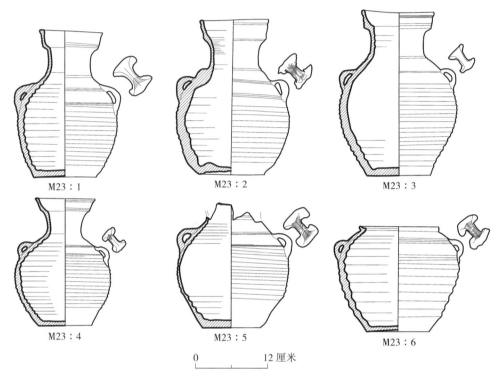

图1－11B　七里亭汉墓M23出土器物
1～5. 釉陶壶　6. 釉陶罐

M23：2，束口，平底微凹。器壁严重烧结起泡，不甚规整。盘口下部及颈部下端各饰一道弦纹。耳部饰叶脉纹，肩部饰三组弦纹。灰胎，肩部及上腹部施釉，脱釉严重。口径11、腹径18.5、底径10.6、高24.5厘米（图1－11B；彩版1－12，2）。

M23：3，平底。口沿部位挤压变形。耳为素面。口沿饰两组细弦纹，肩颈处饰一组细弦纹，肩上部饰三条细弦纹，肩下部饰三条细弦纹，但并不水平分布，在有的地方合并为一条细弦纹。灰胎，外壁在肩部和腹上部施青釉，内壁在口沿处和底部施青釉，脱釉较为严重。外壁腹下部和底部有火烧痕迹。口径11.7、腹径19.2、底径10.4、高25.8厘米（图1－11B；彩版1－12，3）。

M23：4，平底。耳上饰叶脉纹，口沿处两组细弦纹，上部细弦纹不连贯。肩部饰两组细弦纹，下部细弦纹不连贯。红褐色胎，未施釉。口径9.8、腹径15.8、底径8.7、高20.2厘米（图1－11B）。

残件　1件。

M23：5，平底。耳上饰叶脉纹。颈下部饰一组细弦纹，肩部饰两组细弦纹。灰胎。外壁在颈下部至腹上部施青釉，内壁底部施青釉，脱釉严重。腹径18.4、底径9.6、残高19.3厘米（图1－11B）。

釉陶罐　1件。

M23：6，敛口，斜方唇，矮颈，溜肩，弧腹，平底微凹。肩部两侧贴饰有对称半环耳一对，耳上饰有叶脉纹。肩上下部各饰有一组细弦纹，肩下部弦纹部分不连贯。腹部饰有旋纹。外壁在肩部施青釉，内壁在口沿和底部施青釉，局部脱釉。灰胎，轮制，内外壁有轮制痕迹。外壁底部有火烧痕迹。口径12.8、腹径19.8、底径10.3、高16.6厘米（图1-11B；彩版1-12，4）。

铜钱　1串。

M23：7，大泉五十，锈蚀严重，粘连成串，正背面穿外均有郭。正面穿外有篆文"大泉五十"四字，钱纹清晰，字体优美，"大"横笔呈半圆形，"五"字中间两笔呈弧曲形相交，两横不出头，"十"字竖笔较长。厚0.2、直径2.8厘米（图1-11C）。

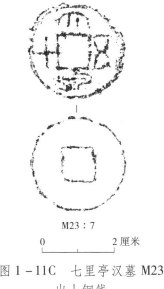

M23：7

0　　　　　　2厘米

图1-11C　七里亭汉墓M23
出土铜钱

M24

墓葬位于桃山南坡顶部，南距M23约3.5米，墓葬保存完整，地表种植毛竹，未见明显封土堆。长方形竖穴岩坑墓，方向65度。长366、宽280、深190厘米，墓口距离地表深180厘米。墓坑开于灰色基岩上，坑壁竖直，修制规整，墓底平整。墓内填土为灰色五花土，十分坚硬，似经夯筑。墓底中部发现红黑相间的漆皮痕迹，范围较小，未见人骨（图1-12A；彩版1-13，1）。

随葬品多位于墓底南侧，呈一字形排列，规整有序，共15件，器形包括釉陶壶、罐，硬陶罍，铁釜和铜钱。

釉陶壶　11件。M24：6残碎。束颈，弧肩。肩部两侧贴饰对称半环耳一对。腹部满饰旋纹。灰胎，耳部为手制，其余部位为轮制。

盘口　8件。

M24：2，圆唇，鼓腹，平底微凹。颈部饰一组细弦纹，肩部饰两组细弦纹。外壁在肩部和腹上部施青釉，内壁在口沿部位和底部施青釉，有脱釉。外壁下腹部和底部有火烧痕迹。口径8.7、腹径13.9、底径8.3、高20厘米（图1-12B；彩版1-14，1）。

M24：3，球腹，凸底，圈足。耳部主体纹饰为叶脉纹，耳上饰鬼眼纹。口沿下、颈部下各饰一组弦纹，肩部饰两组弦纹。外壁在颈下部至腹上部施青釉，内壁在口沿和底部施青釉，脱釉严重。底部因烧结起泡不平整。口径15.2、腹径28、足径15、高36厘米（图1-12B）。

M24：8，弧腹。平底微凹。耳缺失。口沿上下各饰一组细弦纹，下部弦纹不连贯。颈下部饰水波纹，水波纹上下均为细弦纹，上部细弦纹不连贯。肩部饰两组细弦纹。外壁在肩部和腹上部施黄釉，内壁在口沿处和器底施黄釉。口径14、腹径23.9、底径12.5、高33.4厘米（图1-12B）。

M24：9，耳缺失。圆唇，鼓腹，平底。口下部、颈下部及肩部饰弦纹。上部施釉，脱釉殆尽。口径13.1、腹径18.3、底径9.2、高26.7厘米（图1-12B）。

M24：10，弧腹。底部一侧不平整。耳上饰叶脉纹。口沿、肩颈部各饰一组弦纹，肩部饰两组细弦

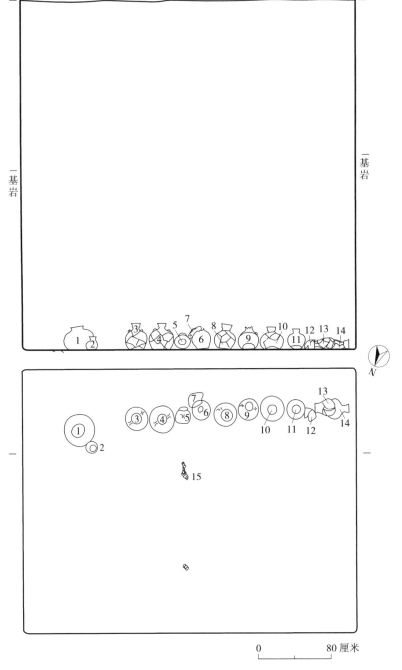

图 1 – 12A　七里亭汉墓 M24 平、剖面图

纹。外壁在颈下部至腹上部施青釉，内壁在口沿和底部施青釉，有脱釉。外底部有火烧痕迹，内外壁均有烧结起泡。口径 11.8、腹径 19.9、底径 10、高 27 厘米（图 1 – 12B）。

M24：12，鼓腹，平底微凹。灰胎。盘口上下端、颈部下端及肩部各饰两组弦纹。耳部饰叶脉纹。肩部施釉，脱釉严重。口径 11.9、腹径 18、底径 9.9、高 25.6 厘米（图 1 – 12B；彩版 1 – 14，2）。

M24：13，底残。口下部饰弦纹。耳上饰叶脉纹。上部施釉，脱釉严重。口径 11.2、腹径 16.9、残高 24.1 厘米（图 1 – 12B）。

M24：14，弧腹，平底微凹。耳上饰叶脉纹。口沿处、颈肩部和肩部各饰两组细弦纹。外壁在颈下

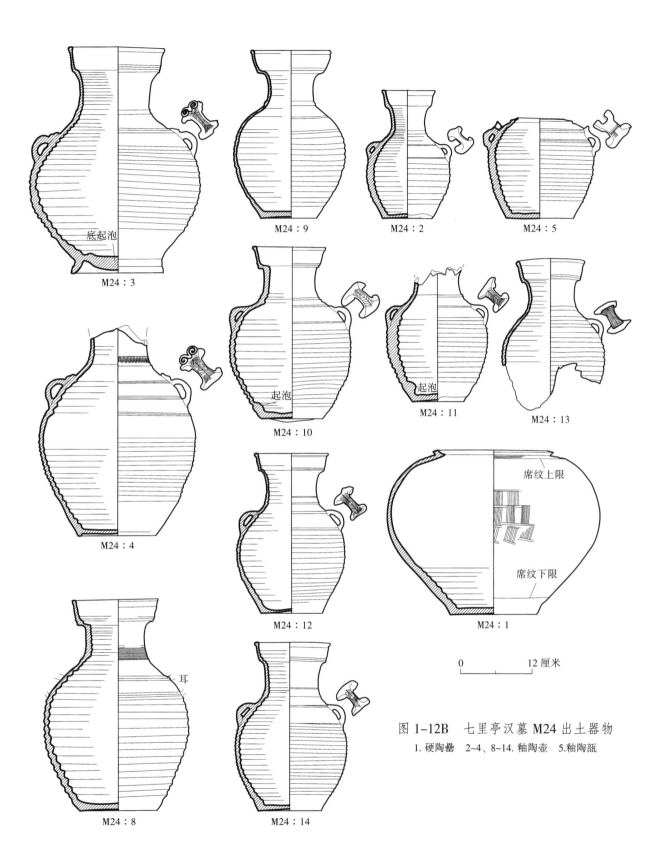

M24：3

M24：9

M24：2

M24：5

M24：4

M24：10

M24：11

M24：13

M24：12

M24：1

M24：8

M24：14

图 1-12B　七里亭汉墓 M24 出土器物
1. 硬陶罍　2~4、8~14. 釉陶壶　5. 釉陶瓿

部至腹上部施青釉，内壁在口沿和底部施青釉，脱釉严重。内壁有轮制痕迹。口径 12.3、腹径 18.3、底径 10.3、高 26.5 厘米（图 1 - 12B）。

残件　2 件。口部及颈上部残，鼓腹。

M24：4，矮圈足。耳上部饰鬼眼纹。颈下部饰两组细弦纹，弦纹之间饰水波纹。肩部饰三组凸弦纹。外壁在颈下部至腹上部施青釉，内壁在颈部（残存部分）和腹下部及底部施青釉，脱釉严重。腹径 25.8、足径 13、高 32.4 厘米（图 1 - 12B；彩版 1 - 14，3）。

M24：11，平底微凹。肩颈部饰一组细弦纹，肩部饰两组细弦纹，外壁在肩部和腹上部施青釉，内壁底部施青釉，有脱釉。外壁腹部下部和底部有火烧痕迹。内壁膨胀起泡。腹径 16.8、底径 8.8、残高 21.5 厘米（图 1 - 12B；彩版 1 - 14，4）。

釉陶瓴　1 件。

M24：5，敛口，斜沿，弧肩，鼓腹，平底。肩部两侧贴饰对称铺首耳一对，耳上纹饰模糊不清。口沿处饰一条凹弦纹，肩部饰两组各三条凸弦纹。腹部饰旋纹。外壁在肩部和腹上部施青釉，脱釉严重。灰胎，轮制，内壁有轮制痕迹。口径 10.2、腹径 17.3、底径 11、高 15.9 厘米（图 1 - 12B；彩版 1 - 13，2）。

硬陶罍　1 件。

M24：1，敛口，折沿，矮束颈，弧肩，鼓腹，下腹斜收较甚，平底微凹。通体拍印席纹。外壁在肩部至腹上部施釉，脱釉严重。口径 20、腹径 35.3、底径 14.3、高 26 厘米（图 1 - 12B）。

铁釜　1 件。

M24：7，锈残，器形不辨。

铜钱　1 件。

M24：15，大泉五十，锈蚀严重，粘连成串。正背面穿外均有郭，正面穿外有篆文"大泉五十"四字，钱纹不甚清晰，"十"字竖笔较长。厚 0.2、直径 2.7 厘米。

M25

墓葬位于桃山南坡，墓室西北部被 M23 打破，地表长满毛竹，未见明显封土堆。凸字形竖穴岩坑墓，方向 75 度。墓坑开于灰色基岩上，墓口距离地表约 160 厘米。由墓道和墓室两部分组成。墓道位于墓室东壁正中，为斜坡形，宽 126 厘米，清理长度为 240 厘米，坡度为 16 度，墓道底较平整，高于墓底 18 厘米。墓室为长方形，长 460、宽 190、深 210 厘米。坑壁竖直，修制规整考究，墓底较平整，墓底低于 M23 墓底约 10 厘米。墓内填土为灰褐色五花土，十分坚硬（图 1 - 13A；彩版 1 - 13，3）。

随葬品位于墓底东西两端，共 10 件。器形包括釉陶鼎、壶、瓴、钵、盆、熏炉和硬陶罍。

釉陶鼎　1 件。

M25：1，圆弧顶盖面（原编号为 M25：9），弧顶，盖顶饰三个纽，纽下部有孔。器身子口内敛，长方形立耳一对，耳外撇，耳中有长方形竖孔。弧腹，平底，底部附三个兽蹄足。盖顶及盖纽处各饰一组弦纹，上腹部饰一周凸棱。灰胎，立耳、盖纽及蹄足为手制，器身、盖身为轮制。器盖及器身上腹施青釉。口径 16.4、底径 12.7、通高 20.1 厘米（图 1 - 13B；彩版 1 - 15，1）。

釉陶壶　1 件。

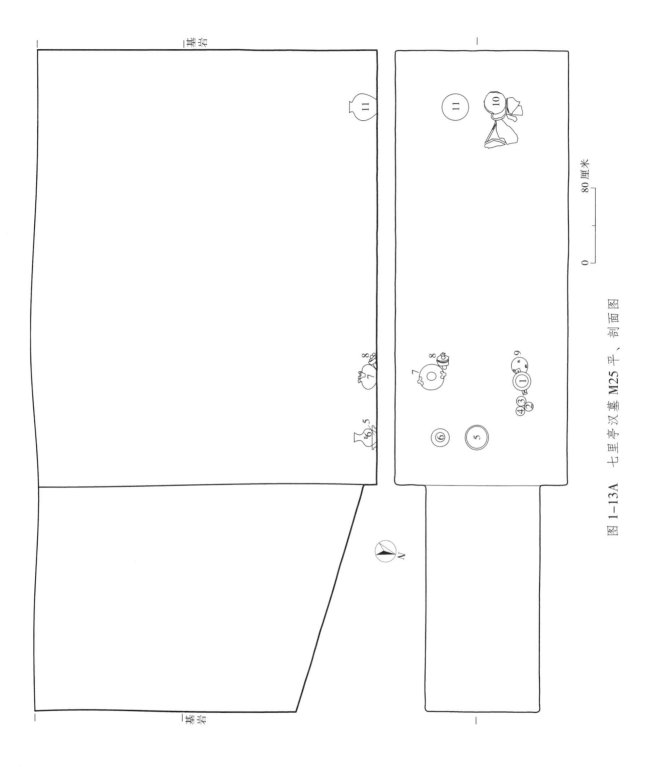

图 1-13A　七里亭汉墓 M25 平、剖面图

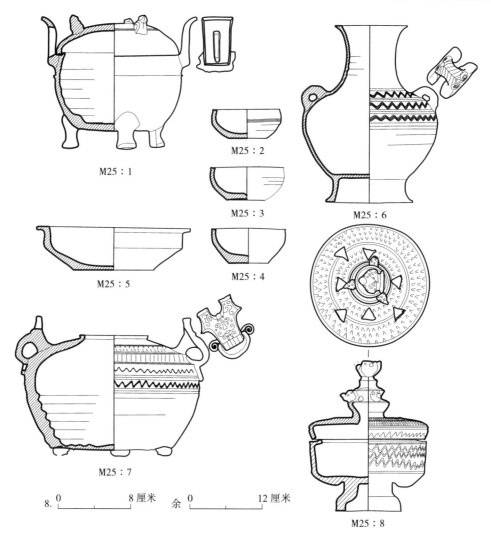

图 1 – 13B　七里亭汉墓 M25 出土器物
1. 釉陶鼎　2 ~ 4. 釉陶钵　5. 釉陶盆　6. 釉陶壶　7. 釉陶瓿　8. 釉陶熏炉

M25:6，方唇，喇叭口，束颈，弧肩，上腹圆鼓，下腹弧收，高圈足外撇。肩部饰有对称半环耳一对，耳上下两端饰鬼眼纹，主体部分饰叶脉纹。肩部至上腹部饰有四组弦纹，弦纹之间为三组细密水波纹。灰胎，耳部为手制，其余部位为轮制。肩部及上腹部施釉，脱落严重。口外径 11.9、口内径 9.6、腹部最大径 22.1、底径 14.2、外高 27.9、内高 23.4 厘米（图 1 – 13B；彩版 1 – 15，2）。

釉陶瓿　1 件。

M25:7，方唇，直口微侈，矮颈，广肩，鼓腹，下腹弧收，平底，底附三个小瓦足。肩部贴饰对称铺首衔环耳一对，耳上翘，高于口唇，耳部饰兽面纹，兽面纹下为栉齿纹，铺首衔环耳两侧紧挨一对卷云纹。肩部及腹上部饰五组细弦纹，上部弦纹之间饰折线状篦点纹，中部弦纹之间饰竖线状篦点纹，下部三组弦纹之间饰水波纹。外壁在肩部和腹上部施青釉，内壁底部施青釉，局部脱釉。灰胎，轮制，器内外壁均有轮制痕迹。足为手制，耳部为模制。口径 11.2、腹径 28.8、底径 20.2、高 18.8 厘米（图 1 – 13B；彩版 1 – 16，1）。

硬陶罍　2 件。

M25:10 和 M25:11，残碎，腹部饰拍印席纹。灰陶，底部为红色，泥条盘筑而成。

釉陶钵　3件。方唇，敛口，弧腹。灰胎，轮制而成。

M25：2，小平底。腹部饰有四道弦纹。底内侧及器身外壁中上部施青釉，近底部及底部不施釉。口径11、底径6、高4.5厘米（图1-13B；彩版1-16，2）。

M25：3，平底微凹。素面。器身外壁上部施青釉，近底部及底部不施釉。口径12、底径6.1、高5.4厘米（图1-13B；彩版1-16，3）。

M25：4，平底。素面。器身外壁上部施青釉。口径12.1、底径6.6、高5.7厘米（图1-13B；彩版1-16，4）。

釉陶盆　1件。

M25：5，宽平沿，直口，折腹，平底。口沿上饰一组细弦纹。外壁腹部施黄釉，内壁在腹部和底部施黄釉，脱釉严重。红褐色胎，轮制，内外壁均有轮制痕迹。口径25.6、底径13.2、高6.7厘米（图1-13B）。

釉陶熏炉　1件。

M25：8，拱形盖，盖面饰七个三角形镂孔，为出烟孔。盖中心饰一纽，纽较高，作两层圆形宝塔状，中空，下层塔边贴饰三只小鸟，塔尖贴饰一只立鸟。器身子口内敛，上腹斜直，下腹弧收。矮柄，穹隆状圈足外撇。盖面饰两周弦纹及五周"<"纹饰。腹部饰两道弦纹，弦纹间为一组水波纹。灰胎，轮制而成，纽部为手制。盖面及纽施青釉。口径10.1、足径7.2、通高15.9厘米（图1-13B；彩版1-16，5）。

M26

墓葬位于桃山东部南坡，北室西端打破M27的墓道，地表长满毛竹，未见明显封土堆。为双室并穴合葬墓，两墓南北并列，南室先葬，北室后葬并打破南室北部。两墓均为长方形竖穴岩坑墓，墓坑开于黄褐色基岩上，坑壁竖直，墓坑距离地表约60厘米（图1-14A；彩版1-17，1）。

北室完整，方向75度，长334、宽170、深184厘米。墓内填土为黄色五花土，土质坚硬，其内包含夹砂陶残片，未见人骨葬具痕迹。

随葬品位于墓底北侧，呈一字形排列，共11件（组）。器形包括釉陶壶、瓿、麟趾金1组（16件），铁釜，石黛板和铜钱。

南室北部被北室打破，墓坑与北室形成错角，方向80度，长340、宽190厘米，墓底低于北室30厘米。墓内填土为黄色五花土，土质坚硬，其内包含少量夹砂陶残片，未见人骨葬具痕迹。

随葬品位于墓底南侧，集中分布于东西两端，共13件。器形包括釉陶壶、瓿，硬陶罍，铜镜、铜洗和铜钱。

北室器物　共11件。

釉陶壶　6件。盘口，束颈，弧肩，鼓腹，圈足。盘口饰一组水波纹和一组弦纹。颈部下端饰两组弦纹，弦纹之间为一组水波纹。除M26：2和M26：5外，其余肩部均贴饰对称铺首衔环一对，耳上部为方形兽面纹，下部为圆环，圆环上饰篦齿纹。肩部至上腹部饰三组较粗的凸弦纹。灰胎，耳部为模制，其余部位轮制而成。

M26：2，耳部贴饰对称半环耳一对，耳上端饰卷云纹，耳上饰叶脉纹，耳下端饰圆环。口径11.2、

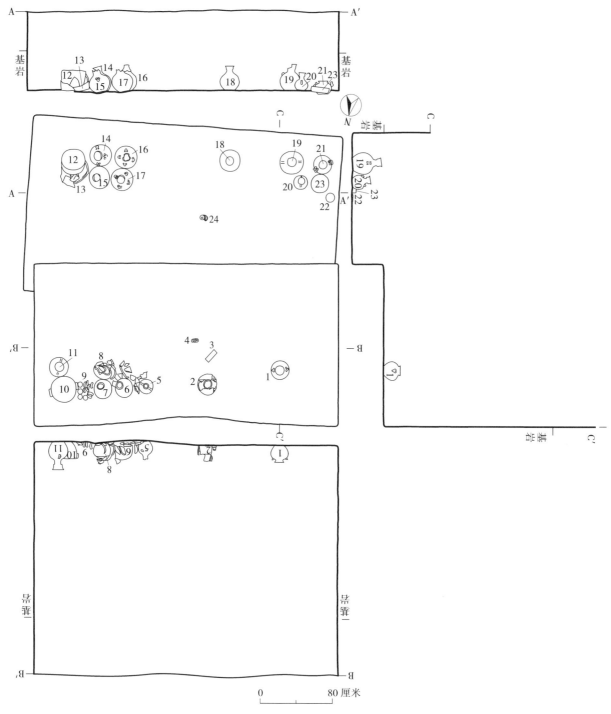

图 1－14A　七里亭汉墓 M26 平、剖面图

腹径 22.5、足径 12.2、高 28.9 厘米（图 1－14B）。

M26：6，方唇，外壁在颈下部至腹上部施青釉，内壁在口沿处和底部施青釉，有脱釉现象。口径 12、腹径 22.3、足径 11.2、高 28.6 厘米（图 1－14B；彩版 1－17，2）。

M26：7，方唇，外壁在颈下部至腹上部施青釉，内壁在口沿处和底部施青釉，有脱釉现象。口径 11.5、腹径 22.5、足径 10.8、高 28 厘米（图 1－14B；彩版 1－18，1）。

M26：8，口、底内侧，肩部及上腹部满施青釉，脱釉严重。口径 11.6、腹径 21.8、底径 10.6、高

28.1厘米（图1-14B）。

M26：5，圆唇。肩部两侧饰半环耳，耳上饰叶脉纹。盘口处饰两组细弦纹，弦纹之间饰水波纹；颈下部饰两组细弦纹，弦纹之间饰水波纹；肩部饰两组细弦纹，下部细弦纹不连贯。腹部饰旋纹。口、底内侧及肩部至上腹部施青釉，脱釉严重。口径8.4、腹径15.9、足径9.2、高20.3厘米（图1-14B；彩版1-17，3）。

M26：11，圆唇。耳部上端为方形兽面纹，主体部分为叶脉纹，下端为圆环。口、底内侧及肩部至上腹部施青釉，脱釉严重。口径11.7、腹径21.3、底径10.6、高27.9厘米（图1-14B；彩版1-18，2）。

釉陶瓿　1件。

M26：1，敛口，平沿，矮颈，鼓腹，平底。肩部两侧贴饰对称铺首衔环耳一对，耳部主体饰人面纹，耳上饰方形兽面纹，兽面模糊不清，环上饰戳印点纹。肩部饰两条弦纹，弦纹之间饰水波纹。外壁口沿和腹上部施青釉，内壁底部施青釉，脱釉严重，有流釉现象。灰胎，轮制。在内壁腹部中上部有一指窝痕迹。外底部有火烧痕迹。口径10.2、腹径21.5、底径10.6、高17.4厘米（图1-14B；彩版1-18，3）。

釉陶麟趾金　1组。

M26：9，共16个，均为圆饼形，底部内凹。上部饰卷云纹、施青釉，部分有脱釉现象，如（M26：9-6~8、12、14、15）。质地为陶，模制，底部有火烧痕迹。外径5.1~6.0、高2.15~2.65、底部内凹0.3~0.9厘米（彩版1-19，1）。

M26：9-1，外径5.3、高2.26、内凹0.8厘米（图1-14B）。

M26：9-2，外径5.3、高2.2、内凹0.7厘米（图1-14B）。

M26：9-3，外径5.3、高2.35、内凹0.7厘米（图1-14B）。

M26：9-4，外径5.4、高2.65、内凹0.3厘米（图1-14B）。

M26：9-5，外径5.3、高2.15、内凹0.8厘米（图1-14B）。

M26：9-6，外径5.5、高2.25、内凹0.3厘米（图1-14B）。

M26：9-7，外径5.5、高2.05、内凹0.3厘米（图1-14B）。

M26：9-8，外径5.9、高2.55、内凹0.5厘米（图1-14B）。

M26：9-9，外径5.5、高2.05、内凹0.9厘米（图1-14B）。

M26：9-10，外径5.55、高2.15、内凹0.6厘米（图1-14B）。

M26：9-11，外径5.4、高2.35、内凹0.6厘米（图1-14B）。

M26：9-12，外径5.3、高2.15、内凹0.4厘米（图1-14B）。

M26：9-13，外径5.3、高2.45、内凹0.8厘米（图1-14B）。

M26：9-14，外径5.4、高2.1、内凹0.3厘米（图1-14B）。

M26：9-15，外径5.1、高2.3、内凹0.3厘米（图1-14B）。

M26：9-16，外径5.4、高1.8、内凹0.4厘米（图1-14B）。

铜钱　1串。

M26：4，锈蚀严重，粘连成串。五铢钱，钱文模糊不清（彩版1-19，2）。

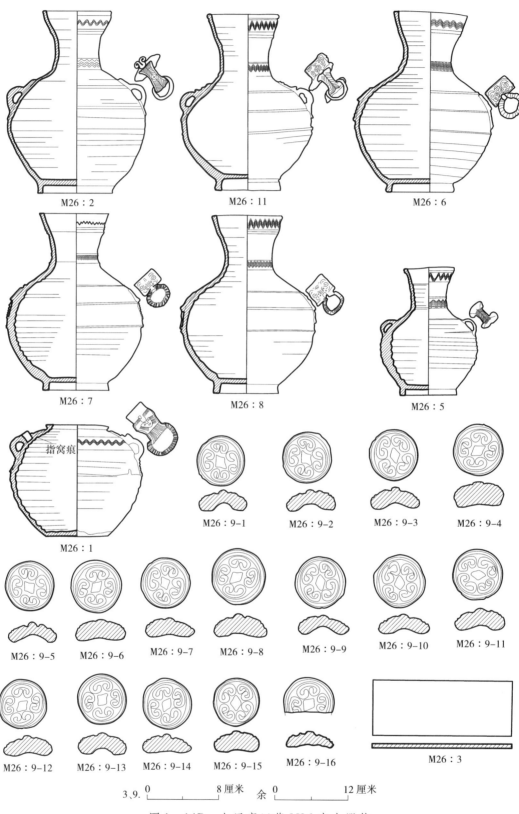

图 1－14B　七里亭汉墓 M26 出土器物

1. 釉陶瓿　3. 石黛板　2、5~8、11. 釉陶壶　9. 釉陶麟趾金

铁釜 1件。

M26:10，铁质，锈残。直口，上腹直，下腹弧收，小平底。口部附两个对称耳，耳残。口径30、残高20.8厘米（图1-14C）。

石黛板 1件。

M26:3，长方形，素面，正反面光滑，侧面有修制痕迹。长15.2、宽5.9、厚0.45厘米（图1-14B；彩版1-19，3）。

南室器物 共13件。

釉陶壶 7件。

喇叭口 4件。方唇，束颈，弧肩，鼓腹，矮圈足。颈部下端为两组弦纹，弦纹之间为一组水波纹。肩部饰两组弦纹。腹部饰旋纹。灰胎，轮制而成。

M26:14，口部饰一组细密水波纹，肩部贴一对铺首衔环纹和一对卷云纹。肩部及上腹部满施青釉，脱釉严重。口径12.2、腹径23.9、足径12.1、高29.9厘米（图1-14C；彩版1-19，4）。

M26:15，口部饰一组细密水波纹，肩部贴一对铺首衔环纹和一对卷云纹。肩部及上腹部满施青釉，脱釉严重。口径12.3、腹径23.6、足径12.3、高28.1厘米（图1-14C；彩版1-20，1）。

M26:16，口部饰一组细密水波纹，肩部贴一对铺首衔环纹和一对卷云纹。肩部及上腹部满施青釉，脱釉严重。口径12.3、腹径24.1、足径11.9、高28.7厘米（图1-14C；彩版1-20，2）。

M26:17，肩部左侧贴塑铺首衔环，肩部右侧和前后侧各贴塑一个卷云纹。盘口饰两组细弦纹，弦纹之间饰水波纹。外壁在颈下部至腹上部施青釉，内壁在口沿和底部施青釉，脱釉严重。口11.7、腹径23.8、足径12、高28.5厘米（图1-14C）。

盘口 3件。圆唇，束颈，弧肩，鼓腹，矮圈足。灰胎，耳部为模制，其余部位为轮制。口、底内侧及肩部至上腹部施青釉，脱釉严重。

M26:18，盘口饰一组水波纹和一组弦纹。颈部下端饰两组弦纹，弦纹之间为一组水波纹。肩部均贴饰对称铺首衔环一对，耳上部为方形兽面纹，下部为圆环，圆环上饰篦齿纹。肩部至上腹部饰三组较粗的凸弦纹。口径11、腹径22、底径10.9、高28厘米（图1-14C；彩版1-20，3）。

M26:19，鼓腹。盘口上部饰一道凹弦纹，其下为一组水波纹，颈部饰有两道弦纹，弦纹间为一组细密水波纹。肩部贴饰对称半环耳一对，耳部上端为兽面云纹及鬼眼纹，下端为鬼眼纹，中间为叶脉纹。肩部饰有三组较粗凸弦纹。腹部满饰旋纹。口径14.6、腹径27.4、足径11.1、高35.1厘米（图1-14C）。

M26:20，球腹，圈足。肩部两侧饰半环耳，耳上饰叶脉纹。盘口饰两组细弦纹，弦纹之间饰水波纹。颈下部饰两组细弦纹，弦纹之间饰水波纹。肩部饰一条细弦纹。腹部饰旋纹。口径10.3、腹径16.6、足径9.1、高20.8厘米（图1-14C；彩版1-20，4）。

釉陶瓿 1件。

M26:21 直口，平沿，矮颈，鼓腹，平底。耳部贴塑对称铺首耳一对，耳略低于口唇，耳上饰几何纹。肩部饰两组细弦纹，弦纹之间为水波纹，水波纹之间有断裂。外壁在肩部和腹上部施青釉，脱釉严重。灰胎，轮制。口径9.6、腹径20.5、底径12、高16.9厘米（图1-14C）。

硬陶罍 1件。

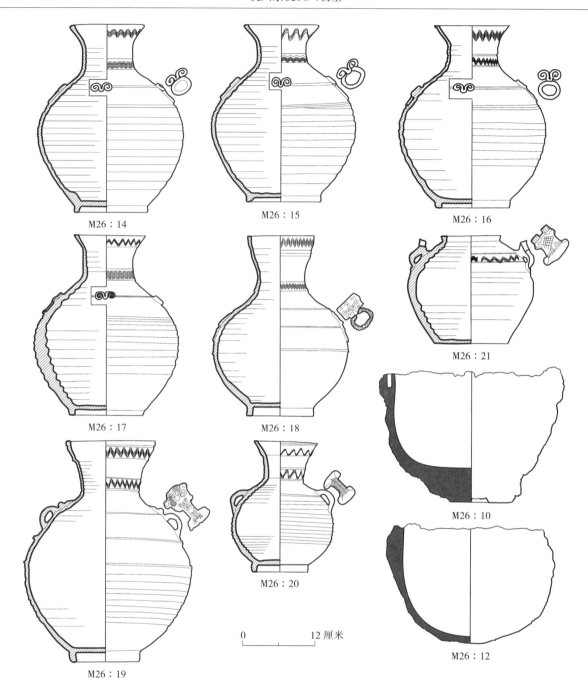

图 1－14C　七里亭汉墓 M26 出土器物
10、12. 铁釜　14～20. 釉陶壶　21. 釉陶瓿

M26∶13，残碎。腹部饰拍印席纹。灰陶（图 1－14C）。

铜镜　1 件。

M26∶22，残碎。

铜洗　1 件。

M26∶23，残碎。

铜钱　1 串。

M26∶24，锈蚀严重，粘连成串。五铢钱，钱文模糊不清。

铁釜　1 件。

M26：12，铁质，锈残。直口，弧腹，圜底。口部附两个对称耳，耳残。口径 24、残高 18.5 厘米。

M27

墓葬位于桃山南坡，墓道东端被 M26 北室打破，地表长满毛竹，未见明显封土堆。墓坑开于黄色基岩上，墓坑距离地表约 60 厘米。为凸字形竖穴岩坑墓，方向 82 度，由斜坡墓道、耳室和墓室三部分组成。墓道位于墓室东壁略偏北，呈斜坡状，壁和底修制规整，坡度为 8 度，残长 354、宽 112 厘米，底部高出墓底约 15 厘米。耳室位于墓道南壁上部，呈长方形，东西长 108、南北宽 88 厘米，底部平整，底高于墓道 34～45 厘米，上部于施工中被破坏，耳室内填土坚实，含有大量石块。墓室略呈梯形，长 430、东壁宽 222、西壁宽 252、深 290 厘米。墓壁较直，修制规整。墓内填土为黄色五花土，土质坚硬，含有大量夹砂陶残片和柱状鼎足、鱼鳍形鼎足等。距离墓底约 100 厘米处填土中发现 2 件器物，分别是 1 件铁釜和 1 件釉陶盘口壶；距离墓底约 60 厘米处填土中发现 4 件器物，分别是 2 件釉陶喇叭口壶和 2 件釉陶罐。墓底西北部局部发现红色漆皮痕迹，未见人骨（图 1 –15A、B；彩版 1 –21）。

随葬品位于墓底南侧，呈一字形排列，出土时几件罐、钵位于罍之上，埋葬时应存在叠压置放现象，共 19 件。器形包括釉陶壶、瓿、罐、钵、器盖、熏炉、壁和硬陶罍（18 号叠压于 9 号下，19 号叠压于 8 号下）。

墓内出土器物，共 19 件：

釉陶壶　1 件。

M27：6，残。弧肩，鼓腹，平底。灰胎，胎体起泡。肩及上腹部施青釉，局部脱釉。腹径 19.5、底径 10.7、残高 15.9 厘米（图 1 –15C）。

釉陶瓿　1 件。

M27：7，方唇，直口，矮颈，广弧肩，鼓腹，平底微凹。肩部饰对称铺首耳一对，耳上翘，高于口唇，耳上饰兽面纹，兽面纹之下饰栉齿纹。肩部饰三组细弦纹，弦纹之间饰水波纹。外壁在口沿至腹上部施青釉，内壁在底部施青釉，脱釉严重。灰胎，器身轮制，内壁轮制痕迹明显。外底部有火烧痕迹。口径 9.9、腹径 32、底径 18、高 21.2 厘米（图 1 –15C）。

釉陶罐　3 件。

矮颈　2 件。弧形盖、盖肩略平，顶部有一个圈形捉手，下设子口。方唇，直口，矮颈，广弧肩，上腹圆鼓、下腹弧收，平底。肩部饰对称半环耳一对，耳部饰叶脉纹，耳上端饰鬼眼纹。灰胎，耳部为手制，其余部位轮制而成。器盖、器身肩部及腹部上部施青黄釉，脱落严重。

M27：2，肩部饰一周篦点纹，其下为三组细弦纹，弦纹之间饰两组水波纹。腹部中上部饰旋纹。器表烧结起泡。口径 9.9、腹径 23.8、底径 13.1、高 18.2 厘米（图 1 –15C；彩版 1 –22，1）。

M27：3，肩部饰弦纹，下腹饰旋纹。口径 8.8、腹径 23.4、底径 14.7、通高 19.6 厘米（图 1 –15C）。

高颈　1 件。

M27：1，方唇，侈口，束颈，溜肩，上腹圆鼓，下腹弧收，平底微凹。颈部饰有四道凸弦纹，上腹饰旋纹。灰胎，轮制而成。内底、肩部及腹部上部施青釉，脱釉严重。口径 8.3、腹径 18.7、底径 9.7、

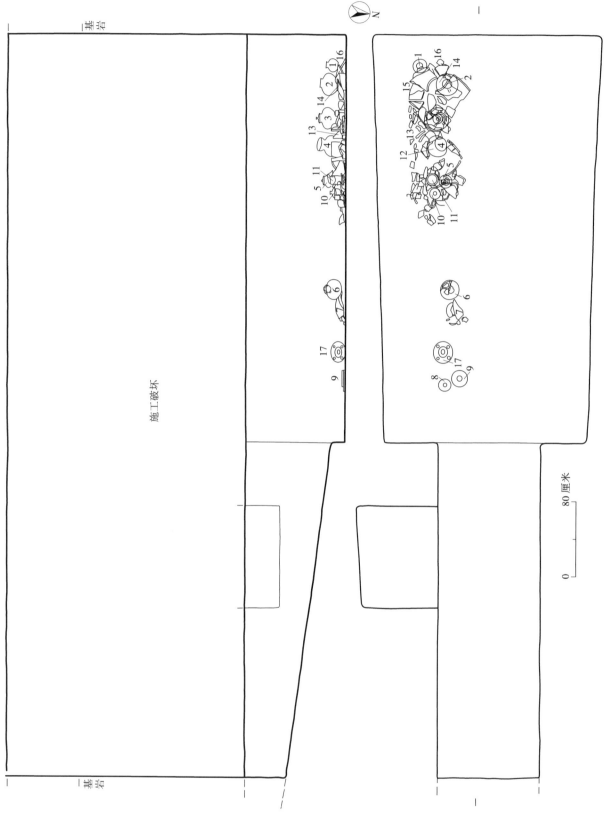

图 1-15A 七里亭汉墓 M27 平、剖面图

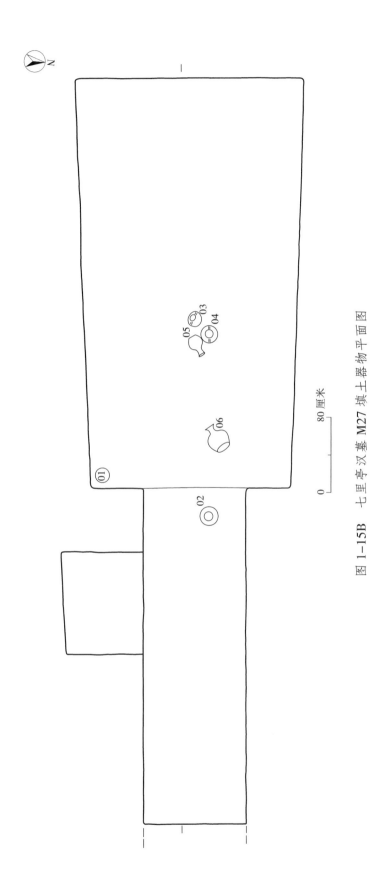

图 1-15B　七里亭汉墓 M27 填土器物平面图

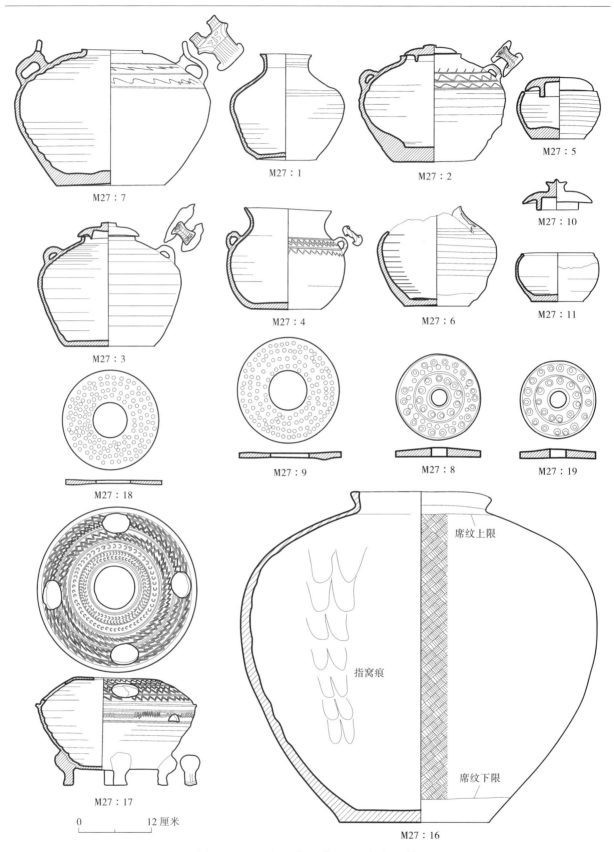

图 1－15C   七里亭汉墓 M27 出土器物

1~3. 釉陶罐   4. 釉陶鋬形罐   5、11. 釉陶钵   6. 釉陶壶   7. 釉陶瓿   8、9、18、19. 釉陶璧   10. 釉陶器盖   16. 硬陶罍
17. 釉陶熏炉

高 16.8 厘米（图 1 - 15C；彩版 1 - 22，2）。

釉陶鏊形罐 1 件。

M27：4，圆唇，敞口，束颈，溜肩，鼓腹，平底。肩部饰对称绞索耳一对。肩部饰两组弦纹和两组水波纹。灰胎，耳部为手制，其余部位轮制而成。口内侧及肩部、上腹部施釉，脱釉严重。口径 14.2、腹径 19.5、底径 11.7、高 15.9 厘米（图 1 - 15C；彩版 1 - 22，4）。

硬陶罍 5 件。M27：12 ~ 15，残碎，不可复原。

M27：16，方唇，直口，矮颈，弧肩，鼓腹，平底。腹部满饰拍印席纹。灰陶，泥条盘筑而成，内壁有明显指窝痕。口径 22.9、腹径 58.3、底径 24.6、高 52.5 厘米（图 1 - 15C）。

釉陶钵 2 件。方唇，敛口，鼓腹，平底。青灰色胎，轮制。

M27：5，弧形盖，顶部捉手残缺。盖顶、上腹部及内底施青釉，釉面光滑。口径 12.3、底径 8.6、通高 9.8 厘米（图 1 - 15C；彩版 1 - 23，1）。

M27：11，上腹部及内底施青釉，脱釉严重。壁面呈酱褐色。口径 12.3、底径 8.5、高 7.7 厘米（图 1 - 15C）。

釉陶器盖 1 件。

M27：10，覆钵形，顶部有一个捉手。弧腹、直口。素面。灰褐色胎，外壁施青釉，脱釉严重。盖径 11.5、高 4.8 厘米（图 1 - 15C；彩版 1 - 23，2）。

釉陶熏炉 1 件。

M27：17，盖与器身合为一体。覆钵形盖，盖顶平。器身宽平沿、弧腹、平底，底附四个蹄形足。盖上共饰五组弦纹。盖顶饰三组细弦纹，弦纹间饰两组戳印半环形指甲纹。盖身饰两组细弦纹，弦纹间饰三组水波纹。盖顶中心为一个大的圆形镂孔，盖身环绕四个圆形镂孔，上腹设一个拱形镂孔。器身上腹部饰两组弦纹，弦纹间为一组水波纹。灰胎，蹄足为手制，其余部位轮制而成，盖满施青釉，脱釉严重。口径 6.1、沿直径 26.5、底径 13.6、通高 17 厘米（图 1 - 15C；彩版 1 - 22，3）。

釉陶璧 4 件。圆饼形，中间有孔。正面及边缘满施青釉，局部脱釉。灰胎。

M27：9，正面满饰戳印圆圈纹。反面见有垫烧痕迹。外径 16.8、内径 6.5、厚 0.6 ~ 0.9 厘米（图 1 - 15C；彩版 1 - 23，3）。

M27：18，正面满饰戳印圆圈纹。反面见有垫烧痕迹。外径 15.7、内径 5.7、厚 0.5 ~ 0.8 厘米（图 1 - 15C；彩版 1 - 23，4）。

M27：19，正面饰三组弦纹，弦纹之间刻划有双圆圈纹。外径 12.3、孔径 2.6、厚 1 ~ 1.4 厘米（图 1 - 15C）。

M27：8，正面饰三组弦纹，内圈弦纹之间刻划有双圆圈纹，外圈弦纹之间刻划一圈单圆圈纹和一圈双圆圈纹。外径 13.8、孔径 2.8、厚 0.9 ~ 1.4 厘米（图 1 - 15C）。

填土出土器物，共 6 件：

釉陶壶 3 件。圆唇，盘口微现，高束颈，弧肩，鼓腹。口部、颈部各饰两组弦纹，弦纹间均为一组水波纹，上腹部饰有对称半环耳一对，耳部饰叶脉纹。上腹部饰一道弦纹，弦纹以下为一组水波纹。灰胎，耳部为手制，其余部位轮制而成。

M27：02，矮圈足。腹部饰旋纹。口、底内侧，肩部及腹部上部施青黄釉，釉面玻化程度较好。口

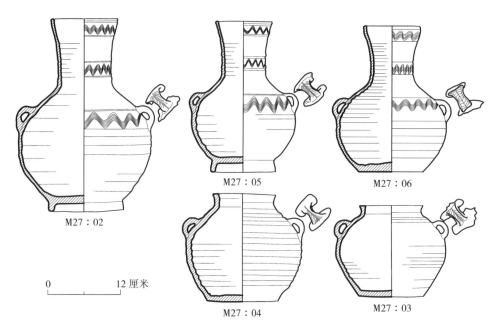

图1-15D　七里亭汉墓 M27 填土出土器物
02、05、06. 釉陶壶　03、04. 釉陶罐

径11、腹径21.7、底径12.3、高30.2厘米（图1-15D；彩版1-24，1）。

M27:05，矮圈足。口内侧、肩部及腹部上部施釉，脱釉严重。口径9.3、腹径17.1、底径10.6、高23.9厘米（图1-15D；彩版1-24，2）。

M27:06，平底。口、底内侧，肩部及腹部上部施青黄釉，釉面玻化程度较好。口径9.3、腹径17.9、底径10.6、高23.2厘米（图1-15D）。

釉陶罐　2件。侈口，方唇。弧肩，鼓腹。平底。肩部饰对称半环耳一对，耳部饰叶脉纹，耳部为捏制，其余部位轮制而成。

M27:03，矮直颈。肩部饰有三道旋纹。红褐胎，脱釉。口径10.2、腹径17.8、底径10.4、高14.5厘米（图1-15D；彩版1-24，3）。

M27:04，束颈，器形不甚规整。肩部及腹部满饰旋纹。夹砂灰胎。肩部及腹部上部施釉，釉脱落严重。口径10.3、腹径18.9、底径11.7、高16.9厘米（图1-15D；彩版1-24，4）。

铁釜　1件。

M27:01，锈残。

M28

墓葬位于小白虎山西端南坡，地表种植桃树，未见明显封土堆。方向100度，与M29为并穴合葬墓，两墓并列，M28在南后葬，M29在北先葬，两墓西壁形成错角，其东部被M18打破，其余保存较完整，与M29界限不甚分明。墓坑均开于灰色基岩上，坑壁竖直，修制规整。M28墓底高于M29墓底约28厘米，口略大于底。长467、宽200、深120厘米，墓口距离地表约130厘米。墓内填土呈黄褐色，较坚硬，未见人骨、葬具痕迹，墓底较平（图1-16A；彩版1-25，1）。

随葬品位于墓底西端，共8件，器形包括釉陶瓶、罐、钵和硬陶罍。

图 1 – 16A 七里亭汉墓 M28 和 M29 平、剖面图

釉陶瓿 1 件。

M28：8，方唇，直口，矮颈，广肩，上腹鼓，下腹弧收，平底微凹。灰胎，器身轮制而成。底部下附三个小瓦足。肩部两侧贴饰对称铺首衔环耳一对，耳上翘，高于口唇，耳上部为兽面纹，耳下部为栉齿纹，环上饰篦点纹。肩部饰五组弦纹，上部弦纹之间为折线状篦点纹，中部弦纹之间为之字状

篦点纹，下部三组弦纹之间为两组水波纹。腹部为拍印席纹，席纹排列不规则，部分席纹被涂抹。外壁在口沿至腹上部施青釉，内壁在口沿和底部施青釉，有脱釉，外壁肩部有一处积釉。口径 14.7、腹径 44.2、底径 23.9、高 33.3 厘米（图 1 – 16B）。

釉陶罐 2 件。方唇，直口，矮颈，弧肩，上腹鼓，下腹弧收，平底微凹。灰胎，轮制而成。脱釉。

M28：2，口径 11.9、腹径 24.9、底径 11.4、高 21.7 厘米（图 1 – 16B）。

M28：7，口径 9.6、腹径 18.7、底径 9.7、高 14.5 厘米（图 1 – 16B；彩版 1 – 25，2）。

硬陶罍 2 件。方唇，直口微侈，矮颈，广弧肩，鼓腹，上腹圆鼓，下腹弧收，腹的最大径偏上，平底微凹。灰胎硬陶，泥条盘筑而成。

M28：1，肩部到下腹满饰复线回字交叉纹。肩部及上腹部施釉，脱釉严重。口径 21.8、腹径 52.5、底径 21.5、高 45 厘米（图 1 – 16B）。

M28：3，肩、腹部遍饰方格纹。外壁肩部至腹中上部施黄釉，内壁在口沿处施黄釉，脱釉严重。口径 24、腹径 54.1、底径 22.3、高 45.7 厘米（图 1 – 16B）。

釉陶钵 3 件。方唇，直口，弧腹。素面，轮制而成。

M28：4，凹底。黄褐色胎。口外侧及钵内底施青釉，脱釉严重。口径 12.7、底径 7.3、高 5.2 厘米（图 1 – 16B；彩版 1 – 25，3）。

M25：5，平底。黄褐色胎。脱釉。口径 12.5、底径 7.2、高 5.1 厘米（图 1 – 16B；彩版 1 – 25，4）。

M28：6，平底。灰胎。外底粘有烧结块。口外侧及钵内底施青釉。口径 12.4、底径 6.6、高 5.2 厘米（图 1 – 16B；彩版 1 – 25，5）。

M29

墓葬位于小白虎山西端南坡，地表种植桃树，未见明显封土堆。方向 97 度，与 M28 为并穴合葬墓，两墓并列，M28 在南先葬，M29 在北后葬，两墓西壁形成错角，其东部被 M18 打破，其余保存较完整，与 M28 界限不甚分明。墓坑均开于灰色基岩上，坑壁竖直，修制规整。M29 墓底低于 M28 墓底约 28 厘米，口略大于底，长 458、宽 180、深 180 厘米，墓口距离地表约 106 厘米。墓内填土呈黄褐色，较坚硬，未见人骨、葬具痕迹，墓底较平，墓底中部发现一条水沟（图 1 – 16A；彩版 1 – 25，1）。

随葬品均位于墓底西端，共 14 件，器形包括釉陶壶、瓿、钵、角形器，陶罐和硬陶罍。

釉陶壶 1 件。

M29：3，喇叭口，束颈，溜肩，鼓腹，高圈足外撇。肩部两侧饰对称半环耳，耳部饰叶脉纹，耳上下两端饰鬼眼纹。肩部饰三组细弦纹，弦纹之间饰水波纹。水波纹在靠近耳部处有少部分断裂，原水波纹应是连续的一圈，靠近耳部的水波纹则因为后来粘贴耳部时被抹掉了一部分。外壁在颈下部至腹上部施青釉，内壁在口沿和底部施青釉，脱釉严重。灰褐胎，轮制，外壁有轮制痕迹。耳部为手制。内壁膨胀起泡严重。口径 11.3、腹径 20、足径 12.1、高 24.8 厘米（图 1 – 17；彩版 1 – 26，1）。

釉陶瓿 2 件。方唇，直口，矮颈，鼓腹。

M29：6，弧肩，下腹弧收，平底微凹。肩部饰三组弦纹，弦纹之间分别为一组水波纹和戳印篦齿

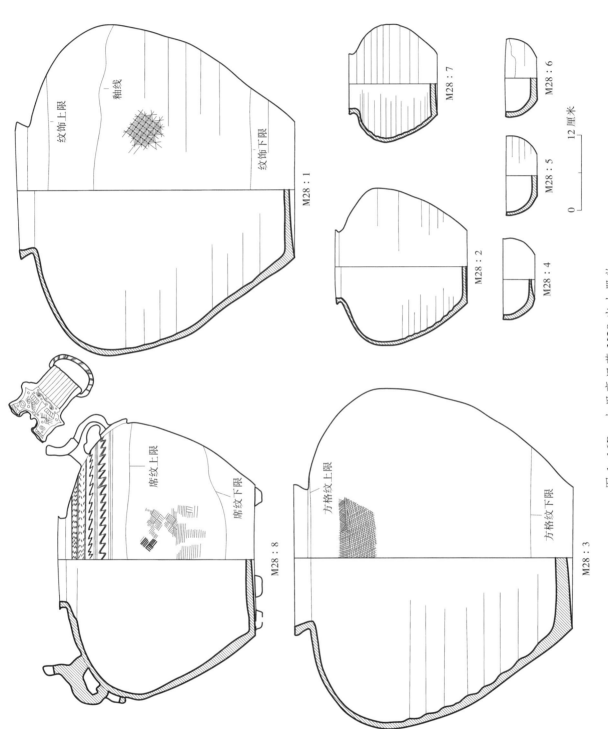

图 1-16B　七里亭汉墓 M28 出土器物

1、3. 硬陶罍　2、7. 釉陶罐　4~6. 釉陶钵　8. 釉陶瓿

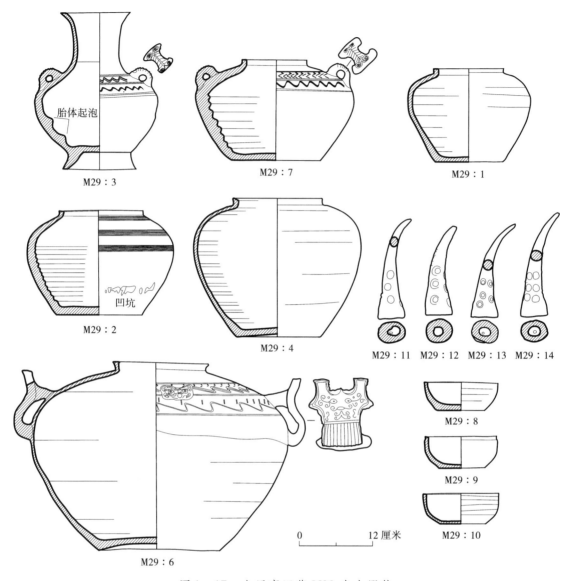

图 1－17　七里亭汉墓 M29 出土器物
1、2、4. 陶罐　3. 釉陶壶　6、7. 釉陶瓿　8～10. 釉陶钵　11～14. 釉陶角形器

竖纹及一组水波纹和戳印篦齿八字纹。肩部左右饰对称铺首耳一对，耳上部饰兽面纹，下部饰栉齿纹。肩部前后贴塑对称兽面纹一对。灰胎，耳部为模制，其余部位轮制而成。口部、肩部及上腹部施青黄釉，釉面玻化程度较好。口径 15.6、腹径 42、底径 20.6、高 29.3 厘米（图 1－17）。

M29：7，广肩，平底。肩部两侧饰对称半环耳，耳部饰叶脉纹，耳上下两端饰鬼眼纹。肩部饰三组细弦纹，上部弦纹之间饰折线状戳印篦点纹，下部弦纹之间饰水波纹。外壁在肩部和腹上部施青釉，脱釉严重。灰胎。轮制，器内外壁轮制痕迹明显。口外径 10.7、腹径 26、底径 14.7、高 15.9 厘米（图 1－17；彩版 1－26，2）。

陶罐 3 件。方唇，直口，矮颈，弧肩，上腹鼓，下腹弧收，平底。轮制而成。

M29：1，素面。红褐色胎。口径 11.9、腹径 20.1、底径 11、高 15 厘米（图 1－17；彩版 1－26，6）。

M29：2，肩部饰三组细弦纹。灰胎。外壁腹部有不规则状浅凹窝坑，应为烧造前痕迹。口径 13.7、腹径 24、底径 14、高 16.8 厘米（1－17；彩版 1－26，7）。

M29：4，素面。红褐色胎。口径 14.8、腹径 27.6、底径 13.9、高 22.1 厘米（图 1－17）。

硬陶罍　1 件。

M29：5，残碎，不可复原。直口，鼓腹，平底。腹部满饰拍印席纹。

釉陶钵　3 件。方唇，束口，弧腹，平底。素面。灰胎，轮制而成。

M29：8，外壁在口沿和口沿下部施青釉，内壁遍施青釉，脱釉严重。口径 12.2、底径 7.7、高 4.6 厘米（图 1－17；彩版 1－26，3）。

M29：9，脱釉。口径 11.6、底径 7.5、高 5.1 厘米（图 1－17；彩版 1－26，4）。

M29：10，脱釉。口径 12.4、底径 7.5、高 4.8 厘米（图 1－17；彩版 1－26，5）。

釉陶角形器　4 件。角状，下部中空。灰白胎。器身一侧施青釉。

M29：11，下部饰圆圈纹。底径 4.3、底部洞深 3、高 15.8 厘米（图 1－17；彩版 1－27，1）。

M29：12，器身通体饰双圈戳印纹。底径 4.3、底部洞深 3.7、高 14.2 厘米（图 1－17）。

M29：13，下部饰双圆圈纹。底径 4.3、底部洞深 2.6、高 15 厘米（图 1－17；彩版 1－27，2）。

M29：14，下部饰单圆圈纹。底径 4.2、底部洞深 2.4、高 16.2 厘米（图 1－17；彩版 1－27，3）。

二　砖椁墓

共 2 座，分别是 M9 和 M13，均位于小白虎山南坡，坐落在 M11 和 M12 南北两侧。

M9

墓葬位于小白虎山南坡，南距 M8 约 2 米，北距 M11 约 1.85 米，保存完整。长方形砖椁墓，方向 90 度。墓葬营建方式为：先于红褐色生土上开挖长方形墓圹，后砌墓壁，再平铺底砖。墓壁呈顺向错缝平铺叠砌，除东壁高出 2 皮砖微现收分外，其余三壁顶部均在同一水平面上，垒砌十分规整考究，北壁因挤压略内弧。墓底砖呈横向对缝三排平铺，铺砌疏散。墓口距地面深 100 厘米，墓内长 336、宽 128、深 98 厘米。墓内填土为黄色五花土，土质疏松，较为纯净，未见散落的墓砖。墓砖均为青砖，榫卯结构，砖长侧面均模印几何纹饰，墓砖规格为长 38、宽 16、厚 6.5 厘米（图 1－18A；彩版 1－28）。

随葬品均位于墓底东端，共 8 件。器形包括釉陶壶、罐，陶灶和硬陶罍。

釉陶壶　1 件。

M9：5，方唇，盘口，束颈，弧肩，鼓腹，小平底。盘口上下端、颈部下端各饰一组弦纹，肩部饰两组弦纹。肩部贴饰对称半环耳一对，耳部主体饰叶脉纹，上下端饰鬼眼纹。腹部满饰旋纹。红褐色胎，夹砂质。耳部为手制，其余部位为轮制。脱釉。口径 12.2、腹径 21.5、底径 9.6、高 28.8 厘米（图 1－18B；彩版 1－29，1）。

陶罐　5 件。侈口，矮颈，弧肩，鼓腹，平底。肩部贴饰对称半环耳一对，耳部饰叶脉纹。肩部及腹部满饰旋纹。耳部为手制，其余部位为轮制。

方唇　3 件。无釉。

M9：2，一耳残缺。红褐色胎。口径 11.3、腹径 15.6、底径 7.8、高 13.4 厘米（图 1－18B）。

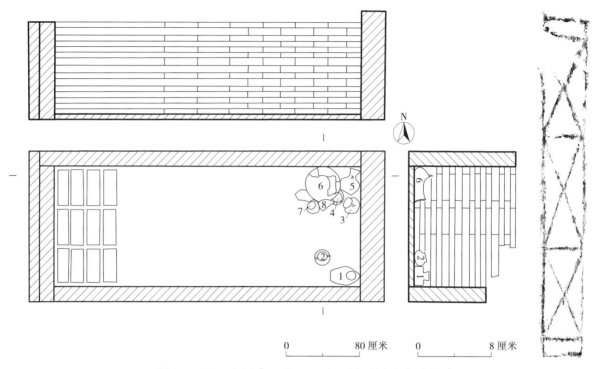

图 1–18A　七里亭汉墓 M9 平、剖面图及墓砖拓片

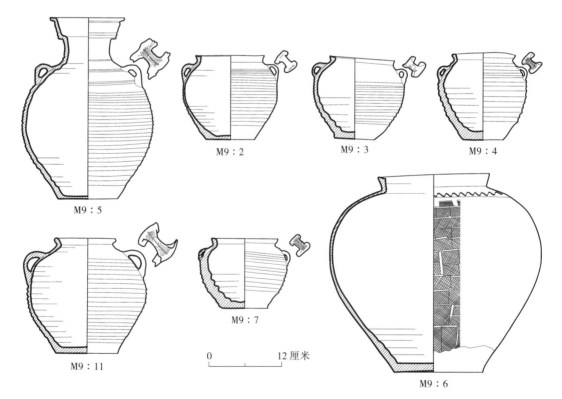

图 1–18B　七里亭汉墓 M9 出土器物

2~4、7、11. 陶罐　5. 釉陶壶　6. 硬陶罍

M9:3，斜平沿，器身整体向右倾斜。灰胎。口径10.6、腹径14.7、底径6.5、高12.9厘米（图1－18B；彩版1－29，2）。

M9:7，红褐色胎。口径10.6、腹径14.3、底径7.6、高11.1厘米（图1－18B；彩版1－29，3）。

圆唇 2件。

M9:11，一耳残缺，灰褐色胎。口内侧、肩部及上腹部施釉，脱釉严重。口径10.2、腹径19.6、底径10.1、高18.3厘米（图1－18B；彩版1－29，4）。

M9:4，未施釉。口径10.1、腹径14.4、底径6.5、高13.8厘米（图1－18B；彩版1－29，5）。

硬陶罍 1件。

M9:6，方唇，敞口，矮颈，弧肩，鼓腹，平底。肩部饰两道弦纹，其间饰一组水波纹，腹部满饰拍印斜方格纹。胎体颜色自上而下由紫褐色变成红褐色，泥条盘筑而成。上部及内底施釉，釉层几乎脱落殆尽。口径18.1、腹径34.4、底径14.5、高31.4厘米（图1－18B）。

陶灶 1件。

M9:1，泥质灰陶，残碎。灶上附釜尚存，直口，弧腹，圜底。口部附对称双耳。口径4.9、高3厘米。

M13

墓葬位于小白虎山南坡，南距M12约1.9米，早期被盗。长方形砖椁墓，方向90度。墓葬营建方式为：先于红褐色生土上开挖长方形墓圹，再砌墓壁，后用木板封顶。由封土和砖椁组成，封土遭到严重破坏，高度不明。砖椁呈长方形，墓壁共13皮，呈顺向错缝平铺叠砌，四壁顶部均在同一水平面

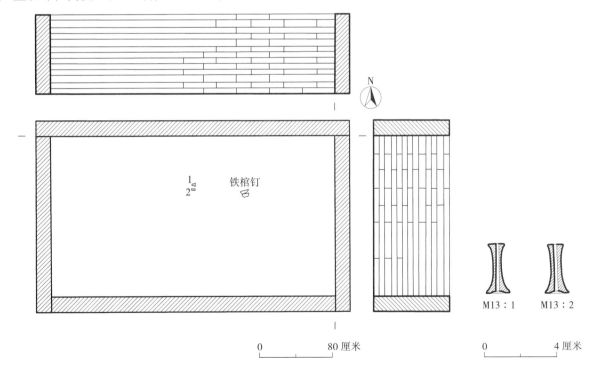

图1－19 七里亭汉墓M13平、剖面图及出土器物
1、2. 琉璃耳瑱

上，垒砌十分规整考究，上部原来应铺盖一层木质盖板，因年代久远、盗扰严重，盖板痕迹已不见。墓底为生土面，十分平整。墓口距地面深约90厘米，墓内长312、宽170、深85厘米。墓内填土为黄色五花土，上部疏松，下部略硬，较为纯净，未见散落的墓砖，未见人骨，发现一枚铁棺钉。墓砖均为青砖，榫卯结构，砖长侧面均模印几何纹饰，墓砖规格为长38、宽16、厚6.5厘米（图1-19；彩版1-30，1、2）。

随葬品位于墓底中部，仅见2件琉璃耳瑱。

琉璃耳瑱　2件。喇叭状，中空（彩版1-30，3）。

M13：1，浅蓝色。高2.6厘米（图1-19）。

M13：2，深蓝色。高2.6厘米（图1-19）。

三　砖室墓

共2座，分别是M6和M7。

M6

墓葬位于白衣山南坡，东南距M7约10米，该墓破坏严重，前部及顶无存。长方形砖室墓，方向90度。墓葬营建方式为：先于红褐色生土上开挖长方形墓圹，再砌壁，最后铺底。墓壁较厚，砌壁方式为一皮两排纵向平铺，一皮横向平铺，二者交叉叠砌。墓底呈横向错缝平铺。墓室内长342、宽

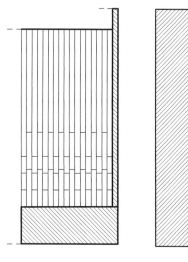
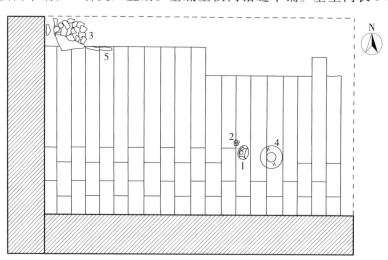
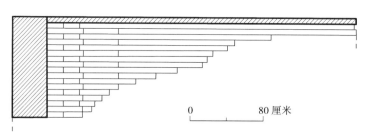

图1-20A　七里亭汉墓M6平、剖面图

180、残高92厘米。墓砖均为长方形青砖，向内壁一侧的长侧面均模印几何纹饰，墓砖规格为长40、宽16、厚6厘米。墓室填土为五花土（图1-20A；彩版1-31，1）。

随葬品置于墓底东北角和前部偏南侧，有陶器、铜器、铁器和铜钱等，共5件（组），器形包括陶罐，硬陶罍，铁刀，铜镜和铜钱。

陶罐 1件。

M6：4，侈口，矮束颈，溜肩，鼓腹，平底微凹。肩部贴饰对称半环耳一对。肩腹部饰弦纹，耳部饰叶脉纹。红色胎，夹砂质。口径11.2、腹径16、底径8、高13.9厘米（图1-20B）。

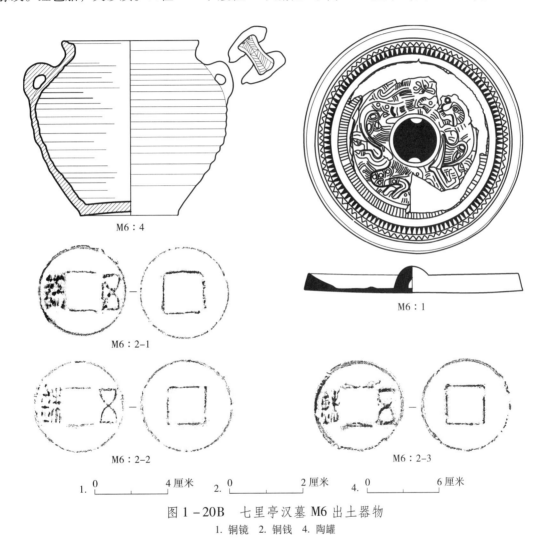

图1-20B　七里亭汉墓M6出土器物
1. 铜镜 2. 铜钱 4. 陶罐

硬陶罍 1件。

M6：3，残碎，无法复原，器形可辨。方唇，直口，弧肩，鼓腹，平底。腹部满饰拍印席纹。灰胎。上部施釉，脱釉殆尽。

铜镜 1件。

M6：1，龙虎镜，残碎，拼对后局部残缺，除镜缘局部有绿锈沁入镜体外，其余均闪露着青黑色的金属光泽。镜面微弧。圆钮，圆钮座。内区左右浮雕龙虎张口对视。外有两周弦纹和一周栉齿纹。外区由内向外分别饰锯齿纹、弦纹、水波纹和弦纹。直径12、厚1.1厘米（图1-20B）。

铜钱　1串。

M6:2，五铢钱，粘连成一串，大小形制类似。圆形方穿钱，郭径2.5、厚0.1厘米。钱正面穿外无郭，背面穿外有郭。正面穿外有篆文"五铢"二字，钱纹字口清晰，字体较小。"五"字中间两笔略呈弧曲形相交，"铢"字的金字头较小，朱字上下两笔弧曲较甚（图1-20B）。

铁刀　1件。

M6:5，锈残，长条形。残长28.5厘米。

M7

墓葬位于白衣山南坡，西北距M6约10米，该墓已盗扰，券顶已塌陷于墓室内。长方形券顶砖室墓，方向90度。墓葬的营建方式为：先于红褐色生土上开挖长方形墓圹，后平铺墓底，再砌壁、券顶，最后封门。墓葬由封门和墓室组成。封门位于墓室前壁正中前端，保存完好，封门砖呈横向平砖错缝叠砌，垒砌规整。封门之上为拱券顶，共6皮，顶部2皮遭破坏。封门宽100、厚35、高120厘米。墓室呈长方形，墓壁较厚，垒砌两排，呈顺向错缝平铺叠砌，下起第22皮砖开始起券。墓底砖呈横向错缝平铺。墓室内长478、宽200、内高182厘米。墓砖均为长方形榫卯砖，向内壁的长侧面均模印几何纹饰，墓砖规格长35、宽14、厚6厘米。墓室填土为五花土，夹杂较多砖块及少量陶片（图1-21；彩版1-31，1、2）。

该墓早期被盗，随葬品无存。

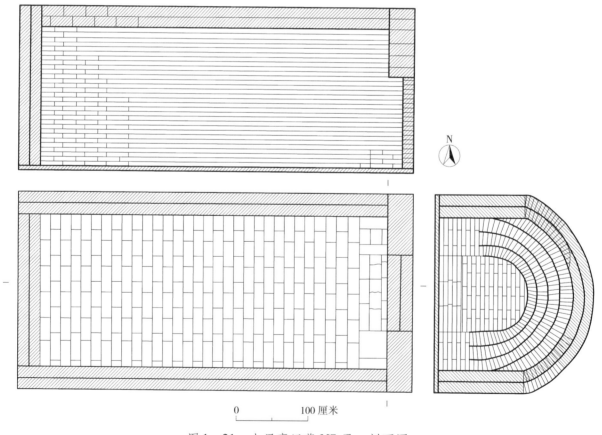

0　　　　　　　100厘米

图1-21　七里亭汉墓M7平、剖面图

第三章　晋　墓

共7座。

M5

墓葬位于桃山南坡，北临M4，西临M3，上部券顶已塌陷于墓室内，墓室保存完整。凸字形券顶砖室墓，方向186度。墓葬的营建方式为：先于黄色基岩上开挖长方形墓圹，后铺底砖，再砌壁、券顶，最后封门。由墓门、甬道和墓室组成。墓门位于甬道前端，宽82、厚38、高100厘米，门砖呈人字形叠砌，不甚规整。甬道位于墓室南壁偏东侧，券顶保存完整，为双券结构，壁砖呈三顺一丁叠砌。长50、宽82、内高100厘米。墓室呈长方形，长430、宽160、残高192厘米，壁砖从下往上先砌四组三顺一丁砖，其上为顺向错缝平铺叠砌，自顺砖开始起券。墓底砖呈人字形平铺。墓砖均为青砖，有长方形和楔形两种，长方形砖规格为长38、宽16、厚5厘米，楔形砖规格为长38、宽16、厚3～5厘米。少量楔形砖长侧面可见模印铭文，铭文内容为"咸和……"，部分砖侧面饰模印几何纹。墓室填土为灰色五花土，上部夹杂大量塌陷至墓室内的砖块，填土土质坚硬，清理困难。未见人骨和葬具痕迹（图1-22A；彩版1-32，1）。

随葬品遍布墓底，墓室中部西侧器物较少，可能该处是置放葬具处。墓内出土大量青瓷器和少量铜器、银器，共64件。器形包括青瓷盘口壶、唾壶、鸡首壶、扁壶、罐、盆、砚、碗、灯盏，铜镳斗、铜镜和银环等（彩版1-32，2）。

青瓷盘口壶　2件。圆唇，束颈，弧肩，鼓腹。灰白色胎，轮制而成。

M5：1，平底微凹。肩部饰一对半环耳，右耳上有一处粘接痕迹。肩部上下各饰一组细弦纹，下部弦纹不连贯。器表大部分施青釉，腹部下部和底部不施釉，有流釉现象。器内壁在口沿和颈部施青釉。外底有五个支烧痕迹。外壁腹中下部有一处不规则凹坑，应是制胎时碰撞造成，未修整而直接施釉。口径7.4、腹径12、底径6.5、高13.2厘米（图1-22B；彩版1-32，1）。

M5：8，凹底。器形不规整。肩部饰素面对称半环耳一对，口部外侧施有两道弦纹，在颈部施有一道弦纹，肩部施有两道细弦纹。在口部内侧和器身外侧中上部施青釉，近底部和底部不施釉。口径13.8、腹径19.7、底径10.2、高22.3厘米（图1-22B；彩版1-33，2）。

青瓷鸡首壶　1件。

M5：33，圆唇，束颈，溜肩，鼓腹，平底微凹。肩部右侧饰鸡头（鸡头形象较为模糊），左侧饰鸡尾。肩部前后饰一对半环耳。肩部饰两组细弦纹，弦纹之间饰方格纹。灰白色胎，肩部的耳、鸡头、

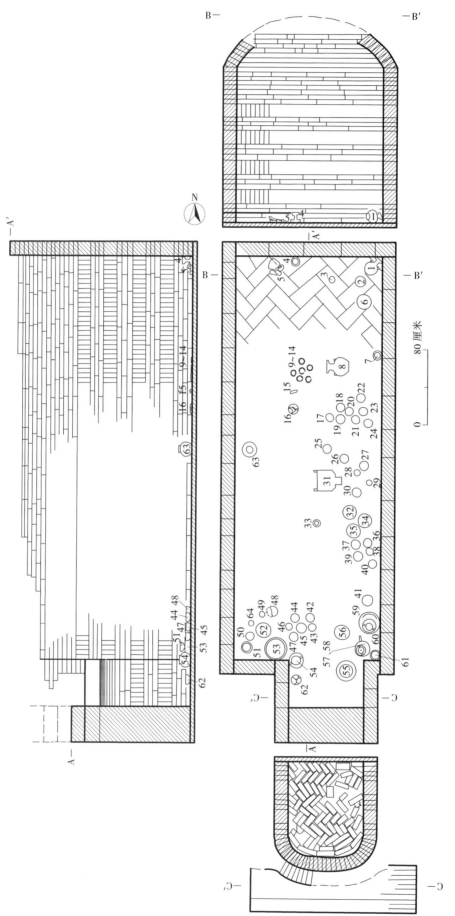

图 1-22A　七里亭东晋墓 M5 平、剖面图

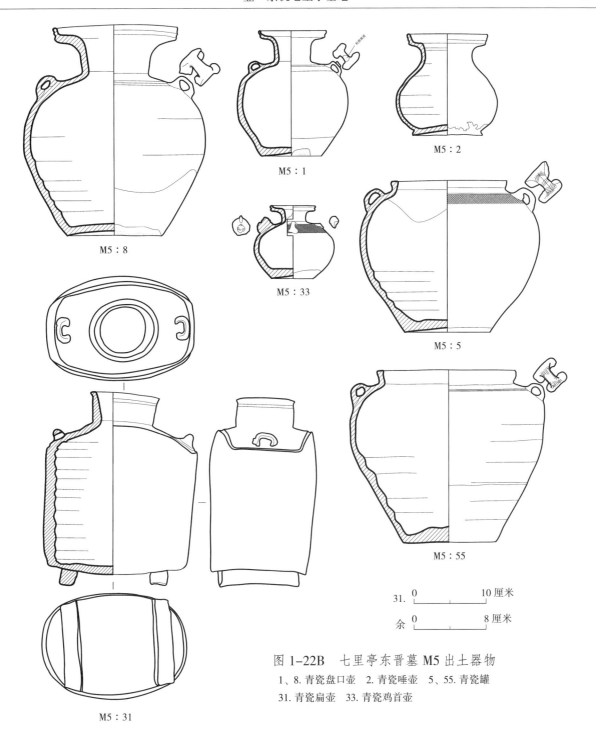

M5：1

M5：2

M5：8

M5：33

M5：5

M5：31

M5：55

31. 0 ——————— 10 厘米

余 0 ——————— 8 厘米

图 1-22B　七里亭东晋墓 M5 出土器物

1、8. 青瓷盘口壶　2. 青瓷唾壶　5、55. 青瓷罐

31. 青瓷扁壶　33. 青瓷鸡首壶

鸡尾为手制，其余轮制而成。底部有四个支烧痕迹。外壁大部分施青釉，近底处和底部未施釉。内壁在口沿部分施青釉。口径5、腹径8.7、底径5.1、高7.7厘米（图1-22B；彩版1-34，1）。

青瓷唾壶　1件。

M5：2，圆唇，束颈，溜肩，鼓腹，平底微凹，矮圈足。口部外侧及颈部内侧各饰有两道细弦纹。灰白色胎，轮制而成。外底有六个支烧痕迹。在口部内侧及器身外侧满施青釉，釉面玻化程度较好。底部不施釉。口径9.1、腹径11.4、底径7.6、高10.8厘米（图1-22B；彩版1-34，2）。

青瓷扁壶　1件。

M5：31，方唇，直口，斜肩，直腹，近平底，底部贴有两个长方体形支脚，整体形状略倾斜。肩部饰一对横耳，口沿下和颈下部各饰一组细弦纹。灰黄色胎，泥条盘筑，内壁肩部与腹部接茬明显，内壁泥条痕迹明显。耳部和支脚为手制。器表施青釉，两个支脚底部未施釉。器内壁口沿部位施青釉，底部散落釉滴。口径9.7、腹径20.7、底径19、高25.6厘米；支脚均宽2.1、分别长11.4和11.2厘米（图1-22B；彩版1-35，1）。

青瓷罐 8件。矮直颈，溜肩，鼓腹。肩部饰一对半环耳。灰胎或灰白色胎，耳部为手制，其余部位均轮制而成。在口内侧以及器身外侧中上部施青釉，釉面玻化程度较好，有流釉现象。近底部及底部不施釉。

M5：54，直口，圆唇，耳为素面，平底微凹。肩部饰一组细弦纹。外底有五个支烧痕迹。口径10.6、腹径15.2、底径7.5、高11.7厘米（图1-22C；彩版1-35，2）。

M5：56，直口，圆唇，耳为素面，近平底。在颈部和肩部各饰有两道细弦纹。外底有五个支烧痕迹。口径10.6、腹径15.2、底径7.4、高11.6厘米（图1-22C）。

M5：57，直口，圆唇，耳为素面，平底内凹。在肩部前后贴塑兽面铺首一对。在肩部饰有三道细弦纹，在颈部饰有两道弦纹。外底有五个支烧痕迹。口径10.6、腹径15.6、底径7.2、高12.3厘米（图1-22C；彩版1-36，1）。

M5：59，直口，圆唇，耳为素面，平底微凹。在颈部和肩部各饰有两道细弦纹。外底有五个支烧痕迹。近底部及外底不施釉。口径10.4、腹径15.3、底径7.1、高12.3厘米（图1-22C；彩版1-36，2）。

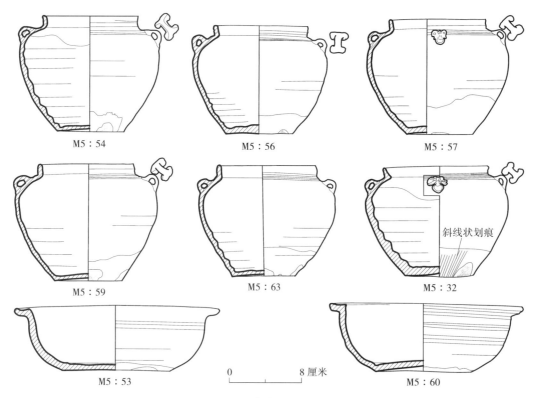

图1-22C　七里亭东晋墓M5出土器物
32、54、56、57、59、63. 青瓷罐　53、60. 青瓷盆

M5 : 63，直口，圆唇，耳为素面，平底内凹。在颈部饰有一道弦纹，肩部饰有两道细弦纹。外底有六个支烧痕迹。口径 10.8、腹径 15.1、底径 6.9、高 11.7 厘米（图 1 - 22C；彩版 1 - 37，1）。

M5 : 5，直口，方唇，平底微凹。耳上饰叶脉纹，肩部上饰一组细弦纹，弦纹下部饰方格纹，方格纹条带宽约 1 厘米。口径 12.6、腹径 19、底径 9.3、高 16.2 厘米（图 1 - 22B；彩版 1 - 37，2）。

M5 : 55，直口微侈，方唇，近平底。耳饰叶脉纹。在颈部饰有一道细弦纹，在肩部饰有两道细弦纹。底部有烟熏痕迹。口径 15.7、腹径 21.3、底径 10.1、高 18.3 厘米（图 1 - 22B；彩版 1 - 38，1）。

M5 : 32，侈口，圆唇，平底微凹。肩部前后贴塑兽面铺首衔环，兽面较为模糊。肩部饰一组细弦纹。腹下部未施釉部位有四处较为明显的划痕，这四处划痕由 5 ~ 10 根数量不等的斜线构成。外底有五个支烧痕迹。口径 11.3、腹径 15.3、底径 7.4、高 11.6 厘米（图 1 - 22C；彩版 1 - 38，2）。

青瓷盆 2 件。斜宽平沿，敞口，弧腹，平底微凹。灰白色胎，轮制而成。

M5 : 53，腹上部饰一组细弦纹。内外壁大部分施青釉，外底部未施釉。外底有九个支烧痕迹，内部有四个支钉痕迹。口径 22.6、腹径 19.3、底径 12.1、高 6.8 厘米（图 1 - 22C；彩版 1 - 39，1）。

M5 : 60，器形不甚规整。口部和颈部各饰有一道弦纹，腹部饰有四道弦纹。在外侧底部见有六个支烧痕迹，在内侧底部亦见有四个支烧痕迹。内壁及底部满施青釉，外侧中上部亦施青釉，近底部及底部不施釉。口径 21.2、底径 10.3、高 7 厘米（图 1 - 22C；彩版 1 - 39，2）。

青瓷碗 34 件。灰胎或灰白胎，轮制而成。器形不甚规整。碗内壁及底部满施青釉，外壁中上部施青釉，近底部及底部不施釉。存在流釉脱釉现象。

直口 31 件。圆唇，浅弧腹，腹部最大径与口径基本一致。内底压圈。

M5 : 6，平底微凹。口沿下部饰一组弦纹。内底有六个支烧痕迹，外底有近一圈瓷胎的黏结痕迹。口径 16、底径 7.9、高 5.8 厘米（图 1 - 22D；彩版 1 - 40，1）。

M5 : 17，平底微凹。内底有三个支烧痕迹。口径 9.3、底径 4.7、高 2.9 厘米（图 1 - 22D；彩版 1 - 40，2）。

M5 : 18，平底微凹。内底有三个支烧痕迹，外底有四个支烧痕迹。口径 10.3、底径 5.6、高 3.2 厘米（图 1 - 22D；彩版 1 - 41，1）。

M5 : 19，平底微凹。内底及外底各有三个支烧痕迹。口径 10.6、底径 5.4、高 3.5 厘米（图 1 - 22D；彩版 1 - 41，2）。

M5 : 20，平底微凹。内底有四个支烧痕迹，外底有三个支烧痕迹。口径 8.3、底径 4.2、高 3 厘米（图 1 - 22D；彩版 1 - 42，1）。

M5 : 21，矮饼足，平底微凹。内底及外底各有四个支烧痕迹。口径 9.8、底径 5.3、高 3.2 厘米（图 1 - 22D；彩版 1 - 42，2）。

M5 : 22，平底微凹。内壁腹部偏下有三个支钉痕迹。外底有三个支烧痕迹。口径 8.2、底径 4.2、高 2.8 厘米（图 1 - 22D；彩版 1 - 43，1）。

M5 : 26，平底微凹。外底有黏结块，内底有四个支烧痕迹。口径 10、底径 5、高 3.3 厘米（图 1 - 22D；彩版 1 - 43，2）。

M5 : 27，平底微凹。内壁腹部偏下有三个支钉痕迹。外底有三个支烧痕迹。口径 10.6、底径 5.4、高 3.5 厘米（图 1 - 22D；彩版 1 - 44，1）。

　　M5：28，平底微凹。腹部外壁一处粘有窑渣。内壁腹部偏下有三个支钉痕迹，应为叠烧。外底部有三个支烧痕迹。口径8、底径4.2、高2.9厘米（图1-22D；彩版1-44，2）。

　　M5：34，平底微凹。口部和腹部各饰有一道弦纹。口径15.4、底径8、高5.2厘米（图1-22D；彩版1-45，1）。

　　M5：35，平底微凹。外壁口部饰有两道弦纹。内底有六个支烧痕迹。外底粘有烧结块。口径15.5、底径8.5、高5.8厘米（图1-22D；彩版1-45，2）。

　　M5：36，平底微凹。内底有三个支烧痕迹，外底有四个支烧痕迹。口径10.3、底径5.4、高3.5厘米（图1-22D；彩版1-46，1）。

　　M5：37，平底微凹。内壁腹部偏下有支钉痕迹。口径10.6、底径5.9、高3厘米（图1-22D；彩版1-46，2）。

　　M5：38，平底微凹。内底及外底各有三个支烧痕迹。口径8.4、底径4.8、高2.9厘米（图1-22D；彩版1-47，1）。

　　M5：39，平底微凹，外底部边缘经过刮抹斜削。内底及外底各有三个支烧痕迹。口径10.2、底径6、高3.3厘米（图1-22D；彩版1-47，2）。

　　M5：43，平底微凹。外底可见斜削痕迹。内壁腹部偏下有六个支钉痕迹。口径9.4、底径5.2、高3.1厘米（图1-22D；彩版1-48，1）。

　　M5：44，平底微凹。内底及外底各有四个支烧痕迹。口径10.2、底径5.0、高3.5厘米（图1-22D；彩版1-48，2）。

　　M5：46，凹底。内壁腹部偏下有三个支钉痕迹。外底有三个支烧痕迹。口径8.2、底径4.1、高3.1厘米（图1-22D；彩版1-49，1）。

　　M5：47，平底微凹。内壁底部有支钉痕迹。外底有三个支烧痕迹。口径10.3、底径5.6、高3.4厘米（图1-22D；彩版1-49，2）。

　　M5：52，平底微凹。素面。内底有三个支烧痕迹。口径15.7、底径8、高5.7厘米（图1-22D；彩版1-50，1）。

　　M5：25，平底微凹。外底见有黏结块，内底有三个支烧痕迹。口径9.4、底径4.7、高3.2厘米（图1-22C）。

　　M5：3，口微敛，浅弧腹，矮饼足，平底微凹。素面。内底及外底各有三个支烧痕迹。口径6.8、底径3.5、高2.3厘米（图1-22C；彩版1-50，2）。

　　M5：23，口微敛，折腹，上腹斜直，下腹弧收，矮饼足，平底微凹，内底压圈。内底及外底各有四个支烧痕迹。外壁存在流釉现象。口径9.2、底径4.8、高3.4厘米（图1-22C；彩版1-51，1）。

　　M5：29，口微敛，弧腹，近平底。素面。外底有三个支烧痕迹。口径6.1、底径3.4、高2.1厘米（图1-22C；彩版1-51，2）。

　　M5：40，口微敛，折腹，上腹斜直，下腹弧收，矮足，平底微凹，内底压圈。外底经过斜削细琢。内底有六个支烧痕迹。口径9.5、底径4.5、高3.3厘米（图1-22D；彩版1-52，1）。

　　M5：45，口微敛，弧腹，近平底素面。外底有三个支烧痕迹。口径6.1、底径3.2、高2.4厘米（图1-22D；彩版1-52，2）。

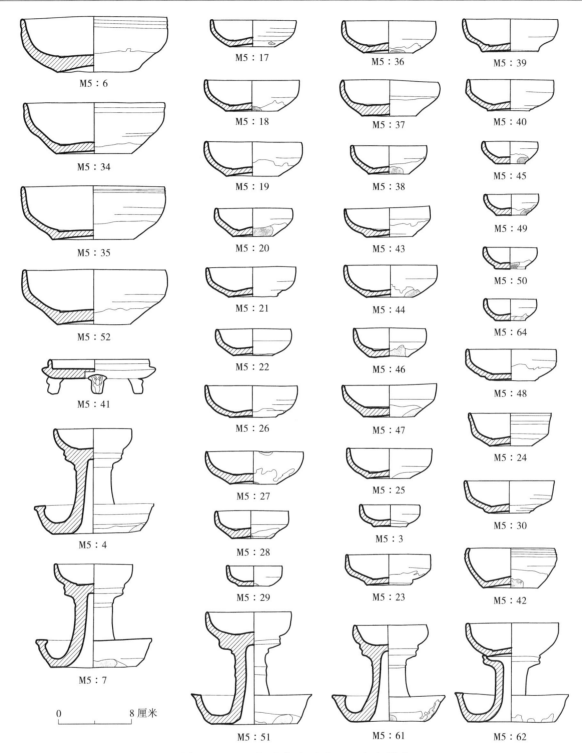

图 1 – 22D　七里亭东晋墓 M5 出土器物

3、6、17~30、34~40、42~50、52、64. 青瓷碗　4、7、51、61、62. 青瓷灯盏　41. 青瓷三足砚

　　M5：49，口微敛，弧腹，近平底。素面。外底有三个支烧痕迹。口径 5.9、底径 3.3、高 2.2 厘米（图 1 – 22D；彩版 1 – 53，1）。

　　M5：50，口微敛，弧腹，矮饼足，近平底。素面。外底有三个支烧痕迹。口径 5.9、底径 3.3、高 2.4 厘米（图 1 – 22D）。

M5：64，口微敛，弧腹，近平底。素面。外底有三个支烧痕迹。口径5.7、底径3.2、高2.3厘米（图1-22D；彩版1-53，2）。

M5：48，折腹，上腹斜直、下腹弧收，矮足，平底微凹，内底压圈。内底有四个支烧痕迹。外底经过斜削。口外径9.9、口内径9.3、腹最大径10.0、底径4.9、外高3.3、内高2.6厘米（图1-22D；彩版1-54，1）。

侈口　2件。圆唇，斜折腹，上腹斜直，下腹弧收，内底压圈。

M5：24，平底微凹。内底有黏结物，外底有三个支烧痕迹。口外径9.0、口内径8.6、腹最大径8.2、底径4.6、外高3.3、内高2.3厘米（图1-22D；彩版1-54，2）。

M5：30，矮饼足。内底有十字形支烧痕迹，外底有四个支烧痕迹。口外径9.9、口内径9.3、腹最大径10.0、底径4.4、外高3.4、内高2.3厘米（图1-22D；彩版1-55，1）。

敛口　1件。

M5：42，圆唇，弧腹，平底微凹。碗外壁口部及腹上部饰有三道弦纹。在碗底内侧及外侧各有四个支烧痕迹。口外径9.8、口内径9.2、腹最大径10.1、底径5.8、外高4.2、内高2.9厘米（图1-22D；彩版1-55，2）。

青瓷三足砚　1件。

M5：41，子口，平底，三足。三足外部均为羊的头部，形象较为模糊。外壁均施青釉，内壁未施釉。灰白胎，器身轮制，足为手制。外底部有四处支钉痕迹，内底部有支烧痕迹。口径11.4、底径11、通高3.6厘米（图1-22D；彩版1-58，1）。

青瓷灯盏　5件。由上部的钵、中部的灯柱以及下部的底座三部分组成。钵为圆唇，直口，钵内底饰有两道弦纹。底座为盘形，平沿，弧腹，底部与中间灯柱贯通。灰白色胎，除底部和近底部不施釉外，其余部位满施青釉。

M5：4，底座底部有五个支烧痕迹。口径8.4、底径9.3、高11厘米（图1-22D；彩版1-56，1）。

M5：7，底座底部有五个支烧痕迹。口径8.4、底径9.2、高10.5厘米（图1-22D；彩版1-56，2）。

M5：62，直口微侈。底座底部有七个支烧痕迹。口径10.1、底径9.4、高10.3厘米（图1-22D）。

M5：51，底座外壁和中间柱内壁有刮削修整痕迹。底部有八个支烧痕迹。口径9.3、底径9.3、高11.4厘米（图1-22D；彩版1-57，1）。

M5：61，在底座和灯柱交接处有刮削修整痕迹。底部有五个支烧痕迹。口径8.6、底外径8.6、高10.2厘米（图1-22D；彩版1-57，2）。

铜镳斗　1件。

M5：58，敞口，斜折沿，上腹斜直，下腹弧内收，圜底。腹部有一个龙形鋬，下腹附三个兽蹄形足。腹部饰四道凸弦纹，足部饰云纹。外底粘满灰烬，为实用器。口径17.2、通高17.5厘米（图1-22E；彩版1-58，2）。

铜镜　1件。

M5：16，四乳四螭镜。除镜缘局部有土沁外，其余均保存着光亮的黑色金属光泽。纽残，其外为两周弦纹和栉齿纹，其外侧为四乳四螭纹，外缘饰栉齿纹，素宽平缘。直径8、厚0.3厘米（图1-22E；彩版1-59，1）。

铜器　1件。

M5:15，残，管状，锈蚀严重。素面。残长6.4、外径1.7、内径1.2厘米（图1-22E；彩版1-59，2）。

银环　6件。均为圆形，素面，表面有一层黑色硫化银。

M5:9，外径6.8、内径6.1、厚0.35厘米（图1-22E；彩版1-59，3）。

M5:10，外径6.9、内径6.2、厚0.35厘米（图1-22E；彩版1-59，4）。

M5:11，外径6.5、内径6、厚0.3厘米（图1-22E；彩版1-59，5）。

M5:12，外径6.5、内径6.1、厚0.3厘米（图1-22E；彩版1-59，6）。

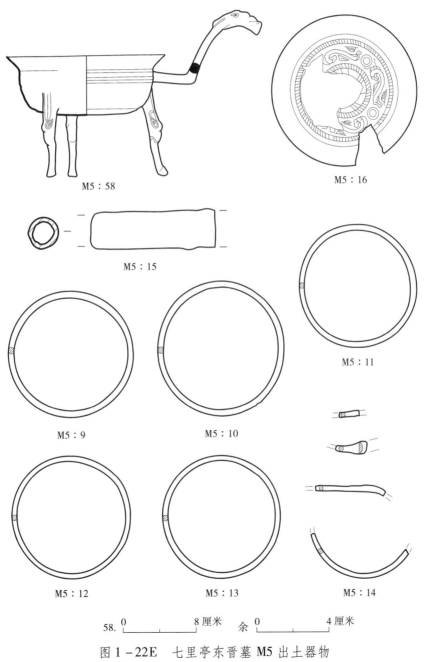

图1-22E　七里亭东晋墓M5出土器物

9~14.银环　15.铜器　16.铜镜　58.铜鐎斗

M5：13，外径6.5、内径6、厚0.3厘米（图1-22E；彩版1-59，7）。

M5：14，外径6.8、内径6.1、厚0.3厘米（图1-22E）。

M14

墓葬位于小白虎山南坡，上部遭到破坏，西部被M16打破。凸字形砖室墓，方向165度。墓葬的营建方式为：先于黄褐色生土上开挖长方形墓圹，后铺底砖，再砌壁，最后封门。由墓门、甬道、前室和后室组成。封门位于甬道前端，宽86、厚34、残高60厘米，门砖呈人字形叠砌，较为规整。甬道位于墓室前壁偏西侧，壁砖呈四顺一丁、三顺一丁叠砌，长60、宽86、残高66厘米。墓室呈长方形，长380、宽150、残高96厘米。前室底砖呈人字形平铺，壁砖从下往上先砌一组四顺一丁砖、再砌一组三顺一丁砖，后室底部高出前室底部5厘米，铺双层底砖，下层呈人字形平铺，上层呈纵横交错平铺，壁砖呈三顺一丁叠砌。壁砖均为青砖，底砖和封门砖多为红砖，仅见长方形砖，规格为长32、宽13、厚5厘米，部分砖侧面饰模印几何纹饰。墓室填土为黄褐色五花土，土质疏松，其内夹杂大量杂乱的砖块。未见人骨和葬具痕迹（图1-23A；彩版1-60，1）。

墓葬被盗，随葬品位于前室墓底西部，仅见一件青瓷罐，填土中发现青瓷盘口壶残件。

青瓷罐　1件。

M14：1，圆唇，直口，矮颈，溜肩，鼓腹，腹部最大径偏上，下腹弧收成小平底，底部微凹。肩部饰有两道弦纹，并饰有对称素面半环耳一对。口部内侧及器身外侧中上部满施青釉，存在脱釉和流釉现象。下部及底部不施釉。灰胎，耳部为手制，其余部位为轮制。外底有四个支烧痕迹。口径8.3、腹径10.6、底径5.8、高10.5厘米（图1-23B；彩版1-60，2）。

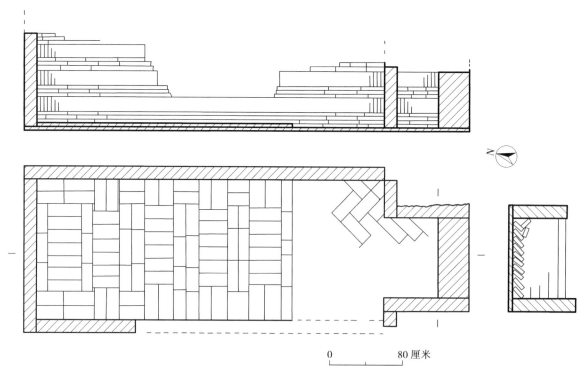

0　　　　　　80厘米

图1-23A　七里亭东晋墓M14平、剖面图

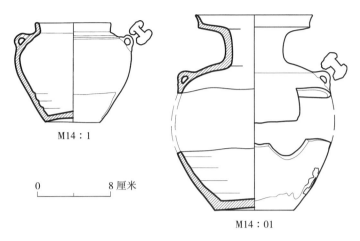

M14 : 01

0   8 厘米

图 1 - 23B　七里亭东晋墓 M14 出土器物
1. 青瓷罐　01. 青瓷盘口壶

青瓷盘口壶　1 件。

M14：01，盘口，矮束颈，弧肩，鼓腹，平底微凹。肩部贴饰对称半环耳一对。肩部饰一道弦纹。青灰色胎，轮制，内壁有明显轮制痕迹。外壁及内壁上腹施青釉，釉面光滑有细小开片，釉色鲜亮，外壁近底处及外底不施釉。口径 12.8、底径 8.7 厘米（图 1 - 23B）。

M15

墓葬位于桃山南坡，前部打破 M19，前部券顶已塌陷于墓室内，墓室保存完整。长方形券顶砖室墓，方向 173 度（图 1 - 24A；彩版 1 - 61）。墓葬的营建方式为：先于灰褐色基岩上开挖长方形墓圹，再砌壁、券顶，后铺底砖，最后封门。由墓门和墓室组成。墓门位于墓室南端，宽 80、厚 25、高 106 厘米，门砖均为断砖，呈人字形叠砌，较为规整。墓室呈长方形，长 330、宽 80、内高 106 厘米，壁

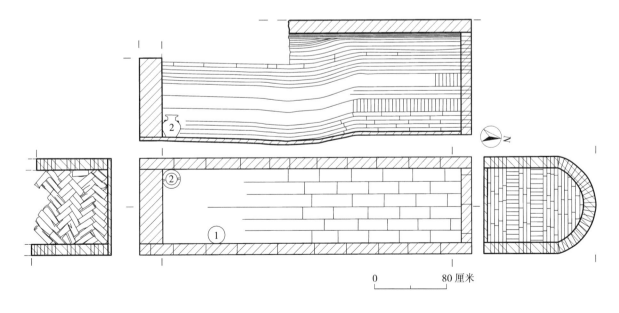

0   80 厘米

图 1 - 24A　七里亭东晋墓 M15 平、剖面图

0   8厘米

图 1-24B　七里亭东晋墓 M15 墓砖拓片

砖从下往上先砌两组三顺一丁砖，其上为顺向错缝平铺叠砌，丁砖上第 4 皮开始起券。墓底砖呈顺向错缝平铺，共 6 排。墓砖多为青砖，有长方形和楔形两种，长方形砖规格为长 34、宽 12、厚 4 厘米，楔形砖规格为长 34、宽 12、厚 3.5~4.5 厘米，少量楔形砖长侧面可见模印铭文，铭文内容为"咸和七年八月十日"，部分砖侧面饰模印人字形几何纹（图 1-24B）。墓室填土为黄色五花土，土质坚硬、疏松，清理困难。未见人骨和葬具痕迹。

随葬品位于墓室前端，共 2 件，器形包括青瓷盘口壶和碗。

青瓷盘口壶　1 件。

M15:2，盘口，矮颈，溜肩，上腹鼓，下腹弧收，外底内凹。肩部贴饰对称半环耳一对。口部及肩部饰弦纹。青灰色胎，轮制，内壁有明显轮制痕迹，外底有支烧痕迹。器表施青釉，釉面光滑有细小开片，釉色鲜亮，外壁近底处及外底不施釉。口径 14.5、底径 10.8、高 24.6 厘米（图 1-24C；彩版 1-62，1）。

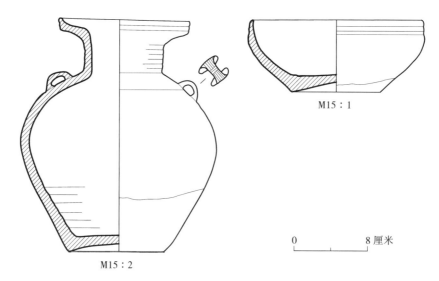

M15:1

M15:2

0   8厘米

图 1-24C　七里亭东晋墓 M15 出土器物
1. 青瓷碗　2. 青瓷盘口壶

青瓷碗 1件。

M15:1，圆唇，直口，上腹直，下腹弧内收，外底内弧，内底压圈，底心微凸。外壁上部饰两道弦纹。青灰色胎，胎质细腻。轮制而成，内外底均见叠烧痕迹。器表施青釉不及外壁下部及底部，釉层明显，施釉均匀。口径18.5、底径9.7、高7.7厘米（图1-24C；彩版1-62，2）。

M17

墓葬位于小白虎山南坡，上部遭到破坏。长方形砖室墓，方向147度。墓葬的营建方式为：先于黄褐色生土上开挖长方形墓圹，后铺底砖，再砌壁，最后封门。由墓门和墓室组成。封门位于甬道前端，宽76、厚32、残高58厘米，门砖呈人字形叠砌，较为规整。墓室呈长方形，长326、宽76、残高62厘米。壁砖从下往上先砌一组四顺一丁砖，再砌一组三顺一丁砖，墓底砖呈人字形平铺。壁砖均为青砖，底砖和封门砖多为红砖，仅见长方形砖，规格为长32、宽13、厚4厘米，部分砖侧面饰模印几何纹饰。墓室填土为黄褐色五花土，土质疏松，其内夹杂扰乱的砖块。未见人骨和葬具痕迹（图1-25；彩版1-63，1）。

未见随葬品。

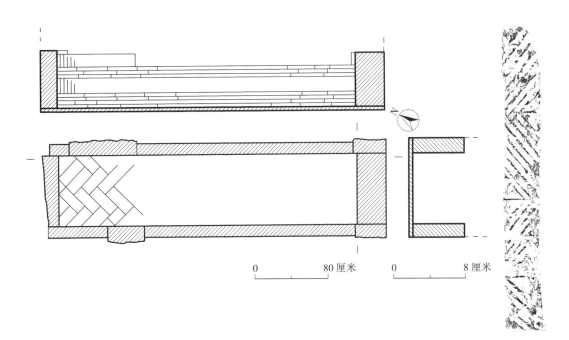

图1-25 七里亭东晋墓M17平、剖面图及墓砖拓片

M20

墓葬位于小白虎山西端西坡，东南紧邻M18，其西南部被M21打破，方向260度。该墓遭到严重破坏，顶部无存，前部破损严重。墓葬为长方形券顶砖室墓，内长447、宽87、残高100厘米（图1-26A；彩版1-63，2）。墓葬营建方式为：先挖竖穴土坑，垒砌墓壁并券顶，再砌墓底，最后封门。墓壁为三顺一丁法垒砌，下部为两组三顺一丁砖，上部为平砖顺向错缝叠砌。后壁上部设一个壁龛，呈拱形，长18、宽14、深10厘米。墓底用平砖纵横交错平铺。封门残存三层，倾斜变形。墓内填土为

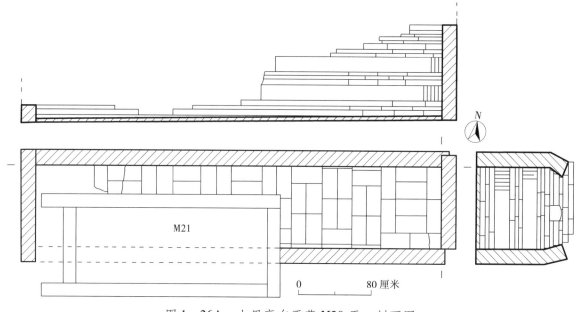

图 1–26A　七里亭东晋墓 M20 平、剖面图

黄褐色，较为疏松，填土中发现一片壶底残片。墓砖规格为长 34、宽 16.5、厚 4.5 厘米。部分砖侧面两端模印几何纹饰，中间模印铭文，铭文为"咸康八年王奉"和"王奉"（图 1–26B）。未见人骨葬具痕迹。

未见随葬品。

M22

墓葬位于小白虎山东部南坡，遭破坏，顶部无存，墓葬遭到严重盗掘，墓底发现树枝、手套、矿泉水瓶等物。凸字形券顶砖室墓，方向 160 度。先挖墓圹，砌壁起券，再平铺墓底，最后封门。由封门、甬道和墓室三部分组成。封门位于甬道口内外，分成券门、封门墙和翼墙三部分。券门与甬道结构相同，平砖单层顺向垒砌，距离墓底 1 米处开始起券，宽 86、内高 126 厘米；券门内为人字形砖垒砌的封门墙，厚 36 厘米，前部距离甬道口 30 厘米；券门之上及两侧设有翼墙，厚 34、宽 258 厘米，

图 1–26B　七里亭东晋墓 M20 墓砖拓片

均为拱券结构，中部残，共设六层，翼墙下未见砖墙，直接建于生土之上。甬道位于墓室南壁偏西处，长 104、宽 86、内高 126 厘米，砖壁用三顺一丁法砌筑。墓室为长方形，长 404、宽 156、残高 168 厘米。墓壁先砌一组三顺一丁砖、再砌两组四顺一丁砖，其上为平砖错缝顺向平铺，距离墓底 150 厘米处开始起券。墓底砖呈顺横交错平铺，墓室中后部多砌一层砖形成棺床，砌法亦为顺横交错平铺。墓内填土为黄褐色土，土质疏松，未见遗物（图 1–27；彩版 1–64，1）。墓砖有长方形砖和楔形砖两种，前者规格为长 34～36、宽 14、厚 5.5 厘米，用于墓壁和封门墙，后者规格为长 36、宽 14、厚 3～5.5 厘米，用于券顶。部分墓砖长侧边发

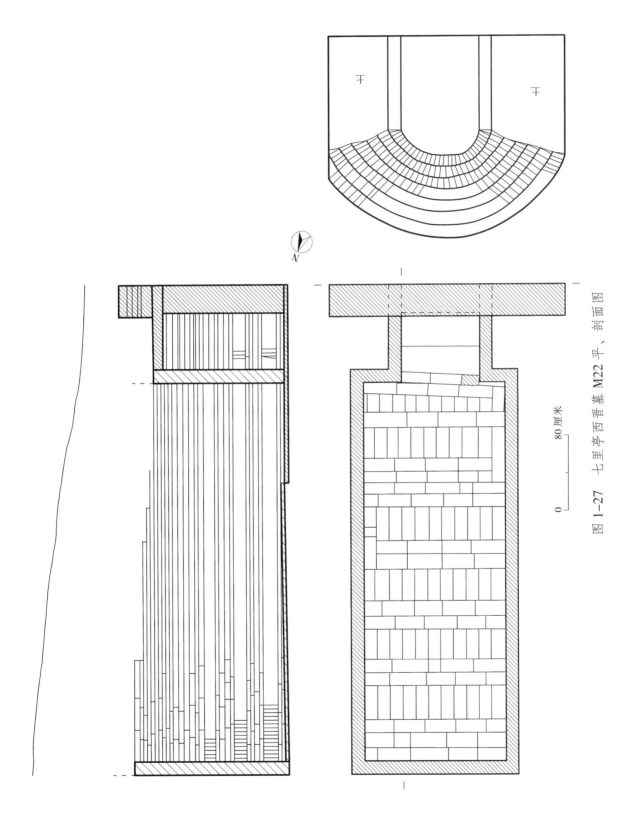

图 1-27　七里亭西晋墓 M22 平、剖面图

现模印阳文，文字为"太康一年□□甲戌"（彩版 1 - 64，2）。墓砖质量较差，残损严重，墓壁下部及墓底砖色为红色，墓壁上部及券顶砖色为青色。部分砖侧面饰模印几何纹。

未见随葬品。

M30

墓葬位于小白虎山东部南坡，遭破坏，顶部无存。梯形砖室墓，方向 150 度。先挖墓圹，平铺墓底，再砌壁起券。由墓门和梯形墓室组成。墓门位于南端，宽于墓室，宽 136、厚 24、残高 44 厘米，呈三顺一丁法砌筑。墓室南宽北窄，内长 244、宽 74~80、残高 54 厘米。墓底砖呈人字形平铺，壁砖下部砌两组三顺一丁砖，上部为平砖顺向错缝垒砌。墓砖规格为长 28、宽 12、厚 3 厘米。墓内填土为黄褐色，土质疏松，包含陶罐残片。未见人骨、葬具痕迹（图 1 - 28；彩版 1 - 64，3）。

未见随葬品。

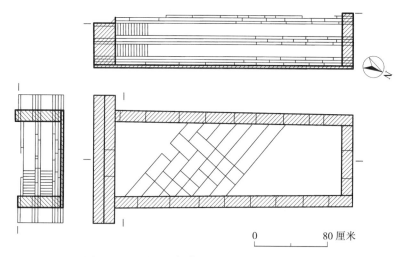

0　　　　　　80 厘米

图 1 - 28　七里亭东晋墓 M30 平、剖面图

第四章　结　语

一　汉墓分期与年代

墓地中共发现 9 组叠压打破关系，其中 19 座战国两汉墓共发现 6 组叠压打破关系，分别是 M1 打破 M2、M18 打破 M28、M18 打破 M29、M23 打破 M25、M26 北室打破 M27 和 M26 北室打破 M26 南室，这 6 组叠压打破关系可以作为墓葬年代先后的地层学证据。19 座墓除了 M7 外均出土多少不一的随葬品，且墓葬形制亦存在一定差异，故而根据墓葬形制与随葬品组合的变化，结合可资断代的铜镜和铜钱等资料，我们将 19 座墓葬分成六期并断代如下：

第一期墓葬共 4 座，包括 M19、M25、M28 和 M29。均为竖穴岩坑墓，可分为凸字形和长方形两种。

器物基本组合方面，M25 为釉陶鼎、壶、瓿、熏炉，M29 为釉陶壶、瓿、角形器、陶罐，M28 为印纹硬陶罍、釉陶瓿，M19 为釉陶壶、瓿、熏炉等。器物组合形式与江浙地区战国晚期至西汉早期流行的鼎、盒、壶、瓿基本组合类似，但是种类不全，均存在缺失现象。

器物形态方面，M25：6 这件釉陶壶为喇叭口、细高束颈、鼓腹、高圈足，其形态与真山 D3M1：2①，仪征张集团山西汉墓 M1：58、M2：6、M4：2②，东阳大云山 M1：01③，浙江嵊州郯山 M40：1④，余杭义桥汉墓 M38：2⑤ 等同类器物相同，具有战国末期至西汉早期陶壶的特点。M25：1 这件鼎为三环纽盖、双耳外撇、腹较浅、兽蹄足矮胖、腹部凸棱位于中部，其形态与仪征张集团山西汉墓 M1：55⑥、上海青浦福泉山 I 式鼎⑦等同类器物相似，具有战国晚期至西汉初期器物特点。M25：7、M28：8 和 M19：6 这三件瓿双环耳上翘、耳高于口唇、底部附三个瓦足、耳部饰兽面纹，其形制与上海青浦福泉山⑧ I 式瓿、东阳大云山 I 式瓿⑨、浙江嵊州郯山 M41：1⑩、余杭义桥汉墓 M38：3⑪ 相似。底部附瓦足的瓿也

---

① 苏州博物馆：《真山东周墓地》，文物出版社，1999 年。
② 南京博物院、仪征博物馆筹备办公室：《仪征张集团山西汉墓》，《考古学报》1992 年第 4 期。
③ 淮阴市博物馆：《盱眙东阳大云山西汉墓发掘简报》，《东南文化》1993 年第 3 期。
④ 张恒：《浙江嵊州市剡山汉墓》，《东南文化》2004 年第 2 期。
⑤ 杭州市文物考古所、余杭博物馆：《余杭义桥汉六朝墓》，文物出版社，2010 年。
⑥ 南京博物院、仪征博物馆筹备办公室：《仪征张集团山西汉墓》，《考古学报》1992 年第 4 期。
⑦ 王正书：《上海福泉山西汉墓群发掘》，《考古》1988 年第 8 期。
⑧ 王正书：《上海福泉山西汉墓群发掘》，《考古》1988 年第 8 期。
⑨ 淮阴市博物馆：《盱眙东阳大云山西汉墓发掘简报》，《东南文化》1993 年第 3 期。
⑩ 张恒：《浙江嵊州市剡山汉墓》，《东南文化》2004 年第 2 期。
⑪ 杭州市文物考古所、余杭博物馆：《余杭义桥汉六朝墓》，文物出版社，2010 年。

见于余姚老虎山 D1M14：10①、真山 D3M1：4②，其时代为战国晚期。上述三件瓿具有战国晚期的特征。M25：8 这件熏炉与余姚老虎山 D1M14：46、D1M14：47③ 器形几乎完全一致，具有战国晚期的特点。M28：1 和 M28：3 均为印纹硬陶罍，腹部分别满饰拍印复线回字交叉纹和麻布纹，器形与纹饰均具有战国印纹硬陶罍的特点。M29 出土的 4 件釉陶角形器为春秋战国墓越墓中常见的随葬品④。M19：2 为原始瓷罐，其横系装饰较为少见。

结合墓葬形制、器物组合和器形特征，我们认为上述 4 座墓的年代约为战国末期至汉武帝元狩五年（前 118 年）以前的西汉早期，其中 M25 和 M28 年代稍早，当为战国末期至西汉初期，而 M29 和 M19 的年代当为西汉早期。

第二期墓共 3 座，包括 M2、M8 和 M27。均为竖穴岩坑墓，可分为凸字形和长方形两种，M27 墓道一侧设耳室的现象较为少见。

器物基本组合方面，M2 为釉陶壶、瓿、罐，M8 为陶罐、硬陶罍，M27 为釉陶壶、瓿、罐、熏炉和硬陶罍等。器物种类亦不全，存在缺失现象。

器物形态方面，喇叭口壶与一期相比，颈部变粗变矮，腹部变得圆鼓，圈足扁矮。新出现的盘口壶由一期的喇叭口壶演变而来，口部的盘口微现，腹部圆鼓，外撇的高圈足变成直壁的高圈足。瓿与一期相比，双耳上翘幅度变小，腹部稍圆鼓，底部瓦足消失。M27：4 这件鍪形罐器形特点酷似铜鉴。

上述器物器形特征和组合形式与江苏东阳小云山一号墓⑤，江苏邗江胡场五号汉墓⑥，绍兴狮子山西汉墓⑦，龙游东华山 79M11、79M22、87M12、89M27⑧，浙江义乌西汉墓⑨，江苏高淳固城 M1、M2⑩，湖州方家山 M25、M27⑪，浙江嵊州郯山 M38、M49、M61⑫，安吉上马山西汉墓 M10、M11⑬ 等墓葬出土同类遗物器形相似。

结合墓葬形制、器物组合和器形特征，我们认为上述 3 座墓的绝对年代约为汉武帝元狩五年之后到宣帝时期，即为西汉中期。

第三期墓葬共 2 座，包括 M18 和 M26。均为竖穴岩坑墓，可分为凸字形和长方形两种，其中 M26 为并穴合葬墓。

器物组合方面，M18 为釉陶盘口壶、瓿、罐、熏炉、麟趾金和陶井、陶灶；M26 北室为釉陶盘口壶、瓿、麟趾金，铁釜和石黛板；M26 南室为釉陶喇叭口壶、盘口壶、瓿，硬陶罍和铁釜等。本期新出现釉陶麟趾金、陶灶、陶井和铁釜。

① 陈元甫：《余姚老虎山一号墩发掘》，浙江省文物考古研究所编：《沪杭甬高速公路考古报告》，文物出版社，2002 年。
② 苏州博物馆：《真山东周墓地》，文物出版社，1999 年。
③ 陈元甫：《余姚老虎山一号墩发掘》，浙江省文物考古研究所编：《沪杭甬高速公路考古报告》，文物出版社，2002 年。
④ 黄昊德：《角形器功能初探》，《浙江省文物考古研究所所刊第九辑》，科学出版社，2009 年。
⑤ 盱眙县博物馆：《江苏东阳小云山一号汉墓》，《文物》2004 年第 5 期。
⑥ 扬州博物馆、邗江县图书馆：《江苏邗江胡场五号汉墓》，《文物》1981 年第 11 期。
⑦ 绍兴市文物管理处：《绍兴狮子山西汉墓》，《考古》1988 年第 9 期。
⑧ 朱土生：《浙江龙游县东华山汉墓》，《考古》1993 年第 4 期。
⑨ 浙江省文物管理委员会：《浙江义乌发现西汉墓》，《考古》1965 年第 3 期。
⑩ 南京市博物馆：《江苏高淳固城汉墓发掘简报》，《东南文化》1992 年第 5 期。
⑪ 浙江省文物考古研究所：《浙江湖州市方家山第三号墩汉墓》，《考古》2002 年第 1 期。
⑫ 张恒：《浙江嵊州市郯山汉墓》，《东南文化》2004 年第 2 期。
⑬ 安吉县博物馆：《浙江安吉上马山西汉墓的发掘》，《考古》1996 年第 7 期。

器物形态方面，壶是本期最为普遍的器物，且数量较大。喇叭口壶与上一期相比颈部变为细颈外折口，腹部变为圆鼓，圈足变矮，肩部出现弦纹，下腹饰旋纹，颈部饰成组的细密水波纹。盘口壶的盘口明显，颈部变粗硕，圆鼓腹，圈足高敞，多为铺首衔环耳和贴塑 S 形或卷云纹耳。瓿与前期相比，耳部退化，耳不上翘，明显低于口唇，腹部圆鼓，腹较深。

本期发现两组麟趾金，汉武帝太始二年"更黄金为麟趾、褭蹄，以协瑞焉。因以班赐诸侯王"[1]。麟趾金的出现说明这些墓葬的年代最早不会早于汉武帝太始二年。

上述壶、瓿的形态与江苏仪征胥浦 101 号汉墓[2]，浙江龙游县东华山 12 号汉墓[3]，安吉上马山西汉墓 M6、M10、M11[4]，湖州方家山 M24、M28[5]，浙江嵊州郯山 M59、M71[6]，杭州老和山汉墓 M131、M98[7] 等墓葬所出土的同类器物相类似，后者所处时代均为西汉晚期。

结合墓葬形制、器物组合和器形特征，我们认为上述 2 座墓的绝对年代约为西汉元、成、哀、平四代，即为西汉晚期。

第四期墓共 8 座，包括 M1、M4、M9、M11、M12、M13、M23 和 M24，其中 M9 和 M13 为砖椁墓，其余均为竖穴岩坑墓，有设二层台的现象。在江浙地区，砖椁墓属于土坑墓向砖室墓演变的中间形态，新莽时期开始出现，新莽至东汉早期出现较多。

器物组合方面，喇叭口壶消失，瓿少见，流行釉陶盘口壶、罐和硬陶罍的组合，新出现铁刀等器物。M1、M23 和 M24 出土"大泉五十"铜钱。

器物形态方面，盘口壶器身变得修长，由圆鼓腹变成弧腹，耳部装饰简化，圈足少见。瓿器形退化，整体造型与双耳罐无异，只是耳部仍保留简化的铺首，低矮敛口，下腹满饰旋纹。罍为敛口，腹部最大径上移。新出现一种腹部满饰拍印斜方格纹的釉陶罍，其形态与上虞牛头山 M7∶1[8] 类似。

上述壶、瓿、罍的形态与江苏邗江宝女墩新莽墓Ⅲ式盘口壶、Ⅲ式壶、罍[9]，浙江嵊州郯山Ⅴ、Ⅵ式壶和Ⅲ式罍[10]，龙游东华山Ⅲ式瓿、A 型Ⅲ式壶、B 型Ⅲ式壶、Ⅱ式罍[11]，湖州方家山[12]第三期墓壶、瓿、罍等同类器物相类似。

结合墓葬形制、器物组合和器形特征，我们认为上述 8 座墓的年代约为新莽至安帝永初三年（109年），即新莽至东汉早期。其中，M1、M23 和 M24 出土"大泉五十"铜钱，其年代稍早，可定为新莽至东汉初期；M9 和 M13 年代稍晚，可定为东汉早期；而 M4、M11 和 M12 应介于前两者之间。

第五期墓共 2 座，包括 M6 和 M7，均为砖室墓。墓壁砌法均为平砖错缝叠砌，墓底砖为横向错缝

① 《汉书·武帝纪》太始二年条，中华书局，1962 年。
② 扬州博物馆：《江苏仪征胥浦 101 号西汉墓》，《文物》1987 年第 1 期。
③ 龙游县文物管理委员会：《浙江龙游县东华山 12 号汉墓》，《考古》1990 年第 4 期。
④ 安吉县博物馆：《浙江安吉上马山西汉墓的发掘》，《考古》1996 年第 7 期。
⑤ 浙江省文物考古研究所：《浙江湖州市方家山第三号墩汉墓》，《考古》2002 年第 1 期。
⑥ 张恒：《浙江嵊州市郯山汉墓》，《东南文化》2004 年第 2 期。
⑦ 浙江省文物考古研究所：《浙江省杭州市老和山汉墓发掘报告》，《浙江省文物考古研究所学刊》第七辑，杭州出版社，2005 年。
⑧ 蒋乐平：《上虞牛头山古墓葬发掘》，《沪杭甬高速公路考古报告》，文物出版社，2002 年。
⑨ 扬州博物馆、邗江县图书馆：《江苏邗江县杨寿乡宝女墩新莽墓》，《文物》1991 年第 10 期。
⑩ 张恒：《浙江嵊州市郯山汉墓》，《东南文化》2004 年第 2 期。
⑪ 朱土生：《浙江龙游县东华山汉墓》，《考古》1993 年第 4 期。
⑫ 浙江省文物考古研究所：《浙江湖州市方家山第三号墩汉墓》，《考古》2002 年第 1 期。

平铺，墓砖规格大，墓室为长方形。其平面形态及墓壁、墓底的砌法与浙江汉代中晚期墓①的砌法类似。因被盗，二墓出土器物较少，M6∶1为龙虎镜，东汉中晚期较为流行。

综上，我们认为M6和M7的绝对年代约为东汉安帝永初三年（109年）至汉顺帝时期，即东汉中期。

二　汉墓发掘相关认识

1. 墓地性质与葬俗

七里亭战国两汉墓葬分布相对集中，从发掘情况看，汉代此地人类活动比较频繁。墓地内发现的墓葬有土坑墓和砖室墓之分，土坑墓中规模最大的长不超过4.7米，宽不超过3.3米，砖室墓普遍规模不大，均属于中小型墓葬，且以小型墓葬为多。墓地内出土了大量的遗物，种类多，类型丰富，但是，这些遗物均为各时期的常见器物，未见精美的漆木器、金银器等。这些都从一个侧面揭示出墓主人的身份和地位。墓地内的贫富差距也可以从随葬品上得到一定的反映，如M18出土遗物达到16件（组），其中釉陶麟趾金就达到61个，而M1和M8随葬品较少，且质量较差。从墓葬形制规模、随葬品数量和质量等多方面因素进行综合考虑，我们初步认定七里亭墓地是一处平民墓地。

墓葬方向均为东向，位置相近的墓葬方向大致相同。竖穴岩坑墓内的填土均为五花土，系墓坑挖土原土回填，有的填土较硬，经过夯筑，有的未经夯筑。4座墓设有斜坡墓道。2座墓发现因葬具朽烂而形成熟土二层台，1座墓发现生土二层台。M27墓道一侧设耳室，较为少见，但它显然尚不具备实用价值，墓道设壁龛的现象见于杭州古墓M49②，壁龛内置有少量随葬品。4座墓墓底发现漆皮痕迹。M26为并穴合葬墓。因年代久远，墓内人骨均无存，葬式均不明。根据墓葬规格大小和随葬品的分布情况，结合4座墓中发现的漆皮痕迹，我们认为土坑墓原来均应有木质葬具。

M9、M11、M12和M13这4座墓葬距离较近，规格大小相仿，墓葬年代相近。位于中间的M11和M12为竖穴岩坑墓，而位于两侧的M9和M13则为砖椁墓，值得注意的是M13砖壁顶部平齐，而M9"东壁高出2皮砖微现收分，其余三壁顶部均在同一水平面上"，这似乎说明，在木顶砖椁墓向券顶砖室墓过渡过程中尚存在着一种新的墓葬类型——券顶砖椁墓，浙江东汉墓的发展或许经历了从平顶砖椁到券顶砖椁再到券顶砖室墓过程。前文年代判断中我们认为M11和M12的年代较M9和M13的年代稍早，结合这四座墓的平面布局情况和墓葬形制的差异，我们认为这四座墓关系密切，应为同一家族的墓葬。

2. 文化因素分析

七里亭战国两汉墓中的文化因素可以分成两大类，一类是本地文化因素，一类是汉文化因素。本地文化因素可分成对传统文化因素的继承和汉代新出现的具有本地特色的文化因素两类。汉文化因素是指汉王朝建立以后，全国各地大致相同的文化因素。汉墓内存在多种文化因素交流碰撞的情况，并且不同文化因素在各个时期所处的地位和性质存在很大差异。

---

① 姚仲源：《浙江汉、六朝古墓概述》，《中国考古学会第三次年会论文集》，文物出版社。
② 浙江省文物考古研究所：《杭州地区汉、六朝墓发掘简报》，《东南文化》1989年第5期。

墓葬形制方面，竖穴岩坑墓墓穴较深，与本地先秦时期流行的土墩墓和浅土坑竖穴墓有别，应视为对战国时期楚文化因素的继承。砖椁墓为本地特有的文化因素，应为汉代新出现的文化因素。砖室墓则为汉文化因素。

随葬器物方面，陶器多为硬胎釉陶，烧成温度高，釉色以淡黄绿色为主，器表饰弦纹与水波纹的组合纹饰带，在本地区战国晚期墓葬中即已出现，属于本地越文化因素的孑遗。釉陶瓿和釉陶熏炉为本地特有的器形，釉陶角形器多见于本地春秋战国时期墓葬，印纹硬陶罍与本地春秋战国时期硬陶器一脉相承，釉陶璧本地先秦西汉时期常见，应视为本地越文化因素。原始瓷横系罐（M19:2）装饰水波纹，质地为原始瓷，均可视为本地文化因素，但其双系横置特点较为少见，可能与岭南文化因素影响有关。釉陶鍪形罐（M27:4）器形特征酷似铜鍪，铜鍪为西南地区巴蜀文化特有的器形①，应视为巴蜀文化因素。釉陶壶、罐、麟趾金，陶灶、井，铁刀、釜以及铜镜和铜钱等应视为汉文化因素。

器物组合方面，战国末至西汉早中期体现出的鼎、壶、瓿等仿铜陶礼器组合和西汉晚期至东汉流行的壶、罐组合均具有汉文化特征。但是，战国末至西汉早中期器物组合中往往缺少某一器类，应该说具有一定的地方特点。

结合前文的墓葬分期，我们可以看出战国末至西汉早中期时，墓葬中的文化因素较为复杂多样，西汉晚期开始文化面貌变得较为简单，本地文化因素逐渐变少，汉文化因素变强。至东汉时汉文化因素已经呈现出"独霸天下"的局面，本地文化因素罕见。

各时期文化因素的发展演变过程实际上就是汉文化的逐步发展壮大并逐步取代本地文化的过程。这一发展趋势与其他地区汉代文化发展情况类似。同时，我们也注意到，墓地内的本地文化有着极强的韧性和发展连续性，它并没有因为汉文化的强势一统而马上消失。本地传统的硬陶文化得以继承和发展，以瓿和罍为代表的本地文化器物表现出顽强的生命力。当然，文化的发展不可能是一蹴而就的，它的背后定有其历史原因。《史记·货殖列传》载："楚、越之地，地广人希，饭稻羹鱼，或火耕而水耨，果陏蠃蛤，不待贾而足，地势饶食，无饥馑之患，以故呰窳偷生，无积聚而多贫。是故江、淮以南，无冻饿之人，亦无千金之家。"② 公元前 201 年，汉高祖平定江南。汉武帝元狩四年（前 119 年），为开发江南，将黄河下游大量贫民迁移到陇西、会稽等郡。西汉末年，为避战乱，北方部分官僚地主纷纷逃往南方。前述文化因素的演变过程与上述历史背景密切相关。

总之，七里亭墓地的发掘丰富了江浙地区战国两汉墓的资料，为研究江浙地区战国两汉时期的丧葬习俗和文化发展提供了难得的新资料。

三　晋墓年代

7 座两晋墓葬在墓地中呈现三组叠压打破，分别是 M15 打破 M19、M16 打破 M14 和 M21 打破 M20，但是 7 座墓相互之间并未发现打破关系，上述三组叠压打破关系对判断 7 座墓的年代意义不大。

7 座墓中有 4 座是纪年墓，分别是 M22 "太康一年□□甲戌"（280 年，西晋武帝司马炎）、M5

① 吴小平：《汉代青铜容器的考古学研究》，岳麓书社，2005 年。
② 《史记》，中华书局，2005 年。

"咸和"、M15"咸和七年八月十日"（332 年，东晋成帝司马衍）和 M20"咸康八年王奉"（342 年，东晋成帝司马衍）。

墓葬形制方面，三座为凸字形砖室墓，四座为长方形砖室墓。墓壁砌法有三顺一丁和四顺一丁两种，顶部均为券顶。墓底砖有纵横交错平铺、顺向平铺和人字形平铺等方式。M20 后壁设壁龛。这些均具有两晋时期墓葬特点。

随葬品方面，M5 出土 64 件器物，其中大部分都是越窑青瓷器，种类丰富多样，由于 M5 为东晋纪年墓，这些器物就具有年代标尺意义。M14 被盗，但是，其出土的青瓷盘口壶和青瓷罐均与 M5 出土者类似。

综上所述，7 座墓中 M22 为西晋墓，其余 6 座均为东晋墓。

附 录 宋墓、清墓

宋墓 共 2 座，分别是 M3 和 M10。

M3

墓葬位于桃山南坡，因早期盗扰，墓室破坏严重，券顶及南壁已无存。长方形砖室墓，方向 160 度。墓葬的营建方式为：先于灰褐色基岩上开挖长方形竖穴墓圹，后砌墓底，再砌墓壁。墓壁从下往上先砌两组三顺一丁砖，其上呈顺向错缝平铺叠砌，墓底砖呈人字形平铺。墓口距地面深 30 厘米，墓室长 270、宽 78、残高 98 厘米。墓砖均为素面青砖，规格为长 30、宽 14、厚 4 厘米。墓室填土为黄色五花土（图 1 - 29）。

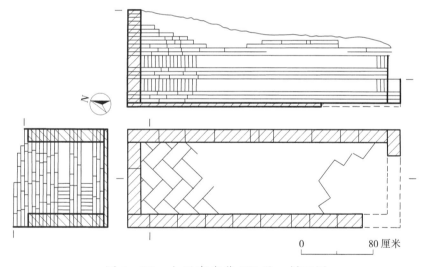

图 1 - 29 七里亭宋墓 M3 平、剖面图

未见随葬品。

M10

墓葬位于小白虎山南坡底部，南距马路约 5 米，墓室上部券顶已塌陷于墓室内。梯形砖室墓，方向 155 度。墓葬营建方式为：先于红褐色生土上开挖长方形墓圹，后铺底砖，再砌壁券顶。由封门和墓室组成，封门位于墓室南端，宽 80、厚 14、残高 66 厘米，墓室呈梯形，长 280、宽 72 ~ 80、残高 110 厘米。墓壁从下往上先砌两组三顺一丁砖，其呈顺向错缝平铺叠砌，墓底砖呈人字形平铺。墓砖均为长方形青砖，规格为长 32、宽 14、厚 4 厘米。墓内填土为黄色五花土（图 1 - 30）。

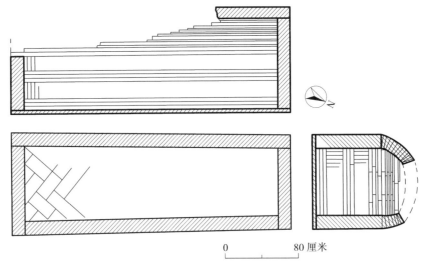

图 1 - 30　七里亭宋墓 M10 平、剖面图

墓葬被盗扰，未见随葬品。

M3 和 M10 未见任何随葬品，两墓规模较小，墓壁砌法为三顺一丁，墓底砖呈人字形平铺，墓砖规格较小，这些为杭州宋墓常见，因此，二墓应为宋墓。

清墓　共 2 座，分别是 M16 和 M21。

M16

墓葬位于小白虎山中部南坡，东部打破 M14，破坏严重，顶部无存。长方形砖室墓，方向 165 度。墓葬营建方式为：先于红褐色生土上开挖长方形墓圹，再砌壁。墓室长方形，长 216、宽 74、残高 24厘米。墓壁均用小砖垒砌，呈顺向错缝平铺叠砌，底不铺砖，东部略塌陷。墓砖均为长方形小青砖，规格为长 21、宽 10、厚 2.7 厘米。墓内填土杂乱，夹杂大量白石灰，填土中发现银钗、铁棺钉（图 1 - 31）。

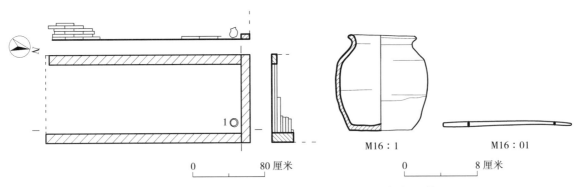

图 1 - 31　七里亭清墓 M16 平、剖面图及出土器物
1. 黑釉瓷罐　01. 银钗

随葬品位于墓室西北角，仅见一件黑釉瓷罐。

黑釉瓷罐　1 件。

M16：1，圆唇，侈口，束颈，折肩，弧腹，平底。素面。夹砂质，灰胎。轮制而成，外底部有线切割痕迹。罐口内侧及器身中上部满施黑釉，下部及底部不施釉。口径7.3、腹径9.9、底径6.5、高9.8厘米（图1-31B；彩版1-65，1）。

银钗 1件。

M16：01，扁长，头端略有弧曲。头端较为扁平、尾端较为弧圆。通长14.0、厚0.1厘米（图1-31B；彩版1-65，2）。

M21

墓葬位于小白虎山西端西坡，北部打破M20，东侧紧邻M18，墓葬遭破坏，顶部无存。长方形双室砖室墓，方向260度。两墓室南北并列，北室先垒砌，南室借用北室南壁附建而成。北室内长210、宽84、残高66厘米，垒砌规整，墓壁呈顺向错缝平铺叠砌，砖缝用白石灰黏合，墓底不铺砖，北壁保存较完整，南壁向南坍塌。东壁下部内嵌一块方砖，形成一个壁龛。墓门位于墓室西部，厚14、残高46厘米。南室长218、宽72、残高54厘米，北壁借用北室南壁，南壁西部用砖平铺叠砌，厚16厘米，南壁东部和东壁用砖竖铺叠砌，厚6厘米。墓门位于墓室西端，厚16、残高48厘米。墓砖均为长方形青砖，规格为长29.5、宽14.5、厚6.5厘米。两墓室内填土均为黄褐色土，土质疏松，其内包含大量铁棺钉、棺扣等葬具构件（图1-32A）。

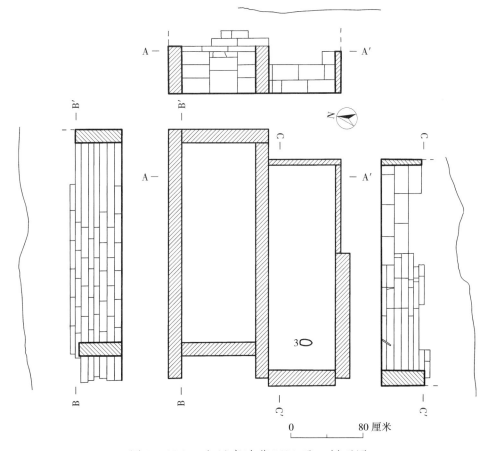

图1-32A 七里亭清墓M21平、剖面图

南室西部墓底发现一面铜镜，北室发现青花瓷碗、碟和铜钱。

青花瓷碗　1 件。

M21：1，尖唇，侈口，弧腹，平底，矮圈足。器表饰白釉，釉色白中泛青，足底不施釉。内底周边饰青花弦纹及花瓣纹，内底心饰青花"寿"字。灰白色胎，轮制。口径 12.3、底径 5.5、高 5.3 厘米（图 1 –32B）。

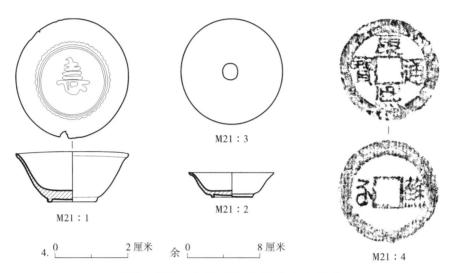

图 1 –32B　七里亭清墓 M21 出土器物
1. 青花瓷碗　2. 青花瓷碟　3. 铜镜　4. 铜钱

青花瓷碟　1 件。

M21：2，敞口，斜腹，平底，矮圈足。器表饰白釉，釉色白中泛青，足底不施釉。外壁口沿下饰一道青花弦纹，内壁口沿处饰两道青花弦纹，内底饰青花花卉。灰白色胎，轮制。口径 9.1、足径 4.5、高 2.6 厘米（图 1 –32B；彩版 1 –65，3）。

铜镜　1 件。

M21：3，圆纽、素面。素宽平缘。直径 11.1、厚 0.2 厘米（图 1 –32B；彩版 1 –66，1）。

铜钱　1 件。

M21：4，共 4 枚，形制相同，圆形方穿钱，郭径 2.7、厚 0.1、穿长 0.7 厘米。穿外有郭，正面穿外有楷书"康熙通宝"四字，对读，钱纹清晰，背面穿外有满汉对文"苏"字（图 1 –32B；彩版 1 –66，2）。

M16 为小砖墓，M22 砖较厚，尚存明代墓砖特点，但是，其内出土康熙通宝，因此，两墓的年代应为清代。

附　表

附表1-1　余杭七里亭墓地土坑墓登记表

墓号	时代	墓向	墓葬形制	墓葬尺寸（米）			随葬品			备注
				长	宽	深	陶瓷器	金属器	其他	
M1	新莽至东汉初	85°	长方形	3.3	1.6	2.4	硬陶罍1，残陶器1	铁刀1，大泉五十1		墓底发现红色漆皮
M2	西汉中期	85°	长方形	3.63	1.84	1.2	喇叭口壶1、瓿1、罐3			
M4	东汉早期	90°	长方形	3.24	2.25	1.6	盘口壶5、壶残件4、瓿1、罐1，硬陶罍1	铜镜1、铜钱1，铁刀1	耳填1组2件	填土4件
M8	西汉中期	90°	长方形	3.92	1.62	0.8	罐1、罐残件1，硬陶罍残件2，陶灶1			
M11	东汉早期	90°	长方形	3.25	2.16	1.1	盘口壶2，陶罐3、陶灶1	铁刀1，铜钱1		设生土二层台，填土2件
M12	新莽至东汉初	90°	长方形	4	2	1.84	盘口壶1、壶残件1，硬陶罍1、陶灶1	铜钱1		设熟土二层台，填土1件
M18	西汉晚期	87°	凸字形	3.9	3.25	1.2	盘口壶4、壶残件3、瓿1、瓿残件1、罐1、熏炉1、角形器1、麟趾金1、陶井1、陶灶1	铁釜1		设斜坡墓道和熟土二层台，填土1件
M19	西汉早期	80°	凸字形	4.2	2.3	1.86	原始瓷罐1、壶2、瓿2、罐2、樽1、杯1、钵6、熏炉2，硬陶罍1			
M23	新莽至东汉初	70°	长方形	3.7	2.24	2.1	盘口壶4、壶残件1、罐1	大泉五十1		发现漆皮、棺木朽痕
M24	新莽至东汉初	65°	长方形	3.66	2.9	2.1	盘口壶8、壶残件3、瓿1，硬陶罍1	铁釜1，大泉五十1		发现漆皮
M25	战国末至西汉初	75°	凸字形	4.6	1.9	2.1	鼎1、壶1、瓿1、钵3、盆1、熏炉1，硬陶罍2			
M26北	西汉晚期	75°	长方形	3.34	1.7	1.84	盘口壶6、瓿1、麟趾金1组	铁釜1，铜钱1	石黛板1	
M26南	西汉晚期	80°	长方形	3.4	1.9	2.14	喇叭口壶4、盘口壶2、壶残件1、瓿1，硬陶罍1	铜镜1、铜洗1、铜钱1、铁釜1		

墓号	时代	墓向	墓葬形制	墓葬尺寸（米）			随葬品			备注
				长	宽	深	陶瓷器	金属器	其他	
M27	西汉中期	82°	凸字形	4.3	2.22~2.52	2.9	壶1、瓿1、鎣形罐1、罐3、钵2、器盖1、熏炉1、璧4、硬陶罍5			设耳室，发现红色漆皮痕迹，填土6件
M28	战国末至西汉初	100°	长方形	4.67	2	1.2	瓿1、罐2、钵3、硬陶罍2			
M29	西汉早期	97°	长方形	4.58	1.8	1.8	壶1、瓿1、钵3、角形器4、陶罐3、硬陶罍1			
				注：长宽均为墓底尺寸			注：本列内未注明质地者均为釉陶器			

附表 1-2 余杭七里亭墓地砖室墓登记表

墓号	时代	方向	墓葬形制	甬道（米）			墓室（米）			墓砖规格（厘米）	随葬品			备注
				长	宽	高	长	宽	高		陶瓷器	金属器	其他	
M3	宋	160°	长方形				2.7	0.78	0.98	30×14-4				被盗
M5	东晋	186°	凸字形	0.4	0.82	1	4.3	1.6	1.92	38×16-5	青瓷盘口壶2、青瓷唾壶1、青瓷鸡首壶1、青瓷扁壶1、青瓷罐8、青瓷盆2、青瓷三足砚1、青瓷碗34、青瓷灯盏5	铜镰斗1、铜镜1、铜器1、银环6		纪年墓
M6	东汉中期	90°	长方形				3.42	1.8	0.92	40×16-6	陶罐1、硬陶罍1	铁刀1、铜镜1、铜钱1		被盗
M7	东汉中期	90°	长方形				4.78	2	1.82	35×14-6				砖椁墓
M9	新莽至东汉初期	90°	长方形				3.36	1.28	0.98	38×16-6.5	釉陶壶1、陶罐5、陶灶1、硬陶罍1			被盗
M10	宋	155°	长方形				2.8	0.72~0.8	1.1	32×14-4				砖椁墓
M13	新莽至东汉初期	90°	长方形				3.12	1.7	0.85	38×16-6.5			耳项2	被盗
M14	东晋	165°	凸字形	0.6	0.86	0.66	3.76	1.5	0.96	28×13-5	青瓷罐1、青瓷盘口壶1			
M15	东晋	173°	长方形				3.3	0.8	1.06	34×12-3.5	青瓷盘口壶1、青瓷碗1			咸和七年
M16	清	165°	长方形				2.16	0.74	0.24	21×10-2.7	黑釉瓷罐1	银钗1		
M17	东晋	147°	长方形				3.26	0.76	0.62	32×13-4				被盗
M20	东晋	260°	长方形				4.47	0.87	1	34×16.5-4.5				纪年墓
M21北	清	260°	长方形				2.5	0.84	0.66	29.5×14.5-6.5	青花瓷碗1、青花瓷碟1	铜镜1、铜钱1		
M21南	清	260°	长方形				2.18	0.72	0.54					
M22	西晋	160°	凸字形	1.04	0.86	1.26	4.04	1.56	1.68	（34~36）×14-5.5 36×14-（3~5.5）				太康一年
M30	东晋	150°	长方形				2.44	0.74~0.8	0.54	28×12-3				被盗

贰

余杭百亩地墓地

百亩地汉墓群位于杭州市余杭区中泰镇百亩地村的北部，地处余杭镇东南部。2012 年 6 月，杭州市桃源山庄房地产开发有限公司在百亩地村北部的一座山丘上（现属新明半岛三期 H1 区块）施工时发现古墓葬，杭州市文物考古研究所随即于 7 月进驻现场进行考古发掘，至 8 月 17 日结束，共发掘墓葬 21 座，其中土坑墓 16 座，砖室墓 5 座（图 2-1；彩版 2-1）。

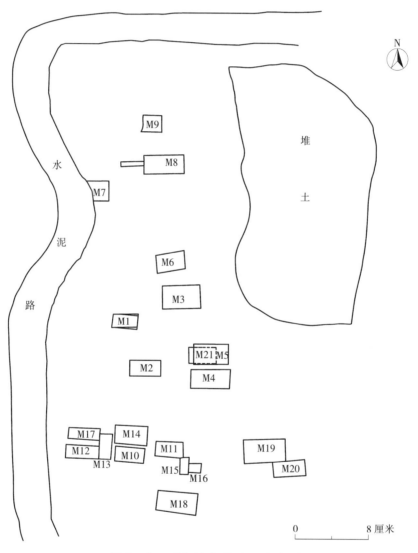

图 2-1　百亩地墓葬平面分布图

本次发掘的领队为刘卫鹏。参与发掘的人员有刘卫鹏、刘勋涛、骆放放。绘图由刘勋涛、骆放放、王婷、陈婧完成。墓葬平面分布图由彭颂恩测绘完成。整理工作由李迎、刘卫鹏完成。摄影为刘卫鹏、李迎。执笔为刘卫鹏、李迎。

第一章　土坑墓

土坑墓共 16 座。墓葬均开凿于红褐色土层或岩石中，施工对墓口及部分墓壁有所破坏。墓葬分布较为密集，个别墓葬有打破关系。以东西向为主，个别为南北向，墓葬深浅不一，平面均呈长方形，口、底同大者较多，口大底小者也有一部分，墓室底部前后多开设两道横向的枕木槽，当为支撑棺木之用；其中 M18 墓底还发现髹黑漆的木棺底板痕迹，底板由几块纵长的平板拼合而成。随葬品一般放置于墓室一侧，以陶器为主，还有个别铁器及铜币。陶器组合一般为罐、壶、灶、井、钵、熏炉等，个别规模较大的墓还出有鼎、盒、罍、瓿及釉陶麟趾金、釉陶璧、陶纺轮等。其中罐、壶是最常见的组合，数量较多，大部分墓葬中均有发现。M20 器物组合既有流行于中原地区的鼎、盒、壶、耳杯、勺，也有南方特色的瓿和熏炉，体现了在汉代大一统格局下中原文化的南进和渗透。釉陶麟趾金共出土 127 枚，分布于 M3、M18、M19 三座墓葬中，有厚重的馒头形和轻薄的圆泡形两种，凸起的表面多模印屈曲的花纹，底面刻有符号，制作精致。熏炉共发现 4 件，分别出土于 4 座墓中，大小不一，整体呈上下扣合的盆形，上面有数排圆形和三角形镂孔，正中间凸起一较大的圆形气孔，造型精巧。铁器主要为剑、削。铜器有镜和钱币，钱币分"五铢""半两"两种。

M1

M1 为土坑墓，方向 170 度。墓室平面呈长方形，墓壁垂直，长 3.28、宽 1.72、残深 0.3 米。墓室开凿于岩石内，墓口已被破坏，仅存部分墓壁。墓室填土为黑褐色（图 2 - 2）。

随葬品 8 件，有釉陶壶、罐、熏炉等，均位于墓室西北处。

釉陶壶 6 件。

盘口或杯口 4 件。束颈稍粗，溜肩，鼓腹，凹底。颈部饰水波纹，肩部附双系并饰两组弦纹，系面印叶脉纹，腹部满饰旋纹。

M1:1，肩及口内施黄褐色釉，口已变形，呈椭圆形。口径 10 ~ 11.5、腹径 19.1、底径 11.5、高 25.7 ~ 26 厘米（图 2 - 2；彩版 2 - 2，1）。

M1:2，溜肩更甚，腹部较鼓。口径 10.3 ~ 11.3、腹径 20.4、底径 11.2、高 26.5 厘米（图 2 - 2）。

M1:3，平底。口径 10.5、腹径 18.1、底径 11.1、高 25 厘米（图 2 - 2）。

M1:4，侈口外撇较大，圆肩。肩外及口内施黄绿釉。口径 10.2、腹径 19.2、底径 10、高 25 厘米（图 2 - 2；彩版 2 - 2，2）。

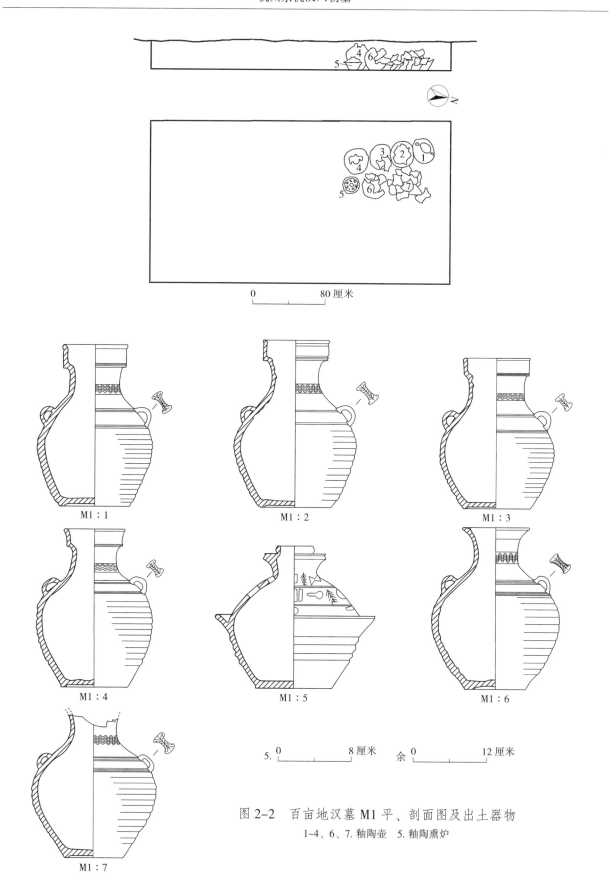

图 2-2　百亩地汉墓 M1 平、剖面图及出土器物
1~4、6、7. 釉陶壶　5. 釉陶熏炉

敞口或喇叭口 2件。

M1:6,束颈较高,溜肩,鼓腹,平底。颈部饰水波纹,肩部附双系并饰两组弦纹,腹部满饰旋纹。口径10.8、腹径21、底径10.6、高26厘米(图2-2;彩版2-2,3)。

M1:7,口部残缺,颈部水波纹细密繁多。腹径19、底径10、残高23.5厘米(图2-2)。

釉陶熏炉 1件。

M1:5,上部炉盖呈覆钵状,下部炉腔呈一宽沿盆形,相互连接成一个整体。上部施青绿釉,下部呈紫红色,沿双唇,略上翘,沿边饰水波纹。炉盖上面开有三周气孔,孔的形状有圆形、三角形、长方形、弧形,气孔间刻有叶脉纹。熏炉平底,腹斜收,上饰弦棱纹。盖顶正中呈一内高外低的双唇罐形。内孔径3.8、外唇径6.5、中部沿径17.8、底径8.5、通高15.2厘米(图2-2;彩版2-2,4)。

铁釜 1件。

M1:8,直口,折腹,平底,口附二椭圆形环。环长径8、短径6厘米,壁厚0.3~0.6、底径7.5厘米。

M2

M2为土坑墓,方向260度。墓室平面呈长方形,墓壁垂直,长3.6、宽1.56、残深0.56米。开凿于岩石内,墓口已被破坏,仅存部分墓壁。在墓室西南角,距西壁0.2米处紧挨南壁有一长方形漆盒,底部有高4厘米的生土台。漆盒长0.56、宽0.36米,黑底,上部残留少量红漆。在漆器南部偏东出土铜钱币两串(图2-3A)。

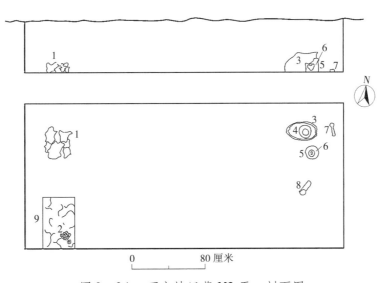

图2-3A 百亩地汉墓M2平、剖面图

随葬品8件,有陶罍、釜、井、灶及铁器等,主要分布于墓室东部和西部。

陶罍 1件。

M2:1,泥质灰陶。残存二分之一多。敛口,尖唇,圆肩,鼓腹,平底微凹,器身外满饰栉齿纹。口径18、腹径36、底径13.2、高29厘米(图2-3;彩版2-3,1)。

陶灶 1件。

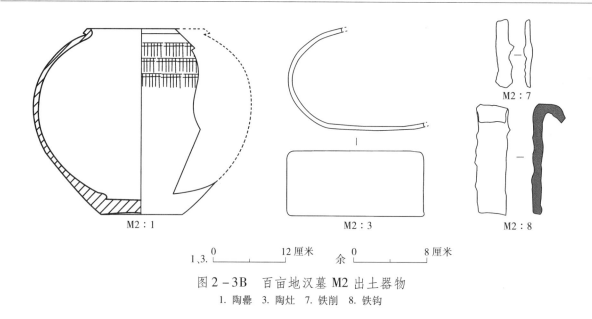

图 2 - 3B　百亩地汉墓 M2 出土器物
1. 陶罍　3. 陶灶　7. 铁削　8. 铁钩

M2:3，泥质褐绿陶。头部尖圆，上残留釜残块，酥脆不堪。残长 20、高 10.5 厘米（图 2 - 3B）。

陶井　1 件。

M2:5，泥质灰陶，酥脆残破，形状不明。井内有一陶桶（M2:6），桶为尖底形，敛口，折腹，口径 2.2、腹径 4.5、高 4 厘米。

陶釜　1 件。

M2:4，放置于 M2:3 灶上，酥脆不堪。

铜五铢　20 枚。

M2:2，分两种。一种"五"字较瘦，交股弯曲，"朱"字上部方折，钱径 2.6、穿径 0.9～1 厘米。一种"五"字较宽，"朱"字上部圆折，钱径 2.5、穿径 0.9～1 厘米（彩版 2 - 3，2）。

铁削　1 件。

M2:7，残长 7.2、宽 1.3 厘米（图 2 - 3B）。

铁钩　1 件。

M2:8，一端卷起。残长 11、宽 3.2、高 3.2 厘米（图 2 - 3B；彩版 2 - 3，3）。

漆盒　1 件。

M2:9，残。

M3

M3 为土坑墓，方向 240 度。墓室平面呈长方形，墓壁垂直，长 3.92、南边宽 2.4、北边宽 2.24、北壁残深 1.22、南壁残深 0.68 米。墓室开凿于岩石内，墓口、南壁已被破坏，现墓口呈北高南低的坡状。墓室南、北部各发现一道横向枕木槽，南枕木槽距南壁 0.52 米，宽 24、深 5 厘米，略呈西北至东南走向，西端凿进壁内 10、高 22 厘米，东端凿进壁内 2、高 18 厘米。北枕木槽距北壁 0.52 米，宽 29、深 4 厘米，略西南至东北走向，西端凿进壁内 6、高 24 厘米，东端凿进壁内 7、高 20 厘米（图 2 - 4A；彩版 2 - 4）。

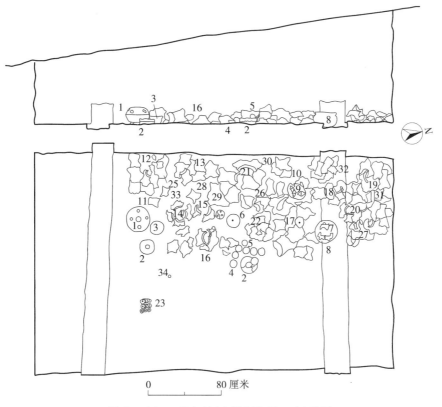

图 2 - 4A　百亩地汉墓 M3 平、剖面图

随葬品 33 件（组），主要放置于墓室南部，大部分已成残片，除 1 串铜钱和 1 枚料珠外，余均釉陶器和陶器，种类有壶、瓿、罐、钵、熏炉、璧、麟趾金、釜、瓮等。

釉陶壶　1 件。

M3：18，喇叭口，平沿，尖唇，束颈，斜肩，鼓腹稍扁圆，圈足。肩部对称附双系并饰三组弦纹，其中靠下两组弦纹间饰水波纹，系面饰叶脉纹。腹以上施黄褐釉，下为紫褐色。口径 10.3、腹径 24.6、底径 10.2、高 27.8 厘米（图 2 - 4B；彩版 2 - 5，1）。

釉陶瓿　3 件。

M3：21，直口，圆肩，肩部饰三道弦纹并附双系，系面饰兽面纹，鼓腹，腹斜直内收，平底。器身拍印席纹并施黄绿釉。口径 13、腹径 42、底径 17.6、高 33.2 厘米（图 2 - 4B；彩版 2 - 5，2）。

M3：22，直口，圆肩，腹稍折，较扁圆，平底略凹。肩部附二兽面纹系及三组弦纹，弦纹内饰水波纹。口径 8.6、腹径 25.5、底径 13.5、高 18.7 厘米（图 2 - 4B；彩版 2 - 5，3）。

M3：31，敛口，圆肩，折腹，平底略凹，肩部对称附双系及两道弦纹，系面印兽面纹，弦纹间刻划水波纹。口径 10.8 ~ 11、腹径 28.2、底径 14.4、高 18.5 厘米（图 2 - 4B；彩版 2 - 5，4）。

釉陶罐　11 件。按照形制分三种。

第一种　9 件。直口，斜肩，折腹，腹斜直内收，平底。

① 4 件。直口稍高，肩部斜直，体稍矮。上施黄绿色、褐绿色釉。

M3：14，肩部附双系并饰两周弦纹。口径 11.6、腹径 27.6、底径 13.2、高 23.8 厘米（图 2 - 4C；彩版 2 - 6，1）。

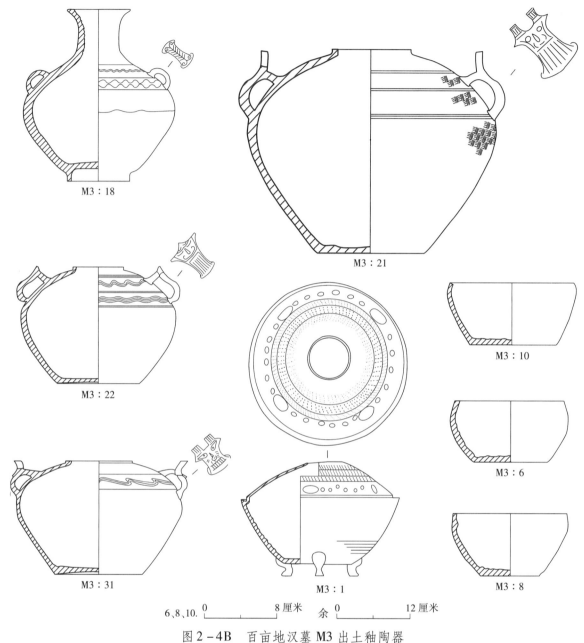

M3：18

M3：21

M3：22

M3：10

M3：6

M3：31

M3：1

M3：8

6、8、10. |0——————8厘米　余 |0——————12厘米

图 2 - 4B　百亩地汉墓 M3 出土釉陶器

1. 釉陶熏炉　6、8、10. 釉陶钵　18. 釉陶壶　21、22、31. 釉陶瓿

M3：16，口径9.9、腹径25.3、底径12、高20.1厘米（图2-4C；彩版2-6，2）。

M3：29，口径10.1、腹径25.1、底径11.8、高20.5厘米（图2-4C；彩版2-6，3）。

M3：30，肩及口部施黄褐色釉，平底微凹，肩部附对称双系及三组弦纹，系面饰叶脉纹。口径
10.2、腹径24.9、底径12、高20.7厘米（图2-4C；彩版2-6，4）。

②3件。直口稍短，斜溜肩稍圆，体较长。

M3：13，尖唇，束颈，矮圈足，肩部对称附双系，系细而高。肩外面及口内施黄褐色釉，釉多脱
落，余皆红褐色。口径11.3、腹径22.5、底径13、高21厘米（图2-4C；彩版2-6，5）。

M3：19，平底略凹。肩部对称附两系及四道弦纹，系上饰羊首及叶脉纹。口径13.6、腹径28.7、
底径14、高27.6厘米（图2-4C；彩版2-6，6）。

M3:28，口径12.9、腹径28.1、底径14.5、高26.7厘米（图2－4C；彩版2－7，1）。

③ 2件。口微敛，广肩，肩部刻划有水波纹，体宽矮。

M3:15，肩部残留黄褐色釉。口径9.4、腹径24.5、底径11.8、高17.3厘米（图2－4C；彩版2－7，2）。

M3:17，平底稍凹，肩部对称附双系并饰三道弦纹。口径9.1、腹径24、底径12、高17.7厘米（图2－4C；彩版2－7，3）。

第二种　1件。

M3:20，直口凸肩罐。泥质红陶，溜肩凸出，直腹稍收，平底，肩部附双耳，颈、肩各饰一道弦纹，耳面印叶脉纹。最大径接近肩部。口径10.8、腹径15、底径9.8、高13.8厘米（图2－4C；彩版2－7，4）。

第三种　1件。

M3:32，敞口折肩圆腹罐。口微敛，平沿，圆溜肩，腹圆凸，略带圈足。肩部及口沿施青绿釉。口径11.6、腹径21、底径7.8、高18厘米（图2－4C；彩版2－7，5）。

陶器盖　2组11件。

M3:3，1件。夹砂红陶，盖正中凸起一圆形束腰捉手，盖面饰两圈弦纹及三组栉齿纹，圆肩，筒形深腹。器盖直径14.5、高8.5厘米，捉手直径3.6厘米（图2－4D；彩版2－7，6）。

M3:24，10件。形制、大小基本相同。平沿，浅盘，弧壁，顶面宽平，施黄褐色釉，盖正中戳有一小孔，盖面附三个螺旋形小组并饰二周弦纹，弦纹间饰栉齿纹。直径10.3～11、高1.6～2.6厘米（图2－4D）。

釉陶钵　3件。形制基本相同，敛口，圆肩微凸，深腹，平底。

M3:10，肩及器内残留黄褐色釉，其余红褐色。口径13.7、底径9、高6.6厘米（图2－4B）。

M3:6，器内及外面多施青褐色釉，其余为黄褐色釉，底边刮削成圆角。口径12.7～12.9、底径7.6、高6.9厘米（图2－4B；彩版2－8，1）。

M3:8，底边未经削治，平底略凹。口径12.2～12.6、底径6.6、高6.8厘米（图2－4B）。

陶釜　1件。

M3:12，敛口，凸肩，束腰，腹微鼓内收，矮圈足，口沿竖立两个弧形立耳，同器身连为一体。口径20.9、肩径23.7、底径9.7、高15厘米（图2－4D；彩版2－8，2）。

陶瓮　2件。

M3:26，侈口，尖唇，广肩圆折，腹斜直内收，平底。红褐色，器身满饰篮纹。口径26.4～26.7、腹径72、底径26、高65厘米（图2－4D；彩版2－8，5）。

M3:27，直口，广肩圆折，直领，颈部抹饰三道弦纹，鼓腹，平底，外面满饰篮纹。器身有烧制形成的小包，青灰色间紫褐色。口径19.1～19.5、腹径55.5、底径20、高44.5厘米（图2－4D；彩版2－8，6）。

釉陶熏炉　1件。

M3:1，整体呈盒形，上为一凸起的丘形盖，下为一敞口平底的盆，二者连为一体。盖正中开一大圆孔，往下依次饰栉齿纹、弦纹、联珠纹，盖面下部对称开四个较大的气孔。盖上施黄褐釉，多已脱

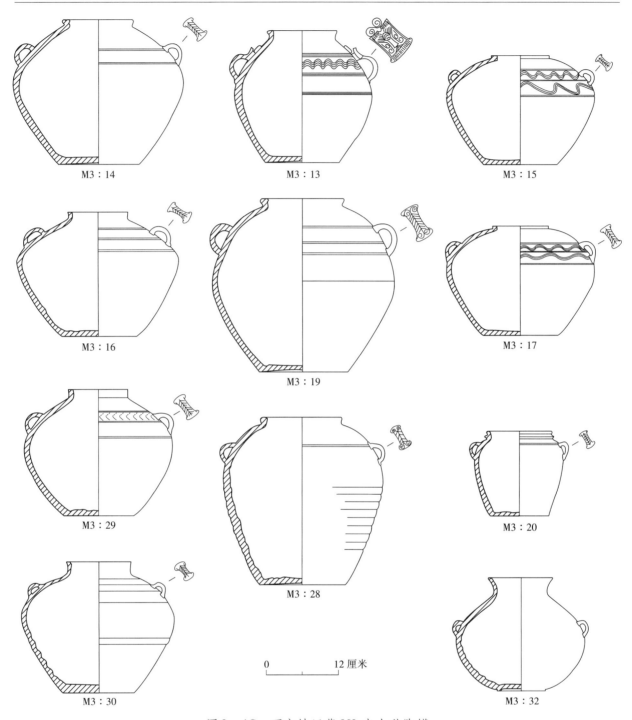

图 2 - 4C　百亩地汉墓 M3 出土釉陶罐

离，器身呈紫褐色，腹斜直内收，平底，下附三蹄形足。直径 25.5、高 18.5 厘米（图 2 - 4B；彩版
2 - 8，4）。

陶纺轮　1 组 3 枚。

M3：9，一枚稍大，两枚较小，呈上下扣合的圆锥形，中心有穿孔。大者直径 4、高 2.9 厘米；小
者直径 3.2、高 2.9 厘米（图 2 - 4D；彩版 2 - 8，3）。

釉陶靴形器　1 组 3 件。

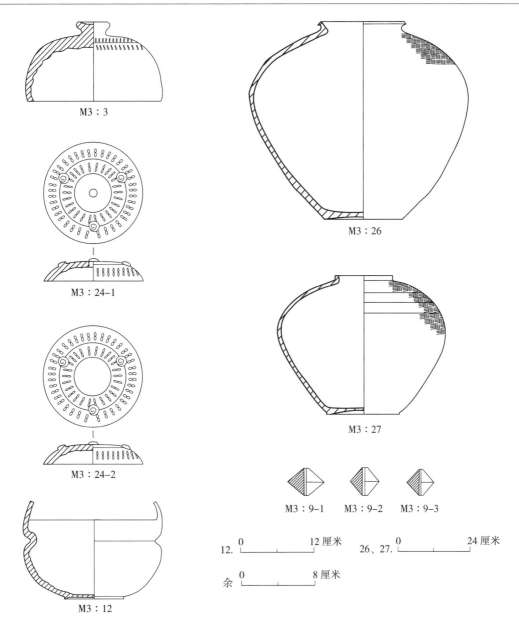

图 2 - 4D　百亩地汉墓 M3 出土器物

3、24. 陶器盖　9. 陶纺轮　12. 陶釜　26、27. 陶瓮

　　M3:7，略呈马蹄形，下部为中空的方边圆角形，上部为弯向一边的扁三角状，上部背面附一圆形纽，器身有刮削痕，施青绿釉。底径 5.2 ~ 5.8、高 7.9 ~ 8.2 厘米（图 2 - 4E；彩版 2 - 9，1）。

　　陶俑头　1 件。

　　M3:25，泥质红陶。呈扁平薄片状，背面平整，正面塑出模样，用白彩绘出眼、鼻等，头戴巾帻，上有一孔。长 7.3、宽 3.5 ~ 6.6、厚 1.5 厘米（图 2 - 4E；彩版 2 - 9，2）。

　　陶璧　1 组 2 件。一件青灰色，一件橙红色，表面均饰成组的圆圈纹（彩版 2 - 10，17）。

　　M3:4 - 1，保存较完整，中部稍鼓起，饰四五组圆圈联珠纹。直径 6.8 ~ 7、孔径 2.2 ~ 2.5、厚 1.6 厘米（图 2 - 4E）。

　　M3:4 - 2，残，大联珠纹同小联珠纹相间组合。直径 8、孔径 2.6、厚 0.8 厘米（图 2 - 4E）。

　　釉陶璧　1 组 9 件。可分为两种。

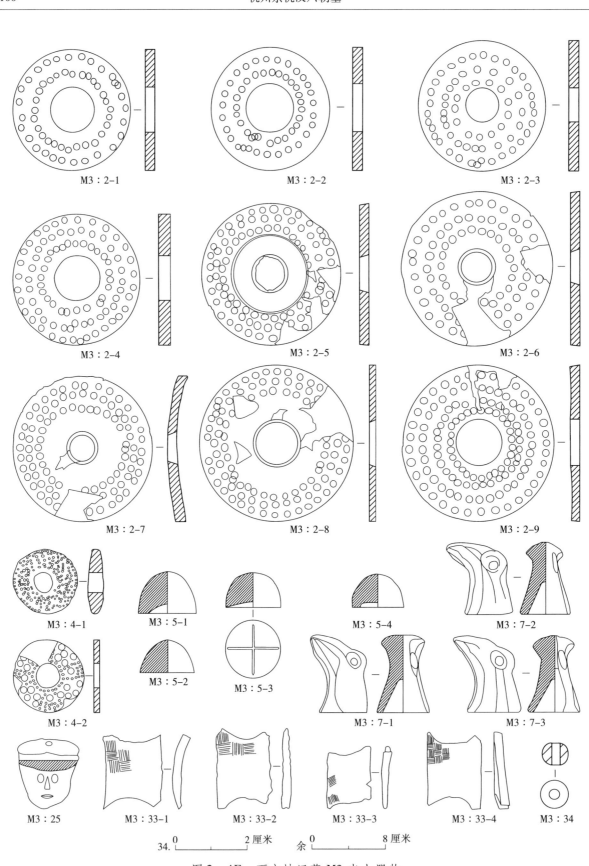

图 2－4E　百亩地汉墓 M3 出土器物

2. 釉陶璧　4. 陶璧　5. 釉陶麟趾金　7. 釉陶靴形器　25. 陶俑头　33. 釉陶冥币　34. 料珠

第一种 直径较小，体稍厚，正面施青绿色釉，釉面光亮，共两双4件。一双正面饰两周联珠纹，个别联珠纹有相交或叠压（彩版2-10，2）。

M3:2-1，正面直径13.2、背面直径13.9、孔径4.8~5、厚1.1厘米（图2-4E）。

M3:2-2，正面直径13.5、背面直径14、孔径5.3~5.4、厚1厘米（图2-4E）。

另一双饰三周联珠纹。

M3:2-3，中心稍隆起。正面直径13.7、背面直径14.4、孔径3.2~3.5、厚1~1.2厘米（图2-4E）。

M3:2-4，正面直径14、背面直径14.5、孔径4.8~5.5、厚0.9~1.1厘米（图2-4E）。

第二种 5件。直径较大，在15.7~17厘米。

M3:2-5，正面内区饰一道深弦纹，外区饰三周联珠纹。正面直径15.7、孔径4~4.1厘米，背面直径15、孔径3.3~3.6厘米，厚0.8~1厘米（图2-4E）。

M3:2-6，饰三周联珠纹，纹饰较为稀疏。正面直径16.5、孔径4厘米，背面直径16.3、孔径3.3~3.5厘米，厚0.7~1厘米（图2-4E）。

M3:2-7，两端稍翘起，有变形，红褐色。正面直径15.7~16、孔径3.5厘米，背面直径15.7、孔径2.8~3厘米，厚0.8~1厘米（图2-4E）。

M3:2-8，饰三周联珠纹，纹饰靠近外边缘，施黄绿色釉。正面直径17、孔径5~5.2厘米，背面直径16.7、孔径4.7厘米，厚0.7~0.9厘米（图2-4E）。

M3:2-9，饰四周联珠纹，纹饰布满肉径。正面直径16.5、孔径5厘米，背面直径15.8~16、孔径5厘米，厚0.7~1.1厘米（图2-4E）。

釉陶麟趾金 1组8件。

M3:5，略呈马蹄形，平底或凹底，施青绿色釉，下端及底面呈紫褐色，其中一枚底面刻划一"十"字。底径5.4~6、高3.3~4.4厘米（图2-4E；彩版2-10，4）。

釉陶冥币 1组4件。

M3:33，均呈两端内凹的平板状，正面施黄褐色釉，背面呈紫褐色，3件正面印布纹，1件背面印布纹。一大三小，大者长6.4~8.4、宽5.5~6.1、厚0.5~1厘米，小者长5.2~6、宽4.3~4.7、厚0.6~0.8厘米（图2-4E；彩版2-10，5）。

铜半两 一串。

M3:23，钱轻薄，周围有铁锈，粘连于一体。钱径2.2~2.5、穿径0.6~0.8厘米。钱的规格分两种，一种直径2.2厘米，一种直径2.4~2.5厘米（彩版2-10，3）。

料珠 1枚。

M3:34，黑褐色，中心有一孔。直径0.7厘米（图2-4E）。

M6

M6平面呈长方形，墓壁垂直。方向240度。南壁残长2.1、北壁残长1.5、宽1.68、残深0.18米。墓口呈东高西低的坡状。开凿于岩石内，仅存部分南、北壁和东壁（图2-5）。

随葬品仅发现1件陶罍，位于墓室东南角。

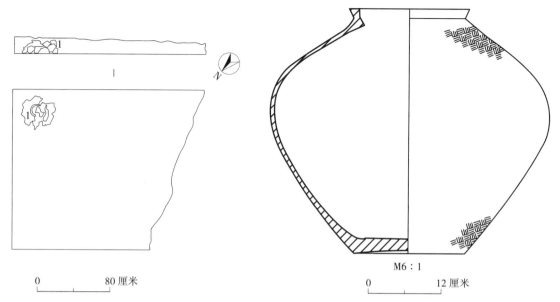

图 2-5　百亩地汉墓 M6 平、剖面图及出土陶罍

陶罍　1 件。

M6:1，夹砂红褐陶。侈口，方唇，广肩，腹圆折，下部斜收，平底微凹。肩部青灰色，腹部红褐色，体外遍饰席纹。口径 19.8、腹径 45.6、底径 19、高 37.6 厘米（图 2-5；彩版 2-11，1）。

M10

M10 平面基本呈长方形，墓壁垂直。方向 265 度。该墓开凿于红褐色土层中，墓口已被破坏，仅存部分墓壁。墓壁长 3、东壁宽 1.32、西壁宽 1.2、东部深 0.5、西部深 0.2 米（图 2-6A）。

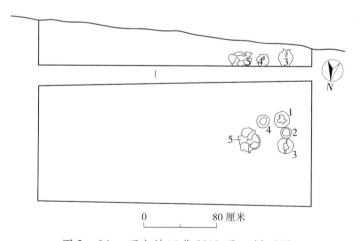

图 2-6A　百亩地汉墓 M10 平、剖面图

随葬陶罐 5 件，均出土于墓室西部。

陶罐　5 件。侈口，尖圆唇，束颈，圆肩或溜肩，鼓腹，平底。肩部对称附双系，系面饰叶脉纹，腹部满饰弦纹。

M10:1，泥质灰陶。尖唇，肩部饰三周凸弦纹，系上贴附一羊角形装饰。口径 12.2、腹径 18.8~19.4、底径 9.8、高 18.6 厘米（图 2-6B；彩版 2-11，2）。

M10：2，泥质灰陶。形体较小，口沿内斜，圆唇，泥质灰陶。口径9、腹径11、底径6.2、高7.9厘米（图2 - 6B）。

M10：3，泥质褐陶。口、颈残缺，溜肩，肩部饰两组细弦纹，土黄色。腹径15、底径8～8.2、残高15.2厘米（图2 - 6B）。

M10：4，泥质红陶。尖唇，矮领，口沿内斜，溜肩，橙黄色。口径9～9.4、腹径13.8、底径7.2、高11厘米（图2 - 6B）。

M10：5，仅余底部及个别残片，大致同M10：3，土黄色。底径8.6、残高5.4厘米（图2 - 6B）。

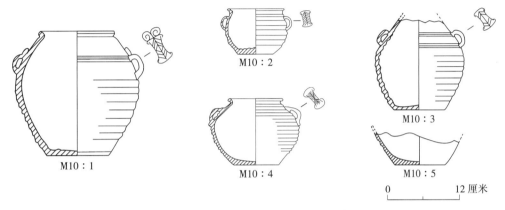

图2 - 6B　百亩地汉墓M10出土陶罐

M11

M11平面呈长方形，墓壁垂直。方向260度。该墓开凿于红褐色土层中，墓口已被破坏，东壁南部0.8、南壁东部0.6米，被M15打破。墓长3.4、宽1.48、深1.18米。在墓室西部，距北壁0.56、距西壁0.66米处，发现红色漆器痕迹，形状不明（图2 - 7A；彩版2 - 12，1）。

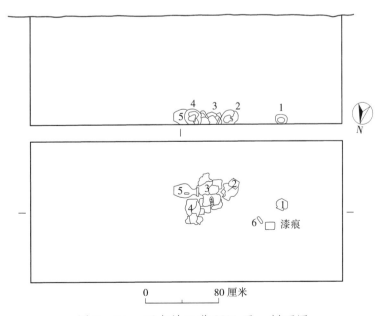

图2 - 7A　百亩地汉墓M11平、剖面图

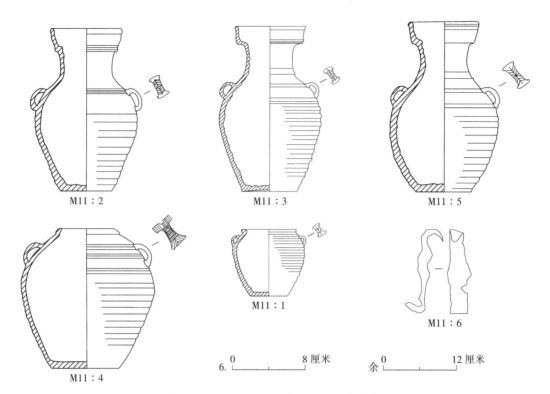

图 2 - 7B　百亩地汉墓 M11 出土器物
1、4. 陶罐　2、3、5. 釉陶壶　6. 铁钩

随葬品 6 件。其中陶罐 2 件，出土于墓室西部中间和墓室中部；釉陶壶 3 件，均出土于墓室中部偏西靠南处；铁钩 1 件，出土于距南壁 0.82、西壁 0.9 米处。

釉陶壶　3 件。

M11:3，杯口外侈，束颈，溜肩，肩部对称附双系及两组弦纹，系面饰叶脉纹，鼓腹，平底微凹。施黄绿釉，釉仅施于口内及肩部，下为紫红色。口径 11.2 ~ 11.9、腹径 17.2、底径 9、高 27.4 厘米（图 2 - 7B；彩版 2 - 13，2）。

M11:2，杯口外侈，束颈粗短，肩部饰二道弦纹及双系，鼓腹，平底，腹部满饰弦纹，弦纹宽而深。黄绿釉仅施于肩部及口内。口径 11.2、腹径 16.8、底径 8.4、高 26.2 厘米（图 2 - 7B；彩版 2 - 13，1）。

M11:5，杯口外侈，束颈，溜肩，肩部对称附双系及两组弦纹，系上饰叶脉纹，鼓腹，腹部满饰弦纹，平底。夹砂灰陶。口径 11、腹径 18.1、底径 10 ~ 10.2、高 27.3 厘米（图 2 - 7B；彩版 2 - 13，4）。

陶罐　2 件。

M11:1，泥质红褐陶。侈口，尖圆唇，沿内斜，矮领，圆肩，鼓腹，平底，肩部对称附双系，器身满饰弦纹。口径 8.6、腹径 12、底径 6、高 10.8 厘米（图 2 - 7B；彩版 2 - 13，4）。

M11:4，泥质灰陶。敛口，圆溜肩，肩部对称附双系及三组弦纹，系宽厚，上面饰叶脉纹及兽面纹，鼓腹微折，平底微凹。口径 8.5、腹径 21.6、底径 11.5、高 22.1 厘米（图 2 - 7B；彩版 2 - 13，5）。

铁钩　1 件。

M11:6，两端向内弯曲成钩形，残破锈蚀。长 10、宽 1.7~2.1 厘米（图 2-7B）。

M12

M12 平面呈长方形，墓壁垂直。方向 260 度。该墓开凿于红褐色土层中，东部被 M13 打破。墓室东侧残宽 1.4、残深 0.86 米（图 2-8A；彩版 2-14）。

随葬品 5 件。其中釉陶壶 4 件，出土于墓室西部中间和西南角；陶罐 1 件，出土于墓室西南部。

釉陶壶 4 件。杯口外侈，束颈，圆肩或斜肩，鼓腹，肩部对称附双系及两组弦纹。

M12:1，泥质灰褐陶。杯口微外侈，斜肩，圈足极矮。肩部双系系面饰叶脉纹，其上各粘附一羊角形装饰，口外侧及颈下端饰水波纹。口径 7.2、腹径 14.1、底径 8、高 18 厘米（图 2-8B；彩版 2-

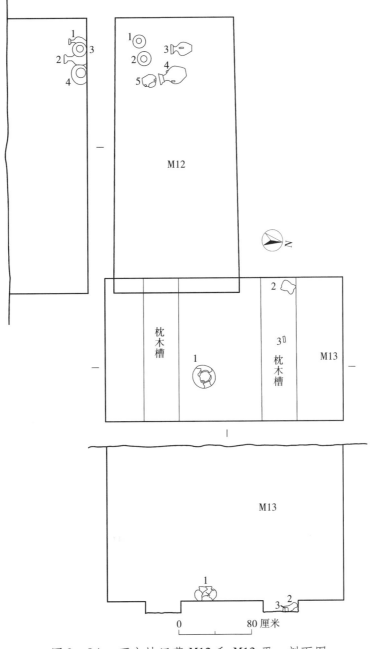

图 2-8A 百亩地汉墓 M12 和 M13 平、剖面图

15，1）。

M12:2，泥质灰陶。圆肩，平底。系面饰叶脉纹，腹部饰旋纹，肩面饰三周细弦纹，表面有黑色小点。口径9.2、腹径15.6、底径8.5、高21.2厘米（图2-8B）。

M12:3，束颈较细，圆肩，平底。系两端各饰一组弦纹，腹部饰旋纹。紫褐色，肩部残存黄褐色釉。口径8.4～8.7、腹径15.2、底径7.7～8、高20.8厘米（图2-8B；彩版2-15，2）。

M12:4，泥质灰褐陶。杯口变形成椭圆形，束颈短，溜肩，凹底。系面饰叶脉纹，腹部饰旋纹，颈下饰一组浅细水波纹。口径9.5～11.7、腹径19、底径9.6、高24厘米（图2-8B；彩版2-15，3）。

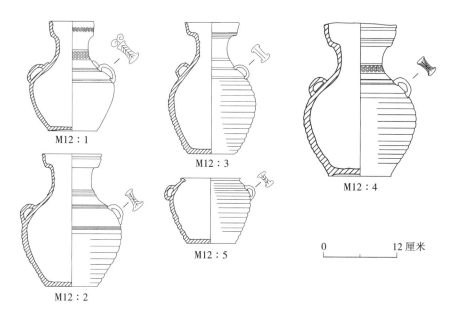

图2-8B　百亩地汉墓M12出土器物
1～4. 釉陶壶　5. 陶罐

陶罐 1件。

M12:5，泥质灰褐陶。侈口，尖唇，短颈，溜肩，鼓腹，平底。肩部附双系，通体饰旋纹。口径9.2、腹径13.1、底径7.3、高10.6厘米（图2-8B；彩版2-15，4）。

M13

M13平面呈长方形，墓壁垂直。方向170度。该墓开凿于红褐色土层中，墓口已被破坏，仅存部分墓壁。该墓分别打破M12墓室东部和M17东南角。墓室长2.6、宽1.5、深1.6米。墓室底部南北分别有两个枕木槽。北部枕木槽距北壁0.52、宽0.4、深0.12米，南部枕木槽距南壁0.42、宽0.4、深0.12米。在北部枕木槽西端内靠西壁处出土铁器1件，中间偏西处出土料器1件；在南部枕木槽北侧中间略偏东处出土陶罐1件（图2-8A；彩版2-12，2）。

随葬品3件。其中陶镳斗1件，出土于墓室南部枕木槽北侧中间略偏东处；铁釜1件，残存一带一方形耳腹片，出土于墓室北部枕木槽西端内靠西壁处。墓室北部枕木槽中间偏西处发现有灰白色料器碎块若干，上有凸起的谷粒纹，内有穿孔，似为玉璧一类。

陶镰斗　1件。

M13:1，泥质灰褐陶，质酥脆。直领，下附柱形足。

铁釜　1件。

M13:2，为一方形耳，深腹器物。现高11、壁厚0.2~0.6厘米（图2-9）。

M13:2

0　　　　　　　8厘米

图2-9　百亩地汉墓M13出土铁釜

M14

M14平面呈长方形，墓壁垂直。方向255度。墓葬上口长3.8、东边宽1.84、西边宽1.7、深1.3米，墓底东西长3.56、东边宽1.83、西边宽1.64米。在墓室东壁留有一生土二层台，二层台宽0.26、距墓底深1米。墓室填土为黑褐色，在填土中发现数块有打砸痕迹的石块。在墓室中部靠南壁处有一长1、宽0.96米的盗洞，盗洞扰土中出土铜五铢4枚以及大量陶器残片（图2-10A；彩版2-16，1、2）。

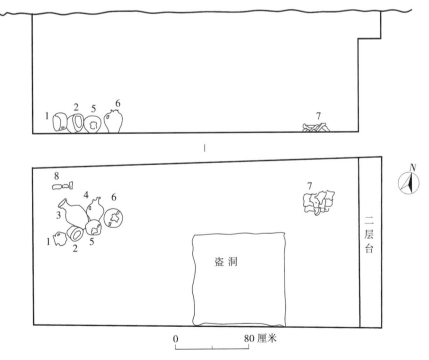

0　　　　　　80厘米

图2-10A　百亩地汉墓M14平、剖面图

随葬品9件。其中陶罐2件，出土于墓室西北部；陶壶4件，出土于墓室西北部；陶灶1件，出土于墓室东北角；铁器1件，出土于墓室西北角。

陶壶 4件。红褐色，形制基本相同。两大两小。M14：6、M14：3两件形体较大。

M14：6，杯口外侈，口下部饰2道凹弦纹，束颈较粗，颈下端饰2道弦纹，溜肩稍鼓，肩部双系，系面印叶脉纹，鼓腹，平底，器身满饰弦棱纹。口径12、腹径21、底径10.5~11、高30.2厘米（图2-10；彩版2-17，1）。

M14：3，口外侈较大，束颈更短，溜肩。口径12.3~13、腹径22.1、底径10.8、高31.2厘米（图2-10B；彩版2-17，2）。

M14：4，口径8、腹径13.8、底径7.2、高21.1厘米（图2-10B；彩版2-17，3）。

M14：5，口径8.1、腹径17.1、底径6.7~7、高21.2厘米（图2-10B；彩版2-17，4）。

陶罐 2件。侈口，尖唇，溜肩，鼓腹，平底微凹，肩部对称附双系，器身满饰弦棱纹。

M14：1，泥质灰红陶，口部变形，略呈椭圆形。口径10.4~12.2、腹径15.7、底径7.5、高11.7厘米（图2-10B；彩版2-16，3）。

M14：2，泥质红陶，酥碎残破。口径11.5、腹径16.5、底径6~6.5、高13.9厘米（图2-10B）。

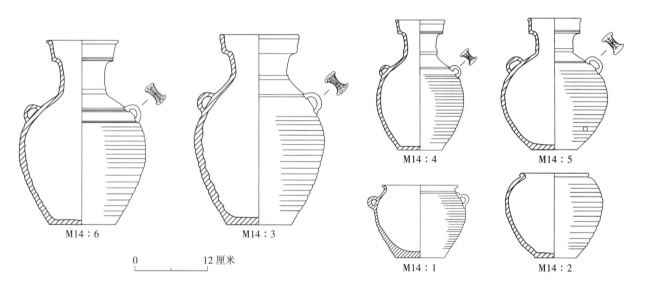

图2-10B 百亩地汉墓M14出土器物
1、2. 陶罐 3~6. 陶壶

陶灶 1件。

M14：7，泥质褐绿陶。酥脆不堪，无法复原，灶上残存有甑、釜残块。

铜五铢 6枚。

M14：9，"五"字交股较曲，"朱"字上方折，下圆折，个别"五"字交股较直，"五"字瘦长。钱径2.5~2.6、穿径0.9~1厘米。

铁器 1件。

M14：8，略呈曲尺形。残长5、宽2.2~2.8厘米。

M15

M15 平面呈长方形，墓壁垂直。方向 160 度。墓葬长 2.4、宽 1.1、深 0.4 米。该墓南部打破东西走向 M16 西部墓室，西北角打破 M11 的东南角。该墓开凿于红褐色土层中，墓口已被破坏，仅存部分墓壁（图 2-11A）。

在墓室东北角出土陶灶 1 件，上有陶釜 1 件。

M16

M16 为土坑墓，东西走向，西邻 M15，南距 M18 约 3 米。方向 250 度。西部墓室被 M15 打破。墓口已被破坏，仅存部分墓壁。墓室平面呈长方形，残长 1.3、宽 0.9、深 0.2 米（图 2-11A）。

墓室东部发现陶盒和陶小壶各 1 件。

陶盒　1 件。

M16:2，泥质灰陶。覆钵平顶盖，深腹，腹外抹饰弦棱纹，凹底。盒身敛口，口略呈子母形。口内径 14.4、腹径 17.3、底径 10.5~10.8、高 16.2 厘米（图 2-11B；彩版 2-11，4）。

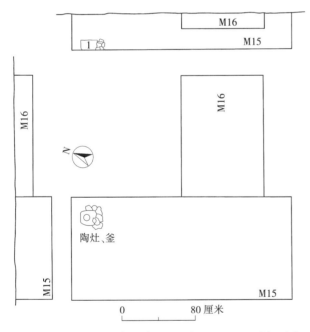

图 2-11A　百亩地汉墓 M15 和 M16 平、剖面图

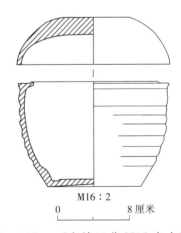

图 2-11B　百亩地汉墓 M16 出土陶盒

陶小壶　1 件。

M16:1，夹砂灰陶。杯口，束颈，溜肩，鼓腹尖凸，圈足。肩部附双系，仅存一系。口径 3.2、腹径 6.9、底径 3.3、高 7.8 厘米。

M17

M17 东西向，东南角被 M13 打破。方向 255 度。墓室平面呈长方形，墓壁垂直。长 3.16、宽 1、深 0.7 米。该墓开凿于红褐色土层中，墓口已被破坏，仅存部分墓壁（图 2-12A；彩版 2-18）。

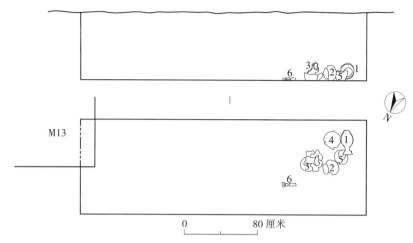

图 2-12A　百亩地汉墓 M17 平、剖面图

随葬品 7 件。其中陶壶 1 件、釉陶壶 3 件，出土于墓室西部；陶罐 1 件，出土于墓室西南角；铁器 1 件，出土于距西壁 0.76、北壁 0.3 米处。

陶壶　1 件。

M17:3，杯口外侈，口外面下端饰弦纹，束颈较粗，颈下饰两道弦纹，肩部对称附双系及两组弦纹，系面印叶脉纹，鼓腹，腹身满饰弦棱纹，平底。口径 11.3、腹径 18.6、底径 11.2、高 27 厘米（图 2-12B；彩版 2-19，2）。

釉陶壶　3 件。

M17:1，肩面、口内施釉多脱落。杯口，束颈，颈下端饰两道弦纹，圆溜肩，肩部对称附双系及两组弦纹，系面印叶脉纹，鼓腹，腹身满饰弦棱纹，略带假圈足。口径 9.6、腹径 18、底径 9、高 25.8 厘米（图 2-12B；彩版 2-19，1）。

M17:2，形体较小，肩面、口内施深褐色釉。杯口外侈，口外面下端施两道弦纹，束颈较高，圆肩，肩部对称附双系并饰两组弦纹，鼓腹，腹身满饰弦棱纹。平底。口径 8.5~8.7、腹径 13.8、底径 7.3、高 20.5 厘米（图 2-12B；彩版 2-19，3）。

M17:5，形体较大。口、颈残缺，颈部饰水波纹，圆溜肩，肩部对称附双系并饰三组弦纹，系面饰叶脉纹。系上贴附一羊首，肩、颈施青绿釉，腹以下为紫红色。鼓腹，腹身满饰弦棱纹，凹底。腹径 28.8、底径 13、残高 28.5 厘米（图 2-12B）。

陶罐　1 件。

M17:4，泥质灰陶。敛口，圆肩，肩部饰两三道弦纹并对称贴附双系，系面饰兽首纹，鼓腹，腹身满饰弦棱纹，平底略凹。口径 8.5、腹径 20.6、底径 10~10.2、高 18.7 厘米（图 2-12B；彩版 2-19，4）。

铜五铢　1 枚。

M17:7，"五"字交股稍曲，"朱"字上方折，下圆折。钱径 2.5、穿径 0.9~1 厘米。

铁器　1 件。

M17:6，仅余残块，似为铁削。

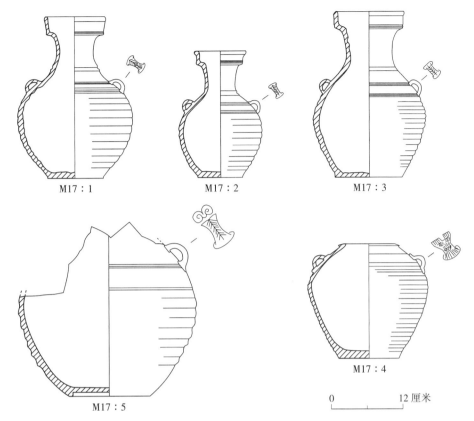

M17：1   M17：2   M17：3

M17：5

M17：4

0   12厘米

图2－12B　百亩地汉墓 M17 出土器物
1、3. 陶壶　2、5. 釉陶壶　4. 陶罐

M18

M18 东西向。墓室平面呈长方形，墓壁垂直。方向 260 度。该墓开凿于红褐色土层中，墓口和西南壁已被破坏，仅存部分墓壁。墓室长 4.16、宽 1.92、西部深 1.2、东部深 1.56 米。墓室底部东、西分别有两个枕木槽。东部枕木槽宽 0.28、深 0.1、距东壁 0.64 米，西部枕木槽宽 0.32、深 0.1、距西壁 0.64 米。在墓室中部偏南处为木棺朽痕，由 8 块宽约 12 厘米的长方形木板拼成，上残存黑色漆皮，棺木痕长 2.44、宽 0.94、高 0.06 米，东边距东壁 0.54、北边距北壁 0.68、西边距西壁 1.2、南边距南壁 0.28 米（图 2－13A；彩版 2－20）。

随葬品 22 件（组），主要分布于墓室北部和西部。其中釉陶壶、瓿、熏炉、麟趾金，硬陶瓿、罍，陶灶（上有两个小陶罐）和铁釜、剑等，分别出土于墓室北部和西部；铜钱数枚，分别出土于墓室中部偏西处和西部。

釉陶盘口壶　8 件。按照体量分为大、中、小型。

大型　1 件。

M18：6，体量大。肩面及口内施黄绿色釉。杯口外侈，圆肩，细颈，鼓腹浑圆。口外上下饰凹弦纹，弦纹间饰一组细密水波纹。肩部均匀饰三组凸弦纹，第一组弦纹上部及第一、二组弦纹间各饰两组对鸟纹，鸟身呈横长的 S 形，圆目长喙，卷尾修长蜿蜒，姿态舒展。肩部第一、二组弦纹上对称附双铺首衔环系，系面印叶脉纹，上贴附一衔扁圆形环的兽面。口径 14、腹径 36.6、底径 17.4、高 45厘米（图 2－13B；彩版 2－21，1）。

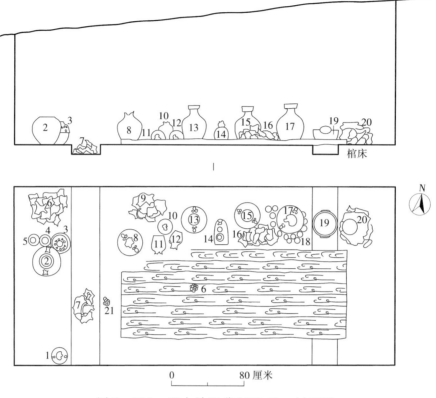

图 2 - 13A　百亩地汉墓 M18 平、剖面图

中型　6 件。体量中等。肩面及口内施褐绿色釉，形制、大小基本相同。杯口外侈，束颈短，圆溜肩，鼓腹浑圆，圈足较高。口外上下饰凹弦纹，弦纹间印水波纹，颈下部饰一道凹弦纹和一组水波纹，肩部均匀饰三周凸弦纹，第一道弦纹上对称附二铺首衔环，兽首呈卷曲的羊角形，环扁圆，上饰绳索纹。紫褐色胎体，肩部有流釉现象，腹部有轮制旋纹。

M18：8，口径 11.6～12.2、腹径 28.3、底径 13.4、高 35.7 厘米（图 2 - 13B；彩版 2 - 21，2）。

M18：9，口径 12.2～12.7、腹径 29.1、底径 13.7、高 35.6 厘米（图 2 - 13B）。

M18：12，口径 12～12.6、腹径 27.4、底径 13.4、高 34.2 厘米（图 2 - 13B；彩版 2 - 21，3）。

M18：13，口径 12～12.7、腹径 28.4、底径 13.4、高 33.6 厘米（图 2 - 13B；彩版 2 - 22，1）。

M18：15，口径 11.7～12、腹径 28、底径 13、高 34.7 厘米（图 2 - 13B；彩版 2 - 22，2）。

M18：17，口径 11.8～12.2、腹径 27.9、底径 13.2、高 34.8 厘米（图 2 - 13B；彩版 2 - 22，3）。

小型　1 件。

M18：1，体量小。肩面及口内施黄绿色釉，杯口外侈，束颈，圆溜肩，鼓腹，矮圈足。口外面上部饰一道凹弦纹，颈部下端饰一周水波纹，肩部对称附双系及两道弦纹，腹部满饰弦棱纹。口径 8.2～8.5、腹径 17.5、底径 10.5、高 23.3 厘米（图 2 - 13B；彩版 2 - 22，4）。

釉陶喇叭口壶　4 件。口外侈较大，束颈较高，圆肩或溜肩，颈下部饰一组水波纹，肩面及口内施黄褐色釉。肩部对称附双系。

M18：4，圆唇，腹部浑圆，矮圈足。颈部饰两道弦纹，弦纹中间饰水波纹，水波起伏较大，肩、腹满饰弦棱纹。口径 10、腹径 15.9、底径 9～9.3、高 20 厘米（图 2 - 13B；彩版 2 - 23，1）。

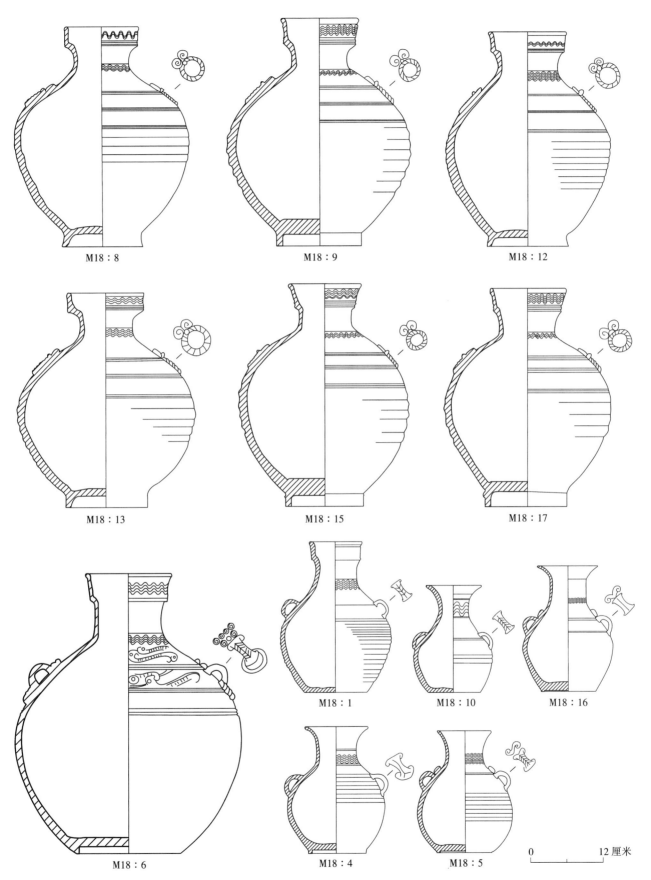

M18：8

M18：9

M18：12

M18：13

M18：15

M18：17

M18：6

M18：1

M18：10

M18：16

M18：4

M18：5

0   12 厘米

图 2-13B 百亩地汉墓 M18 出土釉陶壶

M18：10，平沿，尖唇，溜肩，鼓腹略圆折，腹下斜收，平底。颈中下部饰两道凹弦纹，弦纹间饰水波纹，水波起伏较大，肩部饰一组凹弦纹，系面印叶脉纹。口径 9.4、腹径 14.6、底径 9.4、高16.9 厘米（图 2 - 13B；彩版 2 - 23，2）。

M18：5，尖唇，溜肩，圆鼓腹，腹略下垂，凹底。颈下部水波纹起伏平缓，肩部饰二道凹弦纹，系面印粗疏叶脉纹，系上贴一 S 形装饰，腹上饰弦棱纹。紫褐色。口径 8.5～8.7、腹径 16、底径 9.2、高 19.9 厘米（图 2 - 13B；彩版 2 - 23，3）。

M18：16，尖唇，束颈直而稍高，溜肩，折腹，凹底。颈部水波纹起伏平缓，肩部饰两组凹弦纹，系上贴附一羊角形装饰。肩面、口内施深褐绿色釉。口径 9.7、腹径 15.7、底径 9、高 20.2 厘米（图 2 - 13B；彩版 2 - 23，4）。

釉陶瓿 1 件。

M18：7，肩面施褐绿色釉，有大量流釉现象。平沿，圆肩，肩部均匀饰三组弦纹，系上附双角，鼓腹微折，平底。口径 10.5、腹径 20.5、底径 10.5、高 17 厘米（图 2 - 13C；彩版 2 - 24，1）。

硬陶瓿 1 件。

M18：2，灰色硬陶。敛口，溜肩，肩部均匀凸起三组弦纹，第一组弦纹至口沿、第一和第二组弦纹间均线刻有对鸟、云气、山峰纹样。肩部对称附双角形兽面系，系上贴附羊角纹，鼓腹，腹斜直内收，平底微凹。口径 8、腹径 30.8、底径 15.5、高 30.5 厘米（图 2 - 13C；彩版 2 - 24，3）。

硬陶罍 1 件。

M18：20，灰褐色、紫褐色硬陶。侈口，斜沿，尖唇，圆肩，鼓腹，底内凹。器外满饰席纹。口径16.3、腹径 35.3、底径 16.6、高 29.2 厘米（图 2 - 13C；彩版 2 - 24，2）。

釉陶熏炉 1 件。

M18：3，略呈扣合一体的盆形，盖呈凸起的弧形，正中耸起一圆形微侈的气孔，孔径 4.2 厘米。盖面开两组气孔，以两组弦纹为界，气孔分圆形和三角形两种，相间排列，上层 8 孔，下层 7 孔，上层圆孔外侧残留刻划的三角形。宽平沿，凹唇，腹微鼓，平底略凹，底面中心开一圆孔，此孔同盖中的气孔相对。肩面施黄褐色釉，余皆紫褐色，夹砂灰陶。腹径 20.4、底径 11.5～11.8、高 19.7 厘米（图 2 - 13C；彩版 2 - 25，1）。

陶灶 1 件。

M18：14，泥质红陶。略呈圆筒形，前面开一弧壁灶门，后面耸起一侈口束腰形烟囱，烟囱中空上翘。灶面中央一字开三个火眼，中间一眼较大，两边的稍小，火眼上放一大口罐，后面火眼放一小罐。通长 23.5、宽 13.4、通高 18.8 厘米。不带罐高 11.5～11.8 厘米。灶上大罐侈口，束颈，溜肩，折腹，平底，口径 8.5、底径 4.5、高 7.7 厘米；小罐口径 3.3、底径 2.4、高 3.7 厘米（图 2 - 13C；彩版 2 - 25，3）。

釉陶井 1 件。

M18：11，侈口，平沿，沿边上翘，凹唇，束颈较短，颈部对称开四个小孔，圆肩，直筒形腹，腹均匀饰四组弦纹，形成三个纹饰带，上两个纹饰带刮印起伏较大的水波纹，波纹细密，腹中部略内收，平底略凹。肩面、口内施青绿色釉。口径 10.3、腹径 12.3、底径 9.8、高 17.8 厘米（图 2 - 13C；彩版 2 - 25，2）。

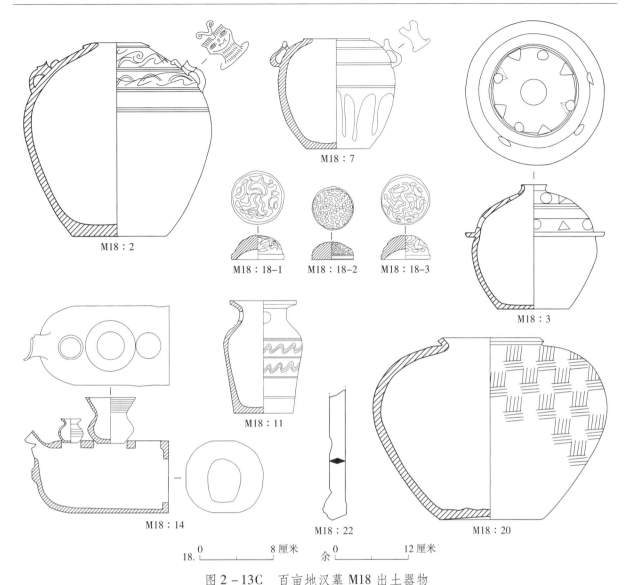

图 2 - 13C　百亩地汉墓 M18 出土器物

2. 硬陶瓿　3. 釉陶熏炉　7. 釉陶瓿　11. 釉陶井　14. 陶灶　18. 釉陶麟趾金　20. 硬陶罍　22. 铁剑

釉陶麟趾金　1 组 45 枚。

M18 : 18，其中一枚略小，内面凹，上有指压痕，表面突起谷粒纹，直径 4.2 ~ 4.5、高 1.4 厘米。其余 44 枚直径较大，表面饰突起的盘曲蚯蚓状纹饰，圆丘形，底边有凸棱，上饰麻点纹一周，底内凹较甚。表面施褐绿色釉，釉多脱落。直径 5 ~ 5.7、高 2.2 ~ 2.3 厘米（图 2 - 13C）。

铜五铢　1 组 3 枚。

M18 : 21，"五"字较瘦长，"朱"字上方下圆，两枚穿上有一横。钱径 2.5 ~ 2.6、穿径 0.95 ~ 1 厘米。

铁釜　1 件。

M18 : 19，直口，口部附两立耳，直腹微曲，略带圈足。口径 25.5、底径 8、高 14.5 ~ 15 厘米（彩版 2 - 23，5）。

铁剑　1 件。

M18 : 22，残长 20.2、宽 3.3 厘米（图 2 - 13C）。

M19

M19 为竖穴土坑墓，方向 285 度。墓室平面呈长方形，墓壁上大下小。保存较好，上口东西长 3.86、南北宽 1.8 米，现存深度东壁 1.1 ~ 1.75、西壁 1.1 ~ 1.65、南壁 1.8、北壁 1.1 米。墓底未发现棺木痕。墓室四壁为红褐色土，夹杂有碎石块，土质坚硬。墓壁修治较为规整（图 2 - 14A；彩版 2 - 26，1、2）。

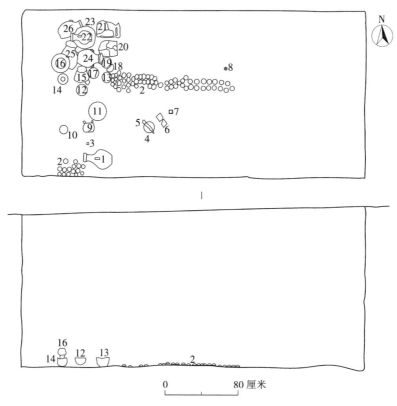

图 2 - 14A　百亩地汉墓 M19 平、剖面图

随葬品 26 件（组），主要放置于墓室西部，主要有（釉）陶壶、樽、灶、罐等，墓室中部发现釉陶麟趾金 74 枚。

釉陶壶　5 件。杯口外侈，束颈，溜肩，鼓腹，平底或凹底，肩附双系并饰弦纹，系面饰叶脉纹，腹部满饰旋纹。

M19∶1，束颈粗矮，凹底。肩饰两组弦纹，系上贴附一 S 形装饰。肩及口内施黄褐釉，釉多脱落。口径 12.4 ~ 12.7、腹径 24.7、底径 13.8、高 35 厘米（图 2 - 14B；彩版 2 - 27，1）。

M19∶24，束颈短，平底。口、颈内面满饰弦纹，口外面下端饰一组弦纹，颈中部及下端分别饰弦纹、水波纹各一周，肩部双系中间下凹。口内及肩外面施黄褐色釉。口径 10.4、腹径 17.5、底径 8.8、高 24 厘米（图 2 - 14B；彩版 2 - 27，2）。

M19∶25，口外侈较大，平底内凹。颈下饰水波纹。肩及口内施青褐色釉。口径 9.5、腹径 16.5、底径 9.9、高 22.1 厘米（图 2 - 14B；彩版 2 - 27，3）。

M19∶16，形制同 M19∶25，鼓腹浑圆，平底内凹。口外上下饰两组弦纹，束颈极矮，上饰水波纹

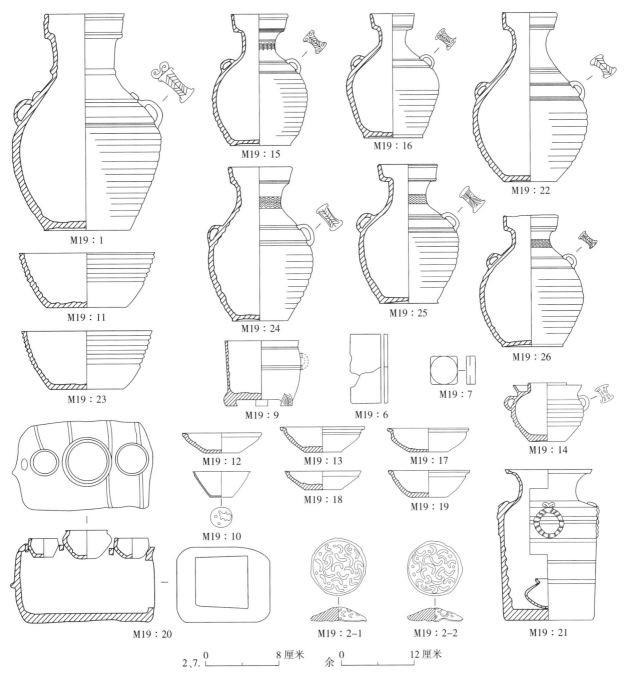

图 2 - 14B　百亩地汉墓 M19 出土器物

1、16、24 ~ 26. 釉陶壶　2. 釉陶麟趾金　6. 石黛板　7. 石研黛器　9. 陶樽　10. 陶甄　11 ~ 13、17 ~ 19、23. 陶钵
14. 陶双唇罐　15、22. 陶壶　20. 陶灶　21. 陶井

两周，圆肩，肩部饰两组弦纹。青灰色釉多脱落。口径 7.5、腹径 15、底径 9 ~ 9.3、高 20.1 厘米（图 2 - 14B；彩版 2 - 27，4）。

M19:26，形制同 M19:16。口径 8.9、腹径 15.8、底径 9.2 ~ 9.4、高 21.1 厘米（图 2 - 14B；彩版 2 - 27，5）。

陶壶　2 件。

M19:22，泥质灰褐陶，未施釉。杯口外侈，束颈，溜肩，鼓腹。口下饰一道弦纹，平底微凹。口径 8.6、腹径 18.6、底径 8.5、高 27 厘米（图 2 - 14B；彩版 2 - 28，1）。

M19：15，泥质灰褐陶，未施釉。杯口外侈，束颈，溜肩，鼓腹，平底微凹。口下饰两道弦纹，颈部饰水波纹，肩饰两组弦纹。口径 9、腹径 16.2、底径 9.7～10、高 21.5 厘米（图 2 - 14B；彩版 2 - 28，2）。

陶双唇罐　1 件。

M19：14，泥质灰褐陶，未施釉。内口高而直，外口矮而侈，束颈，溜肩，鼓腹，平底略凹。器身满饰弦棱纹，肩部对称附双系，口径 6（内）～11.2（外）、腹径 12.3、底径 6.4、高 9.7 厘米（图 2 - 14B；彩版 2 - 28，3）。

陶樽　1 件。

M19：9，泥质灰褐陶，未施釉。身呈直筒型，上饰两组弦纹，附有一系或耳（残缺），平底，下附三足，足面刻有细线叶脉纹。口径 11.2～11.4、高 11 厘米（图 2 - 14B；彩版 2 - 28，4）。

陶钵　7 件。

盘状　5 件。泥质灰褐陶，未施釉。侈口，平沿稍内斜，唇外面中部下凹，折肩，斜直腹，平底。器内中部凸起一周弦纹，底面有密集的轮制圈痕。

M19：12，口径 12.8～13.1、底径 5.4、高 3.6～3.9 厘米（图 2 - 14B；彩版 2 - 29，1）。

M19：13，口径 13.8～13.9、底径 6.2、高 3.8～4 厘米（图 2 - 14B）。

M19：17，口径 13.3、底径 6.5、高 4 厘米（图 2 - 14B；彩版 2 - 29，1）。

M19：18，呈浅盘形，平沿内凹，凸肩，平底。口径 12.4、底径 5.9、高 2.3 厘米（图 2 - 14B）。

M19：19，口径 13.2、底径 6.2～6.4、高 4.1 厘米（图 2 - 14B；彩版 2 - 29，1）。

碗状　2 件。口微侈，肩微凸，平底，腹上部饰弦纹，紫褐色。

M19：11，口径 21.8～22.2、底径 12.5～12.8、高 9 厘米（图 2 - 14B；彩版 2 - 29，2）。

M19：23，内壁有轮制弦纹。口径 21、底径 11.8、高 9.9 厘米（图 2 - 14B；彩版 2 - 29，3）。

陶甑　1 件。

M19：10，泥质灰褐陶，未施釉。侈口，平沿，斜直腹，平底，底面开有 6 个小孔。口径 9.5、底径 3.4～3.7、高 4.1 厘米（图 2 - 14B）。

陶灶　1 件。

M19：20，泥质灰陶。内中空，整体呈一圆角长方体形，前开方形火门，后面中部朝外凸起一道，中心形成一小尖顶。灶面开三个火眼并刻划四组弦纹，火眼前后一字排列，上分别放置陶釜各一，釜均直口，凸肩，中间一釜较大，圜底，口径 6.2、高 4.3 厘米；两边的稍小，平底，前面一个口径 4.8、高 2.9 厘米；后面一个口径 5.6、高 3.2 厘米。灶面后端中部开一圆孔，代表烟道。灶通长 24.6、宽 15.4、高 12.6～14（连釜高）厘米（图 2 - 14B；彩版 2 - 29，4）。

陶井　1 件。

M19：21，泥质灰褐陶，未施釉。整体呈直筒罐形，侈口，平沿，尖唇，束颈，肩斜平微鼓，上对称附四个铺首衔环，铺首上端为较小的羊首形，垂环较大，环呈绚索形。井身呈上粗下细的桶形，上饰四组弦纹，上端同铺首相间开四个小圆孔，平底。口径 14.1～14.5、底径 14.5～14.9、最大径 17.3、高 24 厘米。井内有一小桶，直口束颈，扁圆腹，圜底。口径 4.5、最宽 7.7、高 5.6 厘米（图

2-14B；彩版2-28，5）。

釉陶麟趾金　1组74枚。

M19：2，形制相同，分青绿（黄褐）和紫褐色两种，均呈低矮的圆丘形，底部较平，底面有手捏的凹凸痕，表面模印盘曲花纹。直径6~6.3、高1.6厘米（图2-14B；彩版2-30）。

陶印章　1件。

M19：3，泥质灰陶。残毁，出土时可见上面刻有一个字。边长1.1、高0.7厘米。

铜镜　1件。

M19：4，宽平沿，鼻纽，圆纽座，纽座外饰弧线、短线纹，主纹为四个回首展翅的鸟，纹饰内外均饰一圈栉齿纹。直径10.2~10.5、缘厚0.45厘米（彩版2-26，3）。

铜钱　1组2枚。

M19：8，剪边钱。孔径0.9~1、钱径1.8~1.9厘米（彩版2-26，4）。

铁削　1件。

M19：5，残长11厘米。

石黛板　1件。

M19：6，呈长方板形，紫褐色砂石质。长11、宽4.4、厚0.6~0.7厘米（图2-14B；彩版2-26，5）。

石研黛器　1件。

M19：7，紫褐色砂石质，上方下圆。上方边长3、下面直径2.9~3、高0.7厘米（图2-14B；彩版2-26，5）。

M20

M20平面呈长方形，墓壁垂直。该墓开凿于红褐色土层中，保存较好，东西长2.8、南北宽1.7、深1.1米，墓室底部东西分别有两个枕木槽。东部枕木槽距东壁0.36、宽0.2、深0.06米，西部枕木槽距西壁0.52、宽0.2、深0.06米。方向265度（图2-15A；彩版2-31，1）。

随葬品8件，成一排放置于墓室西部，有釉陶鼎、盒、壶、瓿、熏炉等。

釉陶鼎　1件。

M20：2，上附一盖，施黄褐色釉，盖呈覆钵形，顶面较平，上饰两组弦纹并附三组。鼎身呈圆形，子口，平底微鼓，下附三蹄形足。鼎腹中部有一凸棱，口沿附两立耳，耳上薄下厚，稍外撇。口径16.2、通高18.3厘米（图2-15B；彩版2-32，1）。

釉陶盒　1件。

M20：4，由身、盖两部分组成，盖中央凸起一圈棱，上饰两组凹弦纹，施黄褐色釉，上残存数处黑色堆釉，釉脱落较多。盒身直腹微鼓，矮圈足，子口，腹部饰两道凹弦纹。口径16.2、腹径19、底径11、通高14.3厘米（图2-15B；彩版2-32，2）。

釉陶壶　1件。

M20：1，喇叭口，平沿，尖唇，束颈直而稍长，肩部斜平，上附双系，肩、腹饰三组水波纹及弦纹，水波纹浅而细，鼓腹稍扁圆，高圈足略外撇。壶上扣一覆钵形盖，盖面饰两组水波纹，其间以弦

图 2 - 15A　百亩地汉墓 M20 平、剖面图

纹间隔，正中凸起一圆形平顶捉手。施红褐色、灰褐色釉。口径 12、腹径 22.5、底径 13 ~ 13.3、通高 29.6 厘米。盖直径 9.6 ~ 13.5、高 4.5 厘米（图 2 - 15B；彩版 2 - 31，2）。

釉陶瓿　1 件。

M20:5，有盖，盖面饰两组弦纹，弦纹间饰 V 形纹饰两周，正中附一束腰平顶捉手。瓿平沿，矮领，平肩稍圆，鼓腹扁圆，肩附两立耳，耳分叉，上饰兽面纹。下附三瓦足，平底微凹。肩、腹饰四组弦纹组成的三条纹饰带，其中下面两条为水波纹，上面一条饰 V 形栉齿纹。胎为红褐色，黄褐色釉已脱落。口径 10.5、腹径 30.6、底径 17、高 23.4 厘米。盖内径 8.5、外径 13、高 4.8 厘米（图 2 - 15B；彩版 2 - 32，3）。

釉陶熏炉　1 件。

M20:7，由盖、身两部分组成。盖面为缓平底斜坡形，上饰三组弦纹并均匀开有 8 个三角形气孔，盖顶正中凸起一个三级圆坛形捉手，捉手下面一级最大，其上塑出三只鸟头，鸟头间开有 3 个小孔。顶端塑一展翅回首的鸟，鸟的尾、翅残缺。盖侧面略内凹，扣合于器身上。器身呈豆形，子口，腹斜直内收，上饰一组水波纹，水波纹上下以弦纹作界，圈足。泥质灰陶，盖上面施黄褐色釉，余均呈红褐色。口径 9.9、腹径 12、底径 7.2、高 15.2 厘米（图 2 - 15B；彩版 2 - 31，3）。

釉陶耳杯　2 件。形制大致相同，均呈椭圆形，两侧弧形耳外伸上翘，平底，施黄褐色釉（彩版 2 - 32，4）。

M20:3 - 1，端较方而宽，红褐色。长 15.2、宽 8.4、连耳宽 12.5、高 5.1 厘米（图 2 - 15B）。

M20:3 - 2，灰陶，椭圆两端较尖圆，圈底。长径 15、短径 9、通宽 12、高 5.5 厘米（图 2 - 15B）。

陶勺　1 件。

M20:6，泥质灰陶。勺宽扁而浅，柄内中空，较短。宽 7.2、长 7.5 厘米（图 2 - 15B）。

图 2–15B　百亩地汉墓 M20 出土器物

1. 釉陶壶　2. 釉陶鼎　3. 釉陶耳杯　4. 釉陶盒　5. 釉陶瓿　6. 陶勺　7. 釉陶熏炉

M21

M21 平面呈长方形，墓壁垂直。方向 265 度。该墓开凿于红褐色土层中。被晚期的 M5 打破，东西长 3.5、南北宽 1.8、深 0.6 米（参见图 2–17A）。

墓室填土中发现有陶器残片及铁剑。

铁剑　1 件。

M21:1，残长 21、中部宽 3.8、最厚 0.5 厘米。

第二章　砖室墓

砖室墓5座，分别为M4、M5、M7、M8、M9。其中M5下面为土坑墓M21，M5打破M21。砖室墓被破坏较甚，随葬器物基本无存，仅余部分砖壁。墓室平面呈长方形，墓壁顺长错缝平砌，墓砖侧面均模印几何纹，有纹饰的一面朝向墓室。其中保存稍好的M9墓前发现有砖砌的排水道通往山下。

M4

M4为凸字形砖券墓，由封门和墓室组成。东西向，通长4.28、内长3.8、内宽1.68米。盗掘破坏严重，仅存墓葬下半部。方向255度。封门长1、残厚0.32、高0.11米。墓室平面呈长方形，内长3.8、东西底边均宽1.68米。北壁长4.02、厚0.16、高0.56米，由11层砖顺向错缝平砌；南壁长4.12、厚0.16、高0.76米，由14层砖顺向错缝平砌；西壁长1.68、厚0.16、高0.11米，现存2层砖顺向错缝平砌；东壁长2、厚0.16、高0.56米，现存11层。墓底平砌一层砖，错缝砌筑。墓砖长36~38、宽15.5~16、厚5~6厘米。在砖两端中间附有榫卯组合，在砖的一边长侧面印"▨▤▤"几何纹（图2-16；彩版2-33）。

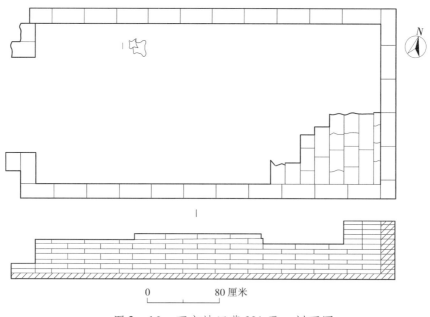

0　　　　80厘米

图2-16　百亩地汉墓M4平、剖面图

随葬品基本无存，仅发现陶壶残片 1 件，出土于墓室西北部。

M5

M5 为凸字形砖室墓，由封门和墓室组成，东西向。通长 4.26、内长 3.74、内宽 1.84 米。盗掘破坏严重，仅存墓葬下半部和部分封门。方向 260 度。封门砌于西墙内外，长 0.94、残厚 0.36、高 0.16 米。墓室平面呈长方形，仅存墓室下部，墓壁垂直。墓室内长 3.74、东西底边均宽 1.84 米。墓室北壁长 3.88、厚 0.16、高 0.3 米，由 5 层平铺砖顺向错缝砌筑；南壁长 3.96、厚 0.16、高 0.6 米，由 10 层平铺砖顺向错缝砌筑；西壁长 1.84、厚 0.16、高 0.12 米，由 2 层平铺砖顺向错缝砌筑；东壁长 1.84、厚 0.16、高 0.54 米，由 9 层平铺砖顺向错缝砌筑。墓室底部由一层平铺砖顺向错缝铺就。墓砖长 36～37.5、宽 16～17.5、厚 4.5～6 厘米，砖的一边长侧面印"▨▨▨"几何纹，两端中部有榫卯结构（图 2-17；彩版 2-34）。

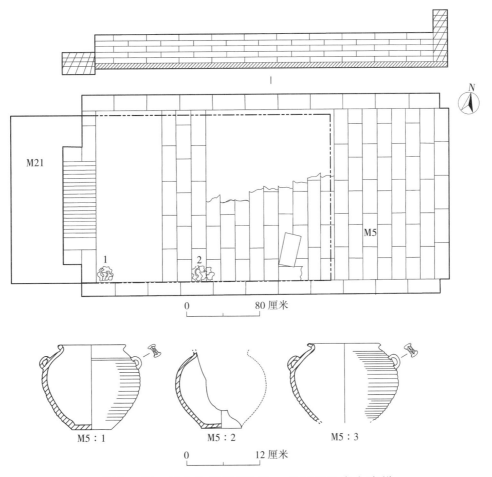

图 2-17　百亩地汉墓 M5 平、剖面图及出土陶罐

随葬品共 4 件，均为陶罐，出土于墓室西南角中部偏西位置。此外，墓室中还出土有陶罍残片、泥质陶樽残片（酥脆不堪）及铁钩残块。

陶罐　4 件。形制基本相同。其中 1 件残缺太甚，仅余口沿。侈口，圆唇，溜肩，鼓腹，平底，肩附双系，系面模印叶脉纹，器身满饰弦棱纹。

M5:1，泥质灰陶。口径 11、腹径 15.5、底径 6.3、高 13.8 厘米（图 2-17）。

M5：2，红褐色，仅余不到二分之一，口残缺。底径 7.1、残高 11.8 厘米（图 2 - 17）。

M5：3，灰红色，底残缺。口径 12.2、腹径 18、残高 11.3 厘米（图 2 - 17）。

M7

M7 开凿于岩石内，墓圹平面呈长方形。因施工破坏，仅存墓室部分北壁和东壁。砖室平面呈长方形，方向 255 度。北壁残长 2、厚 0.18、残高 0.84 米，顺向错缝平砌 14 层砖；东壁残长 2.08、厚 0.18、残高 0.78 米，顺向错缝平砌 13 层砖。墓室底部铺地砖已被破坏。墓砖长 38.5 ~ 40、宽 18、厚 5.5 ~ 6 厘米，砖两端中间附有榫卯组合，一边长侧面印 "▨▨▨▨" 几何纹（图 2 - 18；彩版 2 - 35，1）。

盗扰严重，未发现随葬品。

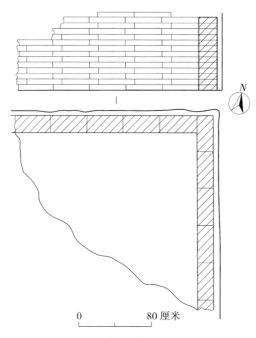

图 2 - 18　百亩地汉墓 M7 平、剖面图

M8

M8 为砖券墓，东西走向，开凿于岩石内，平面呈凸字形，前面开凿有斜坡墓道。通长 6.86、内宽 1.92 米。因盗掘破坏严重，仅存墓葬下半部和砖砌排水道。方向 240 度。墓道开凿于墓室西侧，长 2.46、宽 1.26 米。在距墓道北壁 22 厘米处，向下开凿宽 36、深 6 厘米的排水槽，槽内中部向下开挖宽 6、深 4 厘米的水道，上横向平铺一层砖。墓室平面呈长方形，仅存墓室下部，残长 3.94 米，均顺向错缝平砌。东边内宽 1.92 米。北壁残长 3.94、厚 0.15、高 1.04 米，残存 21 层砖；南壁长 3.88、厚 0.15、高 1.26 米，残存 23 层砖，由底向上 1.16 米处起券；东壁略内凸，长 1.92、厚 0.15、高 0.84 米，现存 17 层砖。墓底平砌一层砖，呈席纹结构。墓砖有长方砖和横楔砖。长方砖长 34 ~ 36、宽 15 ~ 16、厚 5 厘米；横楔砖长 34 ~ 36、宽 15 ~ 16、大厚 5.5、小厚 4 厘米。在砖两端中间附有榫卯结构，砖的一边长侧面印 "▨▨▨▨" 几何纹（图 2 - 19；彩版 2 - 35，2、彩版 2 - 36）。

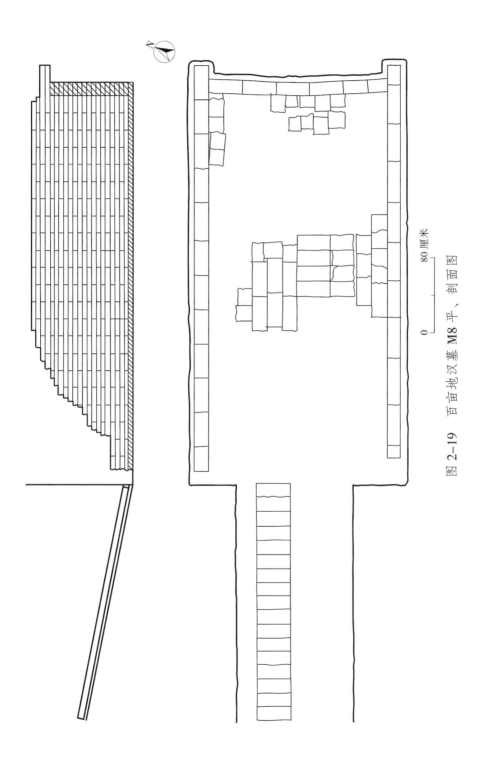

图 2-19　百亩地汉墓 M8 平、剖面图

盗扰严重，仅在墓室扰土中发现部分陶鼎及陶罐、釉陶壶、釉陶瓿等器物的残片。釉陶壶残片上有云纹铺首衔环，较为少见；釉陶瓿上刻划有鸟文；还有灰陶直口罐残片，口径 8.8 厘米。

陶鼎　1 件。

M8∶1，泥质灰褐陶，未施釉。盖缺失，母口，深腹，平底，下附三矮蹄形足，足外面模印有竖线纹（或为兽面纹）。口外径 17.5、口内径 15.2、底径 10.7、高 11.8 厘米（彩版 2 - 35，3）。

M9

M9 平面呈长方形，因盗掘破坏严重，仅存墓室后半部。方向 255 度。现存墓葬残长 0.76、内残长 0.6、内宽 1.56 米。墓壁均顺长平砌。墓室北壁残长 0.5、厚 0.16、高 0.61 米，现存 12 层砖；东壁长 1.44、厚 0.16、高 0.66 米，现存 13 层砖；南壁残长 0.6、厚 0.16、高 0.42 米，现存 8 层砖。墓底由一层不规则砖错缝平砌。墓砖长 35.5 ~ 36、宽 15 ~ 16、厚 5 ~ 6 厘米。在砖两端中间附有榫卯组合，在砖的一边长侧面印 " ▨◉▨ " 几何纹（图 2 - 20）。

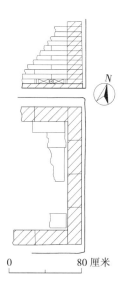

0　　　　　　80 厘米

图 2 - 20　百亩地汉墓 M9 平、剖面图

该墓盗扰严重，在扰土中发现部分陶罐残片。

陶壶　1 件。

M9∶1，泥质灰陶。口、颈缺失。溜肩，鼓腹，平底微凹，器身满饰弦棱纹。腹径 20.2、底径 8.3 ~ 8.5、残高 21.5 厘米。

第三章　结　语

一　土坑墓的年代

百亩地 M1、M11、M12、M17 出土的陶壶同余杭义桥出土的Ⅲ式盘口壶①、浙江汉墓 BⅢ式盘口壶②相似，为新莽前后至东汉早期前段。百亩地 M14 陶壶同余杭义桥出土的Ⅲ式、Ⅳ式盘口壶相似，为东汉早期。

百亩地 M2 的陶罍同余杭义桥 M2、M46 出土的Ⅱ式罍③相似，时代属西汉晚期和新莽前后。

百亩地 M3 出土的陶瓿、冥币、半圆球形麟趾金、（釉）陶璧同余杭义桥西汉中期 M29 出土的同类器物④相似；安吉五福楚墓也出土有类似的冥币（M1∶14）⑤，冥币凹面戳印 8～10 个 1 平方厘米的印记，印文为"史信" 2 字；余杭义桥 M29 釉陶冥币上刻有动物纹样。这些冥币当时仿照战国楚国的郢爰，是珍稀货币的一种代表。百亩地 M3 出土的三个靴形器在以前的汉墓中未曾发现，形制独特，似为棋弈或者博具一类的娱乐用品；口沿有两个立耳的束腰陶釜（M3∶12）、俑头（M3∶25）也比较罕见。根据余杭百亩地 M3 器物的组合、形制结合出土的铜半两钱，基本判定 M3 为西汉中期。百亩地 M16 陶盒同余杭义桥出土的Ⅲ式盒相似，也属西汉中期。

百亩地 M18、M19 同杭州大观山果园西汉晚期 M7、M9、M11⑥的基本相同，也流行随葬釉陶麟趾金，有的金饼下刻写符号或文字。百亩地 M18 的陶壶、陶井、陶灶、釉陶熏炉同余杭大观山果园西汉晚期 M7、M11 出土的同类器物⑦相似，陶灶同余杭义桥 M18∶12 灶相似。百亩地 M18∶19 铁釜同湖州杨家埠二十八号墩西汉中期 M11∶16 铁釜⑧相似，衢州龙游仪冢山墓地王莽时期 M12 出土的铁釜⑨也是此种形制，口沿附双立耳，直腹，略带圈足。所以，百亩地 M18 的时代为西汉晚期。百亩地 M19 出土的陶灶、釉陶麟趾金同余杭义桥 M18 出土的同类器物相似，陶壶同余杭义桥 M17 陶壶相似，时代在西

① 杭州市文物考古研究所、余杭博物馆：《余杭义桥汉六朝墓》，文物出版社，2010 年。
② 浙江省文物考古研究所、胡继根：《浙江汉墓》，文物出版社，2016 年。
③ 杭州市文物考古研究所、余杭博物馆：《余杭义桥汉六朝墓》，文物出版社，2010 年。
④ 杭州市文物考古研究所、余杭博物馆：《余杭义桥汉六朝墓》，文物出版社，2010 年。
⑤ 浙江省文物考古研究所、安吉县博物馆：《浙江安吉五福楚墓》，《文物》2007 年第 7 期。
⑥ 浙江省文物考古研究所：《杭州大观山果园汉墓发掘简报》，《浙江汉六朝墓报告集》，104～115 页，科学出版社，2012 年。
⑦ 浙江省文物考古研究所：《杭州大观山果园汉墓发掘简报》，《浙江汉六朝墓报告集》，106～107 页，科学出版社，2012 年。
⑧ 浙江省文物考古研究所：《湖州市杨家埠二十八号墩汉墓》，《浙江汉六朝墓报告集》，133 页，科学出版社，2012 年。
⑨ 衢州博物馆：《衢州汉墓研究》，250 页，文物出版社，2015 年。

汉晚期。

百亩地 M20 出土的陶鼎、壶、熏炉同余姚老虎山一号墩 M14 的同类器物（战国末期至西汉）[1] 有些相似，但同余姚老虎山的相比，余杭百亩地 M20 器物更加规整，陶鼎腹部更深，足呈蹄形，腹部凸棱更加明显，两侧立耳更加斜直；陶壶颈部更长，腹部扁圆，腹部水波纹稀疏，波幅增大；陶瓿腹部更加浑圆，两侧立耳上部呈宽扁的 U 形，耳面饰兽面纹；熏炉盖面的气孔均为三角形，纹饰减少，仅在盖面施釉，其余均呈紫褐色。所以，百亩地 M20 要比余姚老虎山一号墩 M14 要晚。百亩地 M20 陶鼎、盒、瓿、壶同余杭义桥 M28、M33 和 M38（西汉早期）出土的同类器物[2]相似，其时代当在西汉早期。

二 砖室墓的年代

百亩地砖室墓仅发现 5 座，墓葬的形制、墓砖的纹饰基本相同，平面呈长方形，墓砖侧面模印几何纹，可以判定为同一时期的墓葬。其中 M8 墓前还有砖砌的排水道。这批砖室墓的形制、墓砖的纹饰同余杭义桥 M52、M53、M62 相似，时代在东汉中晚期。

---

① 浙江省文物考古研究所：《沪杭甬高速公路考古报告》，68～80 页，文物出版社，2002 年。
② 杭州市文物考古研究所、余杭博物馆：《余杭义桥汉六朝墓》，文物出版社，2010 年。

附　表

附表 2　余杭百亩地墓地汉墓登记表

墓号	时代	方向	形制	随葬品	备注（扰否）
1	新莽前后	170°	土坑	釉陶壶 6，陶熏炉 1，铁釜 1	
2	西汉晚期至新莽	260°	土坑	陶罍 1、灶 1、井 1、釜 1、铁削 1、钩 1，铜五铢 20，漆盒 1	
3	西汉中期	240°	土坑	釉陶熏炉 1、壶 1、瓿 3、罐 11、钵 3、靴形器 3、麟趾金 8（1 组）、冥币 4（1 组）、璧 9（1 组），陶俑头 1、璧 2（1 组）、瓮 2、纺轮 3（1 组）、器盖 11（2 组），铜半两 1，料珠 1	扰
4	东汉中期	255°	砖室	陶壶残片	扰甚
5	东汉中期	260°	砖室	陶罐 4	扰甚
6		260°	土坑	陶罍 1	扰甚
7	东汉中期	255°	砖室	未发现	扰甚
8	东汉中期	240°	砖室	陶鼎 1，陶罐、壶、瓿残片	扰甚
9	东汉中期	255°	砖室	陶壶 1、罐残片	扰甚
10		265°	土坑	陶罐 5、壶残片	扰
11	东汉早期	260°	土坑	陶罐 2、壶 3，铁钩 1	
12	东汉早期	260°	土坑	陶罐 1、壶 4	
13		170°	土坑	陶镣斗 1，铁釜 1	扰
14		255°	土坑	陶罐 2、壶 4、灶 1，铜五铢 6，铁器 1	
15	东汉	160°	土坑	陶灶 1	打破 M11 和 M16
16	西汉中期	250°	土坑	陶盒 1、小壶 1	被 M15 打破
17	东汉早期	255°	土坑	陶壶 4、罐 1，铁削 1，铜五铢 1	
18	西汉晚期	260°	土坑	釉陶盘口壶 8、敞口壶 4、瓿 1、井 1、熏炉 1、麟趾金 45（1 组），硬陶瓿 1、罍 1，陶灶 1，铁釜 1、剑 1，铜五铢 3（1 组）	未扰
19	西汉晚期	265°	土坑	釉陶壶 5、麟趾金 74（1 组），陶壶 2、樽 1、双唇罐 1、井 1、甑 1、灶 1、钵 7、印章 1，铜镜 1、钱 2（1 组），铁削 1、石黛板 1、研黛器 1	未扰
20	西汉早期	265°	土坑	釉陶鼎 1、盒 1、壶 1、瓿 1、熏炉 1、耳杯 2、陶勺 1	未扰
21	不详	265°	土坑	铁剑 1	被 M5 打破

叁

余杭马家山墓地

第一章　概　况

　　马家山位于杭州市余杭区西南处星桥街道汤家社区南侧，东距余杭区政府约5千米。马家山三面环山，北侧为横山，东侧为临平山，西侧为皋亭山和半山，南侧隔上塘河即为广阔的平地（图3-1）。马家山由南北两座小山组成，其中北侧小山受人类活动影响仅剩余南半部分，南侧小山则较为完整，东西向跨度约260米，南北向约140米。地势较为低矮，相对高度约20米。山上植被茂密，遍布山茶树。山体四周已规划建成为道路（彩版3-1）。

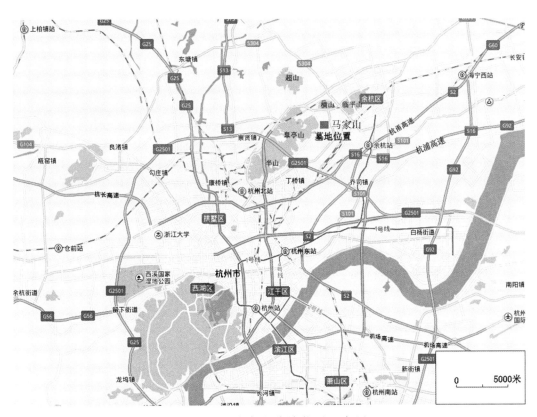

图3-1　马家山墓地位置示意图

　　2011年3月底，因基础建设需要，为全面了解马家山所在地块的地下文物埋藏情况，杭州市文物考古研究所采用洛阳铲钻探方式对马家山所在地块实施全面的考古勘探，至4月底钻探工作结束。根据钻探初步掌握地下古墓葬埋藏分布情况后，划分Ⅰ、Ⅱ、Ⅲ三个区域进行发掘。其中Ⅰ区主要位于北部小山的东侧和南侧，Ⅱ区主要位于南部小山北侧，Ⅲ区主要位于南部小山东南侧。发掘时先集中布设探沟，发现墓葬后再进行扩方清理，至7月初Ⅰ区发掘工作结束，共发现清理墓葬17座。后因工作协调原因，考古工作暂停。9月底恢复发掘后开始在Ⅱ、Ⅲ两个分区进行发掘，分别发现有墓葬7座和8座，至2011年12月底现场发掘工作全部结束（图3-2）。

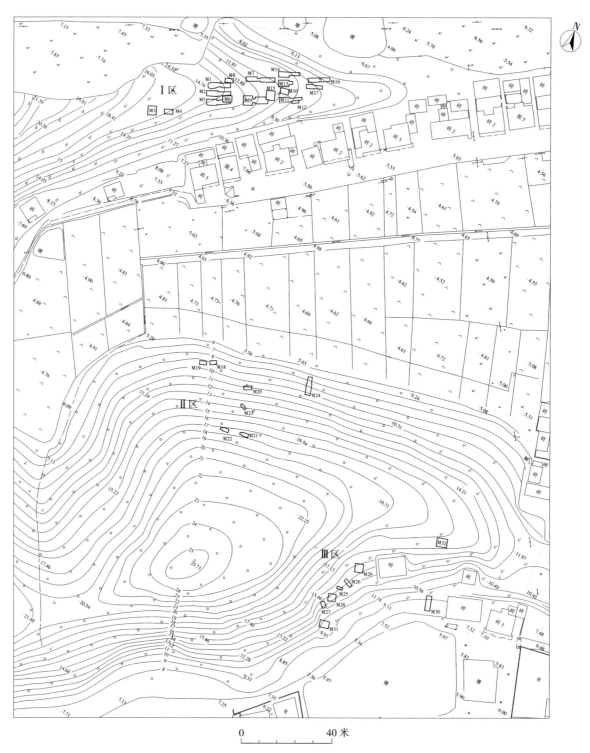

图3-2　马家山墓地墓葬分布图

　　报告中器物的编号以现场发掘时的标注为主。因部分墓葬尤其是汉代土坑墓中随葬器物较多，摆放位置相对集中，加之土层挤压存在不同程度的破损或锈蚀，使得发掘时对出土器物的器形和数量一时无法准确判断，在后期整理过程中又在原编号基础上对新修复或重号等情况进行统一梳理。

　　本此发掘共发现墓葬32座，主要分布于马家山南北两个小山。其中汉代竖穴土坑墓10座、砖椁墓3座，六朝时期砖室墓14座。因土坑墓中木制葬具多已腐烂无存，无法准确判断棺椁使用情况，本文中涉及的竖穴土坑墓主要是指土坑木棺和土坑棺椁两类墓葬。

　　参加本次发掘工作的人员有梁宝华、赵一杰、彭颂恩。器物摄影由何国伟完成。文物修复由李迎、柴蓓完成。绘图由赵一杰、彭颂恩、李蒙蒙完成。整理由李坤完成。本报告由李坤执笔。

第二章　竖穴土坑墓

共 10 座，分别为 M3、M4、M6、M10、M15、M25、M26、M28、M29、M32。平面有长方形、方形和刀形三种。墓室均开凿生土而建，部分有棺漆等葬具痕迹，随葬品中金属器、玉器等小件器物多位于墓室中部位置，其他器物则呈排状分布，位于墓葬的两侧或一侧。

M3

M3 位于 I 区，马家山北部小山南坡，平面近方形。方向 330 度。墓葬开口于表土层下，地面为茶树地，墓壁和墓底为山体岩石，填土较松。墓口距地表深 0.2～0.75 米，墓坑长 3.96、宽 3.76、深 0.7～2 米。近墓底处发现有朱红色漆棺和木炭痕迹，说明该墓原有木质葬具（图 3-3A；彩版 3-2，1）。

随葬品共 28 件（组），其中料珠、铜钱、铜镜等小件器物置于墓坑中部，陶器等其他随葬品分布于东侧，呈南北向一字排列。

釉陶鼎　2 件。覆钵形盖，平顶。器身子口内敛，口部附长方形立耳一对，中有长方形孔，耳上端略外撇，斜弧腹，平底，底部附三小蹄足。器身内外壁饰旋纹，耳部饰兽面纹。灰褐色胎，器盖和器身外壁施青釉，器身脱釉严重。

M3:2，口径 20.4、底径 10.2、通高 18 厘米（图 3-3B；彩版 3-2，2）。

M3:4，口径 18.6、底径 9、通高 18 厘米（图 3-3B；彩版 3-2，3）。

釉陶盒　2 件。覆钵形盖，平顶。器身子口内敛，斜弧腹，平底。腹部饰旋纹。灰褐色胎，器盖和器身外壁施青釉，脱釉严重。

M3:1，口径 21、底径 12.4、通高 17 厘米（图 3-3B；彩版 3-3，1）。

M3:3，口径 20.6、底径 11.6、通高 17.6 厘米（图 3-3B；彩版 3-3，2）。

釉陶壶　11 件。敞口，部分口残缺，束颈，平底，矮圈足。肩部贴塑对称半环耳一对，饰叶脉纹，耳下端多贴塑圆环，口部或颈下部多饰有弦纹及水波纹。灰褐色胎，口部内外侧及肩部施青釉，局部脱釉。

M3:6，溜肩，鼓腹，下腹弧收。耳上端贴塑铺首，肩部及上腹饰绚索状弦纹。口径 14.4、腹径 34、底径 18、高 41.4 厘米（图 3-3C；彩版 3-3，3）。

M3:15，弧肩，上腹鼓，下腹斜弧。耳部叶脉纹顶端作涡纹状，耳上端贴塑铺首，肩及上腹饰三组凸弦纹。口径 15、腹径 36.6、底径 17.2、高 46 厘米（图 3-3C；彩版 3-3，4）。

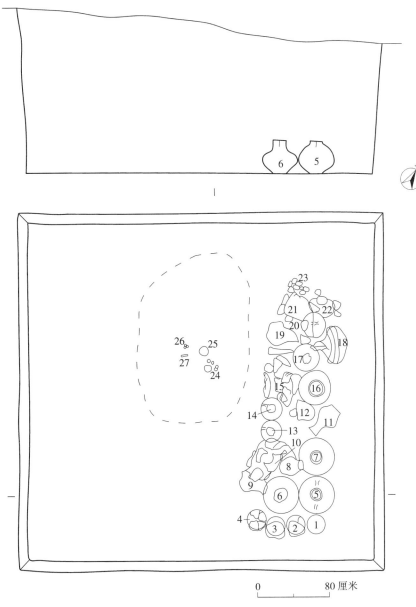

图 3 - 3A 马家山汉墓 M3 平、剖面图

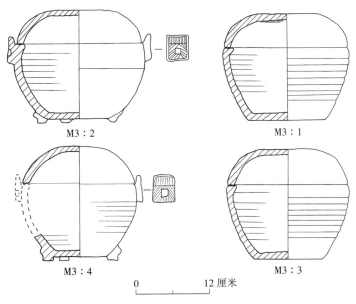

图 3 - 3B 马家山汉墓 M3 出土器物

1、3. 釉陶盒 2、4. 釉陶鼎

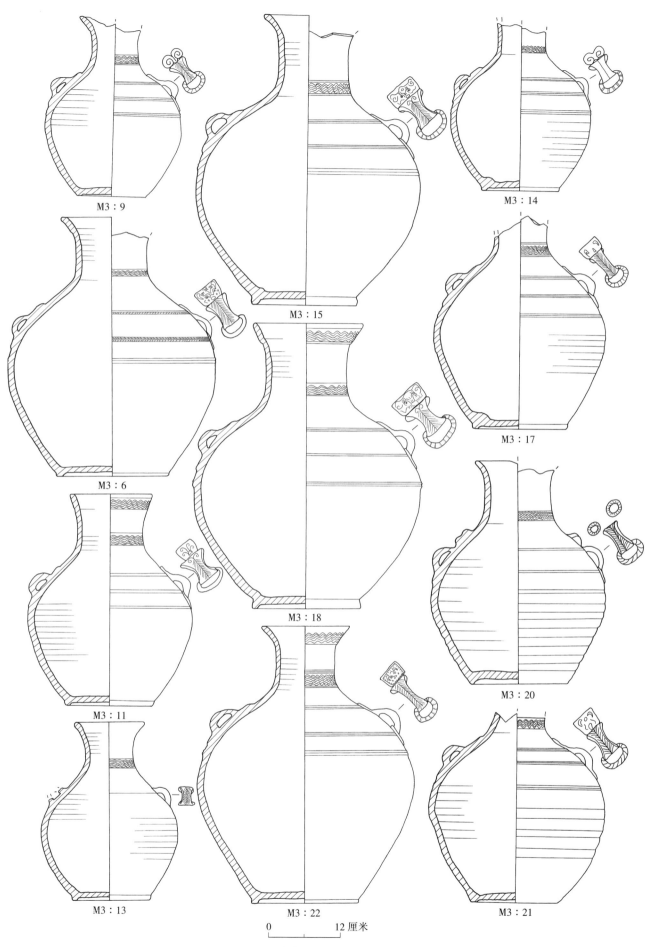

M3：9

M3：15

M3：14

M3：6

M3：17

M3：11

M3：18

M3：20

M3：13

M3：22

M3：21

0　　　　　　12厘米

图 3 - 3C　马家山汉墓 M3 出土釉陶壶

M3:18，弧肩，上腹鼓，下腹斜弧。耳部叶脉纹顶端作涡纹状，耳上端贴塑铺首，肩及上腹饰三组凸弦纹。口径17.8、腹径38、底径18、高45.6厘米（图3-3C）。

M3:11，溜肩，上腹鼓，下腹斜弧。耳部叶脉纹顶端作涡纹状，耳上端贴塑卷草纹，肩及上腹饰三组凹弦纹。有垂釉。口径13、腹径27、底径14.4、高33.8厘米（图3-3C）。

M3:13，溜肩，鼓腹。颈下部饰弦纹及水波纹，耳部叶脉纹简化，耳下贴塑饰物脱落，肩部饰凹弦纹。口径11.6、腹径22.6、底径12、高28.4厘米（图3-3C；彩版3-4，1）。

M3:20，溜肩，鼓腹，下腹弧收。耳部上端贴一对乳丁，肩部饰三组凹弦纹。有垂釉。口径11.8、腹径28.8、底径16、高35.7厘米（图3-3C；彩版3-4，2）。

M3:22，尖圆唇，弧肩，上腹鼓，下腹斜收。耳上端贴塑铺首，肩及上腹饰三组凸弦纹。口径14.4、腹径36、底径17.2、高44厘米（图3-3C；彩版3-4，3）。

M3:9，口部残，溜肩，鼓腹。耳上端贴塑卷云纹，肩部及上腹饰三组凸弦纹。腹径22.4、底径11.2、高28.6厘米（图3-3C；彩版3-4，4）。

M3:14，口部残，溜肩，鼓腹。耳部上端贴塑卷云纹，肩和上腹饰三组凸弦纹。腹径23、底径12.6、残高26.6厘米（图3-3C）。

M3:17，口部残，溜肩，鼓腹。耳部上端贴塑铺首，肩部及上腹饰三组凸弦纹。腹径28.2、底径15.6、残高33.8厘米（图3-3C）。

M3:21，口部残，溜肩，上腹鼓，下腹斜直。耳部上端贴塑铺首，肩及上腹饰三组凸弦纹。腹径28.8、底径14.2、残高30厘米（图3-3C）。

釉陶瓿　4件。敛口，宽平沿，矮颈，弧肩，上腹圆鼓，下腹斜弧，平底。肩部贴塑一对铺首耳，耳部饰兽面纹，上端贴塑铺首。灰褐色胎，器身上部施青釉，局部脱釉。

M3:5，耳部下端贴塑圆环，肩部及上腹饰三道绚索状弦纹。口径14、腹径37.6、底径18、高32.7厘米（图3-3D；彩版3-5，1）。

M3:7，耳部上端饰物脱落，下端贴塑圆环，肩部及上腹饰三道绚索状弦纹。口径13.4、腹径36.8、底径18、高32.4厘米（图3-3D；彩版3-5，2）。

M3:10，肩部及上腹饰三道绚索状弦纹。口径12.6、腹径35.6、底径18.8、高30.2厘米（图3-3D；彩版3-5，3）。

M3:19，肩部及上腹饰三组凸弦纹。口径11.2、腹径36.6、底径16.4、高33.8厘米（图3-3D；彩版3-5，4）。

硬陶罍　2件。敞口，平沿，圆肩，上腹鼓，下腹斜弧，平底。器表满饰拍印席纹。

M3:12，灰色胎。口径16.8、腹径36.5、底径14.6、高31厘米（图3-3D；彩版3-6，1）。

M3:16，红褐色胎。口径17.4、腹径37.4、底径17、高31.5厘米（图3-3D；彩版3-6，2）。

陶罐　1件。

M3:8，直口，方唇，矮颈，溜肩，鼓腹，平底。肩部贴塑一对半环耳。通体饰旋纹，耳部饰叶脉纹。红褐色胎。口径10.6、腹径21.3、底径10.8、高19.4厘米（图3-3E；彩版3-6，3）。

釉陶麟趾金　1组59件。表面施青釉，可分3个类型。

M3:23-1，圆饼形，平底或略凹，表面饰凸点，底部有刻划痕迹。直径5、高1.5厘米（图3-

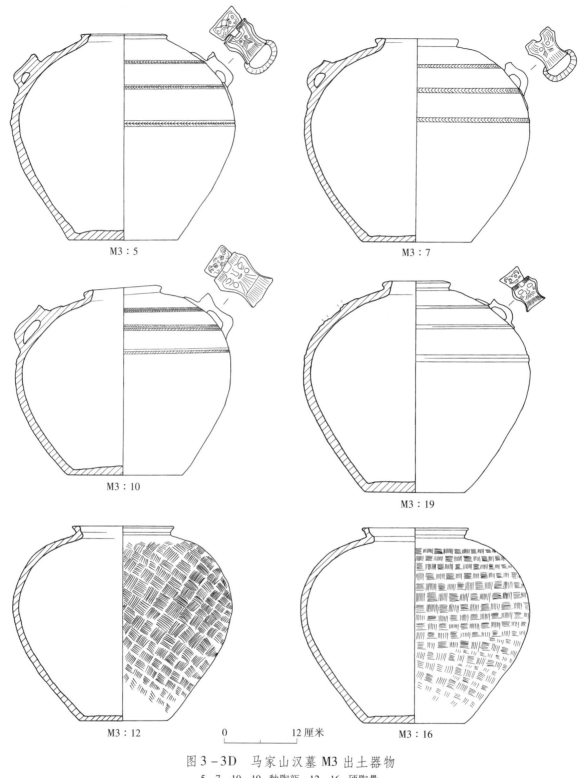

图 3 - 3D　马家山汉墓 M3 出土器物
5、7、10、19. 釉陶瓿　12、16. 硬陶罍

3E；彩版 3 - 7，1）。

　　M3：23 - 2，半球形，平底或略凹，表面饰龟背纹。直径 5.5、高 2 厘米（图 3 - 3E；彩版 3 - 7，2）。

　　M3：23 - 3，半球形，平底或略凹，表面饰莲花纹。直径 6.4、高 2.1 厘米（图 3 - 3 - 7，3）。

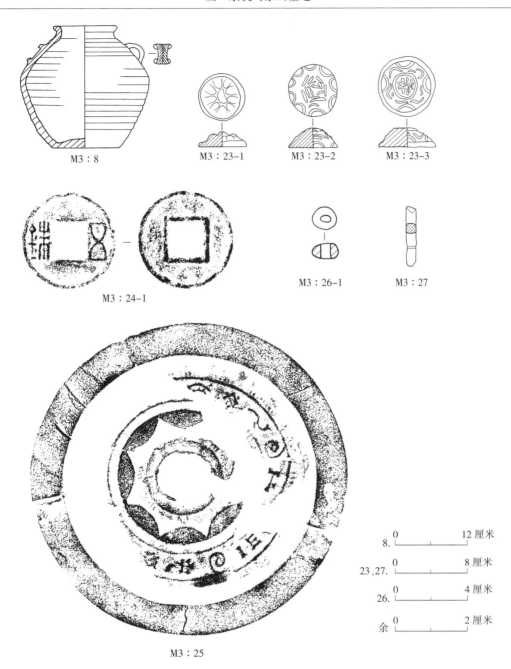

图 3 - 3E 马家山汉墓 M3 出土器物

8. 陶罐 23. 釉陶麟趾金 24. 铜五铢 25. 铜镜 26. 料珠 27. 石网坠

铜镜 1 件。

M3:25,为日光镜,残缺。圆纽座,座外残存内向的六连弧。外区铭文模糊不清,以字母、符号相隔,可辨"光""见"两字。铭文外饰一周栉齿纹,素平缘。直径 8.5、边缘厚 0.4 厘米(图 3 - 3E;彩版 3 - 6,4)。

铜五铢 1 组数枚。

M3:24 - 1,钱正面穿外无郭,背面穿外有郭,正面篆文"五铢"二字,字体略宽。直径 2.5 厘米(图 3 - 3E;彩版 3 - 7,4)。

泥五铢 1 件。

M3：24 - 2，泥质，边缘不甚规则，正面篆文可见"五"字。直径 2.5 厘米（彩版 3 - 7，5）。

料珠　1 组 3 件。

M3：26 - 1，扁球形，中间穿孔。直径 1.5、厚 0.8 厘米（图 3 - 3E；彩版 3 - 7，6）。

石网坠　1 件。

M3：27，两端残，圆柱形，一端有一周凹槽。残长 6.5、直径 1.1 厘米（图 3 - 3E；彩版 3 - 7，7）。

M4

M4 位于 I 区，马家山北部小山南坡，西距 M3 约 5 米。平面呈长方形。方向 245 度。墓口上部为耕土层，地面为茶树地，墓壁为生土，呈黄褐色，含有山岩，填土为五花土，上部较松，下部较硬，墓底为山岩。墓口距地表深 0.5～1 米，墓坑长 3.8、宽 2.1、深 0.4～1.85 米。在墓坑南侧近墓底处发现有朱红色和黑色的痕迹，说明该墓原有木质葬具（图 3 - 4A；彩版 3 - 8，1）。

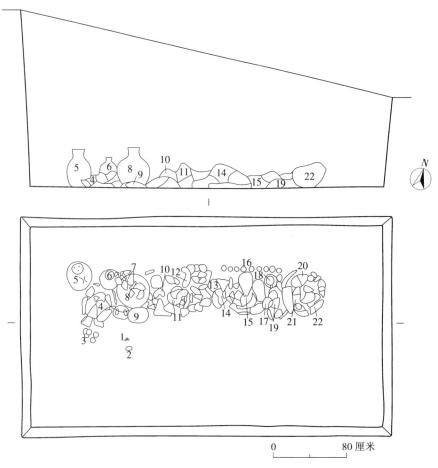

图 3 - 4A　马家山汉墓 M4 平、剖面图

随葬品 22 件（组），其中料珠、铜钱等小件器物置于中部位置，其他随葬品置于墓坑北侧，呈东西向一字排列。

釉陶鼎　2 件。其中，M4：11 破碎不堪。

M4：9，覆钵形盖，平顶。器身子母口内敛，口部附长方形立耳一对，中有长方形孔，耳上端外撇，腹微折，平底，底附蹄形足。耳部饰卷草纹和乳丁纹，腹部饰旋纹，足部饰卷草纹。红褐色胎，

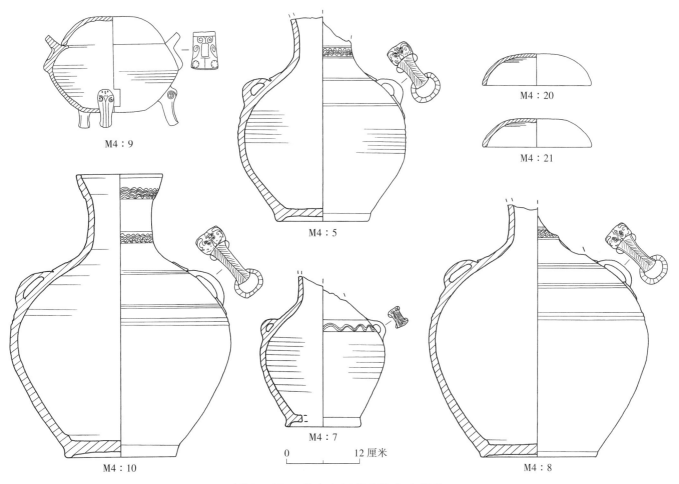

图 3 - 4B　马家山汉墓 M4 出土器物

5、7、8、10. 釉陶壶　9. 釉陶鼎　20、21. 釉陶盒盖

脱釉严重。口径 17.2、腹径 21.3、底径 10.1、通高 17.5 厘米（图 3 - 4B；彩版 3 - 8，2）。

釉陶盒盖　2 件。覆钵形，方唇，顶部稍平，饰弦纹。

M4:20，口径 18.5、高 5.2 厘米（图 3 - 4B）。

M4:21，口径 18、高 4.5 厘米（图 3 - 4B）。

釉陶壶　5 件。敞口或口残，束颈，弧肩，鼓腹，平底，矮圈足。肩部贴塑一对半环耳。耳部饰叶脉纹。灰褐色胎，上部施青釉。

M4:10，口部饰一道弦纹和一组细密水波纹，颈下部饰两道弦纹和一组细密水波纹，耳部上端贴塑铺首，下端贴塑圆环，肩部及上腹饰三组凸弦纹。口径 14、腹径 36、底径 18.4、高 45 厘米（图 3 - 4B；彩版 3 - 8，3）。

M4:5，口残。颈下饰两组弦纹，弦纹之间饰一组细密水波纹。耳部上端贴塑铺首，下端贴塑圆环，肩部及上腹饰两组弦纹，下腹饰旋纹。腹径 27.4、底径 15、残高 32.4 厘米（图 3 - 4B）。

M4:7，口残。肩部饰两道弦纹，弦纹之间饰一组细密水波纹，下腹饰旋纹。腹径 20.6、底径 12.6、残高 23.8 厘米（图 3 - 4B）。

M4:8，口残。耳部上端贴塑铺首，下端贴塑圆环。颈下部饰两道弦纹和一组细密水波纹，肩部及上腹饰三组凸弦纹。腹径 36、底径 19、残高 40 厘米（图 3 - 4B）。

M4：6，破碎不堪。

釉陶瓿　2件。宽平沿，矮颈，圆肩，上腹圆鼓，下腹斜弧，平底。肩部贴塑一对铺首耳。耳部饰兽面纹，上端贴塑铺首；肩部及上腹饰三组凸弦纹。浅灰色胎，上部施青釉，有垂釉，局部脱釉。

M4：4，敛口。口径 11.8、腹径 36.6、底径 16.4、高 31.6 厘米（图 3 -4C；彩版 3 -9，1）。

M4：22，直口。口径 11.4、腹径 36.5、底径 17.8、高 32 厘米（图 3 -4C；彩版 3 -9，2）。

陶罐　4件。直口，平沿，矮颈，平底。肩部贴塑对称半环耳一对。耳部饰叶脉纹，肩腹饰旋纹。灰色胎。

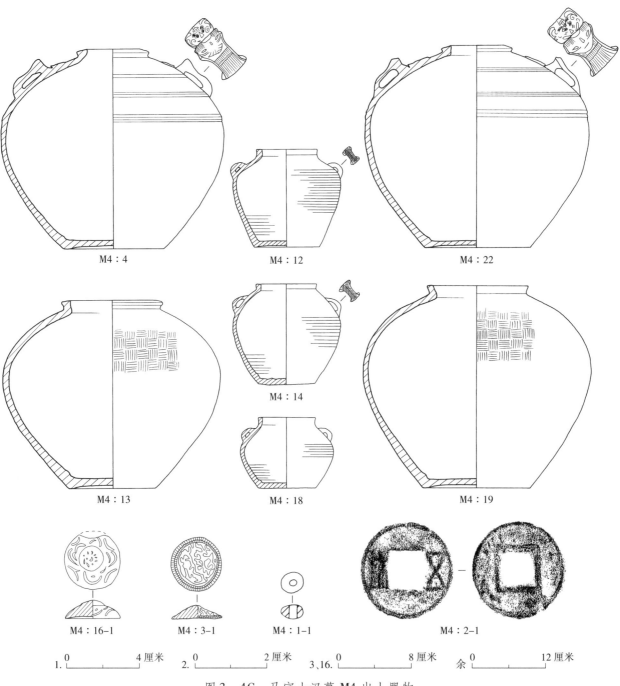

图 3 -4C　马家山汉墓 M4 出土器物

1. 料珠　2. 铜五铢　3、16. 釉陶麟趾金　4、22. 釉陶瓿　12、14、18. 陶罐　13、19. 硬陶罍

M4:12，平底略凹。口径10、腹径17.8、底径10.7、高15.5厘米（图3-4C；彩版3-10，1）。

M4:14，弧肩，斜直腹，平底微下凸。口径10、腹径17.8、底径9.4、高15.8厘米（图3-4C；彩版3-10，2）。

M4:18，溜肩，鼓腹。口径9.5、腹径15.4、底径9.4、高11.2厘米（图3-4C；彩版3-10，3）。

M4:17，破损严重。泥质红陶。

硬陶罍 3件。敞口，平沿，鼓肩，斜直腹，平底略凹。器表满饰拍印席纹。

M4:13，浅灰色胎。口径16.4、腹径35.8、底径14.4、高29.8厘米（图3-4C；彩版3-9，3）。

M4:19，红褐色胎。口径16.6、腹径37.2、底径17.6、高32厘米（图3-4C；彩版3-9，4）。

M4:15，残破不堪。

釉陶麟趾金 2组13件。

M4:3-1，半球形，平底。边缘饰三周戳印点纹，中间饰蟠螭纹。灰色胎，表面施青釉。直径5.7、高1.4厘米（图3-4C；彩版3-10，4）。

M4:16-1，底略凹。饰莲花纹。灰色胎，表面施青釉。直径6.2、高2厘米（图3-4C；彩版3-10，5）。

铜五铢 1组数枚。部分锈蚀粘连。

M4:2-1，钱正面穿外无郭，背面穿外有郭，正面有篆文"五铢"二字，略宽。直径2.5厘米（图3-4C；彩版3-10，6）。

料珠 1组3件。

M4:1-1，扁球形，中间穿孔。乳白色。直径1.3厘米（图3-4C；彩版3-10，7）。

M6

M6位于Ⅰ区，马家山北部小山南坡，M2与M5墓道之间。平面呈长方形。方向55度。填土为五花土，较硬。墓壁为生土，较规整。墓口距地表深1.20米，墓坑长3.68、宽2.57、深1.1米。墓坑四周有熟土二层台，土色为黄褐色，其中东侧二层台宽0.4、高0.5米，南侧宽0.18、高0.45米，西侧宽0.48、高0.5米，北侧宽0.25、高0.12米。墓底中部发现朱红色和黑色漆痕迹，东西长1.92、南北宽0.85米，说明原有木质葬具（图3-5A；彩版3-11，1）。

随葬品16件（组），大部分位于墓坑北侧，呈东西向一字排列，铁剑、铜钱等金属器则位于墓坑南部。

釉陶壶 4件。

M6:5，口残，溜肩，鼓腹，平底，矮圈足。肩部贴塑对称半环耳一对。肩部饰两组凹弦纹。灰色胎，釉层脱落严重。腹径11.4、底径6.1、残高12.8厘米（图3-5B）。

M6:6，喇叭口，平沿，束颈，溜肩，上腹鼓，下腹斜直，平底，矮圈足。肩部贴塑对称半环耳一对。口部饰一道弦纹和一组细密水波纹，颈下部饰两道弦纹，弦纹之间饰一组细密水波纹，耳部叶脉纹上端横贴S形纹，下端贴塑圆环，肩及上腹饰三组凸弦纹。灰褐色胎，上部施青釉，脱釉严重。口径18.4、腹径36、底径18、高44厘米（图3-5B；彩版3-12，1）。

M6:10，敞口，圆唇，束颈，溜肩，鼓腹，平底，矮圈足。肩部贴塑对称半环耳一对。口部饰一

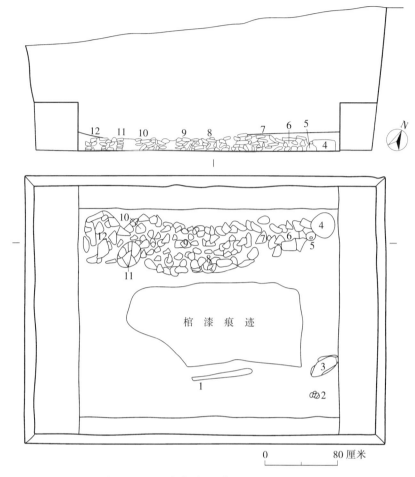

图 3 - 5A　马家山汉墓 M6 平、剖面图

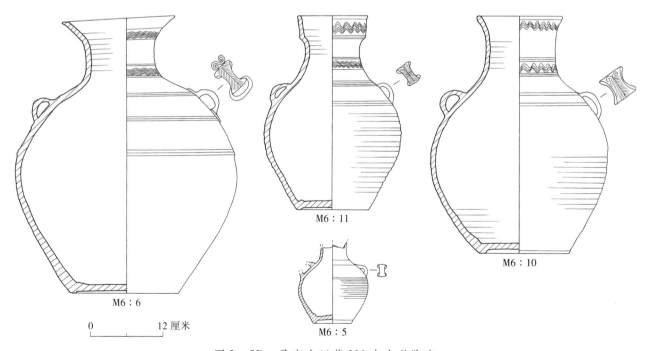

图 3 - 5B　马家山汉墓 M6 出土釉陶壶

道弦纹和一组细密水波纹，颈下部饰两组弦纹，弦纹之间饰一组细密水波纹，耳部饰叶脉纹，顶端作涡纹状，肩部饰两组凹弦纹，腹部饰旋纹。灰褐色胎，上部施青釉，有垂釉。口径14、腹径29、底径14.4、高37.8厘米（图3－5B；彩版3－12，2）。

M6：11，盘口，圆唇，束颈，溜肩，鼓腹，平底，矮圈足。肩部贴塑对称半环耳一对。口部和颈下部各饰两道弦纹，弦纹之间饰一组细密水波纹，耳部饰上下反向的叶脉纹，肩部饰两组凹弦纹，下腹饰旋纹。灰色胎，釉层脱落无存。口径11.4、腹径22.6、底径11.8、高30.8厘米（图3－5B；彩版3－12，3）。

釉陶瓿 6件。敛口，平沿，矮颈，圆肩，上腹鼓，下腹斜弧，平底或略凹。肩部贴塑一对铺首耳。耳部饰兽面纹，肩部及上腹饰三组凸弦纹。多灰褐色胎。

M6：4，耳上部贴塑铺首，上部施青釉，局部脱釉。口径11.6、腹径37、底径16.8、高31.8厘米（图3－5C；彩版3－13，1）。

M6：7，耳上部贴塑铺首。口径12、腹径34、底径15.6、高29.6厘米（图3－5C；彩版3－13，2）。

M6：9，下腹饰旋纹。红褐色胎。口径12、腹径28、底径15.6、高25.8厘米（图3－5C；彩版3－13，3）。

M6：12，饼形盖，下设子口，顶部饰三个乳丁组，器盖及器身上部施青釉，脱釉严重。口径11.2、腹径36、底径16.4、通高31.8厘米（图3－5C；彩版3－13，4）。

M6：14，下腹饰旋纹。红褐色胎。口径11.4、腹径27.6、底径16.4、高24.2厘米（图3－5C；彩版3－13，5）。

M6：15，耳部上端横贴S形纹。上部施青釉，脱釉严重。口径13、腹径36、底径16.6、高32厘米（图3－5C；彩版3－13，6）。

釉陶罐 2件。敞口，斜沿，矮颈，鼓肩，斜弧腹，平底。肩部贴塑一对半环耳。耳部饰简化叶脉纹，通体饰旋纹。

M6：8，耳部叶脉纹上下反向。红褐色胎，脱釉严重。口径10.2、腹径15.2、底径9.6、高14.2厘米（图3－5D；彩版3－11，2）。

M6：13，灰褐色胎。上部施青釉，施釉不均。口径10.4、腹径15.8、底径7.4、高13.4厘米（图3－5D；彩版3－11，3）。

硬陶罍 1件。

M6：16，敞口，斜沿，弧肩，上腹鼓，下腹斜直，平底。器表满饰拍印梳状纹。灰褐色胎。口径21.2、腹径40、底径20、高30厘米（图3－5D；彩版3－12，4）。

铜五铢 1组数枚。部分锈蚀粘连。

M6：2－1，钱正面穿外无郭，背面穿外有郭，正面穿外有篆文"五铢"二字。直径2.5厘米。（图3－5D；彩版3－12，5）

铜器 1件。

M6：3，为口部残件，破损严重，无法辨别器形。

铁剑 1件。

M6：1，锈蚀严重，剑身细长扁平，中脊稍高。残长62.4厘米（图3－5D）。

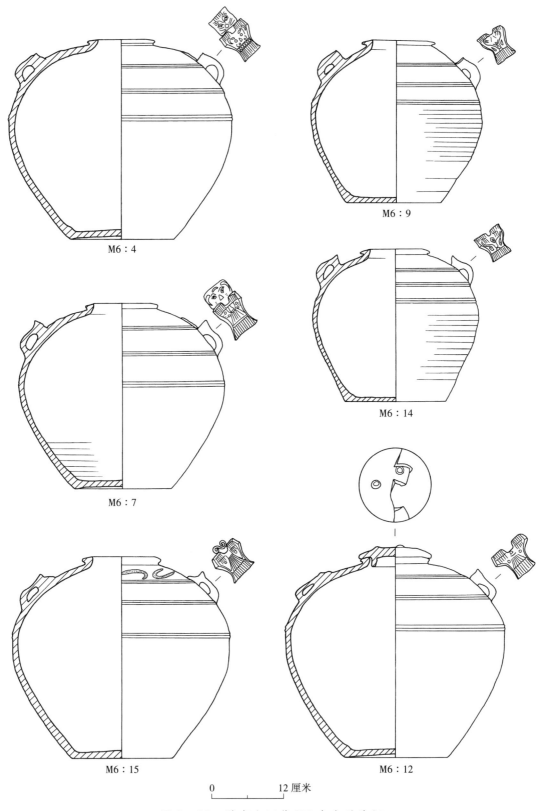

M6 : 4

M6 : 9

M6 : 7

M6 : 14

M6 : 15

M6 : 12

0   12厘米

图 3 − 5C　马家山汉墓 M6 出土釉陶瓿

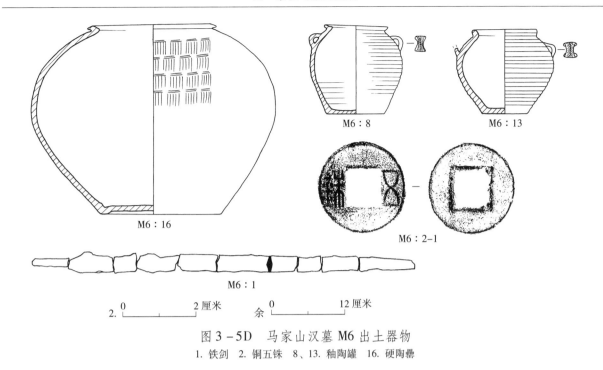

M6 : 16

M6 : 8

M6 : 13

M6 : 2-1

M6 : 1

2. [0   2厘米]   余 [0   12厘米]

图 3 - 5D 马家山汉墓 M6 出土器物

1. 铁剑 2. 铜五铢 8、13. 釉陶罐 16. 硬陶罍

M10

M10 位于 I 区，马家山北部小山东坡，M9 东侧。平面呈长方形。方向 75 度。填土为五花土，土质较硬。墓口距地表深 0.95 米，墓坑长 3.7、宽 2.4、深 0.6 ~ 0.9 米，未发现葬具痕迹（图 3 - 6A；彩版 3 - 14，1）。

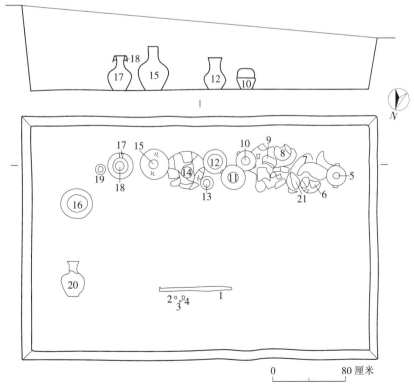

图 3 - 6A 马家山汉墓 M10 平、剖面图

随葬品21件（组），其中陶器多位于墓坑南侧，呈东西向一字排列，其他金属和玉石器等位于墓坑北侧中部位置。

釉陶鼎　2件。覆钵形盖，平顶。器身子口内敛，口部附长方形立耳一对，中有长方形孔，耳上端外撇，斜弧腹，平底。器身内外壁饰旋纹。红褐色胎。

M10∶5，口径20.4、底径11.4、通高17.6厘米（图3–6B；彩版3–15，1）。

M10∶21，盖缺失，器身残缺。底径11.6、通高13厘米（图3–6B）。

釉陶盒　2件。覆钵形盖，平顶。器身子口内敛，斜弧腹，平底。器身内壁及上腹外壁饰旋纹。红褐色胎。

M10∶6，口径18.8、底径10.4、通高17.4厘米（图3–6B；彩版3–15，2）。

M10∶8，口径19.6、底径12、通高16.2厘米（图3–6B；彩版3–15，3）。

釉陶壶　5件。敞口，溜肩或弧肩，鼓腹，下腹斜弧，平底。肩部贴塑对称半环耳一对。耳部饰叶脉纹，灰褐色胎。器身上部施青釉，脱釉严重。

M10∶12，圈足。颈部饰三组水波纹，水波纹下各饰一组弦纹，肩部饰三组弦纹，弦纹内饰水波纹。口径15.4、腹径27.6、底径17.2、高35.8厘米（图3–6B；彩版3–16，1）。

M10∶14，平底微内凹。耳部上端贴塑铺首，下端贴塑圆环。口部和颈下部各饰两道弦纹，弦纹之间饰细密水波纹，肩颈连续处刻划两道弦纹，肩及上腹饰三组凸弦纹。口径14.6、腹径37、底径18.6、高45.8厘米（图3–6B；彩版3–16，2）。

M10∶15，矮圈足。耳部上端贴塑铺首，下端贴塑压印篦点的圆环。口部饰一组细密水波纹，颈下部饰两道弦纹，弦纹之间饰一组细密水波纹，肩部及上腹饰三组凸弦纹。口径15、腹径37.8、底径15.7、高44厘米（图3–6B；彩版3–16，4）。

M10∶17，颈下部饰两道弦纹，弦纹内饰水波纹，肩及上腹部饰两组弦纹。口径13.8、腹径27.8、底径15.2、高33.6厘米（图3–6B；彩版3–16，3）。

M10∶20，颈下部饰两道弦纹，弦纹内饰水波纹，上腹饰三道弦纹。口径13、腹径27.4、底径14.6、高33.8厘米（图3–6B；彩版3–17，1）。

釉陶瓿　4件。直口，宽平沿，弧肩，上腹鼓，下腹斜直，平底或略凹。肩部饰一对铺首耳。耳部饰兽面纹，红褐色胎。

M10∶7，耳部上端贴塑铺首。肩部饰一组弦纹，上腹饰两组弦纹，之间饰一组细密水波纹。口径13.8、腹径38、底径18.8、高32.5厘米（图3–6C；彩版3–17，2）。

M10∶9，耳部上端贴塑卷云纹，肩部及上腹饰三组凸弦纹。上部施青釉，脱釉严重，几乎不存。口径14、腹径38.5、底径17.6、高33.6厘米（图3–6C；彩版3–17，3）。

M10∶10，耳外撇。口径11、腹径26.6、底径12.4、高22.2厘米（图3–6C；彩版3–17，4）。

M10∶11，耳外撇，通体饰旋纹。口径10.8、腹径26.4、底径14、高22.8厘米（图3–6C；彩版3–17，5）。

釉陶罐　2件。直口，矮颈，上腹鼓，下腹斜弧，平底。肩部贴塑一对半环耳。通体饰旋纹，耳部饰叶脉纹。脱釉严重。

M10∶13，方唇。灰褐色胎。口径10、腹径17、底径10.8、高15.9厘米（图3–6C；彩版3–

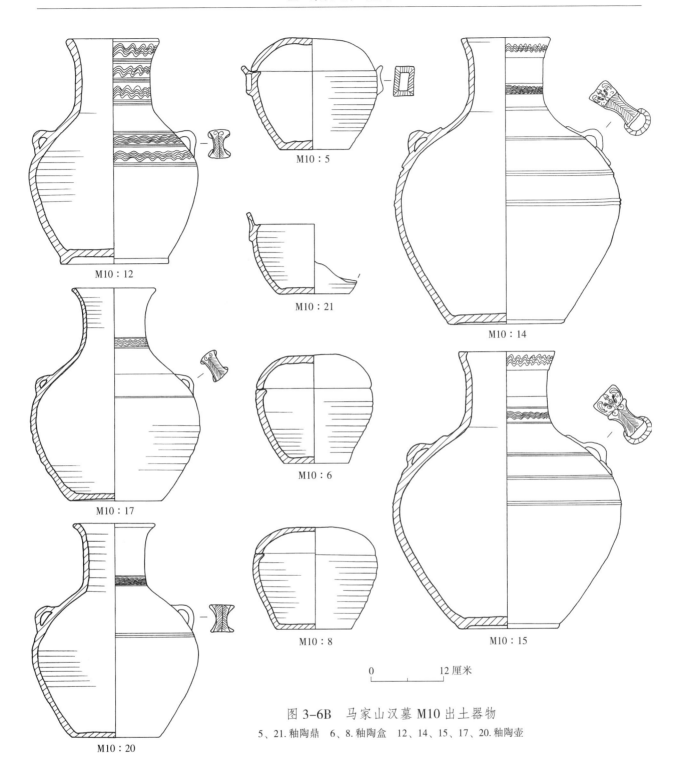

M10：12

M10：5

M10：21

M10：14

M10：17

M10：6

M10：8

M10：15

M10：20

0　　　　　　　12 厘米

图 3-6B　马家山汉墓 M10 出土器物

5、21.釉陶鼎　6、8.釉陶盒　12、14、15、17、20.釉陶壶

15，4）。

M10：19，直口微侈，肩微折，一耳残。红褐色胎。口径 16.2、腹径 25、底径 15、高 22.8 厘米（图 3-6C；彩版 3-15，5）。

铜釜　1件。

M10：18，敞口，折沿，斜弧腹，圜底，器身较薄。腹部饰一条凸棱。口径 17.8、通高 10.3 厘米

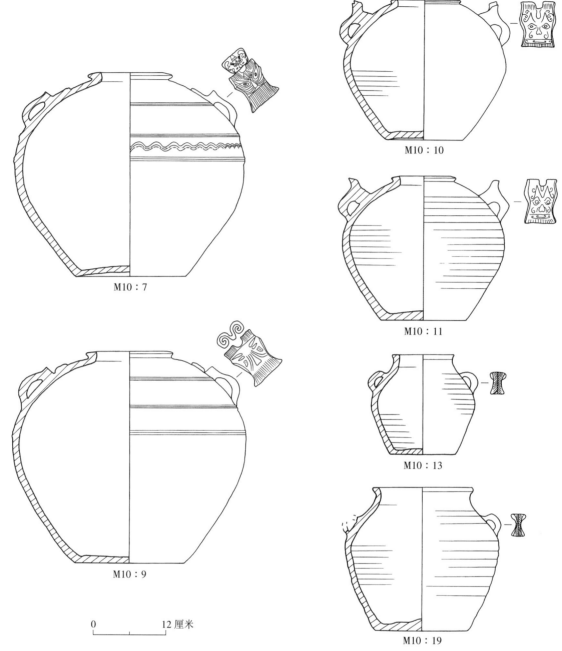

图 3 -6C 马家山汉墓 M10 出土器物

7、9、10、11. 釉陶瓿 13、19. 釉陶罐

（图 3 -6D；彩版 3 -15，6）。

铜器 1 件。

M10：16，应为釜底残片。

铁剑 1 件。

M10：1，锈蚀严重，剑身细长扁平，中脊略高，嵌铜格，残长 52.8 厘米（图 3 -6D）。

玉器 3 件。

M10：2，圆球状。直径 2.5 厘米（图 3 -6D；彩版 3 -14，2）。

M10：3，管状。长 3.3、直径 1.3 厘米（图 3 -6D；彩版 3 -14，3）。

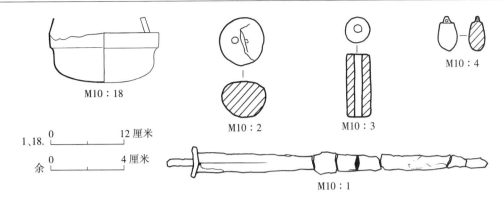

图 3 - 6D　马家山汉墓 M10 出土器物

1. 铁剑　2 ~ 4. 玉器　18. 铜釜

M10：4，胆状。长 1.1、宽 8.5 厘米（图 3 - 6D；彩版 3 - 14，4）。

M15

M15 位于Ⅰ区，马家山北部小山东坡，M9 北侧。平面近方形。方向 150 度。墓壁和墓底为生土，填土为五花土，土质疏松。南壁中间转折。墓口距地表深 0.7 米，墓坑长 4、宽 3.6 ~ 4、深 0.18 ~ 1.1 米（图 3 - 7A；彩版 3 - 18，1）。

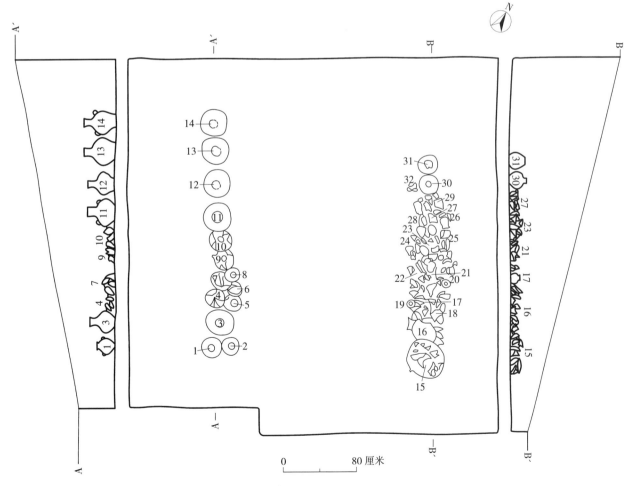

图 3 - 7A　马家山汉墓 M15 平、剖面图

随葬品共 36 件（组），分两排置于墓坑东、西两侧，均呈南北向一字排列。

釉陶鼎　2 件。覆钵形盖，平顶。器身子口内敛，口部附长方形立耳一对，中有长方形孔，耳上端外撇，斜弧腹，平底。

M15∶7，红褐色胎。口径 19.6、底径 12.7、通高 17.6 厘米（图 3 – 7B；彩版 3 – 18，2）。

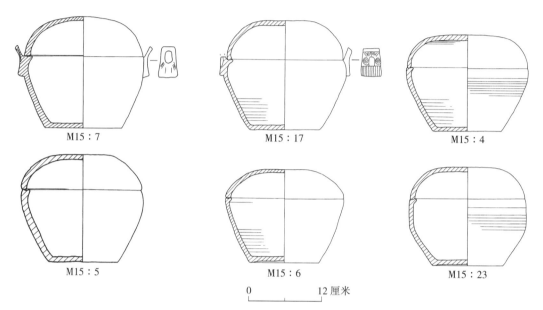

图 3 – 7B　马家山汉墓 M15 出土器物
7、17. 釉陶鼎　4 ~ 6、23. 釉陶盒

M15∶17，耳部饰兽面纹。灰褐色胎。口径 19.2、底径 11.3、通高 17.3 厘米（图 3 – 7B；彩版 3 – 18，3）。

釉陶盒　6 件。覆钵形盖，平顶。器身子口内敛，斜弧腹，平底。器身内外壁均饰旋纹，脱釉严重，几乎不存。

M15∶4，器身内外壁饰旋纹，红褐色胎。口径 19.8、底径 11.2、通高 15.3 厘米（图 3 – 7B；彩版 3 – 19，1）。

M15∶5，红褐色胎。口径 20.2、底径 11.4、通高 17 厘米（图 3 – 7B；彩版 3 – 19，2）。

M15∶6，红褐色胎。口径 19.6、底径 11.4、通高 14.7 厘米（图 3 – 7B；彩版 3 – 19，3）。

M15∶23，腹微折，器身内壁饰旋纹，浅灰色胎。口径 18.8、底径 11.5、通高 15.6 厘米（图 3 – 7B）。

M15∶25 与 M15∶28 破碎不堪。

釉陶壶　10 件。敞口，束颈，鼓腹，平底或略凹。肩部贴塑一对半环耳。耳部饰叶脉纹。上部施青釉，局部脱釉。

M15∶2，圆唇，溜肩。口部饰两组细密水波纹，颈下部饰两组细密水波纹，肩部饰两组弦纹，腹部饰旋纹。灰褐色胎。口径 9.2、腹径 19.7、底径 10.9、高 25.3 厘米（图 3 – 7C）。

M15∶3，弧肩，矮圈足。颈下部饰一组细密水波纹和一道弦纹，肩部饰两道弦纹，下腹饰旋纹。灰褐色胎。口径 12.8、腹径 28.6、底径 16.4、高 35.8 厘米（图 3 – 7C；彩版 3 – 19，4）。

M15：2

M15：3

M15：21

M15：13

M15：11

M15：30

M15：14

M15：31

M15：12

M15：27

0　　　　　12 厘米

图 3－7C　马家山汉墓 M15 出土釉陶壶

M15∶11，方唇，弧肩。口部饰一组细密水波纹，颈下部饰两道弦纹，弦纹之间饰一组细密水波纹，腹部饰旋纹。红褐色胎。口径 12、腹径 24.2、底径 14.2、高 31.8 厘米（图 3 - 7C；彩版 3 - 19，5）。

M15∶12，方唇，溜肩。口部饰一组细密水波纹和弦纹，颈部饰两道弦纹，弦纹间饰一组细密水波纹，肩部刻划两道弦纹，腹部饰旋纹。灰褐色胎。口径 11.4、腹径 24.8、底径 15.2、高 31 厘米（图 3 - 7C；彩版 3 - 20，1）。

M15∶13，方唇，圆肩，矮圈足。口部饰一组细密水波纹，下饰一道弦纹，颈下部饰两道弦纹，弦纹间饰一组细密水波纹，肩部刻划两道弦纹，上腹饰旋纹。灰褐色胎。口径 11、腹径 23、底径 12.6、高 28.2 厘米（图 3 - 7C；彩版 3 - 20，2）。

M15∶14，圆唇，弧肩，矮圈足。颈下部饰两道弦纹，弦纹间饰一组细密水波纹，肩部刻划两道弦纹，腹部饰旋纹。红褐色胎。口径 11.2、腹径 28.8、底径 16、高 35 厘米（图 3 - 7C）。

M15∶21，圆唇，弧肩，矮圈足。耳部下端贴塑压印篦点的圆环，上端贴塑铺首，口部饰一组细密水波纹，水波纹下饰一道凸弦纹，颈下部饰两道弦纹，弦纹间饰一组细密水波纹，铺首上方饰一对乳丁纹，肩部及上腹饰三组绚索状弦纹。灰褐色胎。口径 17、腹径 37.8、底径 21.4、高 43.8 厘米（图 3 - 7C；彩版 3 - 20，3）。

M15∶27，与 M15∶21 形制相近。口径 16.4、腹径 37.7、底径 21.6、高 45 厘米（图 3 - 7C）。

M15∶30，口残，溜肩，矮圈足。颈下部饰两道弦纹，弦纹之间饰一组细密水波纹，肩部及上腹饰三组凸弦纹，下腹饰旋纹。灰褐色胎。局部有垂釉。腹径 27、底径 15.8、残高 29.6 厘米（图 3 - 7C）。

M15∶31，口残，溜肩，矮圈足。肩部及上腹饰三组凸弦纹，下腹饰旋纹。灰褐色胎。腹径 26.9、底径 16、残高 25 厘米（图 3 - 7C）。

釉陶瓿 2 件。宽平沿，圆肩，上腹圆鼓，下腹斜收，平底。肩部饰一对铺首耳，耳略低于口唇。耳部饰兽面纹，上端贴塑铺首，铺首上方饰一对乳丁纹。灰褐色胎，上部施青釉，脱釉严重。

M15∶16，直口微敛。肩部及上腹饰三组绚索状弦纹。口径 11、腹径 37.2、底径 21、高 32.2 厘米（图 3 - 7D；彩版 3 - 21，1）。

M15∶29，直口。肩部及上腹饰三组凸弦纹。口径 12.4、腹径 38、底径 20、高 32 厘米（图 3 - 7D；彩版 3 - 21，2）。

釉陶罐 14 件。直口或微敛，矮颈，平底或略凹。肩部贴塑一对半环耳。耳部饰叶脉纹。脱釉严重。

M15∶1，上腹鼓，下腹斜收。腹部饰旋纹。深灰色胎。口径 9.8、腹径 19.9、底径 12.2、高 18.6 厘米（图 3 - 7D；彩版 3 - 21，4）。

M15∶8，鼓腹。腹部饰旋纹。红褐色胎。口径 10.3、腹径 18、底径 9.2、高 15.9 厘米（图 3 - 7D；彩版 3 - 22，1）。

M15∶19，鼓腹，平底略凹。红褐色胎。口径 9、腹径 14、底径 9.3、高 10.1 厘米（图 3 - 7D；彩版 3 - 22，2）。

M15∶20，鼓腹，平底。腹部饰旋纹。红褐色胎。口径 9、腹径 15.7、底径 8、高 15 厘米（图 3 - 7D）。

M15∶22，鼓腹，平底略凹。腹部饰旋纹。灰色胎。口径 8.7、腹径 14.6、底径 9、高 11.2 厘米（图 3 - 7D；彩版 3 - 22，3）。

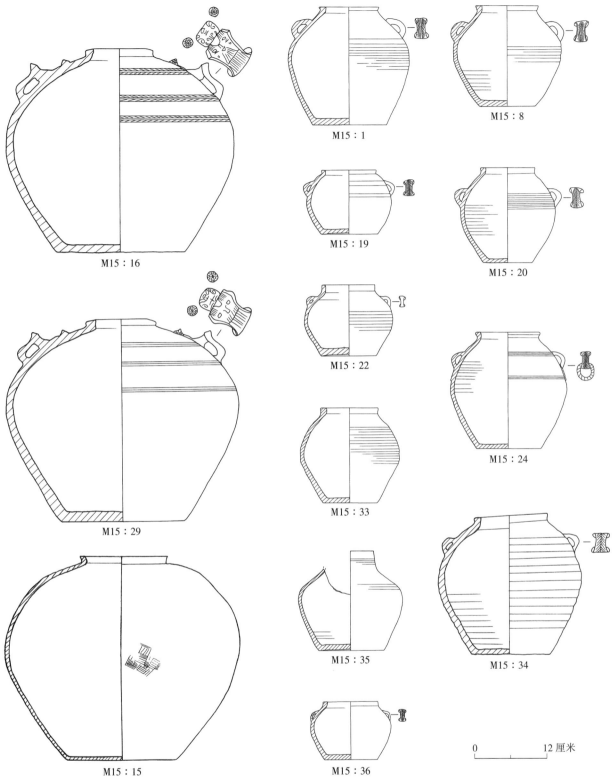

图 3-7D 马家山汉墓 M15 出土器物

1、8、19、20、22、24、33~36. 釉陶罐 15. 硬陶罍 16、29. 釉陶瓿

　　M15:24，鼓腹，平底。耳部上端贴塑卷云纹，大部分已脱落，下端贴塑绚索状圆环，肩部饰两组弦纹。灰褐色胎。口径 10.7、腹径 19.3、底径 10.8、高 18.4 厘米（图 3-7D；彩版 3-22，4）。

　　M15:33，鼓腹。耳部残。通体饰旋纹。灰褐色胎。口径 9.4、腹径 16.2、底径 9、高 15.2 厘米

（图 3 - 7D）。

M15：34，鼓腹。通体饰旋纹。红褐色胎。口径 12、腹径 23.6、底径 13、高 22.4 厘米（图 3 - 7D；彩版 3 - 22，5）。

M15：36，鼓腹。通体饰旋纹。灰色胎。口径 9、腹径 13、底径 8.8、高 9.2 厘米（图 3 - 7D；彩版 3 - 22，6）。

M15：35，口部残，腹微折。耳部残。红褐色胎。腹径 17.2、底径 10.8、高 15.8 厘米（图 3 - 7D）。

另有 M15：9、10、18、26 共 4 件陶罐破碎不堪。

硬陶罍 1 件。

M15：15，敞口，方唇，鼓肩，斜弧腹，平底。器表满饰拍印席纹。红褐色胎。口径 14、腹径 38.4、底径 18、高 32.4 厘米（图 3 - 7D；彩版 3 - 21，3）。

铜器 1 件。

M15：32，为碎片，锈蚀严重。

M25

M25 位于Ⅲ区，马家山南部小山东南坡。平面呈刀形。方向 70 度。墓坑较浅，墓壁和墓底均为生土，墓壁较直，墓底平，填土为黄褐色黏土，土质疏松，含有石块。墓口距地表深 0.6 ~ 1 米。墓道位于东侧，长 0.2、宽 0.74、深 0.16 米。墓坑长 2.5、宽 1.02 ~ 1.3、深 0.15 ~ 0.5 米（图 3 - 8A；彩版 3 - 23，1）。

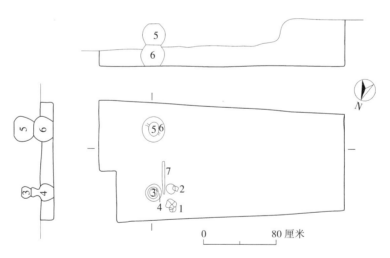

图 3 - 8A　马家山汉墓 M25 平、剖面图

随葬品共 7 件（组），置于墓坑东侧。

釉陶壶 1 件。

M25：4，喇叭口，尖唇，束颈，溜肩，弧腹，平底，矮圈足。肩部贴塑一对半环耳，一耳残。颈下部饰两道弦纹，弦纹之间饰一组细密水波纹，耳部叶脉纹模糊不清，肩部饰两组弦纹，腹部饰旋纹。浅灰色胎，上部施青釉，局部脱釉。口径 14、腹径 19、底径 11.2、高 26 厘米（图 3 - 8B；彩版 3 - 23，2）。

釉陶瓿 2 件。敛口，宽沿，弧肩，斜直腹，平底。肩部贴塑铺首耳一对。耳部饰兽面纹，肩部

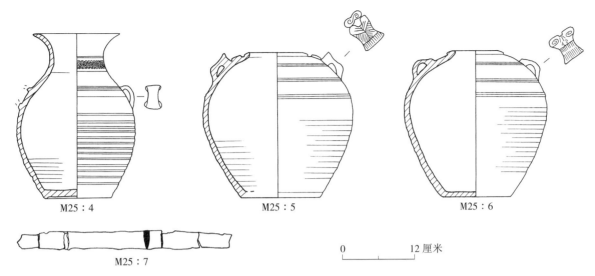

M25：4 M25：5 M25：6

M25：7

0　　　　12厘米

图 3 - 8B　马家山汉墓 M25 出土器物
4. 釉陶壶　5、6. 釉陶瓿　7. 铁刀

饰三组弦纹，腹部饰粗旋纹。灰色胎，脱釉严重。

M25：5，耳上端贴横向 S 纹。口径 10.4、腹径 24.4、底径 12.8、高 23 厘米（图 3 - 8B；彩版 3 - 23，3）。

M25：6，口径 9.4、腹径 23.4、底径 11.2、高 23.2 厘米（图 3 - 8B；彩版 3 - 23，4）。

陶罐　3 件。

M25：1、2、3，红褐色胎，均破碎不堪。

铁刀　1 件。

M25：7，锈蚀严重，截面呈三角形。残长 34.8 厘米（图 3 - 8B）。

M26

M26 位于Ⅲ区，马家山南部小山东南坡，M25 东北侧。平面呈长方形。方向 110 度。墓壁及墓底为生土，墓坑规整，残留较浅，填土为黄褐色，土质较硬，含有较多石块。墓口距地表深 0.8 米，墓坑长 3.36、宽 1.4～1.56、深 0.2～1 米（图 3 - 9；彩版 3 - 24，1）。

随葬品共 4 件，置于墓坑东侧。

釉陶壶　1 件。

M26：4，破碎不堪，盘口。

陶罐　3 件。鼓腹，平底或微凹。肩部贴塑一对半环耳，耳部饰叶脉纹。

M26：1，直口微侈，底部粗糙。肩腹饰细旋纹。灰色胎。口径 10.6、腹径 14.6、底径 7、高 11.2 厘米（图 3 - 9；彩版 3 - 24，2）。

M26：2，直口微敛，平沿。肩部饰两组弦纹，腹部饰粗旋纹。灰褐色胎。口径 10.4、腹径 21.4、底径 10、高 19.2 厘米（图 3 - 9；彩版 3 - 24，3）。

M26：3，侈口，下腹斜收，底部粗糙。肩腹饰细旋纹。夹砂褐胎，表面深灰色。口径 10.6、腹径 16、底径 7.4、高 12.6 厘米（图 3 - 9；彩版 3 - 24，4）。

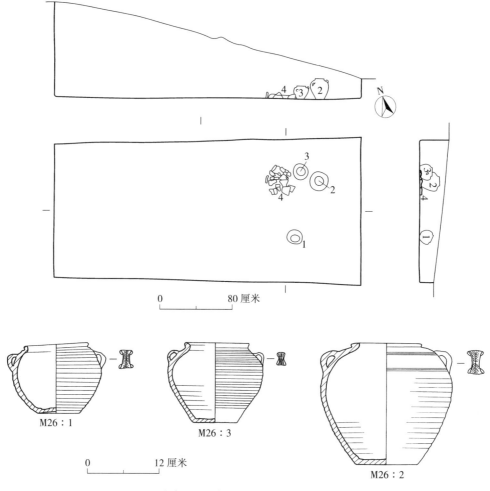

图 3 - 9　马家山汉墓 M25 平、剖面图及出土陶罐

M28

M28 位于Ⅲ区，马家山南部小山东南坡，M25 西南侧。平面呈刀形。方向 70 度。开口于岩石中，墓壁竖直略规整，墓坑北高南低，填土为五花土，土质坚硬，含有石块，填土中发现有零星朱红色漆痕迹。墓口距地面深 0.7～1 米。墓道位于北侧，长 1.01、宽 1.73、深 0.3～1 米。墓坑长 3.2、宽 3、深 0.25～1.1 米。墓坑东西两端各有一条枕木沟，与墓坑等长，宽 0.22、深 0.05 米（图3－10A；彩版 3－25，1）。

随葬品共 32 件（组），陶器等器物位于墓坑南北两侧，呈东西向一字排列，铁剑等金属器位于墓坑中部位置。

釉陶盒盖　2 件。覆钵形，方唇，顶部稍平。饰弦纹。

M28：31，口径 17.5、高 4.9 厘米（图 3－10B）。

M28：32，口径 17、高 5.2 厘米（图 3－10B）。

釉陶壶　10 件。敞口或口残，束颈，弧肩，鼓腹，平底，矮圈足。肩部贴塑一对半环耳。耳部饰叶脉纹。上部施青釉，局部脱釉。

M28：1，口部残。颈下部饰两道弦纹，弦纹之间饰一组细密水波纹，耳部上端贴塑卷云纹，下端

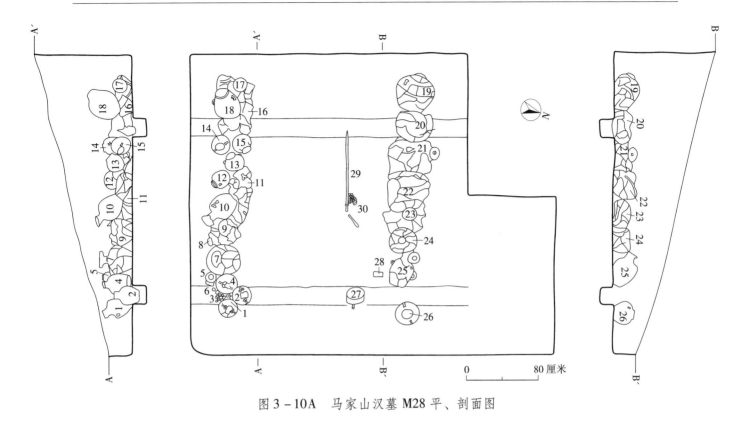

图 3 - 10A　马家山汉墓 M28 平、剖面图

贴塑绚索状圆环，肩部及上腹饰三组凸弦纹，下腹饰旋纹。深灰色胎。腹径 24.4、底径 12.2、高 30 厘米（图 3 - 10B）。

M28：4，口部残，颈下部饰两道弦纹，弦纹之间饰一组细密水波纹，耳部上端贴塑卷云纹，肩部及上腹饰三组凸弦纹，下腹饰旋纹。浅灰色胎。腹径 26.2、底径 14.2、残高 30 厘米（图 3 - 10B）。

M28：7、9、10，三件器物形制相近。喇叭口，上腹鼓，下腹斜收。口部饰一组细密水波纹，颈下部饰两道弦纹，弦纹之间饰一组细密水波纹。耳部上端贴塑卷云纹，下端贴塑圆环。肩部饰云气纹和篦划纹，肩部及上腹饰三组凸弦纹。深灰色胎。

M28：7，口径 16.8、腹径 34.6、底径 17.2、高 41 厘米（图 3 - 10B）。

M28：9，口径 16.8、腹径 34.6、底径 16.6、高 42 厘米（图 3 - 10B；彩版 3 - 26，1）。

M28：10，口径 13.4、腹径 26、底径 15.4、高 33.4 厘米（图 3 - 10B）。

M28：17，口部残。上腹鼓，下腹斜直。口部饰一组细密水波纹，颈下部饰两道凹弦纹，弦纹之间饰一组细密水波纹，耳部上端贴塑卷云纹，下端贴塑圆环，肩部饰云气纹和篦划纹，肩及上腹饰三组凸弦纹，下腹饰旋纹。灰色胎。腹径 26、底径 14.8、残高 25.4 厘米（图 3 - 10B）。

M28：21，腹鼓，下腹斜弧。颈下部饰两道弦纹，弦纹之间饰一组细密水波纹，耳部上端贴塑铺首，下端贴塑圆环，肩部及上腹饰三组凸弦纹。灰色胎。口径 13、腹径 35.8、底径 18.8、高 44 厘米（图 3 - 10B）。

M28：22，口部残。上腹鼓，下腹斜弧。口部饰一组细密水波纹和一道弦纹，颈下部饰两道弦纹，弦纹之间饰一组细密水波纹，耳部上端贴塑铺首，下端贴塑圆环，肩及上腹饰三组凸弦纹。灰褐色胎。腹径 38.8、底径 18.4、残高 43.8 厘米（图 3 - 10B）。

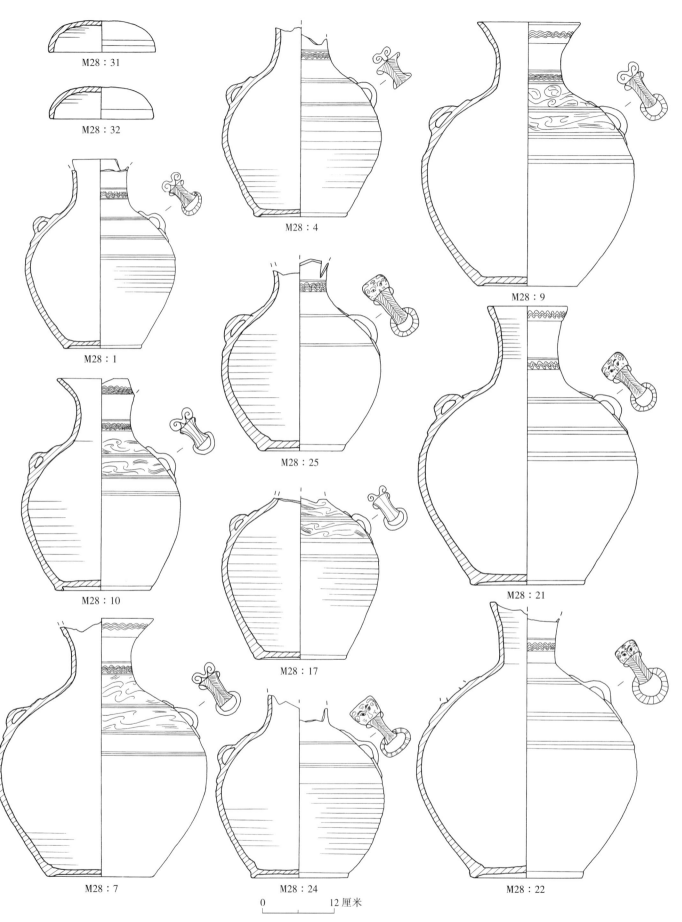

M28：31

M28：32

M28：4

M28：1

M28：25

M28：9

M28：10

M28：17

M28：21

M28：7

M28：24

M28：22

0   12 厘米

图 3－10B　马家山汉墓 M28 出土器物

1、4、7、9、10、17、21、22、24、25. 釉陶壶　31、32. 釉陶盒盖

M28：24，口部残。颈下部饰两道弦纹，弦纹内饰水波纹，耳部上端贴铺首，耳下端贴绚索状圆环，肩部饰两组弦纹，肩腹饰旋纹。灰色胎，有垂釉现象。腹径28、底径16、残高28.8厘米（图3 - 10B）。

M28：25，口部残。颈下部饰两道弦纹，弦纹之间饰一组细密水波纹，耳部上端贴塑铺首，下端贴塑圆环，肩部饰两组凹弦纹，腹部微现旋纹痕。浅灰色胎，器盖及器身上部施青釉，有垂釉，局部脱釉。腹径26.4、底径14、残高30.6厘米（图3 - 10B）。

釉陶瓿　4件。器身敛口，宽平沿，圆肩，上腹鼓，下腹斜收，平底。肩部饰一对铺首耳。耳部饰兽面纹，肩部及上腹饰三组凸弦纹。灰褐色胎，器盖及器身上部施青釉，局部脱釉。

M28：19、20形制相近。弧形盖，下设子口，盖顶中心设柱状捉手。耳部上端贴塑铺首。

M28：19，口径11.8、腹径36、底径17、通高35厘米（图3 - 10C；彩版3 - 26，2）。

M28：20，口径11、腹径35.4、底径16.2、通高33.6厘米（图3 - 10C）。

M28：11、16形制相近。耳部上端贴塑卷云纹，肩部饰云气纹和篦划纹，肩部及上腹饰三组凸弦纹。

M28：11，口径11.8、腹径34、底径16、高29.4厘米（图3 - 10C；彩版3 - 26，3）。

M28：16，口径11.2、腹径35、底径15.4、高29.6厘米（图3 - 10C）。

釉陶罐　6件。平底或微内凹，肩部贴塑对称半环耳一对。耳部饰叶脉纹。脱釉严重。

M28：5，侈口，弧肩，鼓腹。肩腹饰旋纹。灰褐色胎，上部施青釉。口径9.1、腹径13.5、底径7、高9.8厘米（图3 - 10C；彩版3 - 27，1）。

M28：13，侈口，弧肩，鼓腹。耳部上端饰卷云纹，肩部饰两组弦纹，弦纹内饰水波纹，下腹饰旋纹。红褐色胎，上部施青釉。口径10、腹径20.3、底径9.2、高20厘米（图3 - 10C；彩版3 - 27，2）。

M28：18，敛口，溜肩，下腹弧收。肩部饰一道凹弦纹，下腹饰粗旋纹。灰褐色胎，上部施青釉。口径17.4、腹径27、底径15、高26厘米（图3 - 10C；彩版3 - 27，3）。

M28：26，直口微侈，圆鼓腹，矮圈足，几不可辨。耳部以下饰旋纹。灰褐色胎，上部施青釉。口径12.1、腹径25、底径15、高21厘米（图3 - 10C；彩版3 - 27，4）。

M28：12，直口，平沿，矮颈，溜肩，上腹鼓，下腹斜弧。肩腹饰旋纹。红褐色胎。口径10、腹径19.6、底径11.6、高18.8厘米（图3 - 10C；彩版3 - 27，5）。

M28：14，侈口，弧肩，鼓腹。肩腹饰旋纹。红褐色胎。口径10.8、腹径21.6、底径12、高20.4厘米（图3 - 10C；彩版3 - 27，6）。

釉陶双唇罐　1件。

M28：15，器身直口，双唇，外唇不存，束颈，鼓腹，平底。肩部贴塑对称半环耳一对。耳部饰叶脉纹，腹部饰旋纹。灰褐色胎，器身上部施青釉，脱釉严重。口径10.4、腹径18.6、底径12.4、高18厘米（图3 - 10C；彩版3 - 26，4）。

硬陶罍　2件。

M28：2、23，均为腹底残件。器表拍印席纹。

釉陶卮　2件。直口，直腹微弧，平底。腹上部附一纵向环形耳，上缘平直。器身饰三组弦纹，弦纹间饰细密水波纹。深灰色胎，口部及内底施青釉，部分脱釉。

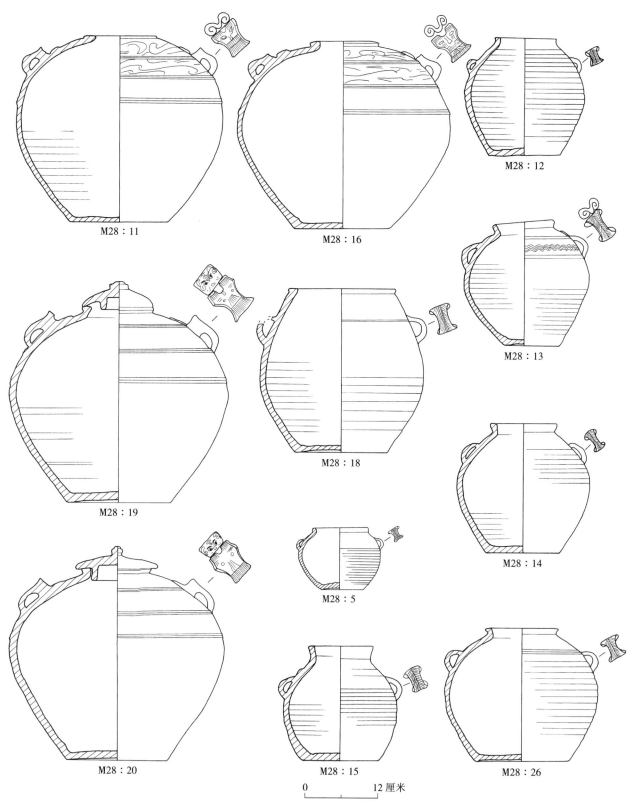

图 3-10C　马家山汉墓 M28 出土器物

5、12~14、18、26. 釉陶罐　11、16、19、20. 釉陶瓿　15. 釉陶双唇罐

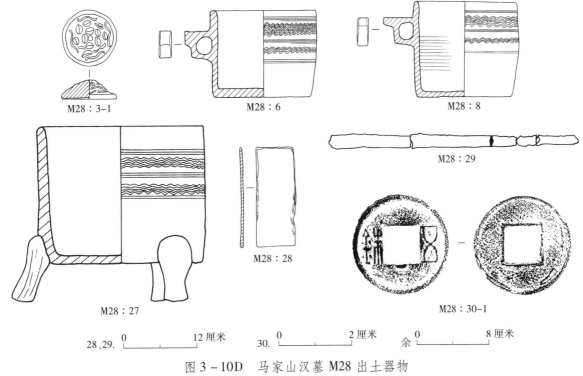

图 3 - 10D　马家山汉墓 M28 出土器物

3. 釉陶麟趾金　6、8. 釉陶卮　27. 釉陶樽　28. 石黛板　29. 铁剑　30. 铜五铢

M28：6，口径 11.4、底径 10.6、高 9.1 厘米（图 3 - 10D；彩版 3 - 28，1）。

M28：8，口径 11.5、底径 10.5、高 10.1 厘米（图 3 - 10D；彩版 3 - 28，2）。

釉陶樽　1 件。

M28：27，直口，深直腹，平底，底部附三个矮蹄足。上腹饰三组弦纹，弦纹之间饰两组细密水波纹，内壁饰旋纹。红褐色胎，脱釉严重。直径 18.2、通高 18.3 厘米（图 3 - 10D；彩版 3 - 28，5）。

釉陶麟趾金　1 组 44 件。

M28：3 - 1，半球形，平底略凹。饰贝币纹。灰色胎，上部施青釉。直径 5.8、高 1.9 厘米（图 3 - 10D；彩版 3 - 28，3）。

铜五铢　1 组数枚。部分锈蚀粘连，其余散落。

M28：30 - 1。钱正面穿外无郭，背面穿外有郭，正面穿外有篆文"五铢"二字。直径 2.5 厘米（图 3 - 10D）。

铁剑　1 件。

M28：29，锈蚀严重，剑身细长扁平，中脊略高。残长 40.8 厘米（图 3 - 10D）。

石黛板　1 件。

M28：28，长方形，器身较薄。表面平整光滑，四边有破损。页岩，灰色。长 16、宽 6.4、厚 0.5 厘米（图 3 - 10D；彩版 3 - 28，4）。

M29

M29 位于Ⅲ区，马家山南部小山东南坡，M26 东北侧。平面近方形。方向 340 度。开口于岩石中，墓壁及墓底为岩石，墓壁竖直略规整，北高南低。填土为黄褐色土，土质坚硬，含大量石块。墓口距地面深 0.8~1.3 米，墓坑长 3.52、宽 3.44、深 0.2~1.1 米（图 3 – 11A；彩版 3 – 25，2）。

随葬品共 38 件（组），其中陶器位于墓坑东西两排，均呈南北向一字形放置，金属器等小件器物置于墓坑中部。

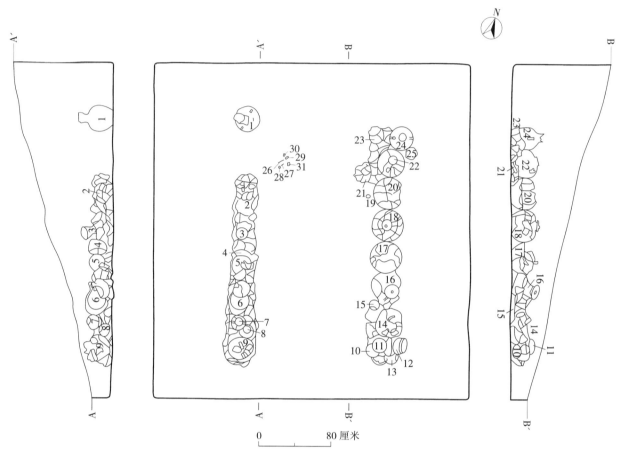

图 3 – 11A　马家山汉墓 M29 平、剖面图

釉陶鼎　2 件。

M29：6、37，破碎不堪，器身子口内敛，口部附长方形立耳，中有长方形孔。

釉陶盒　6 件。覆钵形盖，平顶。器身子口内敛，斜弧腹，平底。腹部饰旋纹。脱釉严重。

M29：10，红褐色胎。口径 19.6、底径 11.8、通高 16.4 厘米（图 3 – 11B；彩版 3 – 29，1）。

M29：11，红褐色胎。口径 19.2、底径 11.8、通高 17 厘米（图 3 – 11B）。

M29：12，底略凹，深灰色胎。口径 18、底径 12、通高 15.8 厘米（图 3 – 11B）。

M29：4、5、38 三件器物破碎不堪。

釉陶壶　9 件。敞口，束颈，鼓腹，平底，矮圈足。肩部贴塑对称半环耳。耳部饰叶脉纹，上端贴塑铺首，下端贴塑圆环。

M29：1，方唇，弧肩。口部饰一组细密水波纹，颈下部饰两道弦纹，弦纹之间饰一组细密水波纹，肩部饰两组弦纹，腹部饰旋纹。红褐色胎，上部施青釉，脱釉严重，基本不存。口径 12.6、腹径 27、底径 15.8、高 35.8 厘米（图 3 – 11B；彩版 3 – 29，2）。

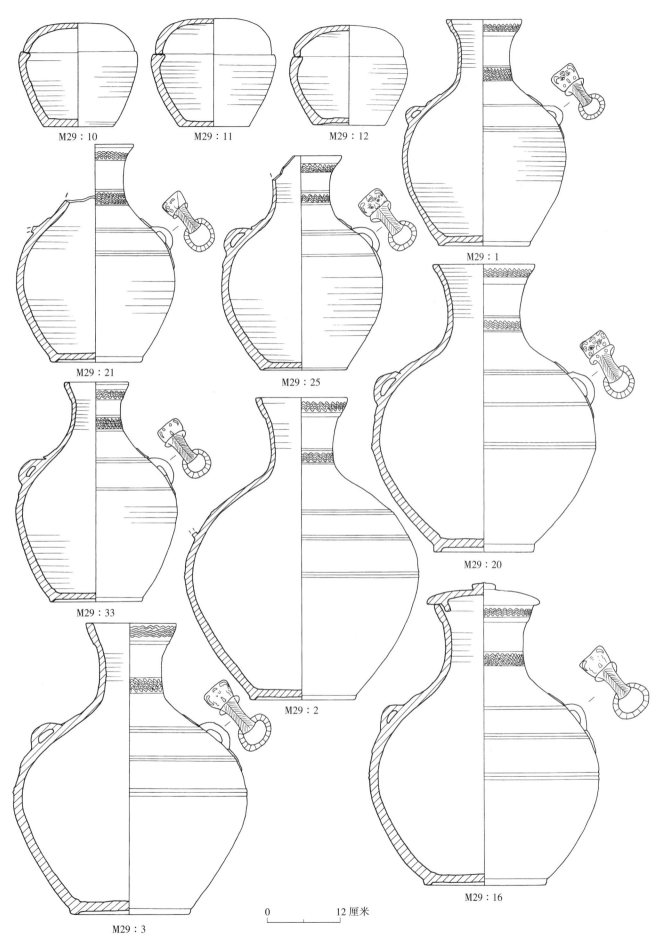

M29:10   M29:11   M29:12

M29:1

M29:21   M29:25

M29:33   M29:20

M29:2

M29:3   M29:16

0   12 厘米

图 3－11B　马家山汉墓 M29 出土器物

1～3、16、20、21、25、33. 釉陶壶　10～12. 釉陶盒

M29：21、25、33 形制与 M29：1 相近。

M29：21，口径 12、腹径 26、底径 14.4、高 34.6 厘米（图 3－11B）。

M29：25，口径 13.2、腹径 26.2、底径 14、高 34 厘米（图 3－11B）。

M29：33，口径 10.6、腹径 26.4、底径 14.6、高 34.8 厘米（图 3－11B）。

M29：2，方唇，弧肩。耳部残。口部饰一组细密水波纹，水波纹下划一道弦纹，颈下部饰两道弦纹，弦纹之间饰一组细密水波纹，肩部及上腹饰三组凸弦纹。灰褐色胎，上部施青釉，脱釉严重。口径 15、腹径 38、底径 17.2、高 47.6 厘米（图 3－11B；彩版 3－29，3）。

M29：3，形制与 M29：2 相近。口径 14.6、腹径 38、底径 18.6、高 46.2 厘米（图 3－11B）。

M29：16、20 形制相近。平沿，弧肩。口沿饰两组凹弦纹，弦纹内饰水波纹，颈下部饰两道凹弦纹，弦纹内饰细密水波纹，肩部及上腹饰三组凸弦纹。灰褐色胎，器盖及器身上部施青釉。

M29：16，饼形盖，顶部有圆纽，下设子口。口径 16.8、腹径 37.2、底径 20.1、通高 48 厘米（图 3－11B；彩版 3－29，4）。

M29：20，口径 16.8、腹径 36.6、底径 16.5、通高 45 厘米（图 3－11B）。

M29：23 破碎不堪。

釉陶瓿 6 件。宽平沿，矮颈，平底。肩部饰一对铺首耳。耳部饰兽面纹。器身上部施青釉，器身脱釉严重。

M29：9，敛口，弧肩，上腹鼓，下腹斜直。耳部残。肩部及上腹饰三组凸弦纹。灰褐色胎。口径 10.8、腹径 39、底径 17、高 33 厘米（图 3－11C）。

M29：17，直口，广肩，上腹鼓，下腹斜收。耳上端贴塑铺首，肩部及上腹饰三组凸弦纹。灰褐色胎。口径 10.2、腹径 38、底径 18.8、高 31.4 厘米（图 3－11C；彩版 3－30，1）。

M29：18，敛口，圆肩，上腹圆鼓，下腹斜收。耳上端贴塑铺首，肩部及上腹饰三组凸弦纹，下腹饰旋纹。灰褐色胎。口径 14、腹径 31.6、底径 17.8、高 27.6 厘米（图 3－11C；彩版 3－30，2）。

M29：22，敛口，弧肩，上腹微折，下腹斜收。肩部饰两道弦纹，弦纹之间饰一道水波纹，腹部饰旋纹。红褐色胎。口径 15.8、腹径 31.8、底径 17.2、高 27 厘米（图 3－11C；彩版 3－30，3）。

M29：32，直口，弧肩，鼓腹。耳上端贴塑铺首，肩部饰云气纹和戳印点纹，肩部及上腹饰三组凸弦纹。灰褐色胎。口径 18、腹径 38、底径 18.4、高 32.8 厘米（图 3－11C；彩版 3－30，4）。

M29：35，直口，弧肩，上腹圆鼓，下腹斜弧。耳上端贴塑铺首，肩部及上腹饰两组细密水波纹，水波纹之内饰三组凸弦纹，水波纹外侧各饰一组凹弦纹，下腹微现旋纹痕。红褐色胎。口径 12.2、腹径 31、底径 15、高 28 厘米（图 3－11C；彩版 3－31，1）。

釉陶罐 7 件。直口，平沿，矮颈，鼓腹，平底或略凹。肩部贴塑一对半环耳。耳部饰叶脉纹。灰褐色胎，脱釉严重。

M29：7，广肩。通体饰旋纹。口径 9.4、腹径 17.4、底径 7.8、高 12.8 厘米（图 3－11D；彩版 3－31，3）。

M29：8，广肩。肩及上腹饰粗旋纹。深灰色胎。口径 9.8、腹径 17.8、底径 10.2、高 12.8 厘米（图 3－11D；彩版 3－31，4）。

M29：13，弧肩，鼓腹，平底。肩腹饰粗旋纹。口径 11、腹径 22、底径 12.6、高 20.8 厘米（图

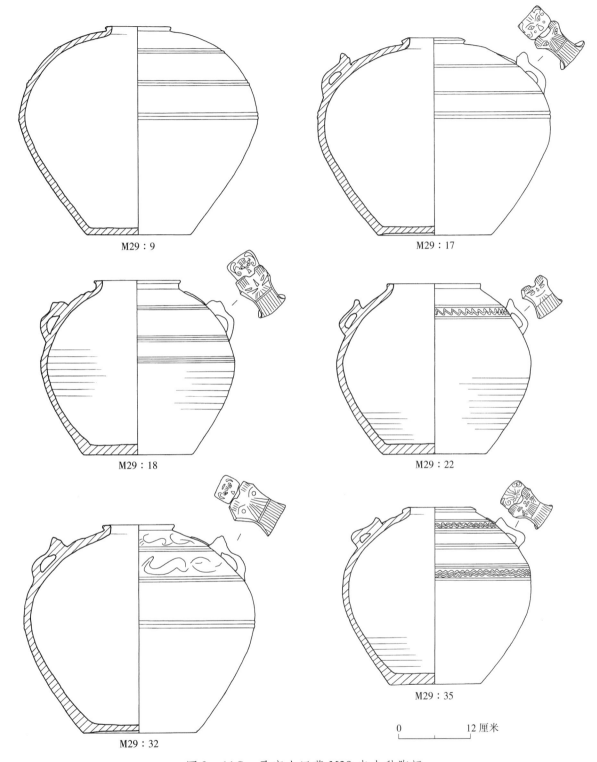

M29：9

M29：17

M29：18

M29：22

M29：32

M29：35

0 12 厘米

图 3 – 11C 马家山汉墓 M29 出土釉陶瓿

3 – 11D；彩版 3 – 31，5）。

M29：15，广肩，底部不规整。通体饰旋纹，耳部叶脉纹模糊不清。口径 10.5、腹径 16.2、底径 9.6、高 13.4 厘米（图 3 – 11D；彩版 3 – 31，6）。

M29：24，弧肩，扁鼓腹。通体饰旋纹。口径 9.8、腹径 16.6、底径 9.8、高 13.6 厘米（图 3 –

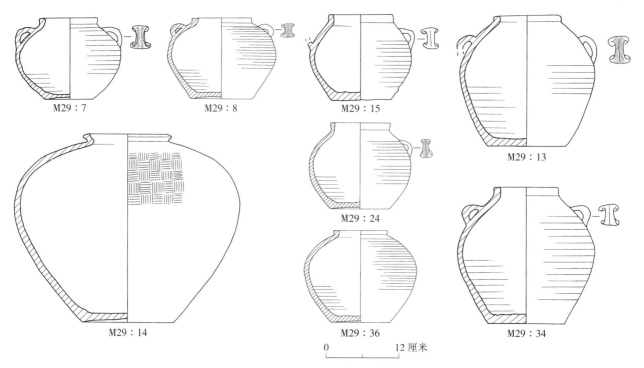

M29：7　　　　　　M29：8　　　　　　M29：15　　　　　　M29：13

M29：24

M29：14　　　　　　　　　M29：36　　　　　　M29：34

0　　　　　　12 厘米

图 3 - 11D　马家山汉墓 M29 出土器物

7、8、13、15、24、34、36. 釉陶罐　14. 硬陶罍

11D；彩版 3 - 32，1）。

M29：34，溜肩。通体饰旋纹。口径 10.3、腹径 22.2、底径 12.6、高 21.6 厘米（图 3 - 11D）。

M29：36，弧肩。耳部残。通体饰旋纹。口径 8.5、腹径 18.2、底径 9.5、高 14.5 厘米（图 3 - 11D）。

硬陶罍　1 件。

M29：14，敞口，平沿，鼓肩，斜弧腹，平底。器表满饰拍印席纹。浅灰色胎。口径 14.8、腹径 37、底径 15.2、高 29.8 厘米（图 3 - 11D；彩版 3 - 31，2）。

铜镜　1 件。

M29：19，为日光镜，残缺。圆纽座，座外饰内向的八连弧纹。外区为铭文带，模糊不清，以字母、符号相隔，可辨"日""天"两字，铭文外饰一周栉齿纹，素平缘。直径 6、边缘厚 0.3 厘米（图 3 - 11E；彩版 3 - 32，2）。

铜带钩　2 件。均残。棒形，体瘦长，腹部中间有一圆纽，钩首残。

M29：26，残长 6.6、最宽 0.8 厘米（图 3 - 11E；彩版 3 - 32，3）。

M29：27，残长 5.4、最宽 0.9 厘米（图 3 - 11E；彩版 3 - 32，4）。

铜印　1 件。

M29：29，印面正方形，龟形纽。印文为篆书"朱□之印"四字。印面宽 1.6、厚 0.5、通高 1.3 厘米（彩版 3 - 32，5）。

铜五铢　1 组数枚。

M29：28 - 1，锈蚀粘连。钱正面穿外无郭，背面穿外有郭，正面篆文"五铢"二字，略宽。直径 2.5 厘米（图 3 - 11E）。

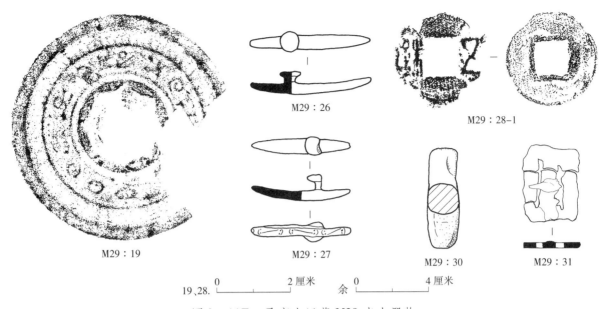

M29：19　　　　　　　M29：27　　　　M29：30　　　M29：31

19、28.　　0　　　　　2厘米　　余　0　　　　　4厘米

图 3 - 11E　马家山汉墓 M29 出土器物

19. 铜镜　26、27. 铜带钩　28. 铜五铢　30. 石圆柱形器　31. 铁带扣

铁带扣　1 件。

M29：31，平面长方形，表面锈蚀，扣针呈圆锥状。长 4、宽 3、厚 0.3 厘米（图 3 - 11E；彩版 3 -32，6）。

石圆柱形器　1 件。

M29：30，石质，器表破损。残长 5.3、直径 1.7 厘米（图 3 - 11E；彩版 3 - 32，7）。

M32

M32 位于Ⅲ区，马家山南部小山东南坡。平面呈长方形。方向 262 度。墓壁及墓底为岩石，墓壁竖直略规整，西高北低。填土为黄褐色。墓口距地面深 0.8 ~ 1.3 米，墓坑长 4.53、宽 3.6、深 1.2 ~ 1.6 米。墓坑南北两端各有一条枕木沟，长 3.4、宽 0.25、深 0.1 米。墓坑底部挖有一条呈对角斜向的渗水沟，边缘不规则，长 3.2、宽 0.2 ~ 0.5、深 0.3 米（图 3 - 12A；彩版 3 - 33，1）。

随葬品共 27 件（组），其中陶器等位于墓坑西侧，南北向一字形排列，金属器和玉器等置于墓坑中部。

釉陶壶　6 件。束颈，弧肩，鼓腹，平底。肩部贴塑一对半环耳。耳部饰叶脉纹。灰褐色胎。

M32：3，喇叭口，尖唇，矮圈足。口部饰一组细密水波纹，水波纹下刻划一道弦纹，颈下部饰两道弦纹，弦纹之间饰一组细密水波纹，耳部上端横贴 S 形纹，肩部饰云气纹和戳印点纹，肩部及上腹饰三组凸弦纹。上部施青釉，脱釉严重。口径 18、腹径 31.5、底径 16、高 39.6 厘米（图 3 - 12B；彩版 3 - 33，2）。

M32：27，口部残，形制与 M32：3 相近。腹径 31.2、底径 15、高 39.2 厘米（图 3 - 12B）。

M32：8，敞口，圆唇。颈下部饰一组细密水波纹，肩部饰一道弦纹，腹部饰旋纹。上部施青釉，脱釉严重。口径 11.8、腹径 27.4、底径 13.2、高 34 厘米（图 3 - 12B；彩版 3 - 33，3）。

M32：12，喇叭口，圆唇，矮圈足。颈下部饰一道弦纹，弦纹下饰一组细密水波纹，肩部刻划一道弦

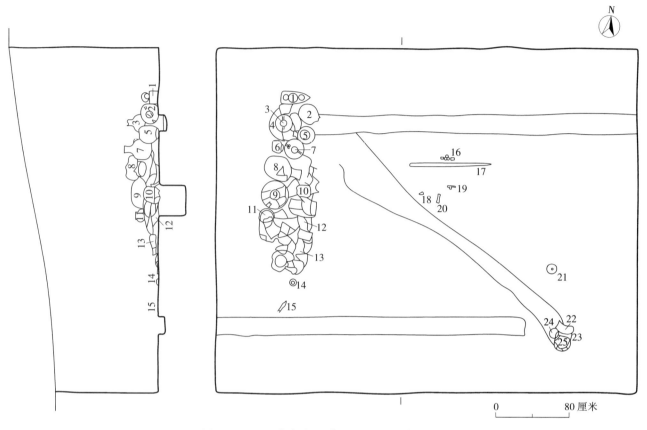

图 3 - 12A　马家山汉墓 M32 平、剖面图

纹，腹部饰旋纹。上部施青釉，局部脱釉。口径 10.4、腹径 19.2、底径 10.4、高 24.4 厘米（图3 - 12B）。

　　M32∶2，口部残，矮圈足。一耳残。颈下部饰两道弦纹，弦纹之间饰一组细密水波纹，肩部饰一组弦纹。上部施青釉，有垂釉。腹径 18.8、底径 11、残高 21.6 厘米（图 3 - 12B）。

　　M32∶7，口部残，矮圈足。颈下部饰两道弦纹，弦纹之间饰一组细密水波纹，耳部上端贴塑卷云纹，肩部饰云气纹和戳印点纹，肩部及上腹饰三组凸弦纹，腹部饰旋纹。上部施青釉，脱釉严重。腹径 23、底径 12.4、残高 28.8 厘米（图 3 - 12B）。

　　釉陶瓿　5 件。敛口，宽平沿，圆肩，上腹鼓，下腹斜收，平底。肩部贴塑一对铺首耳，耳部饰兽面纹，肩部及上腹饰三组凸弦纹。

　　M32∶4，耳上端贴塑铺首，下腹饰旋纹。灰褐色胎，器身上部施青釉。口径 14.2、腹径 28.8、底径 14、高 25.4 厘米（图 3 - 12C；彩版 3 - 34，1）。

　　M32∶5，耳部残。耳部上端横贴 S 形纹，肩部饰云气纹和戳印点纹。灰色胎，上部施青釉，脱釉严重。口径 11、腹径 31.4、底径 16、高 27.8 厘米（图 3 - 12C）。

　　M32∶9，弧形盖，顶部有圆纽，下设短子口。耳上端横贴 S 形纹，肩部饰云气纹和戳印点纹。灰色胎。上部施青釉，脱釉严重。口径 11.2、腹径 33、底径 15.2、通高 32 厘米（图 3 - 12C；彩版3 - 34，2）。

　　M32∶10，弧形盖，顶部有圆纽，下设短子口。耳上端贴塑铺首。深灰色胎，器盖及器身上部施青釉，盖部脱釉严重。口径 11.2、腹径 37、底径 18.4、通高 34.8 厘米（图 3 - 12C）。

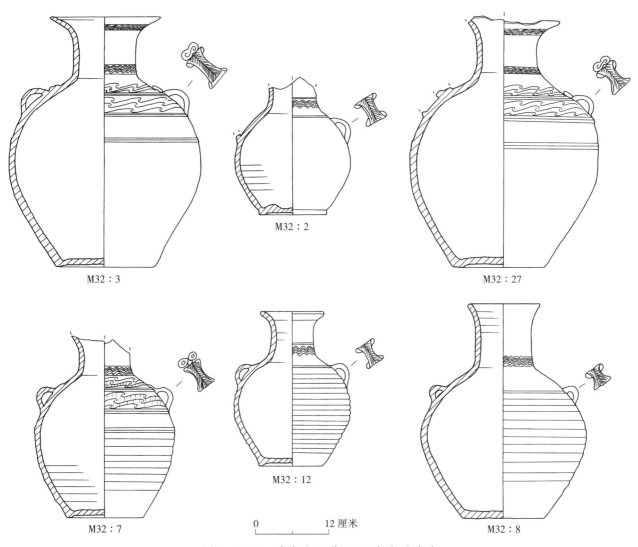

M32:3　　　M32:2　　　M32:27

M32:7　　　M32:12　　　M32:8

图 3 - 12B　马家山汉墓 M32 出土釉陶壶

另 M32:13，破碎不堪。

陶罐　4 件。

M32:6，侈口，圆方唇，鼓肩，斜弧腹，平底。肩部贴塑一对半环耳，一耳残。耳部饰叶脉纹，器身饰旋纹。灰色胎。口径 10.6、腹径 16.8、底径 9.6、高 12.4 厘米（图 3 - 12C；彩版 3 - 34，3）。

M32:11，侈口，鼓腹，平底略凹。肩部贴塑一对半环耳。耳部饰叶脉纹，器身饰旋纹。深灰色胎。口径 10、腹径 14.2、底径 8.2、高 9.8 厘米（图 3 - 12C）。

M32:25，侈口，矮颈，广肩，鼓腹，平底。肩部贴塑对称半环耳一对。耳部饰叶脉纹，肩腹饰粗旋纹。灰褐色胎。口径 10、腹径 13.6、底径 7.8、高 9.4 厘米（图 3 - 12C；彩版 3 - 34，4）。

M32:26，敛口，宽沿，弧肩，斜直腹，平底。耳残。肩部饰两组弦纹，下腹饰粗旋纹。深灰色胎，内底及器身上部施青釉，局部脱釉。口径 12.6、腹径 22.5、底径 10.6、高 20.3 厘米（图 3 - 12C）。

陶器　1 件。

M32:23，泥质灰陶，破碎不可辨。

陶灶　1 件。

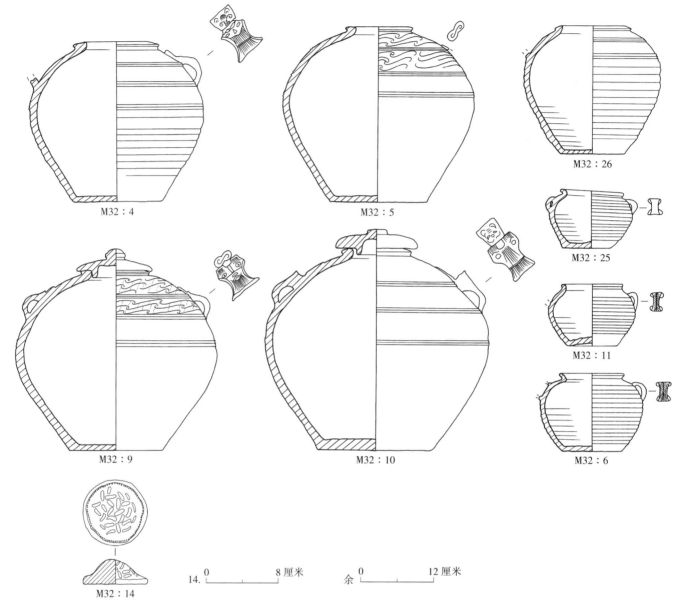

图 3 - 12C　马家山汉墓 M32 出土器物
4、5、9、10. 釉陶瓿　6、11、25、26. 陶罐　14. 釉陶麟趾金

M32:1，破碎不堪。平面呈船形，灶面设三灶眼。深灰色胎。

釉陶麟趾金　1 件。

M32:14，半球形。饰蟠螭纹。红褐色胎，表面施青釉。直径 7、高 2.6 厘米（图 3 - 12C；彩版 3 - 34，5）。

铜矛头　1 件。

M32:15，残损。双直刃，器身中间平整无脊，截面为六边形，上端有长方形管銎。残长 10.2、最宽 2 厘米，銎长 1.2、宽 0.7 厘米（图 3 - 12D；彩版 3 - 35，1）。

铜带钩　1 件。

M32:19，棒形，体瘦长，腹部中间有一圆纽，钩首残。残长 6.1、最宽 1.1 厘米（图 3 - 12D；彩版 3 - 35，2）。

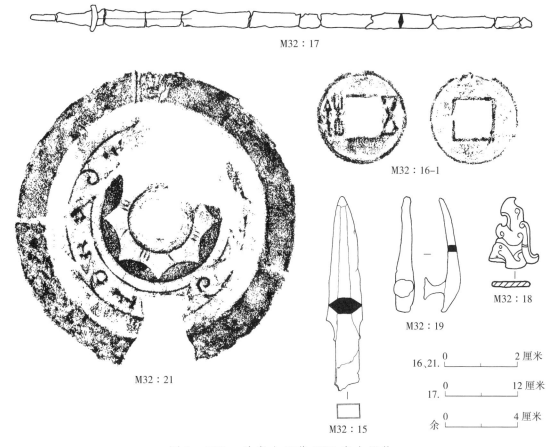

图 3 - 12D　马家山汉墓 M32 出土器物
15. 铜矛头　16. 铜五铢　17. 铁剑　18. 玉器　19. 铜带钩　21. 铜镜

铜镜　1件。

M32:21，为日光镜，残缺。圆纽座，座外饰残存内向的六连弧纹。外区为铭文带，模糊不清，以字母、符号相隔，可见"下""大"两字，铭文外饰一周栉齿纹，素平缘。直径7.6、边缘厚0.4厘米（图3-12D；彩版3-35，3）。

铜印　1件。

M32:24，粘连数个五铢钱。印面正方形，龟形纽。印文为篆书，字迹已不可辨。印面宽1.8、厚0.8厘米（彩版3-35，4）。

铜五铢　1组数枚。部分锈蚀粘连，其余散落。

M32:16-1，钱正面穿外无郭，背面穿外有郭，正面穿外"五铢"二字略宽。直径2.5厘米（图3-12D）。

铁剑　1件。

M32:17，锈蚀严重，剑身细长扁平，中脊略高，嵌铜格。残长82厘米（图3-12D；彩版3-35，6）。

铁器　2件。

M32:20、22，锈蚀严重不可辨。

玉器　1件。

M32:18，镂空。长3.8、厚0.25厘米（图3-12D；彩版3-35，5）。

第三章　砖椁墓

共 3 座，分别为 M18、M19 和 M23。平面均呈长方形，砌筑方式为先砌墓底，后砌墓壁。墓壁用砖错缝平铺叠砌，墓砖均素面无纹。

M18

M18 位于 II 区，马家山南部小山北侧。方向 60 度。墓口距地表深 1～1.6 米。墓室长 3.08、宽 1.65、高 1.08 米。西侧墓壁砖有两层，其余为单层，墓底砖呈两横两竖平铺。墓砖素面无纹，长 27、宽 14、厚 3 厘米（图 3 - 13A；彩版 3 - 36，1）。

随葬品共 9 件，其中陶器放置于墓坑西侧，铁剑和铜镜等放置于墓坑中部偏南。

釉陶壶　2 件。盘口，束颈，弧肩，上腹圆鼓，下腹斜收，平底不甚规整。肩部贴塑对称半环耳。口部饰弦纹，颈部饰弦纹及水波纹，耳部饰叶脉纹，肩及腹部饰旋纹。灰色胎，胎质粗疏，遍布气隙，表面散布窑渣。

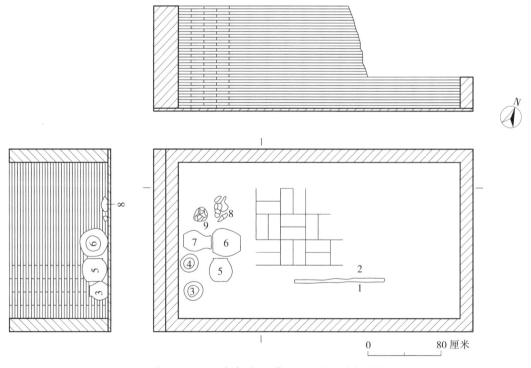

图 3 - 13A　马家山汉墓 M18 平、剖面图

M18：7，口径 13.8、腹径 24.8、底径 10.2、高 35.4 厘米（图 3 – 13B；彩版 3 – 36，2）。

M18：8，平底略凸。口径 15、腹径 24、底径 9.8、通高 35.2 厘米（图 3 – 13B）。

陶罐 4 件。

M18：3，敛口，宽平沿，鼓肩，斜弧腹，平底。肩部贴塑对称半环耳。耳部饰叶脉纹，肩部饰一道弦纹，腹部饰旋纹。红褐色胎。口径 11.4、腹径 22.4、底径 8.8、高 20.4 厘米（图 3 – 13B；彩版 3 – 37，1）。

M18：4，形制与 M18：3 大致相同，底微凹。口径 12、腹径 22.6、底径 9.4、高 20.6 厘米（图 3 – 13B；彩版 3 – 37，2）。

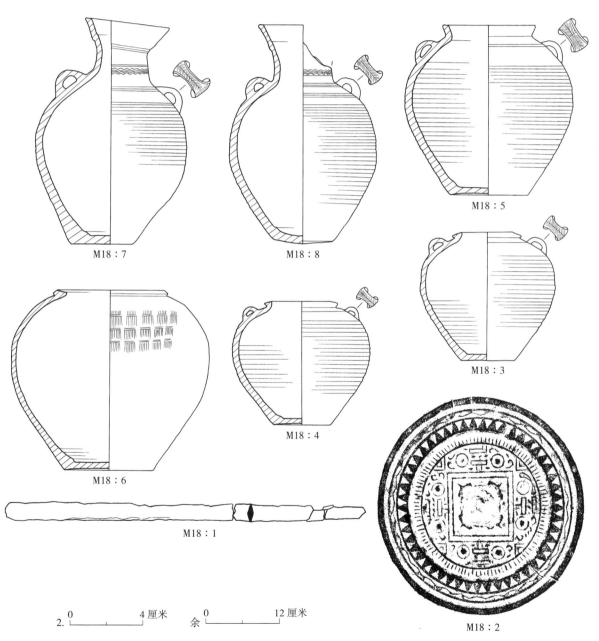

M18：7　　　　　M18：8　　　　　M18：5

M18：6　　　　　M18：4　　　　　M18：3

M18：1　　　　　M18：2

2.　0　　　　4 厘米　　　余　　0　　　　12 厘米

图 3 – 13B　马家山汉墓 M18 出土器物
1. 铁剑　2. 铜镜　3~5. 陶罐　6. 硬陶罍　7、8. 釉陶壶

M18:5, 侈口, 尖唇, 矮颈, 圆肩, 鼓腹, 平底。肩部贴塑一对对称半环耳。肩部和腹部饰旋纹, 耳部饰叶脉纹。灰褐色胎。口径15.4、腹径27.8、底径13、高27厘米 (图3-13B; 彩版3-37, 3)。

M18:9, 破碎无法修复。

硬陶罍 1件。

M18:6, 敛口, 斜沿, 圆唇, 鼓肩, 斜弧腹, 平底微内凹。腹部满饰梳状纹。红褐色胎。口径18.8、腹径32.4、底径15、高28.4厘米 (图3-13B; 彩版3-37, 4)。

铜镜 1件。

M18:2, 为几何纹规矩镜。圆纽, 四叶柿蒂纹纽座, 座外方框, 外有八个乳丁, 方框外侧正中各伸出一个T形符号与L形符号相对, 方框四角又与V形符号相对, 三种符号将镜的内区分成四方八等分, 其间为弧线、点等几何纹饰, 外侧有一周栉齿纹。外缘饰一圈三角锯齿纹和一圈波折纹。直径11.5、边缘厚0.5厘米 (图3-13B; 彩版3-36, 3)。

铁剑 1件。

M18:1, 锈蚀严重, 剑身细长扁平, 中脊略高。残长58.4厘米 (图3-13B)。

M19

M19位于Ⅱ区, 马家山南部小山北侧, M18西侧。墓顶和部分墓壁已不存。方向65度。墓口距地表深0.8~1.3米。墓室长3.2、宽1.6、残高0.4~0.8米。墓壁错缝平铺叠砌, 东侧墓壁砖有两层, 其余为单层, 墓底砖人字形平铺。墓砖长26、宽13、厚2厘米 (图3-14A; 彩版3-38)。

随葬品共4件, 其中陶壶、陶罐和铜镜放置于墓坑东部, 铁剑放置于墓坑中部偏北。

釉陶壶 1件。

M19:3, 盘口, 方唇, 束颈, 溜肩, 鼓腹, 假圈足, 平底, 底部不甚规整。肩部贴塑对称半环耳

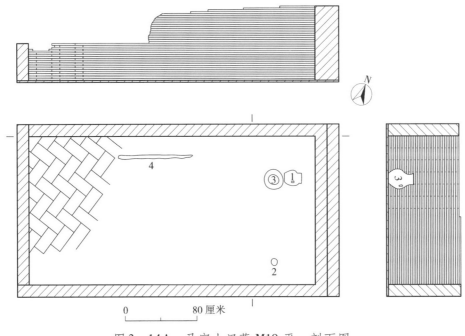

图3-14A　马家山汉墓M19平、剖面图

一对。耳部饰叶脉纹，上腹饰一组细密水波纹，水波纹上下分别刻划两道粗弦纹。浅灰色胎，胎质粗疏，遍布气隙，表面散布窑渣，脱釉严重。口径 12.2、腹径 19.6、底径 9.3、高 24.6 厘米（图 3 - 14B；彩版 3 - 39，1）。

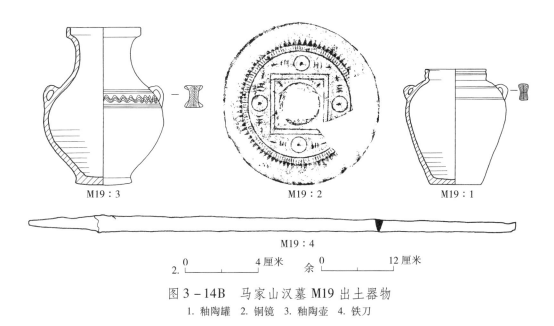

图 3 - 14B 马家山汉墓 M19 出土器物
1. 釉陶罐 2. 铜镜 3. 釉陶壶 4. 铁刀

釉陶罐 1 件。

M19：1，直口微侈，方唇，鼓肩，斜弧腹，平底。肩部贴塑一对半环耳。口部饰一组弦纹，耳部饰叶脉纹，肩部饰两道弦纹。红褐色胎，脱釉严重。口径 10.2、腹径 16.6、底径 8.8、高 18.2 厘米（图 3 - 14B；彩版 3 - 39，2）。

铜镜 1 件。

M19：2，圆纽，纽座外有方栏，方栏四边外各有一乳丁，乳丁间夹月牙形纹饰，外侧环绕一周栉齿纹，外缘饰一圈锯齿纹，三角缘。直径 8.5、边缘厚 0.5 厘米（图 3 - 14B；彩版 3 - 39，4）。

铁刀 1 件。

M19：4，刀身修长，截面呈三角形。残长 79.6 厘米（图 3 - 14B；彩版 3 - 39，3）。

M23

M18 位于Ⅱ区，马家山南部小山北侧，M20 南侧。破坏严重，墓坑北半部和墓顶已无。方向 110 度。该墓上部覆土为黄褐色黏土，地面生长密集的小竹林。墓口距地表深 0.7 米。墓室长 2.7、残宽 0.6 ~ 0.9、残高 0.51 米。墓壁用砖错缝平铺叠砌，墓底砖呈人字形平铺。墓砖均为素面，长 30、宽 15、厚 3 厘米（图 3 - 15）。

未发现随葬品。

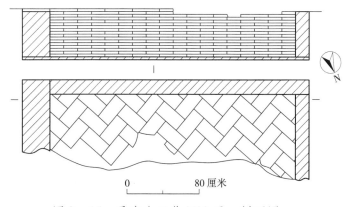

图 3 - 15 马家山汉墓 M23 平、剖面图

第四章　砖室墓

共 14 座, 分别为 M1、M2、M5、M7、M9、M11、M13、M14、M16、M17、M21、M24、M30 和 M31。平面呈凸字形及刀形, 以前者居多。主要由墓道、封门、甬道及墓室几部分构成, 多数墓顶已不存在, 墓壁多为三顺一丁结构。部分砖模印有纹饰及纪年文字。墓葬大多被盗, 残存少量随葬品。

M1

M1 位于 Ⅰ 区, 马家山北部小山东部近山顶处。方向 65 度。平面呈凸字形。墓口距地表深 0.8 米。该墓为先砌墓底, 后砌墓壁, 再砌棺床。由墓道、封门、甬道和墓室组成。墓道呈斜坡状, 两壁为红褐色生土, 底为山体岩石, 填土为五花土, 土质较硬。长 4.4、宽 2.1~2.52、深 0~1 米。封门宽 1.05、残高 0.1~1.32 米, 为三顺一丁砌筑。甬道长 1.3、宽 1.05、高 1.36 米, 两壁多为三顺一丁砌筑, 券顶破坏严重。墓室长 4.45、宽 2.15、残高 2.4 米。墓室中后部为棺床, 与墓室等宽, 长 2.9、高 0.24 米。棺床分两层砖砌, 下层砖侧砌, 上层为两横两竖平铺, 前以一排砖竖向平铺锁口。墓壁自墓底向上为两组三顺一丁砖, 其上在高 0.86 米处由四壁的中部呈倒人字形向两端斜砌砖, 形成穹隆顶。墓室和甬道底砖均呈人字形平铺。棺床砖长 37、宽 17.5、厚 6 厘米。部分砖侧面模印 "咸康六" 三字。填土为五花土, 土质偏松, 含有大量残砖 (图 3-16A、B; 彩版 3-40、彩版 3-41, 1)。

该墓早期被盗, 于扰土中发现有铜器残件、银手镯、越窑青瓷小钵等器物。

青瓷小钵　1 件。

M1:02, 敛口, 斜腹, 平底, 内底压圈。口外饰两道弦纹。施青釉。口径 4.9、底径 2.8、高 2.5 厘米 (图 3-16B; 彩版 3-41, 2)。

铜器残件　1 件。

M1:01, 残缺, 长条状, 截面为方形。残长 6.5、宽 1.3 厘米 (图 3-16B; 彩版 3-41, 3)。

银手镯　2 件。形制相同。

M1:03-1, 外径 5.1 厘米 (图 3-16B; 彩版 3-41, 4)。

M2

M2 位于 Ⅰ 区, 马家山北部小山东部近山顶处, M1 南侧。该墓保存较好。平面呈凸字形。方向 65 度。该墓先砌墓底, 后砌墓壁。墓口距地表深 0.20 米。由墓道、封门、甬道和墓室组成。墓道呈斜坡状, 长 4.80、宽 1.40~1.84、深 0~1.60 米。两壁和底部为红褐色生土, 填土黄褐色, 土质偏松。封门

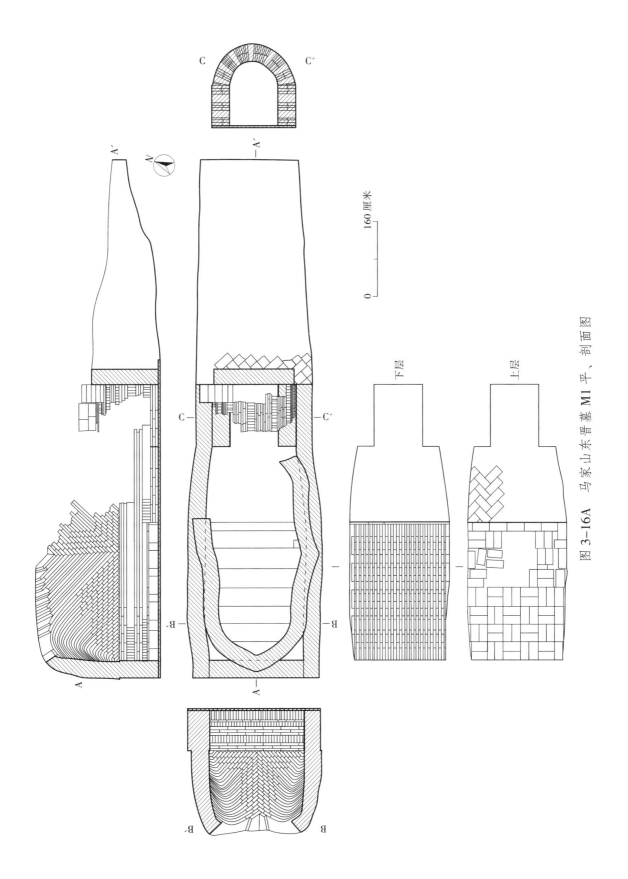

图 3-16A　马家山东晋墓 M1 平、剖面图

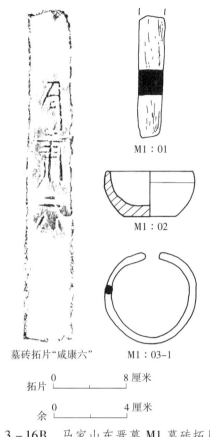

墓砖拓片"咸康六"　　M1:03-1

拓片 0 ———— 8 厘米

余 0 ———— 4 厘米

图 3 - 16B　马家山东晋墓 M1 墓砖拓片
及出土器物

01. 铜器残件　02. 青瓷小钵　03. 银手镯

上部为四重券砖,高 0.70 米。封门砖为三顺一丁砌筑,高 1.20、宽 1.08 米。甬道位于墓室前壁正中,券顶保存完好,两壁呈三顺一丁砌筑,长 1.31、宽 1.07、高 1.22 米。墓室长 4.74、宽 1.78、墓底至券顶面高 2.56 米。墓壁以三顺一丁砌筑,后壁距墓底高 1.42 米处有一壁龛,长 0.20、高 0.15、深 0.14 米。距墓底高 1.57 米处开始起券,券顶为楔形砖。墓室和甬道底砖均呈人字形平铺。甬道外侧与墓室券顶之间有两层砖墙,错缝平铺叠砌,高 0.95 米。墓底砖长 35.5、宽 16、厚 5 厘米,券顶楔形砖长 35.5、宽 11 ~ 16、厚 4.5 厘米。楔形砖小端有"七年"二字,部分墓室壁砖上模印"咸和七年十月二十三日"等字,墓砖侧面模印几何纹(图 3 - 17A、B;彩版 3 - 42, 2、彩版 3 - 43, 1)。

于墓室与甬道南侧转角处发现青瓷盘口壶一件。

青瓷盘口壶　1 件。

M2:1,盘口较浅,圆唇,颈部稍细,上腹鼓,下腹斜直,底略凹。肩部饰一对半环耳。浅灰色胎,施青釉,釉面有细碎开片,施釉未及底。口径 13、腹径 20、底径 10.4、高 22.8 厘米(图 3 - 17B;彩版 3 - 43, 2)。

M5

M5 位于 I 区,马家山北部小山东部近山顶处,M2 南侧。后壁有一盗洞,券顶已无,平面呈凸字形。方向 65 度。该墓先砌墓底,后砌墓壁。墓口距地面深 0 ~ 0.8 米。由墓道、封门、甬道和墓室组成。墓道呈斜坡状,长 4.1、宽 0.8 ~ 1.9、深 0.2 ~ 1 米,南侧墓道壁和底部为红褐色生土。封门上部为四重券砖,高 0.65 米。封门砖由内外两侧砖组成,外侧为错缝平铺叠砌,宽 1.17、高 1.3;内侧呈曲折形叠砌,残存 4 层,高 0.5 米。甬道长 0.93、宽 1.12、高 1.35 米,券顶保存较好,两壁多为三顺一丁砌筑。墓室长 4.45、宽 1.95、高 1.45 ~ 2.35 米,墓室中后部为棺床,高 5 厘米,用长方形砖呈纵横交错平铺。墓壁为三顺一丁砌筑,距墓底高 1.15 米处开始起券。墓室和甬道底砖均呈人字形平铺。棺床砖长 34.5、宽 16、厚 5 厘米(图 3 - 18A;彩版 3 - 44)。

随葬品共出土 10 件(组)。其中青瓷器 9 件、铜钱 1 件(组)。

青瓷盘口壶　1 件。

M5:6,盘口较浅,尖圆唇,颈部较矮,上腹鼓,下腹斜直,平底略凹。肩部两侧置两对半环耳。肩部饰两圈戳印的圆圈纹,之间刻划两道弦纹,再向内饰一周压印的网格纹,网格纹的两侧还贴塑一对对称的兽面衔环铺首。浅灰色胎,施青釉,釉面明亮光滑,未及底。口径 17.6、腹径 27、底径 11.2、高 29.4 厘米(图 3 - 18B;彩版 3 - 45, 1)。

青瓷盘　1 件。

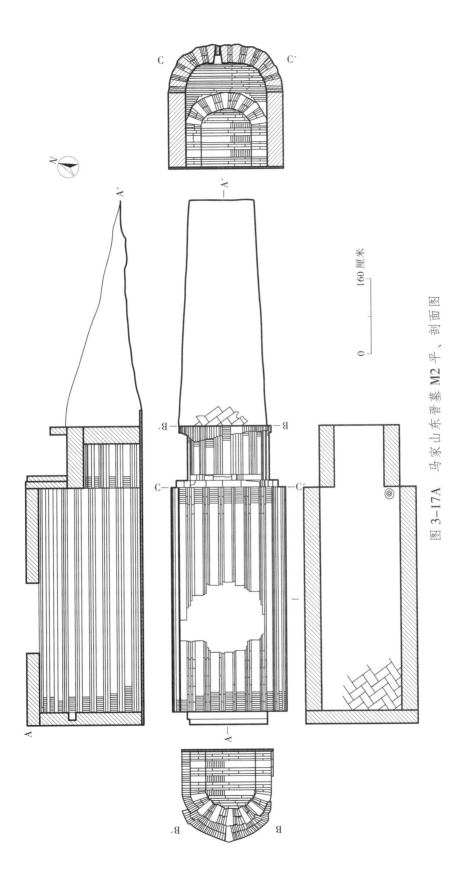

图 3-17A 马家山东晋墓 M2 平、剖面图

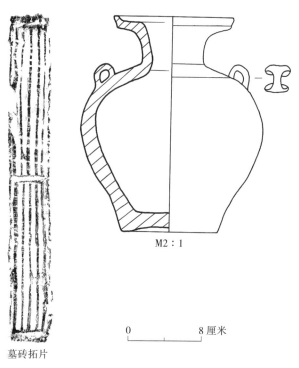

墓砖拓片

图 3－17B　马家山东晋墓 M2 墓砖拓片及出土青瓷盘口壶

M5：2，圆唇，敞口，斜腹，大平底，内底有一周压圈。内底贴塑两只耳杯。耳杯椭圆形口，两边各有一鋬耳，长径 3.1、短径 2.1、高 2.4 厘米。盘内腹饰一道弦纹，内底贴塑耳杯处饰半圈弦纹。灰褐色胎，釉色青灰偏黄，施满釉。口径 16.4、底径 11.6、通高 3.6 厘米（图 3－18B；彩版 3－45，2）。

青瓷提梁罐　1 件。

M5：8，敛口，圆唇，弧肩，扁鼓腹，假圈足，底内凹。口部捏塑提梁。灰色胎，内外皆施青釉，不及底，釉下饰褐色点彩。口径 8.8、腹径 13、底径 7.6、通高 10.2 厘米（图 3－18B；彩版 3－45，4）。

青瓷双耳罐　1 件。

M5：10，敛口，圆唇，扁鼓腹，假圈足，底略凹。口部饰一对半环形立耳。灰褐色胎，施青釉，釉下有褐色点彩，未及底。口径 10.2、腹径 13、底径 7.6、通高 8.6 厘米（图 3－18B；彩版 3－45，5）。

青瓷小罐　1 件。

M5：11，直口微侈，鼓肩，斜弧腹，平底。口部有泥点堆纹。灰褐色胎，施青釉。口径 4、底径 3.4、高 4.2 厘米（图 3－18B；彩版 3－45，6）。

青瓷三足砚　1 件。

M5：7，子母口，方唇，浅盘，砚面较浅，平底，下置三熊足。口沿外有两道凹弦纹。灰色胎，施青釉，有细碎开片。满釉支烧，底部有一圈共 12 个三角形泥点痕。口径 21.4、底径 16.4、高 6 厘米（图 3－18B；彩版 3－45，3）。

青瓷灶　1 件。

M5：3，平面呈船形，后端上翘，灶面设两灶眼，前端灶眼置一釜，后端灶眼置甑。灶面后端开一圆形烟孔，前端设长方形灶门。灰褐色胎，表面施青釉。长 17、通高 11.8 厘米（图 3－18B；彩版 3－46，1）。

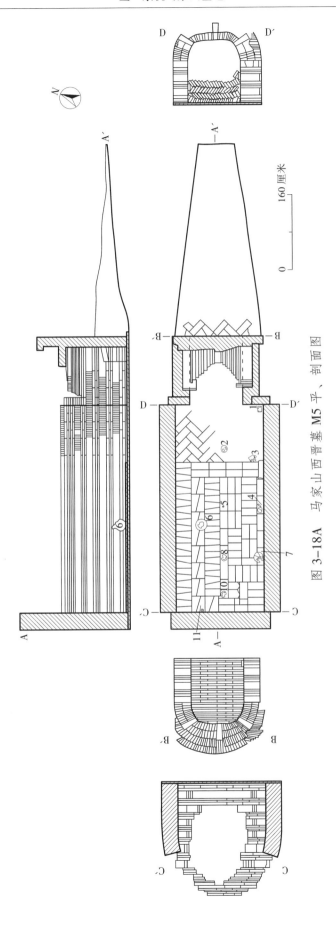

图 3-18A 马家山西晋墓 M5 平、剖面图

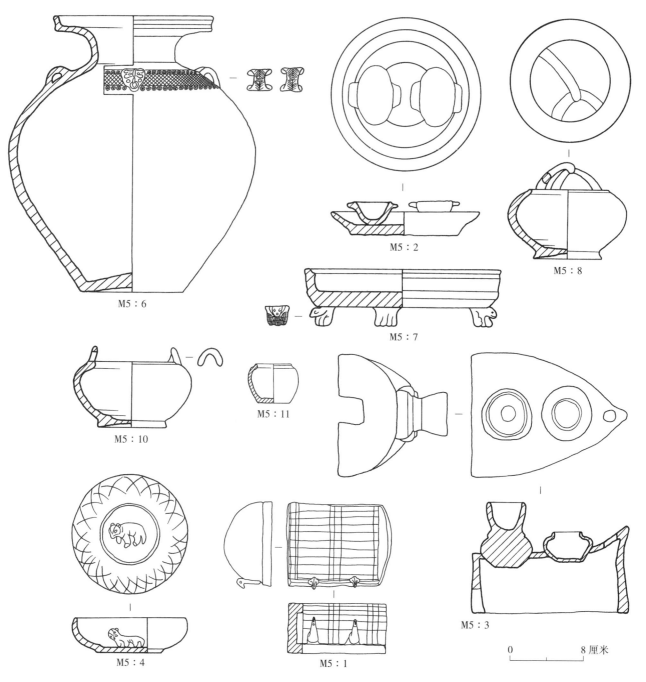

图 3 – 18B　马家山西晋墓 M5 出土青瓷器

1. 鸡舍　2. 盘　3. 灶　4. 狗圈　6. 盘口壶　7. 三足砚　8. 提梁罐　10. 双耳罐　11. 小罐

青瓷狗圈　1 件。

M5:4，敛口，尖圆唇，弧腹斜收，平底，内底有一周压圈，口部有一道束痕。内底贴塑一只卧狗。钵内壁刻划斜线交错纹。灰褐色胎，表面施青釉，外底无釉。口径 12.4、底径 7、高 3.8 厘米（图 3 – 18B；彩版 3 – 46，2）。

青瓷鸡舍　1 件。

M5:1，卷棚形，平底，一端较直，一端外弧，一侧设有两门，门里各伸出一只鸡首。顶部刻划纵横交错的线条。灰色胎，器表施青釉，釉面光滑，有细碎开片，底部无釉。长10.8、宽9、高5.3厘米（图3-18B；彩版3-46，3）。

铜五铢 1组2枚。

M5:5，锈蚀严重，无法辨识。

M7

M7位于Ⅰ区，马家山北部小山东部。破坏严重，仅存底部。平面呈刀形。方向60度。墓壁与墓圹之间有宽约0.20米的空隙，内填黄褐色土。该墓为先砌墓底，后砌墓壁。墓口距地表深0.40~2.26米。由墓道、封门、甬道、墓室组成。墓道呈斜坡状，两壁和底部为生土，填土为黄褐色，长6.77、宽1.50~1.80、深0.25~0.90米。在墓道口东部有南北向砖砌挡土墙，残存两层，长2.05、宽0.17、残高0.10米。封门只存两侧砖墙，为三顺一丁砌筑。甬道位于墓室前端偏南一侧，长1.08、宽1.07、残高0.23米。墓室长4.32、宽1.80、残高0~1.27米。券顶已无，墓壁残存底部四层，为顺砖错缝叠砌。墓室和甬道的墓底砖均呈人字形平铺。墓砖规格为长36.5、宽18.5、厚6厘米（图3-19；彩版3-47，1）。

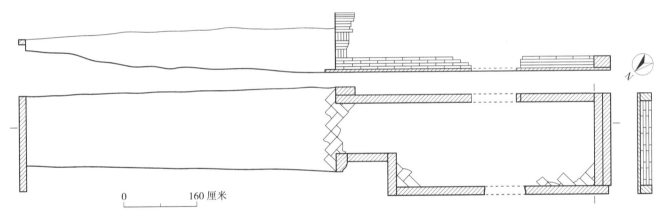

0   160厘米

图3-19 马家山东晋墓M7平、剖面图

墓室近底部填土中出土青瓷碗残片。

M9

M9位于Ⅰ区，马家山南部小山东部，M7南侧。破坏严重，墓室上部、甬道券顶已经无存，只残存少部分墓壁砖。平面呈凸字形。方向60度。该墓为先挖墓圹，于墓圹内砌筑砖室墓，墓壁与墓圹之间有宽约0.20米的空隙，内为黄褐色填土。砌筑方式为先砌墓底，后砌墓壁，再砌筑棺床。墓口距地表深0.90~2.50米。由墓道、封门、甬道和墓室组成（图3-20A；彩版3-47，2、彩版3-48，1）。墓道为斜坡状，开挖于生土中，两壁及底部规整，填土较硬，呈黄褐色，含大量石块，长6.00、宽2.10、深0~1.80米。封门上部为四重券砖，其上及两侧为压券砖，错缝平铺叠砌，封门砖为错缝平铺叠砌。甬道长1.27、宽1.20、残高0.14米。甬道壁转角处为错缝平铺叠砌，均为残砖，砌筑不太规整。墓室平面近方形，长3.50、宽3.53、残高0.18~1.55米。墓室中后部为棺床，以楔形砖平铺，与墓室等宽，长2.35、高0.05米。墓壁为三顺一丁砌筑。墓室和甬道的墓底砖均呈人字形平铺。墓砖中，长方形砖长34.5、宽16、厚4.5厘米；楔形砖一种长34.5、宽11~16、厚4.5厘米，另一种规格为

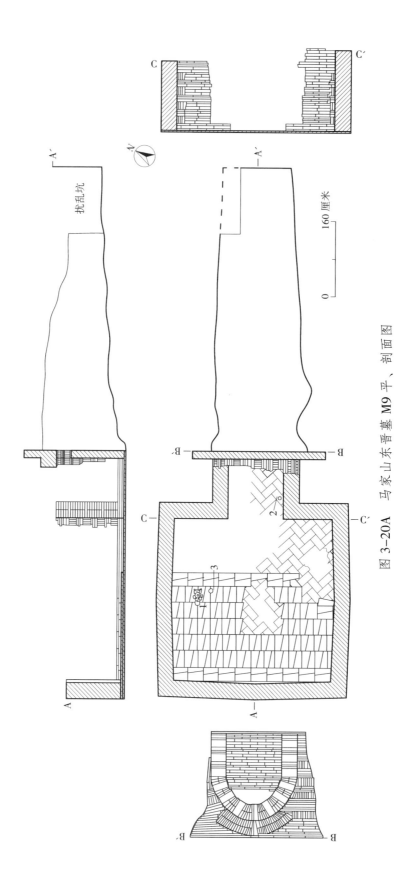

扰乱坑

160 厘米

0

图 3-20A 马家山东晋墓 M9 平、剖面图

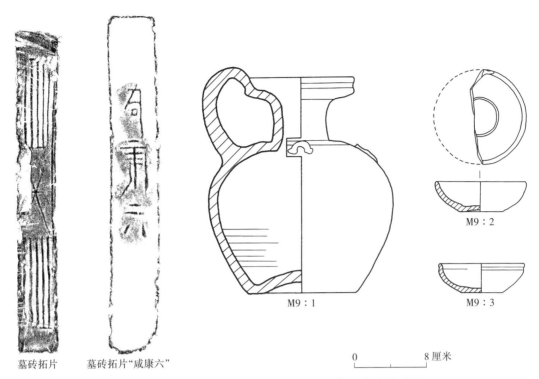

墓砖拓片　　　墓砖拓片"咸康六"

图 3 –20B　马家山东晋墓 M9 墓砖拓片及出土青瓷器

1. 鸡首壶　2、3. 碗

长 34、宽 8 ~ 14、厚 4.5 厘米。墓砖侧面模印几何纹，少数砖侧面有"咸康六"三字（图 3 –20B）。

随葬品 3 件，其中甬道内有青瓷碗 1 件，棺床上有青瓷鸡首壶和青瓷碗各 1 件。

青瓷鸡首壶　1 件。

M9：1，盘口较浅，方唇，细颈，鼓肩，斜弧腹，底心内凹。肩部两侧置桥形纽各一，另两侧置圆形把手及鸡首，鸡首残。肩部饰一道弦纹。灰褐色胎，施青釉，釉面有细碎开片，施釉未及底。口径 11.8、腹径 20、底径 11.8、高 22.8 厘米（图 3 –20B；彩版 3 –48，2）。

青瓷碗　2 件。敞口，弧腹，平底，内底有一周压圈。灰色胎，胎质细腻，可见零星气隙，青釉，釉面有细碎开片，施釉未及底。内底有支钉痕。

M9：2，圆唇。口径 10、底径 4.7、高 3.2 厘米（图 3 –20B）。

M9：3，尖圆唇。口外刻划一道凹槽。口径 9.3、底径 4.5、高 3.1 厘米（图 3 –20B；彩版 3 –48，3）。

M11

M11 位于 I 区，马家山北部小山东部，M13 南侧。破坏严重。平面呈凸字形。方向 55 度。墓口距地表深 1.20 米。该墓为先挖墓圹，于墓圹内砌筑砖室墓，墓壁与墓圹之间有宽约 0.20 米的空隙，内为黄褐色填土。砌筑方式为先砌墓底，后砌墓壁。由墓道、甬道、墓室组成。墓道呈斜坡状，南壁被 M12 打破，北壁和底部为生土，长 4.15、西端宽 1.35、东端残宽 0.95、残深 0 ~ 0.15 米。甬道位于北侧，长 1.30、宽 1.20、残高 0.15 米。墓室长 4.40、宽 1.50、残高 0.15 ~ 1.6 米，墓壁为三顺一丁砌筑。墓室和甬道的墓底砖均呈人字形平铺。墓砖长 34、宽 16、厚 5 厘米（图 3 –21）。

未发现随葬品。

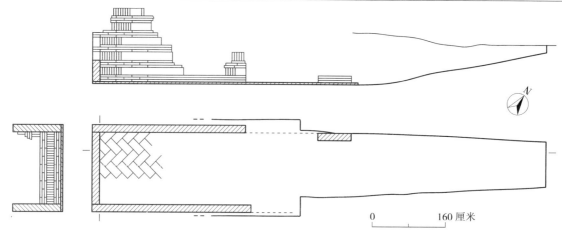

图 3-21　马家山东晋墓 M11 平、剖面图

M13

M13 位于Ⅰ区，马家山南部小山东部，M11 与 M14 之间。破坏严重，墓顶、大部分墓壁砖及墓底砖已无存。平面呈凸字形。方向 60 度。墓口距地表深 1.20～2.40 米。墓圹开挖于生土中，于墓圹内砌筑砖室墓，墓壁与墓圹之间有宽约 0.20 米的空隙，内为黄褐色填土。砌筑方式为先砌墓底，后砌墓壁。由墓道、封门、甬道、墓室组成。墓道呈斜坡状，开挖于生土中，墓道清理部分长 3.60、宽 1.87、深 0～1.00 米，填土为灰褐色，土质疏松。封门砖只残存一层，高 5 厘米。甬道位于墓室北侧，长 1.56、宽 1.16、残高 0.15 米。墓室长 4.40、宽 2.21、残高 0.15～0.96 米。墓壁砖为三顺一丁砌筑。墓室和甬道的墓底砖均呈人字形平铺。墓砖素面，长 35、宽 17、厚 5 厘米（图 3-22；彩版 3-49，1）。

未发现随葬品。

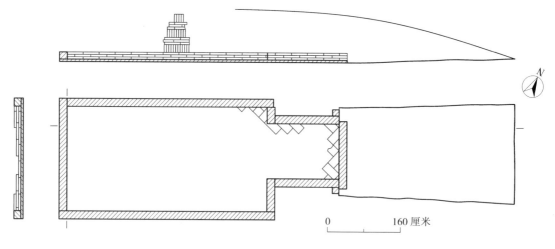

图 3-22　马家山东晋墓 M13 平、剖面图

M14

M14 位于Ⅰ区，马家山北部小山东部，M13 北侧。破坏严重，墓顶无存。平面呈凸字形。方向为 60 度。墓口距地表深 1.20～2.70 米。墓圹开挖于生土中，于墓圹内砌筑砖室墓，墓壁与墓圹之间有宽约 0.20 米的空隙，内为黄褐色填土。砌筑方式为先砌墓底，后砌墓壁。由墓道、封门、甬道、墓室组

成。墓道呈斜坡状，两壁及底部不太规整，内填五花土，较硬，含有石块。墓道清理部分长 3.20、宽 1.60、深 0~1.10 米。封门砖为三顺一丁砌筑，残高 0.40 米。甬道位于墓室偏北侧，长 1.06、宽 1.12、残高 1.07 米。墓室长 4.40、宽 2.22、残高 0.10~1.50 米。墓壁砖为三顺一丁砌筑。墓室和甬道底砖均呈人字形平铺。墓砖素面，长 34、宽 17、厚 5 厘米（图 3-23；彩版 3-49，2）。

未发现随葬品。

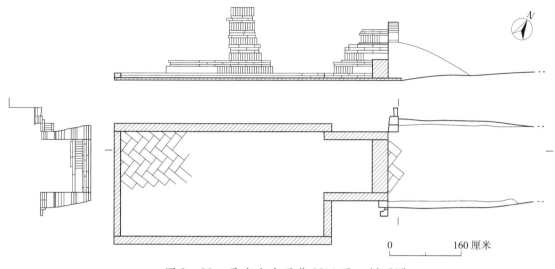

图 3-23　马家山东晋墓 M14 平、剖面图

M16

M16 位于Ⅰ区，马家山北部小山东部，M17 北侧。破坏较严重，仅余部分墓壁。平面呈凸字形。方向 65 度。墓圹开挖于生土中。墓室砌筑方式为先砌墓底，后砌墓壁。墓口距地表深 1.30 米。由墓道、封门、甬道和墓室组成。墓道呈斜坡状，填土为五花土，土质较硬，含有较多石块，两壁及底部为生土，长 1.90、宽 1.50、深 0~0.96 米。封门砖为三顺一丁砌筑，残高 0.35 米。甬道位于墓室前壁正中，长 1.15、宽 1.60、残高 0.16 米。墓室长 4.46、宽 1.88、残高 0.24~1.68 米，墓壁砖呈三顺一丁砌筑。墓砖素面，长 34、宽 17、厚 5 厘米（图 3-24）。

未发现随葬品。

M17

M17 位于Ⅰ区，马家山北部小山东部，M16 南侧。券顶不存。平面呈凸字形。方向 65 度。墓圹开挖于生土中。砌筑方式为先砌墓底，后砌墓壁，再砌棺床。墓口距地表深 0.50 米。由墓道、封门、甬道和墓室组成。墓道略呈斜坡状，两壁及底部为生土，填土为五花土，含有较多石块，长 2.32、宽 1.2、深 1.04 米。封门上部为双重券砖，封门砖为错缝平铺叠砌，残高 0.15 米。甬道保存较好，长 1.03、宽 0.87、高 1.12 米。墓室长 4.16、宽 1.58、残高 1.62 米。墓室中后部设棺床，棺床与墓室等宽，长 3.44、高 0.05 米。棺床砖呈两横两竖平铺。墓室和甬道底砖均呈人字形平铺，壁砖均为三顺一丁砌筑。墓砖素面，长 32、宽 17、厚 5 厘米（图 3-25；彩版 3-50，1）。

未发现随葬品。

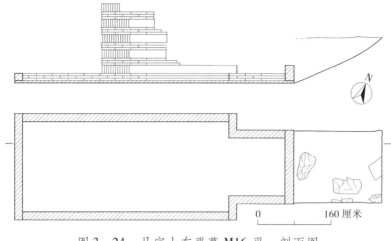

图 3－24　马家山东晋墓 M16 平、剖面图

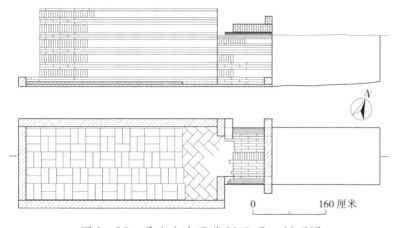

图 3－25　马家山东晋墓 M17 平、剖面图

M21

M21 位于Ⅱ区，马家山南部小山北侧。破坏严重，仅余墓圹及部分墓底砖。平面呈凸字形。方向 80 度。墓圹开挖于生土中。墓口距地表深 1.50 米。由墓道、封门、甬道和墓室组成。墓道稍有斜坡，墓道壁及底为生土，长 2.60、宽 1.44、深 0.50～0.70 米。墓道中残存一段砖砌排水暗沟，残长 1.30、宽 0.08、深 0.04 米。封门砖为错缝平铺叠砌，残高 0.20 米。甬道位于墓室前壁正中，长 0.95、宽 0.90、残高 0.27 米。墓室基本不存，长 4.30、宽 1.70、残高 0.32 米。根据残存的墓砖，可知墓室和甬道底砖均呈人字形平铺。墓砖均为素面，长 34、宽 17、厚 4 厘米（图 3－26；彩版 3－50，2）。

填土中发现盘口壶等器物残件。

M24

M24 位于Ⅱ区，马家山北部小山北侧。破坏严重，仅存部分墓室和甬道。平面呈船形。方向 340 度。该墓为先在山坡岩石上开挖墓圹，于墓圹中砌筑墓室，缝隙局部有土填充。墓室为先砌墓底，后砌墓壁。墓口距地表深 0.40～1.70 米。残存墓道、甬道和墓室等部分。墓道呈长方形，底部平坦，两侧壁及底部为岩石，其内填土为黄褐色黏土，含石块，长 2.90、宽 1.90、深 0.50～1.00 米。墓道中

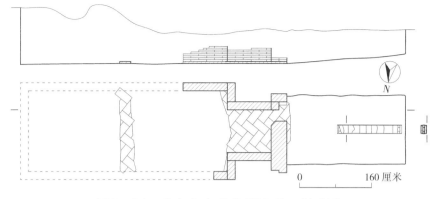

图 3 - 26 马家山东晋墓 M21 平、剖面图

有一条砖砌排水沟，以残砖砌筑，不甚规整，长 2.70、宽 0.32、深 0.16 米。甬道破坏严重，残长 0.50、宽 1.00、残高 0.10 米。墓室两侧壁及后壁微向外弧，长 4.94、中部宽 1.91、残高 0.44 ~ 1.20 米。墓室东侧残存部分棺床砖，呈顺向侧砌。墓壁为三顺一丁砌筑。墓室和甬道底砖均呈人字形平铺。墓室侧壁相邻两丁砖模印拼合的莲瓣纹。莲瓣纹之间两丁砖上各印双钱纹。后壁莲瓣纹之间的丁砖及平砖上分别模印胜纹。填土中发现有模印 "急四" "小门" 等文字的墓砖。墓砖规格有 4 种，其中铺地砖长 36、宽 18、厚 5 厘米，两侧壁丁砖长 37、宽 14、厚 5 厘米，后壁楔形丁砖长 33、宽 13 ~ 15、厚 5 厘米，棺床砖长 33、宽 8、厚 5 厘米（图 3 - 27；彩版 3 - 50，3）。

未发现随葬品。

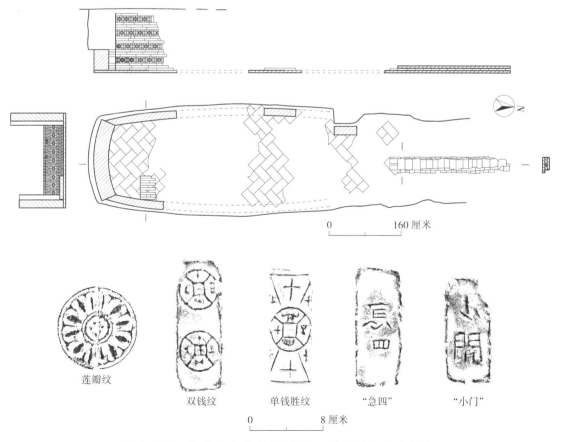

莲瓣纹　　双钱纹　　单钱胜纹　　"急四"　　"小门"

图 3 - 27 马家山南朝墓 M24 平、剖面图及墓砖拓片

M30

M30 位于Ⅲ区，马家山南部小山东南坡。破坏严重，仅残存部分墓壁砖及墓底铺地砖。平面呈凸字形。方向 160 度。该墓在山体岩石上开挖墓圹，在墓圹中砌筑墓室，墓室为先砌墓底，后砌墓壁，再砌棺床。墓口距地表深 0.90～2.10 米。残存墓道、甬道和墓室等部分。墓道平整无倾斜，长 1.50、宽 1.6、深 0.90 米。墓道中残存一段砖砌排水沟，为两块砖侧砌，中间呈一条沟槽，残长 1.50 米。甬道位于墓室前壁偏西，已无砖，长 1.10、宽 1.6、残高 1.10 米。墓室长 4.90、宽 1.70、残高 0.15～0.87 米。墓室后部为棺床，与墓室等宽，长 1.08 米，棺床砖呈三横一纵平铺。墓壁残存部分为三顺一丁砌筑，墓底砖呈人字形平铺。墓砖长 34、宽 16、厚 5 厘米（图 3 - 28）。

未发现随葬品。

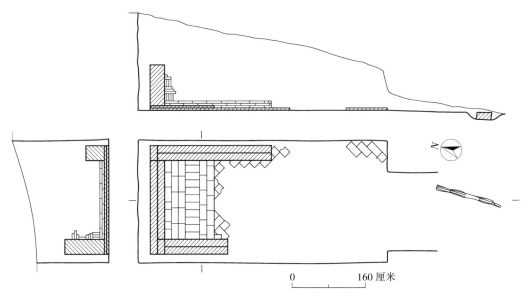

0 ————— 160 厘米

图 3 - 28　马家山东晋墓 M30 平、剖面图

M31

M31 位于Ⅲ区，马家山南部小山东南坡。破坏严重，残存后壁部分壁砖和墓底砖。平面呈凸字形。方向 75 度。该墓为先在山体岩石上开挖墓圹，在墓圹中砌筑墓室，先砌墓底，后砌墓壁。墓口距地表深 0～1.15 米。未发现墓道。甬道和墓室大部已无砖，只存岩石壁。墓室长 4.4、宽 3.04、残高 0～0.53 米。墓壁砖为三顺一丁砌筑，墓底砖呈人字形平铺。墓砖长 39、宽 19、厚 6 厘米（图 3 - 29）。

未发现随葬品。

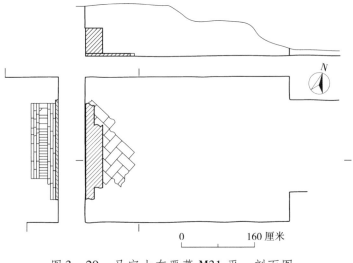

0 ————— 160 厘米

图 3 - 29　马家山东晋墓 M31 平、剖面图

第五章 结 语

一 分期和年代

马家山墓地发现的墓葬类型丰富，年代跨越西汉至宋时期，以汉、六朝时期墓葬为主。出土器物主要来自竖穴土坑墓和砖椁墓。砖室墓大部分保存情况较差，发现少量随葬品。浙江地区汉六朝时期墓葬发现数量较多，研究成果丰富，年代序列相对清晰完整。根据墓葬形制、器物组合和型式演变情况，对照明确纪年材料墓葬情况，参考以往分期结果，可将马家山汉六朝墓分为以下五期。

第一期：8座，分别为M3、M4、M6、M10、M15、M28、M29、M32。

本期墓葬均为竖穴土坑墓，墓葬平面4座呈长方形，3座近方形，1座刀形。多数墓葬发现有朱红色漆或垫木沟等棺椁迹象。随葬品较丰富，器形有鼎、盒、壶、瓿和壶、瓿、罐等基本组合，另随葬罍、釉陶麟趾金、铁剑、五铢钱、铜印、铜带钩、料珠、玉器等。其中鼎与盒外形特征除耳部外已无差异，盖顶弧形无装饰，平底。壶为圆鼓腹，矮圈足。瓿整体浑圆，腹部最大径接近中部位置。主要器物组合和形态与浙江龙游东华山12号汉墓[①]及浙江湖州方家山第三号墩第二期汉墓[②]器物相似，应为西汉晚期。

本期中M6与M32以壶、瓿、罐为基本组合，M6随葬盘口壶，罍为梳状纹，M32部分壶和瓿稍显瘦高，腹部最大径上移，但不见江苏仪征胥浦M101：75类型壶和M101：77类型瓿。以上特征说明两座墓葬的年代应早于江苏仪征胥浦101号墓[③]（时代为公元5年），而晚于同期其他墓葬。

第二期：5座，除M25、M26两座竖穴土坑墓外，新出现M18、M19和M23三座砖椁墓。本期竖穴土坑墓的规模明显比上期小，两类墓葬中的随葬品类别和数量也明显减少，胎质也稍显粗糙。器物组合较多，器形主要有壶、瓿、罍、罐和铁剑、刀和铜镜等，不见鼎和盒。壶以盘口为主，喇叭口壶瘦高，弧腹。罍不见席纹。器物多装饰粗弦纹。M25：4壶、M25：6瓿分别与江苏仪征胥浦M101：75壶、M101：77瓿相似，不见M101：74类型壶和M101：65类型瓿，年代应比其稍晚。M26：2罐与奉化白杜南岙林场[④]M115：1罐相似。M18：5罐与浙江湖州市方家山第三号墩汉墓M30：7罐相似。M19：1盘

① 龙游县文物管理委员会：《浙江龙游县东华山12号汉墓》，《考古》1990年第4期。
② 浙江省文物考古研究所：《浙江湖州市方家山第三号墩汉墓》，《考古》2002年第1期。
③ 扬州博物馆：《江苏仪征胥浦101号汉墓》，《文物》1998年第1期。
④ 浙江省文物考古研究所、宁波市文物考古研究所、奉化市文物保护管理所：《奉化白杜南岙林场汉六朝墓》，《浙江汉六朝墓报告集》，214~377页，科学出版社，2012年。

口壶与长兴七女墩^① M2：8 相似。因此本期墓葬年代应为王莽至东汉早期。

第三期：1 座，为 M5。M5 为凸字形券顶砖室墓，随葬品以明器为主。M5：5 青瓷狗圈与浙江绍兴凤凰山西晋永嘉七年墓所出器物^②相似，而 M5：6 青瓷盘口壶、M5：10 双耳罐和 M5：3 灶分别与江苏吴县狮子山四号西晋墓所出器物^③相似，因此该墓年代应为西晋晚期。

第四期：12 座，分别为 M1、M2、M7、M9、M11、M13、M14、M16、M17、M21、M30 和 M31。平面 11 座呈凸字形，1 座呈刀形。顶部 10 座券顶，2 座穹隆顶（M1、M9）。墓壁多为三顺一丁方式砌筑。M1、M9 墓砖模印 "咸康六" 三字，应为东晋成帝咸康六年，即公元 340 年。M2 墓砖模印 "咸和七年" 等字，应为东晋成帝咸和七年，即公元 332 年。因此本期墓葬年代应为东晋时期。

第五期：1 座，为 M24。墓室呈船形，墓壁为三顺一丁方式砌筑，墓砖模印莲花纹、钱币纹和胜纹等纹饰。无随葬品。根据墓葬形制和墓砖纹饰等情况推测该墓年代应为南朝时期。

二　墓葬特点及发掘意义

马家山地势低矮，Ⅰ区墓葬主要分布于东侧山脊平坦处，Ⅱ区和Ⅲ区则分别位于山体北、南两侧半山腰位置，面向开阔地带。三类型墓葬均建在自然山体上，经人工开挖生土而成，墓葬均为单室单葬。土坑墓中发现有垫木沟以及防水的渗水沟，未见明显封土堆。砖室墓由墓道、封门、甬道和墓室几部分组成，墓壁砌筑方式多为三顺一丁，底砖多人字形平铺，部分墓葬设有棺床以及排水沟等设施，墓室顶部以券顶为主。墓葬特征与以往浙江地区发现的汉、六朝墓情况基本一致。

值得注意的是，Ⅰ区两晋时期 10 座墓葬，沿山脊从高往低呈有规律的排状分布，具体情况为第一排 M1、M2 和 M5，第二排 M7、M9，第三排 M11、M13 和 M14，第四排 M16、M17。四排墓葬修建在自然山体上，东西跨度约 50 米，垂直高差约 5 米。10 座墓葬方向和间距基本一致，M5 年代为西晋晚期，其他有纪年砖墓葬的年代为东晋早期，从墓葬空间分布和年代两方面因素考虑，这 10 座墓葬应为同一家族墓。

马家山家族墓的发现为研究本地区两晋时期的葬俗和家族墓的分布规律等提供了材料。其中 M1、M2、M9 均发现有纪年砖，同时出土少量器物，M5 发现 9 件青瓷器，这些纪年墓的发现对研究两晋时期墓葬的分期和断代具有重要参考价值。M1 为四隅券进式穹隆顶，M9 墓室方形，根据残存墓顶情况可推测为穹隆顶结构，这种类型墓葬在苏南等地区孙吴至西晋时期发现较多，杭州乃至浙江地区发现数量相对较少，该型墓葬的发现为研究区域间文化差异以及本地区墓葬类型的演变等提供了新的材料。

① 胡秋凉：《长兴七女墩墓葬群清理简报》，《东方博物》第四十三辑。
② 沈作霖：《浙江绍兴凤凰山西晋永嘉七年墓》，《文物》1991 年第 6 期。
③ 吴县文物管理委员会：《江苏吴县狮子山四号西晋墓》，《考古》1983 年第 8 期。

附　表

附表 3 - 1　余杭马家山墓地土坑墓、砖椁墓登记表

墓号	时代	墓向（度）	墓葬形制	墓坑规格（米）			随葬品			备注
				长	宽	深	陶器	金属器	其他	
M3	西汉晚期	330°	近方形竖穴土坑墓	3.8	3.6	0.7～2	鼎2、盒2、壶11、瓿4、罍2、罐1、麟趾金1组59件	铜镜1、五铢1组数枚	泥五铢1、料珠1组3件	朱红色漆痕迹
M4	西汉晚期	245°	长方形竖穴土坑墓	3.8	2.1	0.4～1.85	鼎2、盒盖2、壶5、瓿2、罍3、罐4、麟趾金1组21件	铜五铢1组数枚	料珠1组3件	朱红色漆痕迹
M10	西汉晚期	75°	长方形竖穴土坑墓	3.7	2.4	0.6～0.9	鼎2、盒2、壶5、瓿4、罐2	铜釜1、残件1、铁剑1	玉挂饰3	朱红色漆痕迹
M15	西汉晚期	150°	近方形竖穴土坑墓	4	3.6～4	0.4～1.1	鼎2、盒6、壶10、瓿2、罍1、罐14	铜器残件1		
M28	西汉晚期	70°	刀形竖穴土坑墓	3.3	3.15	0.25～1.1	盒盖2、壶10、瓿2、罍6、罐4、双唇罐1、尊1、麟趾金1组44件	铜五铢1组数枚、铁剑1	石黛板1	枕木沟
M29	西汉晚期	340°	长方形竖穴土坑墓	3.6	3.5	0.2～1.1	鼎2、盒6、壶9、瓿6、罍1、罐7	铜镜1、带钩2、印1、五铢1组数枚、铁带扣1	圆柱形器1	枕木沟、渗水沟
M6	西汉晚期	55°	长方形竖穴土坑墓	3.68	2.57	1.1	壶4、瓿6、罐2、罍1	铜五铢1组数枚、残件1、铁剑1	玉器1	朱红色漆痕迹
M32	西汉晚期	262°	长方形竖穴土坑墓	4.53	3.6	1.2～1.6	壶6、瓿5、罐4、陶器1、灶1、麟趾金1	铜矛头1、五铢1组数枚、带钩1、镜1、印1、铁剑1、铁器2		

续表

墓号	时代	墓向（度）	墓葬形制	墓坑规格（米）			随葬品			备注
				长	宽	深	陶器	金属器	其他	
M25	王莽至东汉早期	70°	刀形竖穴土坑墓	2.5	1.02～1.3	0.15～0.5	壶1、瓿2、罐3	铁刀1		
M26	王莽至东汉早期	110°	长方形竖穴土坑墓	3.55	1.4～1.56	0.2～1	壶1、罐3			
M18	王莽至东汉早期	60°	长方形砖椁墓	3.08	1.65	1.08	壶2、罍1、罐4	铜镜1，铁剑1		墓砖：27×14－3厘米
M19	王莽至东汉早期	65°	长方形砖椁墓	3.2	1.6	残0.4～0.8	壶1、罐1	铜镜1，铁刀1		墓砖：26×17－2厘米
M23	王莽至东汉早期	110°	长方形砖椁墓	2.7	残0.6～0.9	残0.51				墓砖：30×15－3厘米

附表 3-2　余杭马家山墓地砖室墓登记表

墓号	时代	方向	墓葬形制	墓道（米）			甬道（米）			墓室（米）			砌筑方式			墓砖规格（厘米）		随葬品			备注
				长	宽	深	长	宽	高	长	宽	高	封门砖	墓壁砖	底砖	长方砖	楔形砖	陶瓷器	金属器	玉石器	
M5	西晋	65°	凸字形	4.1	0.8～1.9	0.2～1	0.93	1.17	1.35	4.45	1.95	1.45～2.35	外层：错缝平铺叠砌；内层：曲尺形叠砌	三顺一丁	人字形	34.5×16-5		青瓷盘口壶1、盘1、提梁罐1、双耳罐1、小罐1、鸡首壶1、鸡合1、三足砚1、狗圈1	铜五铢5		四隅券进弯隆顶、纪年砖
M1	东晋	65°	凸字形	4.4	2.1～2.3	0～1	1.3	1.05	1.36	4.45	2.15	残2.4	三顺一丁	三顺一丁	人字形	37×17.5-6					
M2	东晋	65°	凸字形	4.8	1.4～1.9	0～1.6	1.31	1.07	1.22	4.74	1.78	2.56	三顺一丁	三顺一丁	人字形	35.5×16-5	35.5×（11～16）-5	青瓷盘口壶1			纪年砖
M7	东晋	60°	刀形	6.77	1.5～1.8	0.25～0.9	1.08	1.07	残0.23	4.37	1.8	残0～1.27	三顺一丁	三顺一丁	人字形	36.5×18.5-6					
M9	东晋	60°	凸字形	6	2.1	0～1.8	1.27	1.2	残0.14	3.53	3.5	残0.1～1.55	错缝平铺叠砌	三顺一丁	人字形	34.5×16-5	34.5×（11～16）-4.5；34×（8～14）-4.5	青瓷鸡首壶1、碗2			弯隆顶、纪年砖
M11	东晋	55°	凸字形	4.15	0.95～1.35	0～0.15	1.3	1.2	残0.15	4.4	1.5	残0.15～1.53	三顺一丁	三顺一丁	人字形	34×16-5					
M13	东晋	60°	凸字形	3.6	1.87	0～1	1.56	1.16	残0.15	4.4	2.21	残0.15～0.96	三顺一丁	三顺一丁	人字形	35×17-5					
M14	东晋	60°	刀形	3.2	1.6	0～1.1	1.06	1.12	残1.07	4.4	2.22	残0.1～1.5	三顺一丁	三顺一丁	人字形	34×17-5					
M16	东晋	65°	凸字形	1.9	1.5	0～0.9	1.15	1.6	残0.16	4.46	1.88	残0.15～1.6	三顺一丁	三顺一丁	人字形	34×17-5					

续表

墓号	时代	方向	墓葬形制	墓道（米）			甬道（米）			墓室（米）			砌筑方式			墓砖规格（厘米）		随葬品			备注
				长	宽	深	长	宽	高	长	宽	高	封门砖	墓壁砖	底砖	长方砖	楔形砖	陶瓷器	金属器	玉石器	
M17	东晋	65°	凸字形	3.2	1.6	1.1	1.03	0.87	1.12	4.26	1.58	残 1.62	错缝平铺叠砌	三顺一丁	棺床：两横两竖；墓底：人字形	32×17-5					
M21	东晋	80°	凸字形	2.6	1.5	0.5~0.7	0.95	0.9	残 0.27	4.3	1.7	残 0.32	错缝平铺叠砌		人字形	34×17-4					
M30	东晋	160°	凸字形	1.5	1.8	0.9	1.1	1.1	残 1.1	4.9	1.7	残 0.15~0.87		三顺一丁	棺床：三横一竖；墓底：人字形	34×16-5					
M31	东晋	75°	凸字形							4.15	3.15	残 0~0.53		三顺一丁	人字形	39×19-6					
M24	南朝	340°	船形	2.9	1.9	0.5~1	残 0.5	1	残 0.1	4.94	1.91	残 0.44~1.2		三顺一丁	人字形	36×18-5；37×14-5；33×8-5	33×（13~15）-5				

肆

余杭里山墓地

余杭里山位于杭州市余杭区星桥街道，是一座大致东西向的小山丘，属于半山、皋亭山脉东端的延伸部分。2011 年 3～7 月，杭州市文物考古研究所和余杭博物馆配合广厦天都城爱丽山庄的建设工作，在余杭区星桥街道天都城后面的里山进行了考古勘探和发掘，共发掘墓葬 32 座，其中汉墓共 22 座，东晋、隋唐墓共 8 座，宋墓 2 座（M2 和 M12）。① 现将汉、东晋、隋唐墓报告如下（图 4 - 1A、B）。

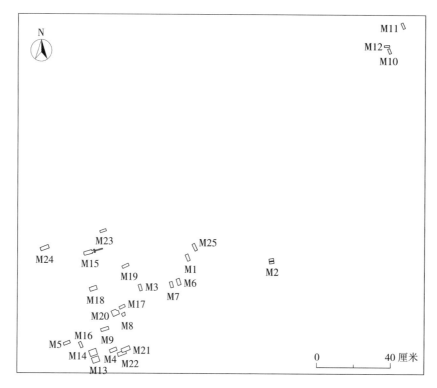

图 4 - 1A　里山 M1～M24 平面位置图

本次发掘领队为刘卫鹏。参加发掘的有杭州市文物考古研究所刘卫鹏、沈国良、彭颂恩。墓葬绘图主要由沈国良完成，平面分布图 M1～M24 由何国伟负责，M26～M32 由吉林大学硕士研究生曹军、李西东完成。器物绘图由南京大学硕士研究生陈婧、王婷完成。整理工作主要由南京大学博士后工作人员、苏州市考古研究所刘芳芳负责。照片均由刘卫鹏拍摄。拓片由骆放放完成。本报告由刘卫鹏执笔。

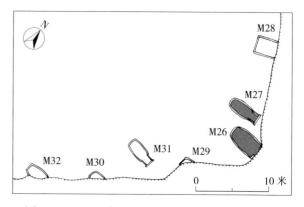

图 4 - 1B　里山 M26～M32 平面位置图

① 杭州市文物考古研究所、余杭博物馆：《余杭星桥里山汉墓发掘简报》，《东方博物》第 54 辑，中国书店，2015 年。

第一章　汉　墓

　　汉墓共22座，均为单室砖砌墓，位于里山南面的缓坡地带，大多被盗或被扰乱，个别保存完整，南北向、东西向均有。墓室构筑方式分两种，一种是长方形或方形的砖椁墓，于生土或岩壁中砌筑砖室，没有砖砌墓顶，根据墓葬长宽比大致可分为宽度较窄的长方形和宽度较大的近方形，此类墓葬数量较多；另一种为拱券顶砖室墓，墓室相对较窄，均为长方形，上有并列纵券的弧形顶，可称为砖券墓。墓壁砌筑方法有四种：第一种，单砖顺长纵向平砌，其间隔几层横向平砌一层，横向砖朝外凸出半砖，形成参差不齐的形状，俗称"咬土砖"，目的是为了加强墓壁的结实程度，采用这种构筑方式的墓葬占大多数；第二种，双砖纵向并列和单砖横向并列混合砌筑，墓壁宽厚，采用这样方式的主要是M13、M14、M17、M20等近方形砖椁墓；第三种，仅单砖顺长纵向平砌，没有咬土砖，采用这种方式的主要有M5、M23、M24等券顶墓；第四种，三顺一丁组合砌筑，顺砖为单砖顺长平砌，丁砖为半砖横向立砌，内面完整齐平，外面参差不齐，仅有M18一座，砖比较厚，其时代可能已到汉末六朝时期。墓底铺地砖除了M13作席纹状、M24作横向错缝外，其余均作人字形排列。墓砖的规格大多长26～31、宽13～15、厚3～4厘米，一部分砖的正面或背面饰叶脉纹或菱形网格纹，只有M18和M23的规格较大，长38～40、宽19、厚5厘米，砖的侧面模印几何纹。

　　随葬器物有陶、铜、铁、石四类，以陶器为主。陶器组合为罐、壶、罍、盆、樽、灶、井，以双耳弦纹罐数量最多，其次为陶壶，印纹硬陶罍也有6件。铜器以铜镜为主，共6件，出土于5座墓葬中，种类有四神规矩镜、日光镜、天禄神兽镜等；另有五铢铜钱20多枚。铁器有镤斗、刀、剑、削等，大多为死者生前实用之器，其中M13出土的铁剑长110厘米，上残留有刀鞘和青铜剑格。石器主要为豆绿色砂石质的黛砚，由长方形的砚板和圆首方底的研石组成。

　　砖椁墓共10座（M1、M7、M9、M11、M13、M14、M17、M20、M25、M28）。其中M1、M13、M14、M17、M20、M28为长宽比较大的近方形墓，其余为长方形墓。M13和M14间距1.2米，平行对齐排列，形制、大小基本相同，应该是有密切关系的两座墓葬。

　　可以确定为砖券墓的有M3、M4、M5、M8、M10、M18、M23、M24共8座，另有M6、M19、M21、M22因墓壁保留太少，根据墓室的规模和形制大致可以归入砖券墓。其中，M21和M22两座并列相邻，间距0.5米，前后相错2.9米，形制、大小基本相同，可以确定为两座有密切关系的墓葬。砖券墓的券顶基本为纵向并列立砌，只有M23券顶正中砌一道横向的小梯形砖，是该墓地汉墓中仅有的例子。

M1

M1 位于墓地东北，为平面呈长方形的砖砌单室墓，南北向，方向 340 度。墓室内长 2.96、宽 1.52、残高 0.95 米（图 4 - 2）。砌法：西壁由底部往上顺长平砌 8 层，上面再横向丁 1 层；再往上平砌 7 层，丁 2 层；再往上平砌 3 层，丁 1 层。每层丁砖 20 块。南壁、北壁砌法同西壁。东壁由底部往上顺长平砌 8 层，上面再横向丁 1 层；再平砌 5 层，丁 1 层；再平砌 6 层，丁 1 层。砖基本为错缝，偶有对缝。丁砖除上述外，个别地方也偶有丁砖。墓室底部作人字状平铺。墓砖长 29 ~ 31、宽 14.5 ~ 15.5、厚 3 ~ 4.2 厘米，正面均素面，背面纹饰有两种，一种为树枝状几何纹，一种为菱形网格纹（图 4 - 2）。

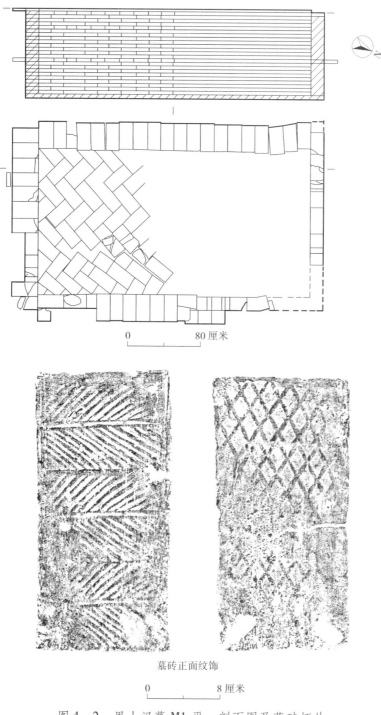

墓砖正面纹饰

0　　　　　　8 厘米

图 4 - 2　里山汉墓 M1 平、剖面图及墓砖拓片

墓葬已被盗扰，随葬品及人骨基本无存，仅在填土中发现印纹灰陶罍及红陶罐的残片。从陶器的形制分析，其时代可能在汉代。

M3

M3 位于 M1 西部 20 多米处。方向 166 度。平面呈长方形。南北通长 3.8、东西通宽 1.85 米。墓室内长 3.3、宽 1.22～1.24 米。西、北墓壁由底往上顺长平砌 10 层后，上面横向丁砖 2 层；西、北砖壁保留 23 层，残高 0.69 米。东壁由底往上 11 层后丁砖 1 层；砖壁保留 28 层，高 0.81 米。南壁两侧各纵向垒砌一砖宽度，中间形成一个宽 0.9、进深 0.32 米（即一砖长度）的通道，应为甬道。南壁两侧垒砌墓砖现保留 10～11 层，高 0.29～0.4 米。墓壁平砌砖多错缝，也有一部分对缝，砖大多素面，长 29.5～31.5、宽 14.8～15.5、厚 2.5～3.5 厘米。墓室底部有人字形铺地砖一层（图 4 - 3A；彩版 4 - 1，1、2）。

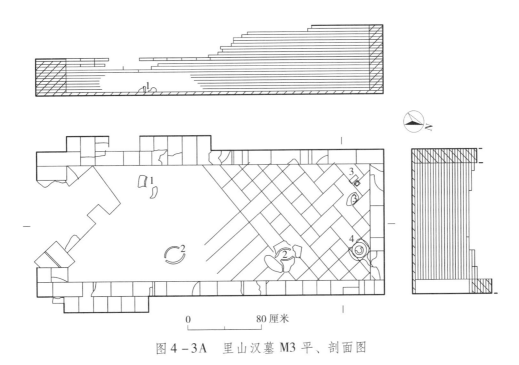

0　　　　80 厘米

图 4 - 3A　里山汉墓 M3 平、剖面图

墓葬被盗扰，随葬器物残存有陶罍、罐残片若干，墓室北端东部放置一铁镶斗，镶斗内放一陶井，西部发现黛砚一组。

陶罐　1 件。

M3：1，夹砂红陶。直口，底微凹。口径 15、腹径 20.9、底径 11.8、高 17.1 厘米（图 4 - 3B；彩版 4 - 1，3）。

陶罍　1 件。

M3：2，夹砂灰陶。口径 18.2、腹径 34、残高 21.8 厘米。

铁镶斗　1 件。

M3：4，侈口，斜腹，底较圆平，短柄，三足。口径 19.8、通高 14.4 厘米。镶斗内放置一件陶井（图 4 - 3B）。

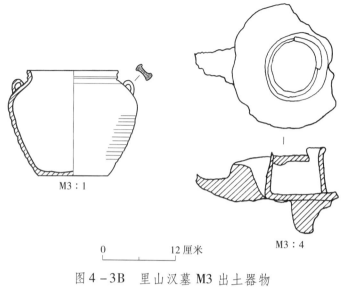

图 4 – 3B　里山汉墓 M3 出土器物
1. 陶罐　4. 铁镶斗

石砚　1 组 2 件。

M3：3，青绿色细砂石质。砚板边缘有三处损毁缺痕，长方体形，长 10.4、宽 3.3、厚 0.7 厘米。砚石下方上圆，通高 1.2 厘米。方形座边长 2.6、厚 0.3~0.5 厘米；圆柱直径 2.4~2.5、高 0.5 厘米（彩版 4 – 1，4）。

M4

M4 东西向，方向 252 度。平面呈长方形，砖室内长 3.3、宽 0.96 米，现存高度 0.88 米（即距现地表）。直壁高 0.64~0.73 米。外框长 3.74、宽 1.26 米。东壁即为封门，作人字形纵向竖砌，现存 3 层，高 0.33 米（图 4 – 4A；彩版 4 – 2，1）。砌法：南、北、西三壁由底往上顺长平砌 8 层，横向丁 1 层；再平砌 6 层，丁 1 层；再平砌 7 层，丁 1 层。以错缝为主，也有部分对缝。砖长 28.5~31、宽 14.5~15、厚 2.6~4 厘米，一般厚 3.2~3.5 厘米，背面饰叶脉纹（图 4 – 4B）。还发现有子母砖。

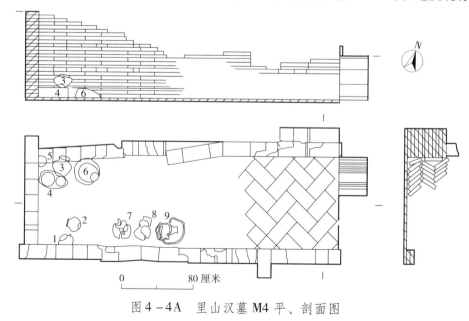

图 4 – 4A　里山汉墓 M4 平、剖面图

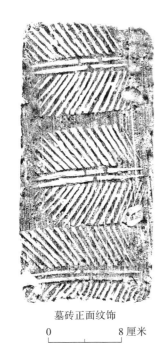

墓砖正面纹饰

0 ━━━━━ 8厘米

图 4 - 4B　里山汉墓 M4 墓砖拓片

随葬陶器 11 件，主要分布于墓室西部，有罐、灶、壶、井、釜等。

陶壶　1 件。

M4：7，夹砂灰陶。盘口，肩附双系。口径 11.6、腹径 24、底径 13.2、高 29.7 厘米（图 4 - 4C）。

釉陶壶　1 件。

M4：8，夹砂灰陶，施褐釉。盘口，肩附双系，底微凹。口径 11.3、腹径 22.4、底径 10.7、高 27.3 厘米（图 4 - 4C；彩版 4 - 2，2）。

陶罐　3 件。

M4：1，夹砂红陶。侈口，平沿内凹，束颈极短，溜肩，扁圆鼓腹，平底内凹。器身满饰弦纹。肩附双系，系上饰叶脉纹。口径 10.1、腹径 13.8、底径 7.6、高 11.7 厘米（图 4 - 4C；彩版 4 - 2，4）。

M4：2，夹砂褐陶。侈口，肩附双系，平底微凹。口径 9.5、腹径 11.4、底径 8.1、高 11.4 ~ 11.7 厘米（图 4 - 4C）。

M4：3，夹砂褐陶。直口微侈，圆唇，唇外中部下凹，溜肩，腹微鼓斜收，平底。腹部满饰较宽浅的凹弦纹。肩附双系。口径 12.7、肩径 18.8、底径 11、高 17.7 厘米（图 4 - 4C；彩版 4 - 2，5）。

硬陶罍　1 件。

M4：9，灰色硬陶。直口，斜沿，外饰细方格纹。口径 16.8、腹径 33、底径 14.3、高 29.5 厘米（图 4 - 4C；彩版 4 - 2，3）。

陶灶　1 件。

M4：4，泥质灰陶。平面略呈船形。灶面上前后开两个火眼，上放置釜、盆各一。

陶釜　1 件。

M4：5，放置于陶灶上。泥质灰陶，陶质极差，酥脆易碎。直口，斜肩，折腹，平底微凹。口径 7.5、腹径 12.1、底径 5.5、高 9 厘米（图 4 - 4C）。

陶盆　1 件。

M4：6，放置于陶灶上。陶质太差。高 8.4 厘米。

陶井　1 件。

M4：11，泥质灰陶，陶质极差，酥脆易碎。圆桶形，上窄下宽，平沿，直腹，平底。附有一桶。口径 8.1 ~ 8.5、底径 9、高 8 厘米（图 4 - 4C）。

陶井桶　1 件。

M4：10，口残，束颈，斜肩，平底微凹。陶井所附。口径 1.9、底径 3.1、残高 3.9 厘米（图 4 - 4C）。

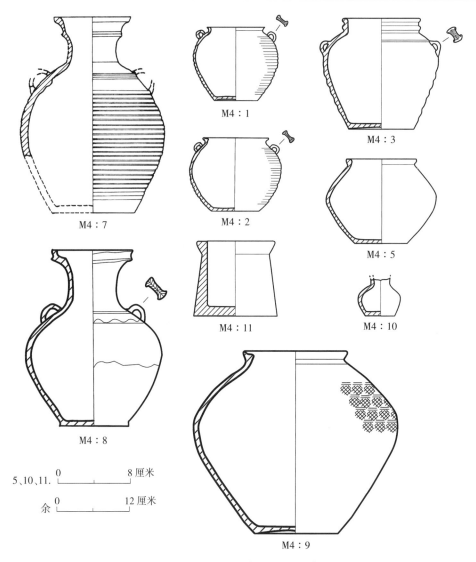

图 4－4C　里山汉墓 M4 出土陶器
1～3. 陶罐　5. 陶釜　7、8. 陶壶　9. 陶罍　10. 陶井　11. 陶桶

M5

M5 位于西部，东西向，方向 70 度。长方形单室墓。砖室淤土中发现数处巨大的白蚁巢穴及蛀蚀的空洞。砖室内框：长 3.24、宽 1.08、高 1.24 米，直壁高 0.61 米，错缝纵向拱券顶。外框：长 3.56、宽 1.38 米（图 4－5A；彩版 4－3）。

墓砖背面均饰叶脉纹，分 A、B 两型。A 型尺寸：长 30～31.7、宽 14.3～15、厚 4.5 厘米；随机测量三个砖数据，（1）长 30.9、宽 14.5、厚 4.5～4.7 厘米；（2）长 29～29.5、宽 13.9～14.1、厚 4～4.1 厘米；（3）长 30.7～31、宽 14.8、厚 4.3～4.6 厘米。B 型尺寸：长 25.8～27.8、宽 12.8～13.5、厚 2.5～3.2 厘米。此外，砖壁中还夹有一种极薄的砖片，宽 13.3～13.6、厚 2.1～2.8 厘米，多为残片，素面。

砌法：墓室四壁先平砌 6 层 A 型砖，上丁 1 层 B 型砖；再平砌 9 层 B 型砖，上丁 1 层 B 型砖。然后南北两壁开始起券；券顶基本以 A 型砖为主，其中夹杂少量 B 型砖。东壁从起券线往上基本为 A 型

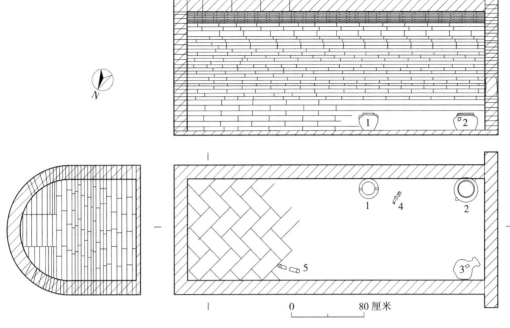

图 4 - 5A　里山汉墓 M5 平、剖面图

砖平砌 10 ~ 11 层。西壁中间夹杂有四五块砂石，砂石小者长 12、厚 6 厘米，大者长 36、厚 15 厘米。砂石以上基本以 B 型砖平砌至顶。

随葬器物 6 件，主要放置于墓室西部，其西端南部放置一陶直口罐，北部放一釉陶壶；墓室中部偏南放一硬陶大口罐；还有两件铁器（彩版 4 - 4，1）。

釉陶壶　1 件。

M5:3，灰色硬陶，施褐釉。杯口外侈，束颈，肩部附有双系并饰两道弦纹，圆鼓腹，腹部满饰粗弦纹，略带假圈足，平底微凹。口径 10.8、腹径 19.7、底径 9.6、高 24.8 厘米（图 4 - 5B；彩版 4 - 4，2）。

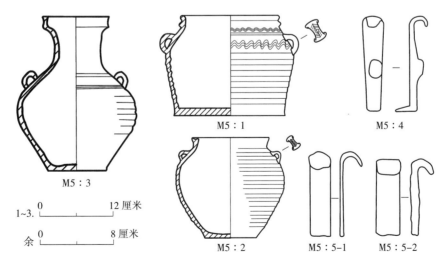

图 4 - 5B　里山汉墓 M5 出土器物
1. 硬陶大口罐　2. 陶直口罐　3. 釉陶壶　4. 铁带钩　5. 铁钩

硬陶大口罐　1件。

M5：1，红褐色、灰褐色硬陶。口部变形，直口，双圆唇，溜肩极短，肩附双系，系上饰叶脉纹，斜直腹，平底微凹。肩颈部饰两组弦纹，形成两周纹饰带，其中各划有连续的水波纹一周。口径15.4~17.1、肩径21.4、底径18.6、高16厘米（图4-5B；彩版4-4，3）。

陶直口罐　1件。

M5：2，夹砂红陶。直口，沿微内敛，沿外中部下凹，溜肩，肩附双系，鼓腹，平底。体外满饰弦纹。口径12.4、腹径17.8、底径8.2~8.5、高16厘米（图4-5B；彩版4-4，4）。

铁带钩　1件。

M5：4，残长10、宽2.2厘米（图4-5B）。

铁钩　2件。略呈长条形，一端上卷。

M5：5-1，长8.7、宽2.1、卷首高2.1厘米（图4-5B）。

M5：5-2，长7.8、宽2.4、卷首高2.5厘米（图4-5B）。

M6

M6位于M1南部稍偏西6米处，南北向，方向340度。通长3.63（内）~3.93（外）、宽1.1~1.7、残高0.37米。底距地表1.4米。仅东、南、北壁保留部分壁砖，其余均被毁无存，人字形砖铺底亦零星残存。由底往上平砌9层丁砖1层。砖长30~30.5、宽15~15.7、厚3~3.5厘米，背面饰叶脉纹（图4-6）。

M6严重被扰，仅于墓室南部的淤土中发现残铜镜一面。

铜镜　1件。

M6：1，圆纽，圆纽座，纽座外饰三只小鸟，其中间以三个乳丁。主纹外分别饰一周弦纹、栉齿纹，最外一层为较长的锯齿纹。三角缘。缘厚0.5、直径7.3厘米。

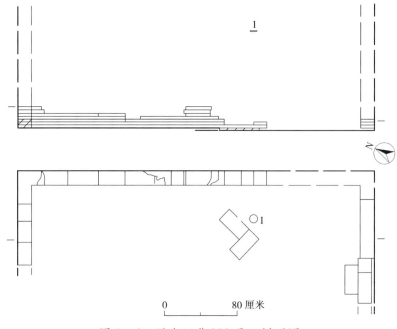

图4-6　里山汉墓M6平、剖面图

M7

M7 位于 M6 西部 2.9 米，南北向，方向 345 度。外框南北通长 3.28、东西宽 1.2 米。内宽 0.84 ~ 0.85、长 2.87 米。北壁现存 15 层，高 0.67 米；东、西壁南部被毁严重，残存无几，北半部有部分保存，最多 15 层，高 0.67 米。墓底距地表 1.3 ~ 1.5 米。墓底人字形铺地砖仅北半部有保留。墓室南壁两边以砖和砂石垒砌，形成 1 米宽的缺口，当为墓道。墓道东边顺长平砌 5 层砖，高 0.23 米；上面再放置砂石两块，通高 0.42 米。砂石形状不规则，上下面较平，下面一块砂石厚 2.5 ~ 3.5 厘米，上面砂石厚 12 ~ 13、宽 22、长 28 厘米。墓道西边于 4 ~ 5 层砖上放置两块较大的砂石，砂石上再竖立 1 层、平砌 7 层砖，通高 0.86、宽 0.5、厚 0.3 米。砌法：由底往上平砌 11 层、丁砖 1 层。砖长 30.5 ~ 31、宽 14.7 ~ 15.2、厚 3.5 ~ 4.3 厘米，背面饰叶脉纹（图 4 -7）。

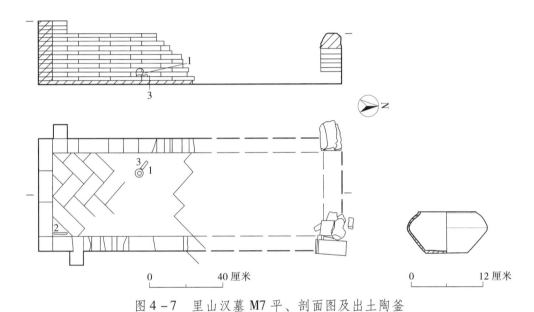

图 4 - 7　里山汉墓 M7 平、剖面图及出土陶釜

随葬器物 3 件，墓室西北角放置铁刀 1 件，墓室中部偏北东侧放置一件陶釜，当为陶灶上的附属，陶质极差，酥脆易碎。另陶釜附近还放置铁器 1 件。

陶釜　1 件。

M7：1，泥质灰陶。口径 9.6、腹径 13.4、底径 7、高 6.4 ~ 6.9 厘米（图 4 -7）。

铁刀　1 件。

M7：2，残。

铁器　1 件。

M7：3，残。

M8

M8 位于 M4 北部 20 米处，墓室大部分被毁，仅余西部不到三分之一。方向 264 度。砖室内宽 0.91、残长 1.35 米，现存砖壁高 0.67 ~ 0.77 米。外宽 1.16、残长 1.46 米。西、北二壁现存 23 层砖，南壁现存 1 ~ 7 层。墓底作人字形平铺。砖长 26.5 ~ 27、宽 13 ~ 13.5、厚 2.5 ~ 3 厘米。砌法：由底往上平砌7层，丁砖1层；再平砌7层，丁砖1层（图4－8A；彩版4－5，1）。

共出土器物6件，基本放置于墓室西部靠近西壁处，北壁附近放置铜镜和石砚各一，西端放置双系陶罐4件。

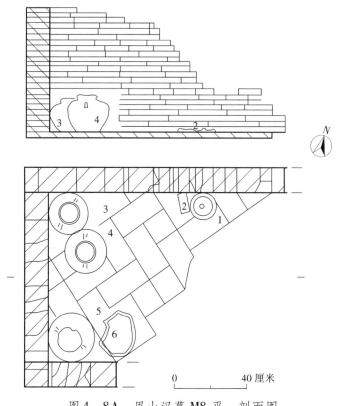

图4－8A　里山汉墓M8平、剖面图

陶瓿式罐　2件。

M8：3，泥质褐陶。敛口，溜肩。口径8.4、沿宽1.5、腹径21、底径9.8～10.1、高19.8厘米（图4－8B；彩版4－5，2）。

M8：4，泥质褐陶。敛口，溜肩，底微凹。口径8.9、沿宽1.5、腹径20、底径10.3、高18厘米（图4－8B；彩版4－5，2）。

釉陶罐　2件。

M8：5，灰色硬陶，肩施褐釉。底部变形，凸出。口径13.3、腹径25、底径10.8、高28～28.5厘米（图4－8B；彩版4－6，1）。

M8：6，灰色硬陶，肩施褐釉，下为灰陶。盘口，底微凹。口径12.2、盘口高3.4、腹径25.3、底径11.3、高25.2厘米（图4－8B）。

铜镜　1件。

M8：1，半球形纽，圆形纽座。纽座外饰两只张口相向的有翼神兽，头似龙首，神兽头部中间有"天禄"二字，可知这种神兽名为天禄。铜内区外饰一周栉齿纹（平行短线），再饰一周铭文，铭文为"古氏作竟（镜）四夷服，多贺国家人民息，胡虏殄灭天下复，风雨时节五谷孰（熟），官位尊显蒙禄食。吉利"37字。这类题材的铭文从新莽时期开始出现，一直流行到东汉末年的建安年间。铭文中记

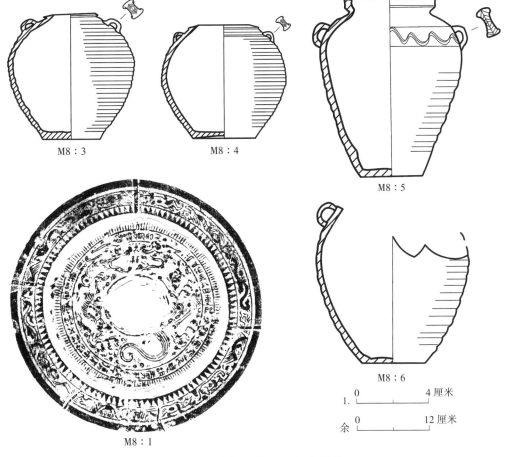

图4－8B　里山汉墓M8出土器物
1. 铜镜　3、4. 陶瓿式罐　5、6. 釉陶罐

载的作镜者有刘氏、张氏、柏氏、驺氏、朱氏、杜氏、王氏、田氏、宋氏、严氏、石氏、龙氏、李氏、陈氏、肖氏、青氏等。再加上古氏，至少有17个作镜者。外区纹饰由内向外分别为锯齿纹、禽兽纹、弦纹带。禽兽纹带最宽，其中有比目鱼、凤鸟、犀牛、象、蛇等。直径13.7、沿宽1.7、缘厚1厘米（图4－8B；彩版4－6，3）。

石砚　1件。

M8:2，青褐色细砂石质。长方形石板状，背面较粗糙，正面较光，表面还残留有黑色墨痕。长11.3、宽5.2、厚0.8厘米（彩版4－5，3）。

M9

M9位于M8西南10米处，东部被毁。平面呈长方形，东西向，方向255度。砖室内长3.55、宽1.2、残高0.68米；外长4.15、宽1.72米。墓壁双层，顺长平砌，对缝、错缝均有。西壁和南壁现存13层砖，北壁现存20层砖。砌法：由底往上平砌16层丁1层。墓砖分A、B两型。A型，长31.5、宽14.5~15、厚3.8~4厘米，背面饰叶脉纹。B型，长25~25.5、宽13~13.5、厚2.2~2.5厘米，素面。以B型砖为主。北壁由底往上平砌12层B型砖，13~20层为A型砖（图4－9A）。

墓葬被盗扰严重，仅于堆土中发现若干陶器残片。器形有硬陶壶，釉陶罐、瓶等。

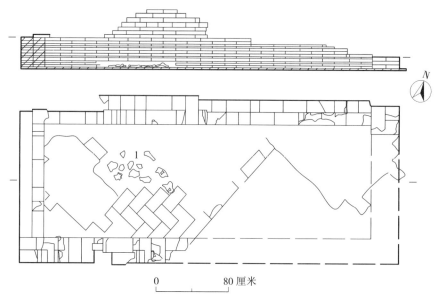

图 4 - 9A　里山汉墓 M9 平、剖面图

硬陶壶　1件。

M9：1，灰色硬陶。腹径 19.8、底径 10.4、残高 16.2 厘米（图 4 - 9B）。

釉陶罐　2件。

M9：2，褐色硬陶，外饰黄褐釉。直口，肩附双系，系为横向。复原口径 12.4、残高 8.8 厘米（图 4 - 9B）。

M9：3，浅灰色，外施浅黄釉，残存一系。口径 10.2、腹径 16.2、高 12.9 厘米（图 4 - 9B）。

釉陶瓶　1件。

M9：4，褐色硬陶，外施黑釉，底外不施釉。口残，平底。口径 5.7、腹径 9、底径 5.9、高 8.1 厘米（图 4 - 9B）。

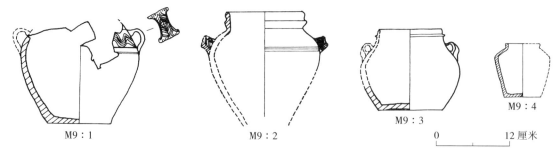

图 4 - 9B　里山汉墓 M9 出土陶器
1. 硬陶壶　2、3. 釉陶罐　4. 釉陶瓶

M10

M10 南北向，方向 163 度。平面长方形，南端已被毁坏，仅存北部三分之二及铺地砖。墓室现存铺地砖长 2.94 米，西壁残长 2.32、东壁残长 2、北壁内宽 0.98 米。外部尺寸：东西宽 1.27、南北通长 3 米。砌法：墓壁顺长（纵向）平砌，以错缝为主，个别部分对缝。平砌 8 层后丁砖一层，再平砌 7 层后丁砖一层。墓室底部作人字形平砌。东壁现存 7 层，高 0.31 米；北壁现存 11 ~ 20 层，高 0.53 ~

0.87 米；西壁现存 13～20 层，高 0.57～0.86 米；南壁无存。砖长 29.2～31、宽 14.2～14.8、厚 3.7～
4.6 厘米，以长 30 厘米为主。砖正面素面，背面叶脉纹或菱形网格纹，有的背面素面。砖室附近还发
现有榫卯砖，厚 3.5～4.5、宽 14.2～14.6、榫高 1.7 厘米（图 4－10）。

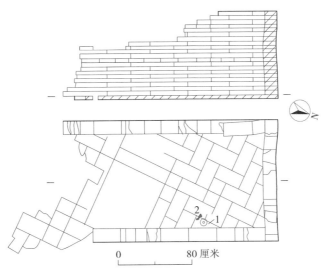

图 4－10　里山汉墓 M10 平、剖面图

在 M10 墓室淤土及堆积层中发现不少瓷器残片，计有青瓷碗、青瓷系罐、黄褐色瓷碗、褐色瓷钵
等器类，青瓷碗为龙泉窑产品。M10 墓室底部东北发现有铜镜 1 件、五铢钱 15 枚。根据墓葬形制及随
葬器物推测 M10 为汉墓。

铜镜　1 件。

M10：1，内圈饰规矩纹、圆圈纹。直径 8.8 厘米。

铜五铢　15 枚。

M10：2，直径 2.5 厘米。

M11

M11 位于 M10 东部 10 余米处。南北向，方向 340 度。砖室内框尺寸：南北长 3.37、东西宽 0.9～
1.08 米，中部略窄，南北稍宽，略呈束腰形。北壁宽 1.02～1.08、残高 1.03 米，现存 28 层砖；西壁
现存 22～27 层砖，高 0.7～0.96 米；东壁现存 19～27 层砖，高 0.71～1 米；南壁现存 13～19 层砖，
高 0.42～0.71 米。砖室外框尺寸：南北通长 3.67、东西宽 1.49～1.63 米。砖长 29.5～30、宽 14～
14.5、厚 3～3.5 厘米。砌法：基本为错缝平砌，每隔几层于个别部位丁砖几块。墓室底部作人字形平
砌（图 4－11A）。

墓葬被盗扰，仅在墓室东北、西北角发现几件陶器。随葬有陶罐 3 件及陶樽残片。

陶罐　3 件。

M11：1，外灰内红。口径 13.6、腹径 24.9、底径 10.2、高 21.2 厘米（图 4－11B）。

M11：2，泥质红陶。底径 10.6、腹径 19.8、残高 12.7 厘米。

M11：3，泥质红陶。口径 11.4、腹径 15.3、底径 8.5、高 12 厘米（图 4－11B）。

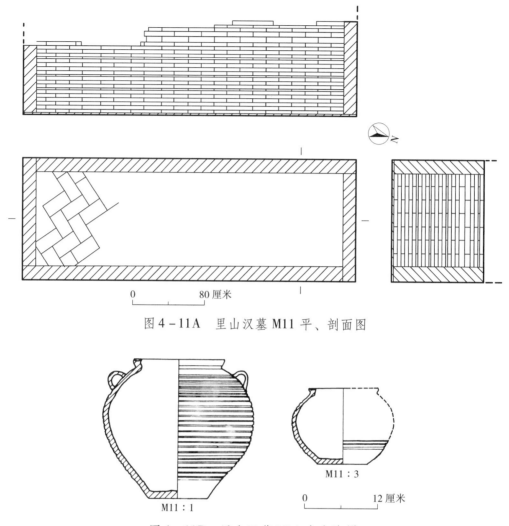

图 4 - 11A　里山汉墓 M11 平、剖面图

图 4 - 11B　里山汉墓 M11 出土陶罐

M13

M13 位于墓地西南部，北邻 M14，二者间距 1.24 米，东距 M4 不到 10 米。墓葬地表长满杂草，土质坚硬，原为生产路的一部分。墓葬填土红褐色，其中发现少量石块，土质较松软纯净。砖室周围为坚硬的包含大量石块的深红色生土。M13 为竖穴方坑砖壁墓，没有顶，平面略呈方形。方向 250 度。砖室内面东长 2.44、西长 2.45、南长 3.28、北长 3.25 米。砖室外面东西长 3.85、南北宽 3.04 米。墓壁现存 31 层砖，高 0.96 ~ 0.99 米，墓口距离地表 0.4 ~ 0.8 米，西高东低、南高北低，总深 1.8 米。铺地砖作席纹状排列。砌法：每层纵向并列两排砖后上面横向平铺一层，墓壁的厚度即一块整砖的长度。砖长 28.5 ~ 29、宽 13 ~ 15、厚 2.7 ~ 3.3 厘米。铺地砖长 26、宽 13 厘米（图 4 - 12A；彩版 4 - 7）。

随葬品 13 件（组）。主要集中在墓室西部，靠近西壁从南往北依次为铁削、釉陶小罐、硬陶罐、硬陶罍、陶盆各 1 件；墓室西北角放有陶罐、灶、井及铁镰斗各 1 件；墓室中部偏西放有铜镜两面，偏东放置铁剑一把。

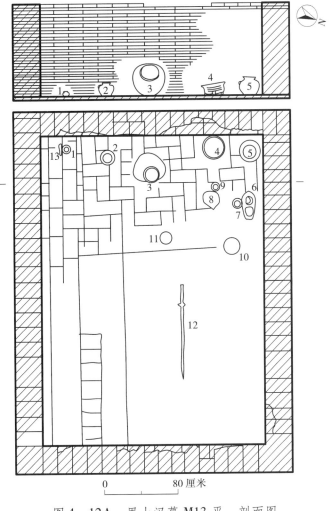

图 4 - 12A　里山汉墓 M13 平、剖面图

硬陶罐　2 件。

M13：2，灰色硬陶。口径 10.8、腹径 14.9、底径 7.1、高 14.1 厘米（图 4 - 12B；彩版 4 - 8，1）。

M13：5，褐陶硬陶。平底，肩部附双耳。口径 15.6、腹径 21、底径 11.8、高 20.5 厘米（图 4 - 12B；彩版 4 - 8，2）。

釉陶小罐　1 件。

M13：1，夹砂红陶，施黄绿釉。口径 4.1、腹径 6.9、底径 3.5、高 4.8 厘米（图 4 - 12B；彩版 4 - 9，1）。

硬陶罍　1 件。

M13：3，灰色硬陶。平沿微凹，直口，溜肩，鼓腹，平底。体外拍印方块网格纹。口径 20.4、腹径 33.6、底径 15.5、高 29.3 厘米（图 4 - 12B；彩版 4 - 8，3）。

陶盆　1 件。

M13：4，泥质灰陶，深青灰色。侈口，口大底小，腹部外饰三道弦纹，下附三蹄形足。口径 28.4、底径 22.5、高 10.5 厘米。沿厚 1.2、盆腹高 8.1 厘米（图 4 - 12B；彩版 4 - 9，2）。

陶灶　1 件。

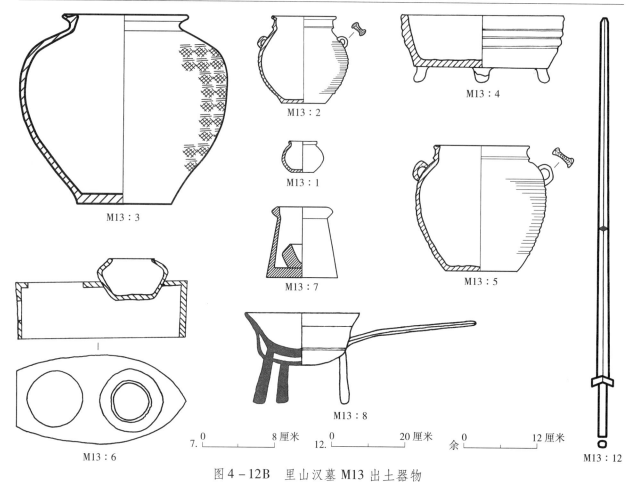

图 4－12B　里山汉墓 M13 出土器物

1. 釉陶小罐　2、5. 硬陶罐　3. 硬陶罍　4. 陶盆　6. 陶灶　7. 陶井　8. 铁镞斗　12. 铁剑

M13:6，泥质灰陶，青色。略呈船头形，中间宽，两端稍窄。通长 28、中间宽 13.8 厘米，灶后端齐平，宽 8.8、高 9.3 厘米。放置甑总高 12.6 厘米。灶前火门长 5.3、宽 3.4 厘米。灶上放置甑、釜各一。甑口径 8.2、底径 5.6、高 6.1 厘米；甑下釜口径 6.1、腹径 11.2、底径 5.7、高 6.9 厘米，暴露于灶面上的高度 4 厘米（图 4－12B；彩版 4－9，3）。

陶井　1 件。

M13:7，泥质灰陶。口小底大，平底，直口，平沿。口径 5.1、底径 8、高 7.6 厘米（图 4－12B；彩版 4－9，4）。

铜镜　2 件。

M13:10，规矩四神镜。圆纽，重方柿蒂座，主纹为规矩纹间青龙、白虎、朱雀、玄武四神，其间还分布有羽人、鹿、羊、鸟，并间以 8 个乳丁纹。上饰两周锯齿纹夹一周波折纹。镜背主纹外饰辐线纹和铭文各一周。铭文为"尚方作竟真大巧，上有仙人不知老，渴饮玉泉饥食枣，天下"23 字。方格座内铭文为"子丑寅卯辰巳午未申酉戌亥"十二地支，每字间以乳丁，共 12 个小乳丁。镜背直径 17.5、镜面直径 18、边缘宽 1.8、厚 0.12～0.6 厘米（图 4－12C；彩版 4－10，1）。

M13:11，圆纽，重环纽座，纽座外饰有青龙、白虎、朱雀、玄武四神及仙人、蟾蜍，其间间以 6 个乳丁，乳丁外绕以一周连弧纹。主纹外饰一周栉齿纹。边缘从内到外为一周锯齿纹，一周卷草纹。直径 13.6、沿宽 1.9、边缘厚 0.7 厘米（图 4－12C；彩版 4－10，2）。

M13：10

M13：11

0 ⊢———————⊣ 3厘米

图4-12C　里山汉墓 M13 出土铜镜

铁镰斗 1件。

M13:8，侈口，底微鼓略平，下附三半圆三角形足。口径20、底径15、身高6、足高8厘米。长条形直柄，柄长20、宽2.6、最厚0.7厘米。通长40、通高14厘米（图4-12B；彩版4-9，5）。

铁剑 1件。

M13:12，表面有一层深褐色致密的漆木朽痕，当为鞘。剑格为青铜，长4、宽1.2、最厚1.8、复原长度4.5厘米。柄为扁长条形，长14、宽1.7、厚0.8厘米。通长110、最宽3.3、脊厚0.8厘米（图4-12B）。

铁削 1件。

M13:13，残长11.7、宽2、刀背厚0.7厘米。

M14

M14位于墓地西南部，南邻M13，二者间距1.24米，东距M4不到10米。墓葬地表长满杂草，土质坚硬，原为生产路的一部分。墓葬填土黄褐色，土质较松软，其中发现少量石块和大量凌乱砖块，当为墓壁被破坏倒塌所致。M14平面略呈方形，方向250度。墓室四角砖壁均有部分保留，南、北、东三壁中部砖壁均被毁无存，铺地砖也仅在东部和西南角有部分保存。砖室内面东长2.67、西长2.7、南长3.41、北长3.44米。外面东西长4.04、南北宽3.3米。东壁现存7~12层砖，高31~54厘米，其余三面现存7层，高31厘米。墓底东端距离地表60厘米，西端距离地表110厘米。东壁从北往南49厘米有一缺口，砖砌墓壁完整，在南部相对位置的砖却参差不齐，没有发现完整断面，中间现存160厘米宽的断面，似为墓道缺口。墓底铺地砖作人字形。砌法：每层纵向并列两排砖后，上面横向平铺一层，墓壁的厚度即一块整砖的长度。砖长29.7~30.5、宽14~15、厚4~4.3厘米，背面饰菱形网格纹（图4-13；彩版4-7，2）。

墓葬被扰太甚，没有发现随葬品。

M17

M17位于M8北部3米处，其东北10米处为M3，南部2.5米处为M8，西部1米处为M20。墓口距离现地表20~30厘米。墓葬周围地表现为深红色生土层，十分坚硬。墓室填土红褐色杂有灰褐色土层，较硬。墓葬东西向。方向249度。外尺寸为东西长3.6、南北宽1.94米，内尺寸为长3.92、宽1.36米。墓室砖椁四壁现存28层砖，由铺地砖至墓口高0.81~0.83米，砌法为双排并列纵砌8层后横砌一层。墓口上面一层横向平砌，砖往外伸出2~4厘米，于墓口边缘形成一母口形状（图4-14A；彩版4-11，1）。

墓葬未被盗扰，随葬品基本保持原位。墓室西端偏南发现有朱红色漆皮朽痕。陶器基本陈放于墓室北部偏西一线，器形有罐、壶、罍等。墓室西端偏南放置铁削、石砚，中东部偏南东西向放置铁剑一把，共计18件（组）。

釉陶壶 1件。

M17:6，泥质褐陶，施黄绿色釉。侈口，细颈，肩附双系，平底，假圈足。口径6.3、腹径15.9、底径8、高20.9~21.1厘米（图4-14B；彩版4-11，2）。

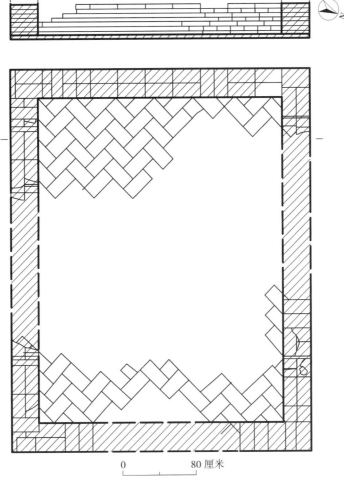

图 4 – 13　里山汉墓 M14 平、剖面图

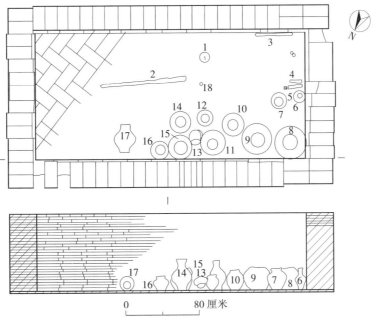

图 4 – 14A　里山汉墓 M17 平、剖面图

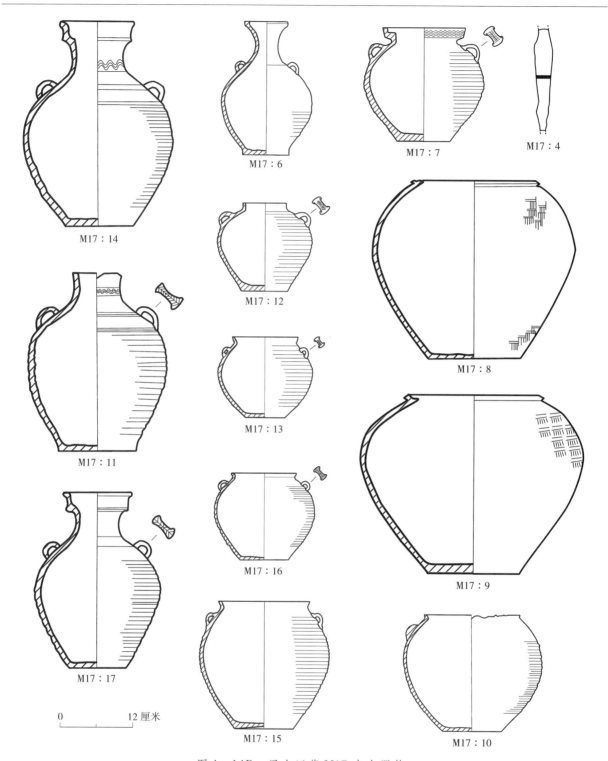

M17：14

M17：6

M17：7

M17：4

M17：11

M17：12

M17：13

M17：8

M17：17

M17：16

M17：9

M17：15

M17：10

0   12 厘米

图 4－14B   里山汉墓 M17 出土器物
4. 铁削 6. 釉陶壶 7. 陶盘口罐 8、9. 陶罍 10、12、13、15、16. 陶罐 11、17. 陶壶 14. 硬陶壶

硬陶壶 1 件。

M17：14，泥质红色硬陶。盘口，束颈，斜圆肩，鼓腹，平底。肩部附双系，系面模印叶脉纹，腹部满饰弦纹。口径 12、腹径 24.5、底径 11.3、高 32.5 厘米（图 4－14B；彩版 4－11，3）。

陶壶 2 件。

M17:11，泥质红陶。形制同 M17:14，口残缺，束颈稍细。腹径22.5、底径12.5、残高28.5 厘米（图 4 - 14B）。

M17:17，泥质红陶。形制同 M17:14。口径 11.2、腹径20.7、底径9.5、高28 厘米（图 4 - 14B）。

陶罐　5 件。侈口，肩部附双系，系面印叶脉纹，腹部满饰弦纹，平底或微凹。

M17:10，泥质红陶。大口，溜肩，圆鼓腹，平底。口径15.6、腹径22.5、底径9.5、高18.6 厘米（图 4 - 14B）。

M17:12，泥质红陶。口径 7.2、腹径15.6、底径7.6、高13.6～14 厘米（图 4 - 14B）。

M17:13，泥质红陶。平底。口径10.8、腹径15.6、底径7、高12.6～12.9 厘米（图 4 - 14B）。

M17:15，泥质褐陶。大口，溜肩，底微凹。口径15、腹径21.6、底径9.6、高20.4 厘米（图 4 - 14B；彩版 4 - 12，3）。

M17:16，泥质褐陶。口径10.8、腹径16.5、底径8.1、高13.8 厘米（图 4 - 14B；彩版 4 - 12，5）。

陶盘口罐　1 件。

M17:7，夹砂灰陶。盘口，圆溜肩，鼓腹，平底。口沿外饰水波纹，腹身满饰弦纹，肩部附双系，系面饰叶脉纹。口径13.5、腹径19.5、底径8.7、高18 厘米（图 4 - 14B；彩版 4 - 12，4）。

陶罍　2 件。敛口，尖唇，圆肩，体外拍印方块条形纹。

M17:8，夹砂褐陶。下腹较浑圆，平底。口径20、腹径33、底径15、高28.5 厘米（图 4 - 14B；彩版 4 - 12，1）。

M17:9，夹砂灰陶。腹斜直内收，平底微凹。口径21、腹径35.2、底径14.9、高27.5～28.2 厘米。沿宽1.4 厘米（图 4 - 14B；彩版 4 - 12，2）。

铜镜　1 件。

M17:1，圆纽，圆座。主纹为规矩间八鸟纹，有八个乳丁。边纹为波折纹、锯齿纹、栉齿纹各一周。直径10.6、边缘厚0.4 厘米（彩版 4 - 12，6）。

铁刀　1 件。

M17:2，刀尖有部分残缺，表面有一层朽木，似为刀鞘痕迹。刀柄锈蚀较厚，从形状看似为椭圆形环首，环首长8、宽4.5 厘米。刀把表面有细绳缠绕痕迹。刀通长95.8、最宽3.2、背厚0.8 厘米。刀身现长84 厘米。

铁剑　1 件。

M17:3，略呈柳叶形，下附长条形柄，柄长10、宽2.3 厘米。剑身宽3.7、脊厚1.5 厘米。通长40.5 厘米。

铁削　1 件。

M17:4，残长16 厘米，手柄处有凸出的直径2 厘米的圆环（图 4 - 14B）。

石砚　1 组2 件。

M17:5，青绿色细砂石质。长方体形，长13.8、宽3.5、厚0.6 厘米。砚石下方上圆，通高1.4 厘米。方形座边长2.4～2.5、厚0.5～0.6 厘米，圆柱直径2.5、高0.8 厘米。

M18

M18 位于 M17 西北约 15 米处，地表现堆放有建筑垃圾，高低不平，杂草丛生。墓葬上发现大量砖块，应为墓室被毁后的孑遗。稍微清理地表杂物，即发现墓壁。墓葬东西向，方向 250 度。东部及墓室上部被毁，残存墓室中西部，其西南角也被毁无存。内尺寸，南北宽 1.69、东西残长 3.35 米；外尺寸，东西残长 3.58、南北宽 2.1 米。西壁现存最高 0.74、北壁 0.48、南壁 0.37 米。砌法：墓壁顺长平砌一砖宽，由底往上平砌 3 层丁 1 层，丁砖为整砖的一半左右，属整砖击碎使用，齐头朝里，外面参差不齐。砖长 39～40、宽 19～19.7、厚 5.1～5.7 厘米。砖正面模印细绳纹，一长侧面模印长方形三角几何纹，一短面模印长方形交叉线纹（图 4-15；彩版 4-13，1）。

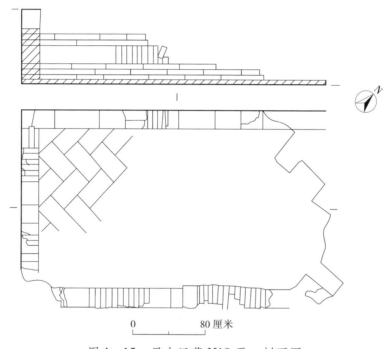

0   80 厘米

图 4-15   里山汉墓 M18 平、剖面图

被扰严重，未发现随葬品。

M19

M19 位于 M15 东南 20 余米、M3 北部略偏西 12 米处，现地表为取土后的低洼地，稍微清理即发现砖壁及铺地砖。墓葬东西向，墓向朝西，方向 70 度。墓室内尺寸，东西长 3.45、南北宽 1.07、残高 0.06～0.2 米。外尺寸，东西长 3.91、南北宽 1.37 米，西南角残存最多，有 6 层，高 0.2 米。墓道位于西壁上，宽 0.82 米，距离南壁 14.5、距离北壁 10 厘米，进深一砖长度，即 32 厘米。砌法：顺长平砌 4 层后丁 1 层（图 4-16）。

随葬品，仅于其中发现个别陶弦纹罐残片。

M20

M20 位于 M8 和 M17 西部约 2 米处，地表坚硬，曾作为生产路面使用。距离地表 0.3～0.6 米即发现人字形铺地砖，上面均被毁无存。墓葬东西向，方向 245 度。墓葬仅余墓底北部铺地砖及西北角部

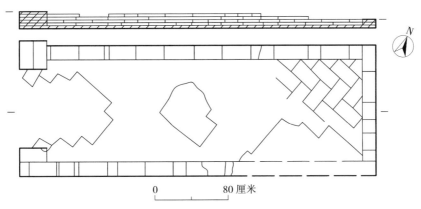

图 4 - 16　里山汉墓 M19 平、剖面图

分砖壁，东西通长 4.2、现存南北宽 2.5 米，西北角人字形铺地砖往北延伸 0.84 米，使得南北总宽
3.4 米，墓底距离地表 0.3 ~ 0.6 米。东西内长 3.8 米，西北角砖壁残存 5 层，残高 0.21 米。砌法：并
列两排砖后，上面横列一层，墓壁厚度即一块整砖的长度。砖背面饰叶脉纹或菱形网格纹，个别砖内
面有长方形交叉纹。砖长 29 ~ 30、宽 15、厚 3 ~ 4 厘米（图 4 - 17）。

随葬品，仅于底部填土中发现陶罐残片几块（未采集）。

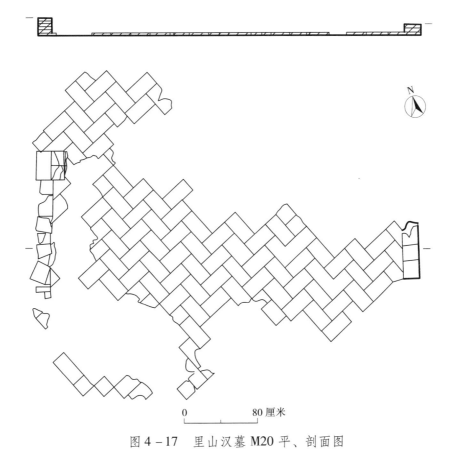

图 4 - 17　里山汉墓 M20 平、剖面图

M21

M21 位于 M4 东南 3 米处，东西向，方向 258 度。砖室上部已被破坏，现地表下即发现砖壁。M22 位于 M21 西南，二者形制相同，平行排列，砖壁间距仅 0.5 米，前后相错 2.9 米。从排列来看，M21 和 M22 应是同一时期有一定关系的墓葬。墓室内尺寸，东西长 3.4、南北宽 1.08 ~ 1.16、残高 0.35 米。墓室外尺寸，东西长 3.6、南北宽 1.52 米。墓室东半部基本被毁，仅余部分人字形铺地砖，西半部砖壁残存 2 ~ 8 层。墓底铺地砖作人字形排列，三角形尖端伸出砖壁外。砖长 30 ~ 31、宽 13.7 ~ 14.7、厚 3.7 ~ 4 厘米（图 4 - 18）。

随葬品均为陶器残片，散见于墓室西部。经拼合至少有 3 件器物，均为直口罐。

釉陶罐　2 件。

M21：1，淡黄绿釉。溜肩，鼓腹，平底。肩附双系，并饰一周由弦纹和水波纹组成的纹带。口径 14.5、腹径 22.2、底径 9.8、高 20.4 厘米（图 4 - 18）。

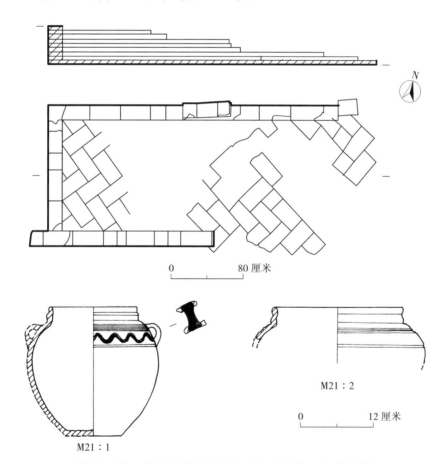

图 4 - 18　里山汉墓 M21 平、剖面图及出土釉陶罐

M21：2，施酱褐釉，肩部饰三道弦纹。复原口径 21 厘米（图 4 - 18B）。

另外一件为灰陶罐，仅余残片，肩部饰弦纹，尺寸不详。

M22

M22 位于 M21 南部偏西位置，二者形制相同，平行排列，方向 258 度。砖壁间距仅 0.5 米，前后相错 2.9 米（M22 偏西）。从排列来看，M21 和 M22 应是同一时期有一定关系的墓葬。M22 东西向，砖室上部已被破坏，现地表下即发现砖壁。墓室内尺寸，东西长 4.44、宽 1.18～1.22、高 0.5 米；外尺寸，东西长 4.6、南北宽 1.6～1.8 米。墓室东壁 1.2 米长的一段被毁，仅余砖铺地面，其余三壁及铺地砖有保存。砌法：由底往上平砌 9 层后丁 1 层。砖长 29～30、宽 15、厚 3～3.4 厘米（图 4-19）。

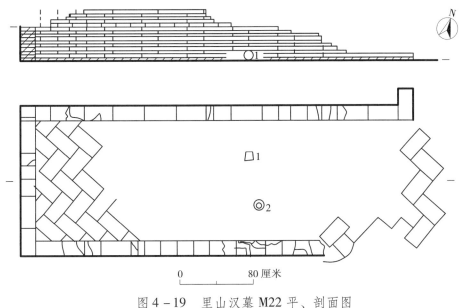

图 4-19　里山汉墓 M22 平、剖面图

随葬品仅于墓室中部发现陶灶、井残片，均破碎太甚。

陶井　1 件。

M22:1，陶质太差，极为酥脆。形制同 M13 出土的陶井，口小底大，平沿，斜直腹，平底。口径 8.5、底径 10、高 9 厘米。

M23

M23 位于 M15 北部偏东五六米处的茶园内，地势稍高，北面 5 米处即为通往隆昌寺的碎石路面。东西向长方形单砖室墓，券顶基本保存，方向 258 度。墓室内尺寸，东壁、西壁均宽 0.85 米，南壁长 2.86、北壁长 2.8、东端高 0.98、西端高 1.02 米。外尺寸，长 3.13～3.18、宽 1.2、东端高 1.1、西端高 1.24 米。拱券顶，券顶内高 0.42 米，顶部东西向顺长并列立券，错缝，顶部中间并列一道横向楔形砖，楔形砖长 20、大头宽 19、小头宽 13.5、厚 5 厘米，小头一面模印有由心形和 X 形组成的几何图案。券砖长 37.5～39、宽 18～19、厚 4.2～5.2 厘米（图 4-20A；彩版 4-13，2、3）。

南北两壁直壁高 60～61 厘米，砖面大多印有几何图案，其中夹杂少数素面砖，由底往上东西向顺长平砌 12 层砖。西壁内面共平砌 19 层砖，直壁以下基本以花纹砖为主，以上基本为素面砖。东壁内面现存 18 层砖，砖面参差不齐，凹凸错落。墓砖长 39、宽 19～19.5、厚 4.5～5.2 厘米，个别极薄的

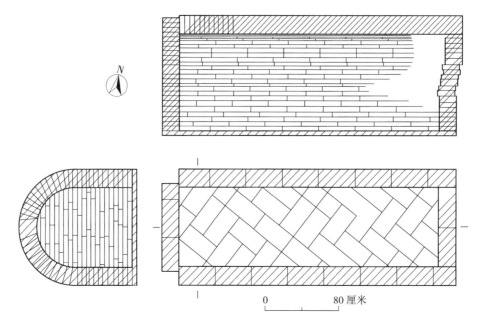

0　　　　　80 厘米

图 4 - 20A　里山汉墓 M23 平、剖面图

厚仅 3 厘米。砖正面饰细绳纹，一端侧面饰有几何图案。图案主要分两种，一种中间为一个圆形方孔钱纹和两个钥匙形状，两侧为三角形几何纹；一种中间为一个以长方形为中心的长方三角图案，两侧为三角形几何纹（图 4 - 20B；彩版 4 - 13，4、5）。

该墓被盗扰，未发现随葬品。

M24

M24 位于发掘区北部的茶园内，北部 8 米处即为通往隆昌寺的碎石路面。地层分两层。第一层，耕土层，厚 20 ~ 30 厘米，土色灰黄，稍松软，其中包含大量茶树根系及其他杂质。第二层，扰土层，厚 50 ~ 70 厘米，土色红褐，较松软湿润，其中包含少量小石块，较纯净。扰土层下即为紫红色或黄黑色的砂石层，十分坚硬。墓葬开口于距离地表 70 ~ 100 厘米的扰土层下。

M24 为东西向长方形单室砖券墓，由墓门及墓室组成。方向 245 度。通长 3.9 米。墓门位于墓室东部，由门框、封门及门槽三部分组成，均用条砖砌筑。门框上下两侧均用青砖砌筑，上面纵横相间平砌 7 层，下面南北向顺长平砌一层，通高 1.53 米；两侧先东西向顺长立砌 8 层，每层并列两砖，厚 7 ~ 9 厘米，南框于立砖之上再砌 3 层。门框两侧又各砌砖壁一道，均东西向顺长砌筑，南壁底部先立砌两砖高度（即 30 厘米），上面再平砌 24 层砖直至门框上面的平砌砖顶，近顶处两砖叠涩内收；北壁底部先立砌一砖多高度（即 40 厘米），再立砌 7 层直至平砌砖顶，近顶处一排砖斜向内收。封门位于门框内，上宽 110、下宽 103、高 123 厘米；东西向顺长立砌 9 层砖，每层 25 ~ 26 块砖，至上面砖顶时南半部比北半部低 3 ~ 4 厘米，平于低处平砌一层保持水平。封门内面同门框两侧面有 5 ~ 6.5 厘米的间距，同下面有 6 ~ 8 厘米的间距，即从墓室朝外看封门缩进去。门框同墓室砖壁之间有门槽一道，原可能安装有木质门扇，现已不存。南北门槽嵌进墓壁，南槽不太规整，中间宽达 14 厘米，上下较窄，为 7 ~ 11 厘米，槽深 2 ~ 5 厘米；北槽较规整，宽 8 ~ 10 厘米，槽深 8 ~ 9 厘米。门槽底部南北向立砌一道砖，代表门限，门限高 8.5、厚 3.5 厘米，门槽处墓室南北宽 125 ~ 130 厘米。门槽往西的墓室东端于砖券墓顶上再起拱券一道，形成双层券顶，厚为一块整砖长度，券顶中部被毁，现存高度1.22、通宽1.54米。

墓室平面呈东西向长方形，内长3.07（墓壁东端至西壁）、宽1.17～1.2、高1.06米；外长3.6、宽1.36、高1.2米。墓顶拱券形，东西向顺长并列错缝立砌。券顶内高0.4、直壁高0.66米，由底往上平砌17层后开始起券，起券处用厚仅2厘米的薄砖平砌一层，然后厚、薄砖交替垒砌。券顶以楔形砖东西向顺长并列立砌，顶部弧度较平，楔形砖薄端厚仅1.3厘米。券顶外西端中部放置石块两个，下面一块扁平，长35、宽14、厚7厘米，基本嵌于西壁上；上面一块石头较厚，大部分位于西壁外，长30、宽22～24、厚16厘米。石后放置红陶罐1件（已残破），罐周围再用青砖围护。墓室底部南北向顺长平砌一层砖，基本错缝，偶有对缝。砖长25.5～26.5、宽12.5～13、厚2.7～3.5厘米。个别砖一端极薄，厚仅2厘米（图4－21A、B；彩版4－14，1、2）。

随葬品散见于墓室西部及东部，基本为各类碎片。西部发现罐、壶等，东部发现有罐、壶、灶、盆、罍等器物残片。

陶壶　2件。

M24:2，泥质红陶，质地较疏松。口部残缺，束颈，溜肩，肩部饰两道弦纹，圆鼓腹，圈足低矮。腹径22、底径10.2厘米（图4－21C）。

M24:10，形制、质地同M24:2，仅余口、腹、底部残片，盘口外侈，口径较大。

釉陶壶　1件。

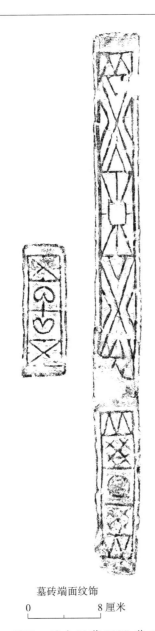

墓砖端面纹饰

0　　　　　8厘米

图4－20B　里山汉墓M23墓砖拓片

M24:7，灰陶，外施褐绿釉。杯口外侈，束颈，溜肩，肩部饰对称的双系，系上有叶脉纹，圆鼓腹，圈足。杯口下部及肩部饰两三道凹弦纹。口径11、腹径18.2、底径10.4、高21.6厘米（图4－21C）。

硬陶瓿　1件。

M24:14，灰色硬陶。敛口，溜肩，圆鼓腹，平底。器身满饰弦纹，肩部附双系，系上印叶脉纹。形体较肥矮，鼓腹凸出。口径11.4、腹径24.5、底径11.4～11.6、高20厘米（图4－21C；彩版4－15，1）。

陶罐　5件。其中1件仅余底部。

M24:1，泥质灰褐陶，外灰内红。侈口，溜肩，鼓腹，平底。口径11.8～12.1、腹径19、底径9.4、高17.1厘米（图4－21C）。

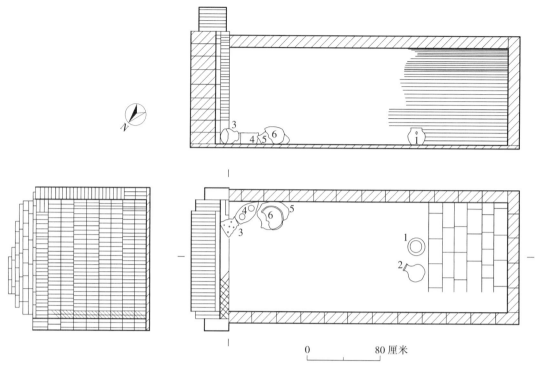

图 4 - 21A　里山汉墓 M24 平、剖面图

M24:11，泥质灰褐陶。腹部较斜直。口径 18.3、腹径 21.2、底径 9、高 18.2 厘米（图）（图 4 - 21C）。

M24:12，泥质灰褐陶。腹部较斜直。口径 14.4、腹径 18.3、底径 9、高 17.1 厘米（图 4 - 21C）。

M24:13，泥质灰褐陶。尖圆唇上翘，溜肩，鼓腹，平底。口径 13.2、腹径 18、底径 9.3、高 15.5 厘米（图 4 - 21C）。

陶三足盆　1 件。

M24:5，泥质灰绿陶，质酥松。直口，腹微鼓，平底。下附三兽面蹄形足。盆腹外面凸起两个对称的兽面。口径 31、高 13.6 厘米（图 4 - 21C；彩版 4 - 15，3）。

陶桶　1 件。

M24:8，夹砂褐陶。直口，束颈，圆筒形身，肩附双系，凹底。口径 5.4、底径 5.7、高 7.9 厘米（图 4 - 21C；彩版 4 - 15，4）。

陶灶　1 件。

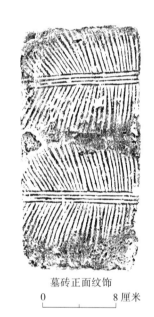

墓砖正面纹饰

0 　　　　　　8 厘米

图 4 - 21B　里山汉墓 M24 墓砖拓片

M24:4，泥质灰陶。平面呈船形，灶前面中部开一方形火门，前端尖圆，后端齐平，灶面上开有两个圆形火眼，上放陶甑、釜各一。甑直口，斜直腹，底面开 5 个气孔，口径 9.6、底径 5.5、高 5.6 厘米。釜直口，溜肩，折腹，平底，口径 5.3、底径 5.5 ~ 5.6、高 7.2 厘米。灶长 30.5、中部最宽 17.5、高 9.8 厘米（图 4 - 21C）。

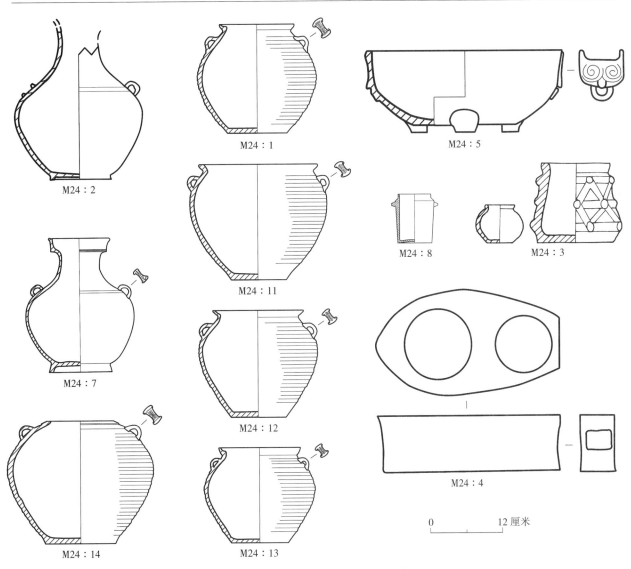

图 4-21C 里山汉墓 M24 出土陶器

1、11~13. 陶罐 2、10. 陶壶 3. 陶井 4. 陶灶 5. 陶三足盆 7. 釉陶壶 8. 陶桶 14. 硬陶瓿

陶井 1件。

M24:3，泥质灰陶。敛口，平沿略内斜，垂腹，平底微凹。外面通体饰三角网状绳索纹，上面有三层凸起的结点。口径 11.3、腹径 16.5、底径 12.5、高 12.6 厘米。井内有一小桶，桶侈口，束颈，溜肩，折腹，平底。口径 4.8、腹径 7.5、底径 3.9、高 6 厘米（图 4-21C；彩版 4-15，2）。

M25

M25 位于 M1 东部偏北 5 米处，南北向，地表所在地现基本为生产路面，北端深入茶园内，西北高，东南低。地层分两层，第一层为表土层，厚 15~20 厘米，现为生产路，十分坚硬，其中包含大量碎石块，青色。第二层为扰土层，厚 30~50 厘米。土色黄褐色泛红，其中包含植物根系及少量石块等。扰土层之下即为紫红色砂石层，其中包含大量砂质页岩，十分坚硬。

M25 现墓口距离底部 0.8~1.3 米。平面呈南北向长方形，墓向 334 度。砖室内尺寸，南北长 2.43、东西宽 0.75、高 0.64 米。外尺寸，南北长 2.9、东西宽 1.4 米。墓壁保存基本完好，现存 20 层

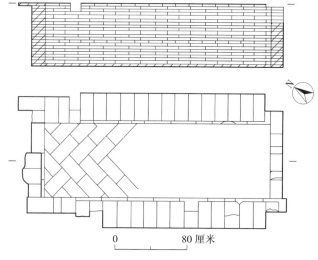

图 4 - 22A　里山汉墓 M25 平、剖面图

砖，由底往上平砌 7 层后丁 1 层；再平砌 11 层后丁 1 层。砖长 26.8 ~ 27.6、宽 13 ~ 14、厚 2.2 ~ 2.8 厘米，素面（图 4 - 22A；彩版 4 - 14，3）。

该墓被盗扰，未发现随葬品。仅于墓室西北上面的地层中（距离地表 40 厘米路面下）发现一件瓷盆。

瓷盆　1 件。

M25：01，紫胎，外表呈灰褐色，未施釉。圆唇、直口微敛，曲壁，深腹微鼓，小平底。口径 21.2、腹径 24.4、底径 8、高 15.6 厘米（图 4 - 22B）。

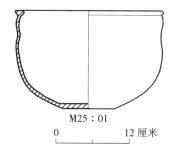

M25：01

图 4 - 22B　里山汉墓 M25 出土瓷盆

M28

M28 位于 M27 北部 9 米处，东西向，方向 230 度。墓葬东部被挖掉，墓壁暴露于断面上，现地表为树木。墓室填土红褐色，较纯净，内含大量碎石块。墓葬内尺寸：东西长 3、南北宽 1.36 ~ 1.38、高 1.04 米。外宽 2 米，现存长度 3.44 米。墓壁现存 20 层砖。砌法：从底往上平砌 6 层丁 1 层，再平砌 6 层丁 1 层，再平砌 5 层丁 1 层。砖长 31 ~ 32、宽 14.8 ~ 15、厚 3.5 ~ 4.1 厘米。现墓口距离地表东为 0.4、西 1 米（图 4 - 23A）。

随葬品主要发现于墓室东部及北部，有罐、灶等陶器，东部偏南发现五铢钱，墓室西南角放置铁刀一把（残长 10 厘米）。

陶大口罐　2 件。夹砂灰陶。均侈口，尖圆唇，束颈极短，溜肩，鼓腹，平底，腹身满饰弦纹，肩部附双系，系面饰叶脉纹。

M28：1，口径 15.6、腹径 23.6、底径 10.5、高 21.6 厘米（图 4 - 23B；彩版 4 - 15，5）。

M28：3，口径 16.2、腹径 24.2、底径 10.2、高 21.2 厘米（图 4 - 23B）。

陶直口罐　2 件。夹砂灰陶。均敛口，溜肩，直腹稍斜，凹底，口、底直径相近。

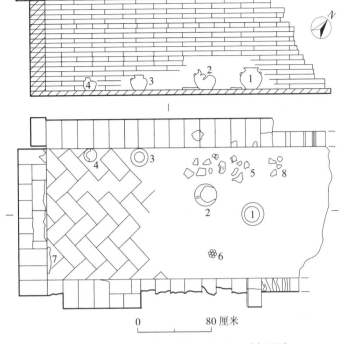

图 4 - 23A　里山汉墓 M28 平、剖面图

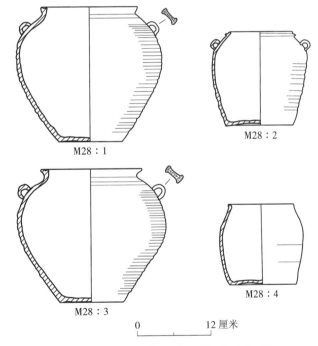

图 4 - 23B　里山汉墓 M28 出土陶器
1、3. 陶大口罐　2、4. 陶直口罐

M28:2，尖唇，肩部附双系，腹身满饰弦纹。口径 10.2、腹径 15.7、底径 11.6、高 15 厘米（图4 - 23B；彩版 4 - 15，6）。

M28:4，直口，溜肩，腹微鼓，肩部无系。口径 10.7、腹径 13.8、底径 11、高 12.8 厘米（图 4 - 23B）。

第二章　东晋墓

东晋共 2 座，分别为 M15 和 M26。

M15

M15 位于墓地西北部，东部已被破坏，墓室砖壁有部分暴露，墓室上部现为茶叶园林。M15 墓室平面略呈纺锤形，南、北、西三壁略朝外弧凸。墓室内尺寸：西壁垂直长 1.86、东壁长 1.85、北壁垂直长 4.72、南壁垂直长 4.72、墓室中部最宽 2.18 米。东壁高 1.44、北壁高 1.4、西壁高 0.4 ~ 0.7、南壁高 0.76 ~ 1.36 米。南、北两壁从外向内收缩，顶部被毁，推测为弧券顶。甬道平面长方形，东西长 1.47、宽 0.97、残高 0.28 ~ 0.62 米，顶部被毁。封门横向平砌于甬道口内外，口内一道宽 0.97、口外一道宽 1.62、现存最高 0.72 米。从封门到墓室西端通长 6.8 米。砌法：东、南、北三壁以单砖顺长错缝平砌，墓壁厚度即为一砖的宽度；西壁横向错缝平砌，墓壁厚度为一砖的长度，其拐角处以楔形砖平砌。砖长 36 ~ 37、宽 16.5 ~ 17、厚 4 ~ 4.7 厘米。

甬道封门外正中连接有排水道，排水道宽 0.37 ~ 0.4、高 0.14 米，于底部顺砌两排砖，中间留设 5 厘米的间距，再于上面中部顺置一砖将其覆盖，其上再覆砖一层，总共三层砖。排水孔宽 5 ~ 5.2、高 5 厘米，同甬道内封门砖下中间的小孔相通。砖长 35.5 ~ 37、宽 16 ~ 19.5、厚 4 ~ 5 厘米，以青灰色为主，也有部分红褐色，现存长度约 15 米（图 4 - 24；彩版 4 - 16）。

墓葬被扰十分严重，甬道口、墓室内散见不少瓷器碎片，其时代也不统一，有些（青瓷碗 3、韩瓶[1] 1 件）是后期扰进的。经修复，计有瓷鸡首壶 2、青釉壶 1、钱纹罐 1、钵 2，共 6 件。

瓷鸡首壶　2 件。

M15∶1，灰胎，青绿釉。口及腹部残缺。细颈，圆肩，肩部附两方形系，圆鼓腹，凹底。外面近底处及底部施红褐色釉。壁厚 0.5 ~ 0.8、底厚 1.1 厘米。腹径 18、底径 11.9 ~ 12.2、残高 18.5 厘米（图 4 - 24；彩版 4 - 17，1）。

M15∶2，灰胎，黑釉。小盘口，细颈，口颈之间安附一耳形把手，把手对面的肩部有鸡首脱落痕迹，圆肩，肩部附两方形系，鼓腹，平底微凹。通体施黑釉，局部有脱釉现象，腹部凸出部分泛黄。口径 6.5、腹径 16.2、底径 11、高 20.5 厘米（图 4 - 24；彩版 4 - 17，2）。

---

[1]　韩瓶 1 件（M15∶7），青灰色，个别部位红褐色，口部施青褐色釉，局部有流釉现象。直口，肩部稍圆鼓，肩部贴附两扁平系，附斜直内收，平底微凹。口径 5.9 ~ 6.1、底径 7.8、高 21.2 厘米。当为墓葬被扰后期混入所致。

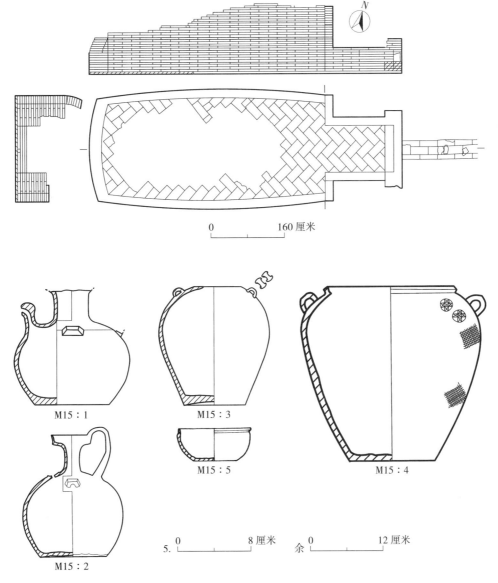

图 4 - 24　里山东晋墓 M15 平、剖面图及出土瓷器
1、2. 瓷鸡首壶　3. 瓷壶　4. 瓷钱纹罐　5. 瓷钵

瓷壶　1件。

M15:3，灰胎，外施青黄色釉，内面红褐色。壶口及身体部分残缺。体形稍瘦长，溜肩，肩部附两个双排系，鼓腹，腹斜直内收，平底微凹。腹径 19、底径 10.1 ~ 10.5、残高 18.7 厘米（图 4 - 24；彩版 4 - 17，3）。

瓷钱纹罐　1件。

M15:4，敛口，尖唇，凸圆肩，最大径在肩部，腹部斜直内收，平底。肩部附双系并印有钱纹，钱纹边缘呈锯齿状，中心方孔内有十字交叉。肩部以上施黑釉，腹部及以下未施釉，呈紫褐色，腹部有流釉。肩及上腹部拍印块状网格纹。口径 21、肩径 29.6、底径 14.3、高 28 厘米（图 4 - 24；彩版 4 - 17，4）。

瓷钵 2件。

M15：5，通体施青釉，内面青釉多冰裂纹。直口，口外饰一周弦纹，圆鼓腹，略带圈足，平底微凹。口径7.7、底径4.7、高3.4厘米（图4-24）。

M15：6，不施釉，青灰胎。直口，直腹，腹下斜直内收，略带假圈足，平底微凹。口径9、底径5.4~5.7、高3.5~4厘米。

M15：1青瓷鸡首壶同兰溪永昌孔塘东晋墓①、南京姚家岗东晋晚期M2：5及南京雨花台区警犬研究所东晋M3：2青瓷鸡首壶②十分相似。M15：2黑釉鸡首壶应为德清窑产品，类似的鸡首壶在杭州老和山东晋兴宁二年褚府君墓③、镇江阳彭山东晋墓④以及湖南长沙黄泥塘M3中⑤均有发现。

M26

M26位于东天竺寺东部100米处的一座东西向小山坡上，此地原为茶场，现山上长满树木，地势西高东低。其东部、北部有一条山路蜿蜒通往西北向山内的一处采石场。现墓葬砖壁已部分暴露于一南北向的断面上。方向274度。

M26平面略呈椭圆形，南、北、西三壁往外弧凸，顶部已塌。南壁西部一段被外力挤压进墓室内，严重扭曲变形。墓室西壁保存相对较多，东壁已被破坏，仅余底部2~4层砌砖，甬道被毁无存，现存东壁下端缺口宽0.96米（可能为甬道），墓室内宽东壁2、西壁1.92、中部最宽2.23米，北壁垂直长4.16米，由西壁至墓口长4.24米。西壁现高1.7~1.84米，平砌35层砖，顶端立砌一层，上面再平砌两层。北壁现存最高1.74、南壁现存最高1.6米（图4-25A；彩版4-18，1）。

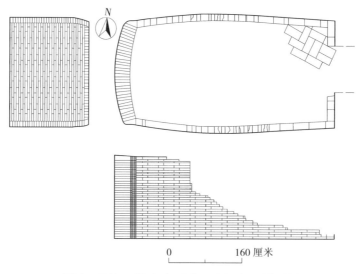

0　　　　160厘米

图4-25A　里山东晋墓M26平、剖面图

① 周菊青、吴建新：《兰溪永昌孔塘东晋墓清理简报》，《东方博物》第38辑，浙江大学出版社。
② 南京市博物馆、雨花台区文化广播电视局：《南京市雨花台区姚家岗东晋墓》，《考古》2008年第6期；南京市博物馆、雨花台区文化广播电视局：《南京市雨花台区警犬研究所六朝墓发掘简报》，《东南文化》2011年第2期。
③ 浙江省文物管理委员会：《杭州晋兴宁二年墓发掘简报》，《考古》1961年第7期。
④ 杨正宏等：《镇江出土陶瓷器》，文物出版社，2010年。
⑤ 湖南省博物馆：《长沙南郊的两晋南朝隋代墓葬》，《考古》1965年第5期。

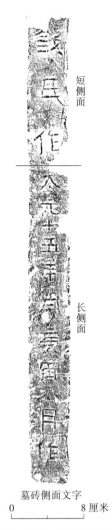

短侧面

长侧面

墓砖侧面文字

0　　　　　8 厘米

图 4 - 25B　里山东晋墓 M26 墓砖拓片

M26 墓砖分三种。第一种为长方形条砖，占墓砖的绝大多数，长 34 ~ 35、宽 16.4 ~ 17.1、厚 4.2 ~ 5 厘米；砖一面模印细绳纹，一面素面；一短侧面模印"钱氏作" 3 字，一长侧面模印"太元十五年庚寅岁八月（作）" 10 或 11 字（图 4 - 25B；彩版 4 - 18，2、3）。砖青灰色，质量较好。第二种为小梯形砖，当为券顶中间使用，豆绿色，质量较差，长 17.7 ~ 18.7、大头宽 17 ~ 17.2、小头宽 12.3 ~ 12.6、厚 3.9 ~ 4.7 厘米。第三种为长梯形砖，施用于西壁顶上，砖长 33 ~ 34、小头宽 10、厚 4.5 厘米。此层丁砖下还垫一层薄砖，厚仅 2.5、宽 16、长 33 ~ 34 厘米。

随葬品主要是一些青瓷碎片，发现于墓室口附近，经拼合为青瓷盘口壶 1 件、残壶（罐）一件。

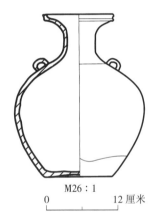

M26：1

0　　　　　12 厘米

图 4 - 25C　里山东晋墓 M26 出土青瓷盘口壶

青瓷盘口壶　1 件。

M26：1，盘口较浅，盘外壁内收饰凹弦纹，束颈，圆肩，肩部附双系，现残存一系，鼓腹，下腹斜收，平底微凹。青釉，灰胎，釉面有冰裂纹，施釉近底，近底处釉为红褐色。口径 12.7、腹径 21.4、底径 11.2、高 26.4 厘米（图 4 - 25C；彩版 4 - 18，4）。

青瓷壶　1 件。

M26：2，口及肩部多残缺，外施青釉，上有浅色斑点，外面近底及底外面施红褐釉，灰胎。束颈，圆肩，肩部饰一道弦纹并附双系，现残存一系，鼓腹，下腹斜收，平底微凹。底部有支烧痕。腹径 17.7、底径 9.7、残高 19 厘米。

第三章　隋唐墓

隋唐墓共6座，除M16外，均分布于东北的一座山丘上。

M27

M27位于东天竺寺东部150米处的一座东西向小山坡上，此地原为汤加扣茶场，现山上长满树木，地势西高东低。其东部、北部有一条山路蜿蜒通往西北向山内的一处采石场。现墓葬砖壁已部分暴露于一南北向的断面上。方向278度。

M27揭掉表土砖室即暴露，其中填土松软湿润，包含大量植物根系。M27由甬道及墓室二部分组成。甬道宽0.76~0.8、进深0.65、残高0.27米，三顺一丁砌法。靠近封门的砖壁横向并列7砖，再纵向并列6砖。甬道前有砖砌封门，封门残高0.45、厚0.32、宽1.12米，由底往上一顺一丁、三顺一丁，有的墓砖一短侧面模印有"钱氏墓"3字。墓室平面略呈椭圆形，东西两壁平直，南北两壁朝外弧凸。东壁宽1.26、高0.32米，西壁宽1.17、高1.12米，中部最宽1.97米。北壁东段被挤压变形，朝室内倾斜。南壁垂直长3.18、残高0.56~1.05米。北壁残高0.2~0.91米。西壁由底往上0.66米于墓壁中部偏南留有一小龛，小龛宽12.3、高14~14.5、进深3厘米。由西壁至封门内面长3.76米（即墓室内长）。墓底铺地砖作人字形排列。墓砖长30.3~31、宽14~14.5、厚3.4~4.3厘米，有的一短侧面模印有"钱氏墓"3字（图4-26A、B；彩版4-19，1、2）。

随葬品主要是一些瓷器残片，发现于北壁附近，经拼合为青瓷盘口壶两件、盏一件。此外，墓室还发现有铁棺钉。

青瓷盘口壶　2件。

M27：1，杯口，颈部较长，上凸起两道棱，鼓腹较长，腹下内收，底微凹。腹部及以上饰青釉，腹下饰褐釉，腹部有流釉现象。灰胎，胎内有黑色斑点。口径11.3、腹径22.2、底径13.5、高45.1厘米（图4-26C；彩版4-19，4）。

M27：2，橄榄形。溜肩，肩部附双系，腹修长微鼓，下腹斜直内收，平底。上半身施青釉，釉面有青黑色斑点和冰裂纹。灰胎。口径15.9、腹径15.5、底径10.1、高35.4厘米（图4-26C；彩版4-19，5）。

青瓷盏　1件。

M27：3，灰胎，内外施青黄色釉，表面有冰裂纹，近底及底部外面不施釉。敛口，鼓腹，假圈足，小凹底。口外饰三周弦纹，腹外壁饰圆圈和平行短线纹。口径5.3、腹径6.8、底径2.6、高4.7厘米（图4-26C；彩版4-19，3）。

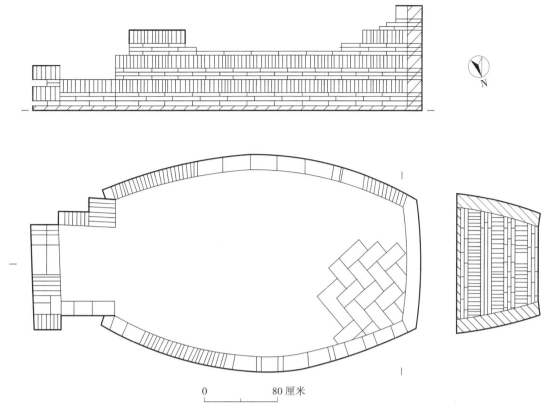

0　　　　　　　80厘米

图 4 – 26A　里山隋墓 M27 平、剖面图

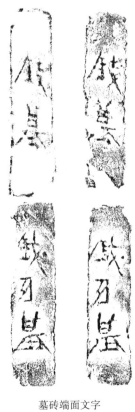

墓砖端面文字

0　　　　　　　8厘米

图 4 – 26B　里山隋墓 M27 墓砖拓片

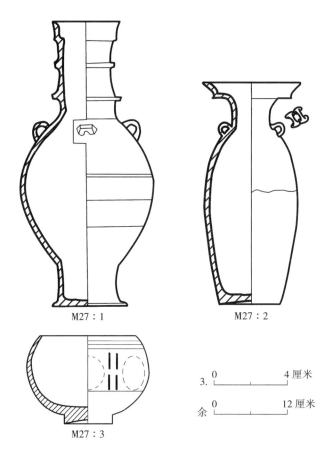

M27：1　　　　M27：2

3. |0————————4 厘米|

余 |0————————12 厘米|

M27：3

图 4 - 26C　里山隋墓 M27 出土器物
1、2. 青瓷盘口壶　3. 青瓷盅

M29

M29 位于 M26 西部 3 米处，仅余墓室一角（西北角），现存西边长 1.02、北边长 1.26 米，西北角最高 0.8 米。从墓室残存的形状来看，M29 为东西向，方向 275 度。现存砖顶距地表 1.55 米。墓壁向外弧凸。墓壁砌法：三顺一丁（平砌三层立砌一层），铺地砖人字形排列。个别丁砖一短侧面模印"钱氏墓"三字。砖长 30.5、宽 14～16、厚 3.6～3.9 厘米，素面（图 4 - 27）。

未发现随葬品。

M30

M30 位于 M29 西部 10 余米处，仅余墓室一角，墓葬东西向，方向 283 度。现存墓顶距离地表 2.1 米，上为红褐色土石堆积。墓室仅西北角残存，西壁基本有保留，南壁仅剩一砖长度。西壁长 1.2、北壁残长 1.6、南壁残长

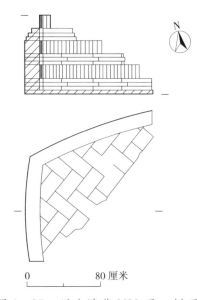

0 ————————80 厘米

图 4 - 27　里山隋墓 M29 平、剖面图

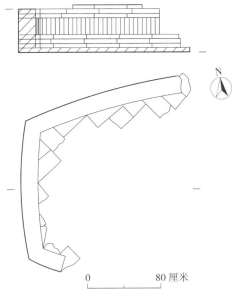

图4-28 里山隋墓M30平、剖面图

0.26米。墓壁残高0.5米。墓壁微向外弧凸。墓壁砌法：三顺一丁（平砌三层立砌一层），铺地砖人字形排列。个别丁砖一短侧面模印"钱氏墓"三字。砖长30~31、宽14~15、厚3.2~3.8厘米（图4-28）。

随葬品仅发现一些瓷器残片，器形有黑褐釉罐及盘口壶底部（底径9.9厘米）残片等。

M31

M31位于M29西部3米处，地势较高，二者高程相差1.2米，现地表树木杂草丛生，并堆放有干枯树枝等，地势北高南低。甬道暴露于断面上。M31墓室平面呈椭圆形，方向90度，前有方形甬道，甬道口有封门。甬道内宽0.77、长0.63、外宽1.37米，连封门在内长0.91米，两壁各砌两层砖（东西向顺长并列垒砌）。墓室东西长3.2、西壁宽1.23、东壁宽1.36、中间最宽2.07米。北壁现高1.3米，上面宽0.72米。从墓底往上0.8米于西壁中部开有一小龛，小龛宽30、高34、进深19厘米，内面未砌砖（图4-29；彩版4-20）。

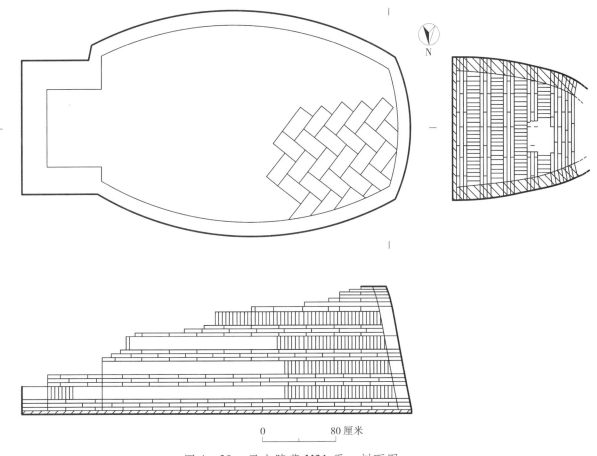

图4-29 里山隋墓M31平、剖面图

随葬品基本被洗劫一空。墓室中部安放两件铁钉，西北角放有铁器一件，西部发现有青瓷盘口壶底残片，还有后期混入的瓷碗①1件。

青瓷盘口壶　1件。

M31：1，仅余残片，为盘口壶的底部。底径 12.5 厘米。

铁钉　3件。均有钉帽，钉身呈上粗下细的四棱柱形，末端尖圆。

M31：2，大致完整，钉帽已经陷入墓底铺地砖中，钉身斜向伸出。长 30 厘米。其他两件残长 22 ～ 25 厘米。

M32

M32 位于 M31 西部，二者方向一致，形制相同。现仅存墓室西北部，西壁底保留完整，北壁大部分有保留，南壁仅残存 0.9 米长的一段。墓葬平面呈椭圆形，南北两壁朝外弧凸。西壁内宽 0.92 米，北壁垂直残长 2.52 米，墓室中部最宽处复原长度 1.7 米。砌法：三顺一丁。东北壁残存最高 0.56 米，另外的墓壁仅余 3 层砖高度（11.5 厘米）。砖长 29 ～ 29.5、宽 14 ～ 14.5、厚 3.8 厘米。铺地砖人字形排列。现墓底距地表最高 2 米（北壁），南部墓底距离地表 1.4 米（图 4 – 30）。

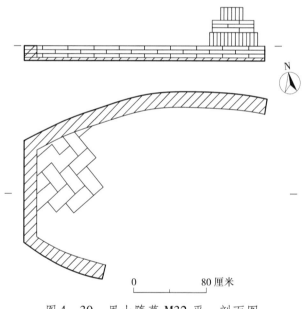

图 4 – 30　里山隋墓 M32 平、剖面图

M16

M16 位于墓地西南部。西北 6 米处为 M5，东南 8 米处为 M14。墓葬所在为一坡度缓和的山坡地带，北高南低，其上原种植茶叶树。现存墓口南端距离地表 20 厘米，北端距离地表 70 厘米。南北向，墓口朝南，平面略呈纺锤形，北端较窄，南端稍宽，东、西二壁略朝外弧凸，方向 335 度。墓室内部尺寸：北壁 0.8、南壁 1、东壁 3.08、西壁 2.96 米。外壁尺寸：南宽 1、北宽 0.9、南北通长 3.1 米。砌法：东、西、北三壁由底往上五顺一丁，再三顺一丁，再五顺。西壁、北壁现存高度 56 ～ 57 厘米，

---

①　瓷碗（M31：01）通体施青黄釉，壁微鼓，灰胎。碗底内面饰一周弦纹，圈足。口径 16、底径 5.8、高 5.7 厘米。

东壁现存高度25厘米。南端为封门,现存四层,一顺一丁各两层相间排列,高32、宽100、厚24厘米。东、西、北壁丁砖均为半砖或近似半砖立砌,参差不齐,其长度基本控制在一块整砖的宽度。墓底平铺砖一层,作人字形(图4-31)。

墓葬被扰太甚,未发现随葬品,仅发现铁棺钉一枚。

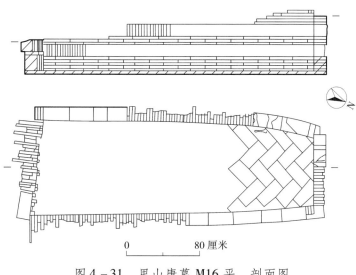

图4-31 里山唐墓M16平、剖面图

第四章 结 语

    本次发掘的汉墓均为砖室（椁）墓，根据墓顶结构分为砖椁木顶墓和券顶墓，墓葬形制和随葬器物基本相似。据浙江汉墓的发展规律，砖椁墓最早出现于王莽时期，流行于东汉早期；砖室券顶墓东汉早期开始出现，流行于东汉六朝时期。里山 M4∶3 陶罐形制同浙江上虞蒿坝东汉永初三年墓双耳罐（M52∶11）[1]、浙江嘉兴九里汇东汉中期墓出土釉陶罐[2]、余杭大观山果园东汉中期偏早的酱色釉弦纹罐（M3∶11）[3]、奉化白杜南岙林场东汉早、中期的 GⅠ式罐（M171∶1、M123∶2）[4] 相似。里山 M8∶3 瓿同奉化白杜南岙林场东汉早期 M115∶5 瓿相似。里山 M24∶12 大口弦纹罐同奉化白杜东汉早期 M193∶7 硬陶罐相似。里山 M24∶5 三足盆同奉化白杜东汉早期晚段 M141∶4 三足盆类似。里山 M17 的陶壶、陶罐、陶罍同湖州市白龙山 M6 出土的同类器物比较相似，白龙山 M6 也是砖椁墓，时代为新莽至东汉早期[5]。里山 M28∶2 硬陶罐同上虞驮山东汉永元十二年（100 年）M31 出土的原始瓷罐[6]较为相似，为东汉中期。所以，这批汉墓基本可定为东汉早期和中期。

    M8 出土的铜镜自铭为"天禄"，可称为"天禄镜"。天禄镜同东汉时期浙江流行的龙虎镜大致相似，但天禄同龙、虎的形态还是有一定的差异。从此镜模印的天禄形象来看，当时天禄分独角和双角两种，两者组合成一对。[7] 此镜是目前科学发掘所得仅有的一面天禄镜，具有重要的文物研究价值。

    里山发掘的东晋墓有两座，其中 M15 位于西南山体下部，同汉墓杂错，出土的黑釉鸡首壶同杭州老和山东晋兴宁二年（364 年）墓[8]、江苏无锡赤墩里东晋太和五年墓[9]出土的黑釉鸡首壶相似。M26 位于东北山体，为东晋太元十五年（390 年），同 5 座隋墓分布在一起，墓砖模印有"钱氏作"文字，表明该墓墓主姓"钱"，是一处以"钱"姓为主的家族墓地。

    里山发现的这 5 座隋墓形制相同，墓室均为前后壁平直、两侧壁弧凸的船形，墓砖相对较小，其中 M27、M29、M30 墓砖模印有"钱氏墓""钱墓"文字，说明这些墓墓主姓"钱"，是一处钱姓家族

① 吴玉贤：《浙江上虞蒿坝东汉永初三年墓》，《文物》1983 年第 6 期。
② 嘉兴市文化局：《浙江嘉兴九里汇东汉墓》，《考古》1987 年第 7 期。
③ 浙江省文物考古研究所：《杭州大观山果园汉墓发掘简报》，《浙江汉六朝墓报告集》，119 页，科学出版社，2012 年。
④ 浙江省文物考古研究所、宁波市文物考古研究所、奉化市文物保护管理所：《奉化白杜南岙林场汉六朝墓葬》，《浙江汉六朝墓报告集》，232、287、300 页，科学出版社，2012 年。
⑤ 浙江省文物考古研究所、湖州市博物馆：《湖州市白龙山汉六朝墓葬发掘报告》，《浙江汉六朝墓报告集》，155～157 页，科学出版社，2012 年。
⑥ 浙江省文物考古研究所：《上虞驮山古墓葬发掘》，《沪杭甬高速公路考古报告》，251 页，文物出版社，2002 年。
⑦ 刘卫鹏：《东汉"天禄"铜镜的发现与探讨》，《文物》2016 年第 3 期。
⑧ 浙江省文物管理委员会：《杭州晋兴宁二年墓发掘简报》，《考古》1961 年第 7 期。
⑨ 无锡市博物馆：《无锡赤墩里东晋墓》，《考古》1985 年第 11 期。

墓地。其中里山 M27：1 盘口壶同南京理工大学南朝晚期 M1：1 青瓷盘口壶①相似，颈部细长并有两道箍棱，腹下近底处弧形内收；里山 M27：2 盘口壶同余杭小横山 BⅢ式盘口壶（M67：1）和 BⅣ式盘口壶（M35：1）②、衢州北门外衢江北岸隋代 M6 出土的双复系盘口壶③、嵊县城西隋大业二年（606 年）M10 出土的盘口壶④、江苏武进县湖塘乡隋代 M2：1 盘口壶⑤相似。里山 M27 青瓷小盅同武汉东湖岳家嘴隋墓出土的水盂（M29：37）⑥ 相似，均为敛口，圆鼓腹，小（假）圈足，腹部都装饰有纹饰，里山 M27 青瓷小盅腹部饰圆圈和平行短线纹，东湖岳家嘴隋墓水盂腹部饰有团花，中间以直线隔开，两者的构图基本相似；墓葬形制也同江苏武进县湖塘乡隋代 M1 和 M2 相似。综合以上分析，推知里山 M27 时代为隋，其余四座时代也同 M27，为隋代。

这 5 座隋墓位于东晋 M26 后面，距离很近，排列也有一定顺序，同 M26 有一定关系，应该是东晋 M26 墓主的后裔子孙。

M16 平面呈长方形，两侧壁微微外凸，墓壁以小砖顺丁砌筑，丁砖长短不一，内齐平而外参差，这种类型的墓砖和砌法在浙江唐墓中十分流行，所以，M16 的时代为唐代。

---

① 南京市博物馆：《南京理工大学南朝墓发掘简报》，《南京文物考古新发现》，文物出版社，2014 年。
② 杭州市文物考古研究所、余杭博物馆：《余杭小横山东晋南朝墓》，文物出版社，2013 年。
③ 衢州市文物馆：《浙江衢州市隋唐墓清理简报》，《考古》1985 年第 5 期。
④ 嵊县文物管理委员会：《浙江嵊县发现隋代纪年墓》，《文物》1987 年第 11 期。
⑤ 常州市博物馆、武进县博物馆：《江苏武进县湖塘乡发现隋唐墓》，《考古》1990 年第 6 期。
⑥ 武汉市文物管理处：《武汉市东湖岳家嘴隋墓发掘简报》，《考古》1983 年第 9 期。

附　表

附表4　余杭里山墓地汉墓登记表

墓号	方向	墓砖规格（厘米）及纹饰	墓室尺寸（米）	随葬品	扰否
1	340°	长29~31、宽14.5~15.5、厚3~4.2，饰叶脉纹或菱形网格纹；长29.4~30、宽14.5~15、厚3.2~4，素面。	长2.96、宽1.52、残高0.95	陶罍、罐残片	扰
3	166°	长29.5~31.5、宽14.8~15.5、厚2.5~3.5	外长3.8、宽1.85、残高0.69，内长3.3、宽1.22~1.24	陶罐1、罍1，石砚1组，铁镰斗1	扰
4	252°	长28.5~31、宽14.5~15、厚2.6~4，饰叶脉纹，有子母砖	外长3.74、宽1.26，内长3.3、宽0.96，现高0.88	陶侈口罐2、直口罐1、壶2、罍1、盆1、灶1、釜1、井1	未
5	70°	A：长30~31.7、宽14.3~15、厚4.5；B：长25.8~27.8、宽12.8~13.5、厚2.5~3.2；C：宽13.3~13.6、厚2.1~2.8	外长3.56、宽1.38，内长3.24、宽1.08、高1.28，直壁高0.61	陶大口罐1、直口罐1、壶1，铁带钩1、钩2	未
6	340°	长30~30.5、宽15~15.7、厚3~3.5，饰叶脉纹	长3.63（内）~3.93（外）、宽1.1~1.7，残高0.37	铜镜1	扰
7	345°		外长3.28、宽1.2，内长2.87、宽0.84~0.85，现高0.67	陶釜1，铁器2	扰
8	364°	长26.5~27、宽13~13.5、厚2.5~3	外宽1.16、残长1.46，内宽0.91、残长1.35，现高0.67~0.77	铜镜1，石砚1，陶罐2、瓿式罐2	扰
9	255°	A：长31.5、宽14.5~15、厚3.8~4，背面饰叶脉纹；B：长25~25.5、宽13~13.5、厚2.2~2.5，素面	外长4.15、宽1.72，内长3.55、宽1.2米，残高0.68	陶壶1，另有黄釉罐、黑釉瓶残片	扰
10	163°	长29.2~31、宽14.2~14.8、厚3.7~4.6，饰叶脉纹或菱形网格纹	外长3、宽1.27，内宽0.98、残长2.2	铜镜1、五铢15	扰
11	340°	长29.5~30、宽14~14.5、厚3~3.5	外长3.67、宽1.49~1.63，内长3.37、宽0.9~1.08，现高1.03	陶罐3、樽1	扰
13	250°	长28.5~29、宽13~15、厚2.7~3.3	外3.85、宽3.04、高0.96~0.99，内长3.28、宽2.45	陶罐2、小罐1、罍1、盆1、灶1、井1，铜镜2，铁镰斗1、剑1、削1	未

续表

墓号	方向	墓砖规格（厘米）及纹饰	墓室尺寸（米）	随葬品	扰否
14	250°	长 29.7 ~ 30.5、宽 14 ~ 15、厚 4 ~ 4.3，饰菱形网格纹	内长 3.44、宽 2.7、现高 0.6 ~ 1.1	未发现	扰
17	249°		外长 3.6、宽 1.94，内长 2.92、宽 1.36	铜镜 1、铁刀 1、剑 1、削 1，石砚 1、陶壶 1、罐 6、罍 1	未
18	250°	长 39 ~ 40、宽 19 ~ 19.7、厚 5.1 ~ 5.7，饰几何纹，三顺一丁砌筑	外宽 2.1、残长 3.58，内宽 1.69、残长 3.35、现高 0.74	未发现	扰
19	70°		外长 3.91、宽 1.37，内长 3.45、宽 1.07、残高 0.06 ~ 0.2	未发现	扰
20	245°	长 29 ~ 30、宽 15、厚 3 ~ 4	外长 4.2、宽 2.5、内长 3.8、残高 0.21	未发现	扰
21	258°	长 30 ~ 31、宽 13.7 ~ 14.7、厚 3.7 ~ 4	外长 3.6、宽 1.52，内长 3.4、宽 1.08 ~ 1.16、残高 0.35	陶罐 3、残片	扰
22	258°	长 29 ~ 30、宽 15、厚 3 ~ 3.4	外长 4.6、宽 1.6 ~ 1.8，内长 4.44、宽 1.18 ~ 1.22、高 0.5	泥井 1	扰
23	258°	长 39、宽 19 ~ 19.5、厚 4.5 ~ 5.2，梯形砖长 20、大头宽 19、小头宽 13.5、厚 5，券砖长 37.5 ~ 39、宽 18 ~ 19、厚 4.2 ~ 5.2	外长 3.13 ~ 3.18、宽 1.2、高 1.1 ~ 1.24，内长 2.8、宽 0.85、高 0.98 ~ 1.02	未发现	扰
24	245°	长 25.5 ~ 26.5、宽 12.5 ~ 13、厚 2.7 ~ 3.5	外长 3.6、宽 1.36、高 1.2，长 3.07、宽 1.17 ~ 1.2、高 1.06	陶罐 6、壶 4、罍 1、灶 1、井 1、盆 1、桶 1	扰
25	334°	长 26.8 ~ 27.6、宽 13 ~ 14、厚 2.2 ~ 2.8	外长 2.9、宽 1.4、高 0.64，内长 2.43、宽 0.75	瓷盆 1（出于上部地层中）	扰
28	230°	长 31 ~ 32、宽 14.8 ~ 15、厚 3.5 ~ 4.1	内长 3、宽 1.36 ~ 1.38、高 1.04，外宽 2、现存长度 3.44	陶罐 1、灶 1、铁刀 1、铜五铢	扰

伍 余杭东西大道墓地

余杭东西大道墓地位于杭州市余杭区余杭镇东部运溪路同荆余路交叉口东北部，华坞新苑对面。本区域地势较低平，平均海拔 6 米，地形以两座小山丘为主，其上覆盖大量植被。2011 年 10 月至 2012 年 5 月，为配合杭州市金城品屋房地产有限公司的建设（现为复地上城），杭州市文物考古研究所同余杭博物馆对该地块内的古墓葬进行了发掘，共发掘墓葬 63 座，其中汉墓 5 座，六朝墓 58 座。

　　本次发掘领队为刘卫鹏。发掘可分前后两个时期，前期发掘（M1 ~ M23）主要由赵一杰现场负责，墓葬平剖图、墓葬照片均由赵一杰完成。后期发掘由骆放放、刘勋涛现场负责，墓葬平、剖面图的绘制、墓葬照片的拍摄均由刘勋涛、骆放放二人负责。墓葬资料后期整理主要由刘卫鹏负责，骆放放修复了出土器物并做了拓片，李二鹏绘制了器物图，刘卫鹏拍摄了器物照片。墓葬平面分布图的测绘由何国伟完成。墓葬图的描绘由骆放放完成。本报告由刘卫鹏、房有强执笔。

第一章 汉 墓

汉墓共 5 座。均为平面呈长方形的砖室墓，墓壁平直，墓室相对较宽，有的没有甬道，有的甬道很短，封门呈朝外凸出的弧形，多作人字形垒砌。墓砖两端多有榫卯，侧面基本模印几何纹。墓室设置棺床少见。有的墓前有排水道。

M2

M2 早年被盗，但墓室保存完整，长方形砖室墓，方向 285 度。无封门，墓室平面呈长方形，外长 3.32、宽 1.88 米，内长 3.24、宽 1.65 米，现高 0.78 米。墓壁以单砖顺向错缝平铺垒砌，墓底为横向平铺，后部三分之一对缝，其余错缝。墓砖长 33、宽 13、厚 4 厘米，部分墓砖侧面模印菱形纹、三角纹、钱纹、平行短线纹等，有两种组合，一种中间为 W 形纹，两侧为 X 形纹，再两端为平行短线纹；一种中间为一梳篦纹，两侧为钱纹，再两端为 X 形纹（图 5 – 1A；彩版 5 – 1）。

随葬品 5 件。陶壶 1 件，出土于墓室东北角；陶罐 4 件，其中 1 件出土于墓室北壁偏中部，1 件出土于墓室东北角，2 件出土于墓室东南角。

陶壶 1 件。

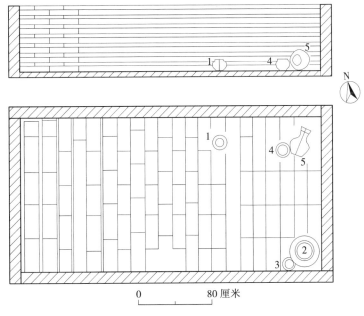

图 5 – 1A 东西大道汉墓 M2 平、剖面图

M2:5，红陶。杯口较深，沿面内凹，尖唇，杯口外面下端饰两道凹弦纹，束颈较短，颈下部有一周凸棱，肩附双系，系面印叶脉纹，圆肩，鼓腹，平底，肩腹满饰弦纹。口径12.3、腹径22.2、底径9.6、高29.4厘米（图5-1B；彩版5-2，1）。

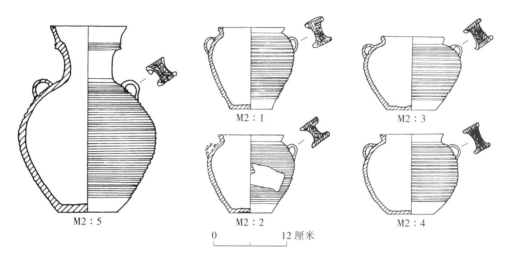

图5-1B　东西大道汉墓 M2 出土器物

1~4. 陶罐　5. 陶壶

陶罐　4件。夹砂红陶。形制、大小基本相同，红陶或红褐色陶。均侈口，束颈极短，溜肩，肩附双系，系面印叶脉纹，肩腹满饰弦纹，平底略凹。M2:3为圆唇，无沿，其余3件口沿均内斜，尖圆唇，沿面中部下凹，以 M2:4 下凹最为明显。

M2:1，口径10.8、腹径14、底径6.8、高12.8厘米（图5-1B）。

M2:2，口径10.6、腹径14.4、底径7、高12.4厘米（图5-1B）。

M2:3，口径10、腹径16、底径7.8、高11.6厘米（图5-1B）。

M2:4，口径10.2、腹径14.5、底径7.4、高12.6厘米（图5-1B；彩版5-2，2）。

M48

M48 为长方形砖室墓，现仅存墓室后半部。方向20度。西壁残长1.4米，东壁残长1.5米，宽1.04米。墓壁单砖错缝平砌，厚0.15米，两侧壁残高0.3~0.8米，后壁残高0.8米（图5-2A）。墓室底部以砖块横向平铺，其间杂有个别整砖。墓砖长34~35、宽15、厚5厘米，砖的侧面模印有 X 形纹及平行线等几何纹（图5-2B）。

随葬品仅发现硬陶罐1件，出土于墓室中部。

硬陶罐　1件。

M48:1，灰褐色硬陶，不带釉。直口，矮颈极短，颈外中部有一周凸棱，溜肩，斜直腹，平底略凹，最大径在肩腹结合处，肩附双系，系面印叶脉纹。口径18.6、腹径28.2、底径15.2、高25.2厘米（图5-2C；彩版5-2，3）。

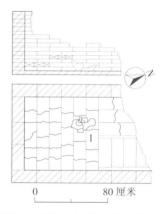

图5-2A　东西大道汉墓
M48 平、剖面图

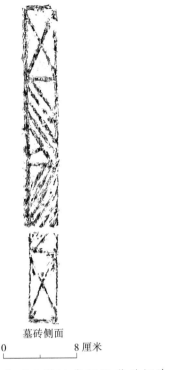

墓砖侧面

0　　　　　　8 厘米

图 5 - 2B　东西大道汉墓 M48 墓砖拓片

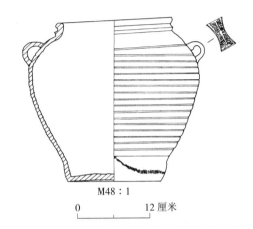

M48：1

0　　　　　　12 厘米

图 5 - 2C　东西大道汉墓 M48 出土硬陶罐

M49

M49 为长方形砖室墓，方向 20 度。由封门、甬道及墓室三部分组成。通长 3.75、宽 1.4 米。因盗掘破坏，墓室仅存后壁及底部。封门仅余底部几层，以砖块垒砌呈外凸的弧形，残高 0.1～0.2 米。甬道极短，仅有一砖的长度，内宽 0.96、进深 0.34、残高 0.1 米。底部横向平砌两排砖。墓室平面呈长方形，内长 3、宽 1.14 米。墓壁单砖顺长错缝平砌，厚 16 厘米。两侧壁前部残高 0.1～0.2、后部高

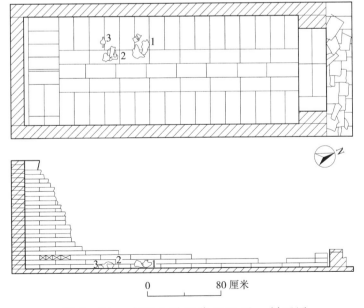

0　　　　　　80 厘米

图 5 - 3A　东西大道汉墓 M49 平、剖面图

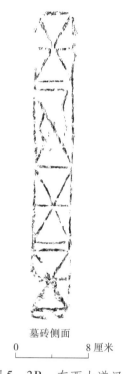

墓砖侧面

0 　　　　　　　 8 厘米

图 5 - 3B 东西大道汉墓
M49 墓砖拓片

1.2 米；后壁现存 25 层砖，高 1.16 米（图 5 - 3A；彩版 5 - 3，1、2）。墓底铺地砖分两组，墓室后端靠一边纵向并列 5 砖，再横向并列 2 块砖；其余部分中间纵向并列 3 排砖，两侧各横向平砌一排砖。墓砖长 32 ~ 36、宽 14 ~ 16、厚 4.5 ~ 5 厘米，侧面模印有三组或四组米字纹或 X 形纹，个别的印平行短线等几何纹（图 5 - 3B）。

随葬品共 4 件。墓室后部发现硬陶罍、壶残片各 1 件及铁带钩 2 件。

硬陶壶　1 件。

M49:1，灰褐色硬陶，不带釉。盘口外侈，束颈，溜肩，肩饰两组弦纹，每组 3 道，弦纹间饰一周水波纹，肩附双系，系面印叶脉纹。鼓腹，平底，假圈足，器身有凸起的气泡，泡内为海绵体结构，器形倾斜变形。口径 13.4、底径 10.5、高 27.9 ~ 29.4 厘米（图 5 - 3C；彩版 5 - 3，3）。

硬陶罍　1 件。

M49:2，红褐色及灰褐色硬陶，不带釉。残。直口，圆溜肩，鼓腹，平底。器身满饰块状斜方格纹。底径 15、口径 19.2 厘米（图 5 - 3C）。

铁带钩　2 件。

M49:3 - 1，略呈长条形，中间稍宽，一端有弯钩。长 11.6、宽 1 ~ 1.8 厘米。（图 5 - 3C；彩版 5 - 3，4）。

M49:3 - 2，一端卷曲。长 9.6、宽 0.8 ~ 2.8 厘米。（图 5 - 3C；彩版 5 - 3，4）。

另外，M49 还发现有陶罐口沿残片，直口微侈，圆唇，颈外有一周凸棱，肩部饰一周弦纹，口径 11.2 厘米。

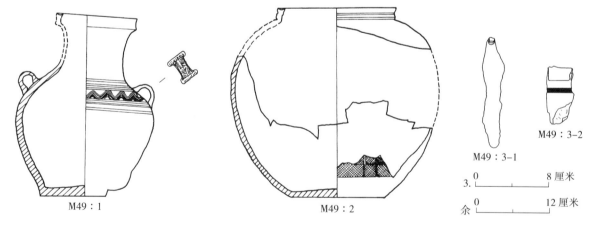

M49:1　　　　　　　　　M49:2　　　　　　M49:3 - 1　　　M49:3 - 2

3. 0 　　　　　 8 厘米

余 0 　　　　　 12 厘米

图 5 - 3C 东西大道汉墓 M49 出土器物
1. 硬陶壶　2. 硬陶罍　3. 铁带钩

M59

M59 砖室由封门、甬道及墓室三部分组成。方向 235 度。封门砌于甬道口内，朝外弧形凸出，现存 14 层平砌砖，残高 0.7 米。甬道极短，两边由双砖顺长并列组成，宽 1.12、进深 0.32、残高 0.5 米。墓室平面呈长方形，后壁及一侧壁后段被毁，残长 3.52、内宽 1.66 米。墓壁较平直，以单砖顺向错缝平砌而成，厚 0.16 米。东壁残长 1.96、残高 0.38～1.54 米，北壁被毁无存，西壁残长 3.52、残高 1.54～0.38 米。墓底铺地砖呈细纹排列。墓砖两端有榫卯，长 32、宽 16、厚 4.5～5 厘米，砖侧面模印几何纹（图 5-4A；彩版 5-4）。

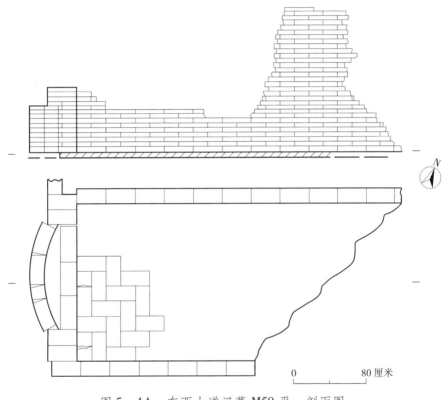

图 5-4A　东西大道汉墓 M59 平、剖面图

随葬品 3 件。墓室东南部放置陶灶 1 件，墓室前部放置硬陶罐、铁刀各 1 件。

硬陶罐　1 件。

M59:2，灰褐色硬陶，不带釉。直口，短颈，颈中部凹下一周，圆肩，肩部饰一道凹弦纹并附双系，系均残缺，鼓腹，平底。灰胎，有黑褐色斑点，下腹紫褐色。口径 12.5、腹径 20.8、底径 10.3、高 17.4 厘米（图 5-4B；彩版 5-5，2）。

陶灶　1 件。

M59:1，泥质灰陶。平面呈尖头船形，上面开两个火眼，眼上各放盆、釜一件，灶中部细线刻有斜网格纹带，后端开一小孔，代表烟囱。灶前面正中开拱顶方形火门。通长 28.5、高 13.2、灶身高 9 厘米（图 5-4B；彩版 5-5，1）。

铁刀　1 件。

M59:3，刀断为数节。宽处 2.8、窄处仅 1.4 厘米，长度不详。

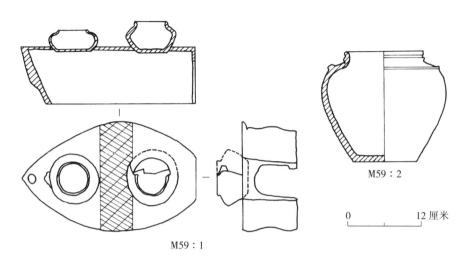

M59：1

M59：2

0   12 厘米

图 5 - 4B　东西大道汉墓 M59 出土陶器
1. 陶灶　2. 硬陶罐

M62

M62 由排水道、封门、甬道及墓室四部分组成。方向 350 度。排水道朝东呈弧形弯曲，宽 0.18 ~ 0.22、厚 0.18、残长 1.64 米。排水道两侧分别用两块砖顺长立砌，上、下均顺向平铺一层砖，上面的铺砖以砖块居多，形成横截面基本呈方形或梯形的结构。墓葬主体（不包括排水道）通长 6.04、宽 2.6 米。封门砌于甬道口内，宽 1.3、厚 0.32、残高 0.12 米。以青砖顺长斜向并列立砌成人字形，现仅存一层。甬道较短，宽 1.3、进深 0.66、残高 0.84 米。墓室平面呈长方形，内长 5.06、内宽 1.96、残高 0.9 ~ 0.32 米。东壁残长 3.58、西壁残长 3.4、残高 0.9 ~ 0.32 米。墓底铺地砖上残存个别平砌砖，似为棺床的孑遗。墓壁双砖并列，厚 0.32 米。墓底以并列的两砖为一组纵横排列成席纹。墓砖分长方砖和横楔砖两种。长方砖长 32.5 ~ 33、宽 15 ~ 15.5、厚 5 厘米，两端有榫卯，砖侧面模印几何纹。横楔砖长 31、宽 15、大厚 5、小厚 4 厘米（图 5 - 5A；彩版 5 - 6）。

随葬品共 11 件（组），其中釉陶耳杯 6 件（2 件完整）放置于墓室口部，陶井、灶（上附釜 2 件）放置于墓室东南角，其他位于墓室中部。

硬陶罍 1 件。

M62：5，灰色硬陶。仅余口、底部分。敛口，平沿，尖圆唇，圆肩，鼓腹，平底。器身满饰方块网格纹。口径 20.1、底径 14.4 厘米（图 5 - 5B）。

陶三足盆 1 件。

M62：4，仅余腹、底部分。泥质灰陶，陶质差。侈口、平沿，圆唇，弧腹斜收，腹中部饰三周凹弦纹，平底，下附三足，足粗短。口径 30、底径 21、高 12.6 厘米（图 5 - 5B）。

釉陶耳杯 6 件。

M62：1，均施黄褐色釉，釉层在底中心积聚呈深褐色，平面呈椭圆形，两个长方形耳同口沿齐平或略高于口沿，平底，底外面未施釉。耳杯小者长径 13.3、短径 9、高 4.7 ~ 4.9 厘米，大者长径 14.8、短径 9.3 ~ 9.4、高 5.3 ~ 5.8 厘米（图 5 - 5B；彩版 5 - 5，3）。

陶灶 一组 3 件。

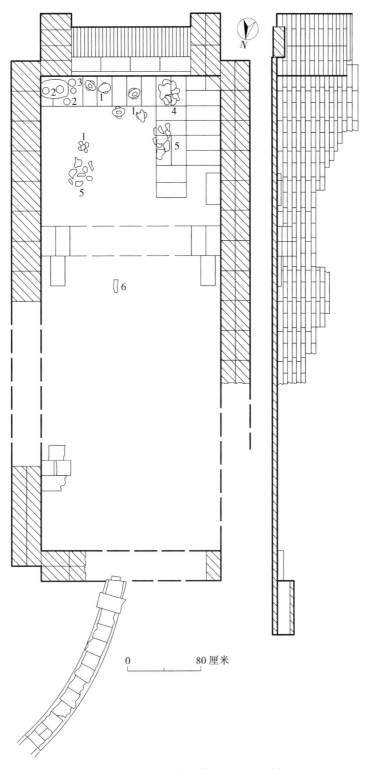

图 5 - 5A　东西大道汉墓 M62 平、剖面图

M62:2，泥质灰陶。灶平面呈尖头船形，灶面开两个圆形火眼，火眼上放置小陶釜各 1 件，灶面中部有细线刻成的网格纹带，后端开一小孔代表烟囱。灶通长 33.3、最宽 18.9、通高 10.2、灶身高 7.5 厘米（图 5 - 5B；彩版 5 - 5，4）。

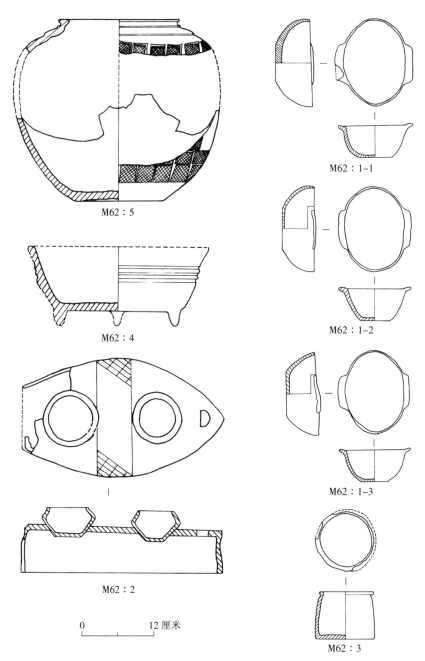

图 5－5B　东西大道汉墓 M62 出土陶器
1. 釉陶耳杯　2. 陶灶　3. 陶井　4. 陶三足盆　5. 硬陶罍

陶井　1件。

M62：3，泥质灰陶，酥脆。平沿，斜直腹，腹下端稍大，平底略凹。口径 8.6、底径 9.6、高 7.6 厘米（图 5－5B；彩版 5－5，5）。

铁削　1件。

M62：6，残长 17、宽 1.7～1.8 厘米。

第二章　六朝墓

六朝墓共58座。按平面形制分为长方形、刀形和凸字形三类。长方形墓一般墓室较窄小，规模小；刀形墓的墓室平面呈长方形，甬道偏向一侧，数量少；凸字形墓数量最多，规模较大，大多数墓室后壁呈外凸的圆弧形，墓室中后部设置砖砌的棺床，墓前伸出有排水道。墓葬往往两三座或四五座并列，围绕山体分布。

M1

M1为长方形券顶砖室墓。方向230度。封门基本被破坏殆尽。墓室平面呈窄长方形，墓壁顺长错缝叠砌，墓底铺砖两两一组纵横排列，拱券顶，顶仅在后端有部分保留。墓室通长3.8、宽1.08、高1.12米。墓砖长32、宽14.5、厚4.5厘米（图5-6；彩版5-7，1）。

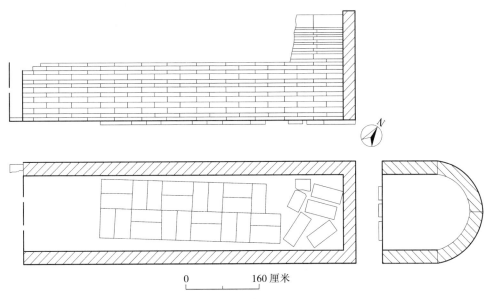

0　　　　160厘米

图5-6　东西大道六朝墓M1平、剖面图

墓葬盗扰甚重，未发现随葬品。

M3

M3为长方形券顶砖室墓，券顶无存。方向225度。封门位于墓室前端，平砖错缝叠砌，宽0.63、厚0.28、残高0.32~0.46米。墓室平面呈窄长方形，壁砖从下往上五顺后丁一层，再往上均顺砖错缝叠砌，其中后壁保存最多，丁砖上留存顺砖12层。墓底砖呈人字形平铺。墓室外长2.94、宽0.9米，内长2.52、宽0.63米，残高0.54~0.93米。墓砖长30、宽13、厚4厘米（图5-7；彩版5-7，3）。

　　该墓遭到严重破坏，未发现随葬品。

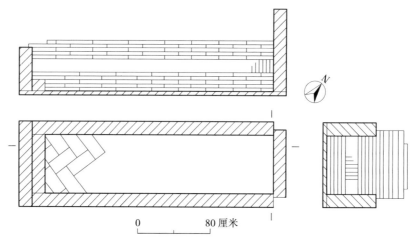

图5-7　东西大道六朝墓M3平、剖面图

M4

　　M4遭到严重破坏，长方形券顶砖室墓，券顶无存。方向235度。封门位于墓室前端，平砖错缝叠砌，宽0.64、厚0.14、残高0.5米。墓室呈窄长方形，壁砖由下往上四顺一丁，其上为平砖顺向错缝叠砌，墓底砖大部分呈人字形平铺，接近封门处为一排横向平铺砖。墓室外长2.88、宽0.92米，内长2.7、宽0.64米，残高0.66米。墓砖长30、宽13、厚4厘米（图5-8；彩版5-7，2）。

　　未发现随葬品。

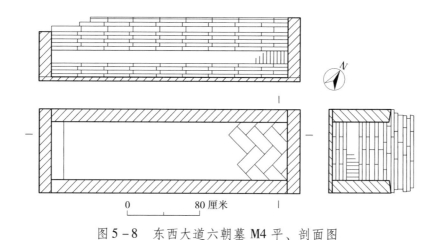

图5-8　东西大道六朝墓M4平、剖面图

M5

　　M5遭到严重破坏，券顶无存，刀字形砖室墓。方向245度。墓室前部被一座民国时期墓葬叠压。通长5.24、宽1.84米。由封门、甬道、墓室三部分组成。封门位于甬道前端，下部为平砖纵向错缝叠砌，上部为平砖横向错缝叠砌，宽0.98、厚0.4、残高0.56米。甬道位于墓室前壁左侧，平面呈长方形，壁砖由下往上五顺一丁、三顺一丁砌筑，长 0.74、宽 0.98、残高 0.24 米。墓室平面略呈椭圆形，两侧壁朝外微凸，后壁朝外弧凸较甚。墓底铺地砖呈人字形。墓室中部设有棺床，棺床高 24 厘米，分上下两层，下层顺长并列立砌，后端平砌两层收边，上层横向错缝平砌，错缝不明显，有的地方对缝。棺床长 2.84、宽 1.4 ~ 1.48 米；墓室内部尺寸，前端宽 1.36、中部宽 1.48、后端 1.35 米，残高 0.24 米，仅余底部 5 层顺砖。墓砖长 38、宽 19、厚 4 厘米（图 5 -9A；彩版 5 -8，1）。

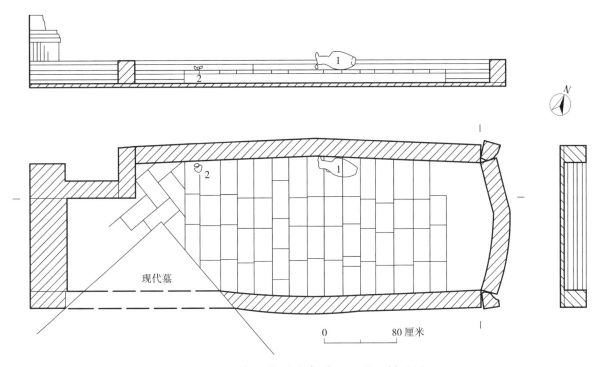

图 5 -9A 东西大道六朝墓 M5 平、剖面图

随葬品 2 件。青瓷盘口壶 1 件，出土于墓室的西壁中部；青瓷小碗 1 件，出土于墓室西壁南侧。

青瓷盘口壶 1 件。

M5:1，青釉瓷。盘口外侈，束颈极高，圆肩，腹斜直内收，平底略凹，体形修长，肩部对称附两组双系，通体施青绿釉。口径 14.8、腹径 19.4、底径 11、高 36 厘米（图 5 -9B；彩版 5 -8，2）。

青瓷小碗 1 件。

M5:2，黄绿釉瓷。口微敛，肩稍凸，平底略凹，体外施黄绿釉，釉多脱落，外面近底处呈青褐色，灰胎。口径 8.6 ~ 8.8、底径 5.3 ~ 5.4、高 4 ~ 4.3 厘米（图 5 -9B）。

M6

M6 遭到严重破坏，券顶无存，为凸字形砖室墓。方向 235 度。由排水道、封门、甬道、墓室四部分组成。墓葬主体（不包括排水道）通长 6.06 米。排水道位于封门前正中，朝外延伸，稍微向西倾斜，现存长 4.7、宽 0.34 ~ 0.45、厚 0.12 米，由三层砖垒砌而成，底面和上面用砖横向平砌，中间以两砖顺长并列而成，两砖之间留有宽 10 厘米的排水孔。封门位于甬道前端，现存 3 ~ 6 层，下部纵向平砌两层，上部横向错缝平砌，宽 0.84、厚 0.32、残高 0.72 米。甬道位于墓室前壁正中，壁砖由下往上五顺一丁、三顺一丁砌筑，长 0.88、宽 0.84、残高 0.16 米。墓室平面略呈椭圆形，两侧壁朝外微凸，后壁朝外弧凸较甚，呈圆弧形。墓室中部偏后设置有棺床。棺床由上下两层组成，下层用砖顺长并列立砌，上层横向错缝平砌，后端纵向并列一排砖（西端两砖横向并列）作为边界。棺床长 2.98、宽 1.62 ~ 1.74、高 0.14 米。棺床前的墓室长 1.18、宽 1.56 ~ 1.7、残高 0.24 米。墓室内长 4.48 ~ 4.66（至圆弧顶点）、宽 1.6 ~ 1.74、残高 0.06 ~ 0.8 米。墓壁由下往上五顺一丁、三顺一丁砌筑。铺地砖呈人字形。墓砖长 32、宽 18、厚 4.3 厘米（图 5 - 10；彩版 5 - 8，3）。

盗扰甚重，未发现随葬品。

M7

M7 遭到严重破坏，券顶无存。形制基本同 M6，凸字形砖室墓。方向 230 度。由排水道、封门、甬道、墓室四部分组成，通长 5.9 米（不包括排水道）。封门基本无存，封门外为砖砌排水道，水道现长 6.62、宽 0.34 米，由上、中、下三层砖砌筑而成，中间为两砖间隔并列，中间为排水孔道，孔道宽 6 厘米；上、下层砖均顺长平砌。甬道平面呈长方形，稍偏向东壁一侧，仅余下面 1 ~ 5 层砖，位于墓室前壁中间，长 1.18、宽 0.98、残高 0.04 ~ 0.2 米，铺地砖呈人字形。墓室平面略呈椭圆形，两侧壁稍朝外弧凸，后壁弧凸较甚。墓室中部设置有棺床，棺床砌砖分上下两层，下层顺长并列立砌，上层横向单砖平砌一排，再纵向并列一排，这样纵横交错 5.5 组。棺床长 2.74、宽 1.62 ~ 1.75、高 0.16 米。墓室内长 4.38（垂长）~ 4.52（至圆弧顶点）、内最宽 1.75 米，前、后端宽 1.56 ~ 1.58 米，后壁最高 1.12 米。墓壁砌法由下往上为五顺一丁一组，往上基本为三顺一丁。墓砖长 33、宽 18.5、厚 4 厘米（图 5 - 11A；彩版 5 - 9，1）。

随葬品 2 件，为青瓷小碗和灯盘，分别位于墓室中部东、西侧。

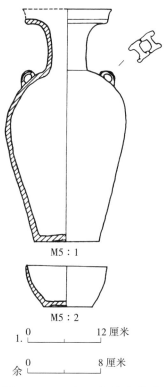

图 5 - 9B 东西大道六朝墓 M5 出土青瓷器
1. 青瓷盘口壶 2. 青瓷小碗

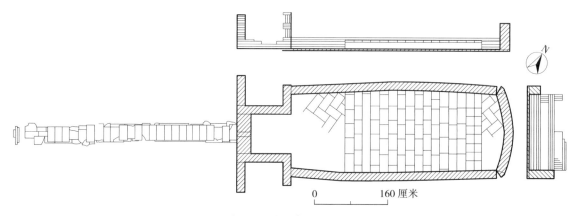

图 5 - 10 东西大道六朝墓 M6 平、剖面图

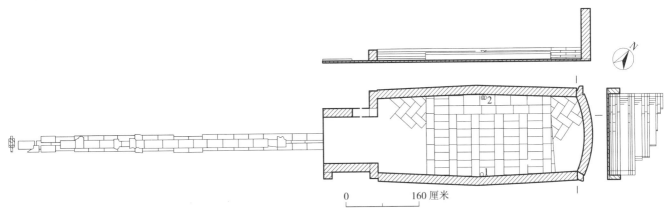

图 5 - 11A　东西大道六朝墓 M7 平、剖面图

青瓷小碗　1 件。

M7 ： 1，直口，肩稍外凸，腹斜收，平底略凹，青灰胎，釉皆脱落。口径 8.2 ~ 8.4、底径 4.5 ~ 4.6、高 3.2 ~ 3.5 厘米（图 5 - 11B；彩版 5 - 9，2）。

青瓷灯盘　1 件。

M7 ： 2，褐绿色瓷。口微侈，肩稍折，略带假圈足，平底，通体施褐绿色釉。外侧连盘断裂缺失。口径 8.8、底径 4.9、高 3.8 ~ 4.3 厘米（图 5 - 11B；彩版 5 - 9，3）。

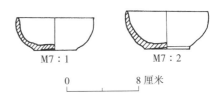

图 5 - 11B　东西大道六朝墓
M7 出土青瓷器
1. 青瓷小碗　2. 青瓷灯盘

M8

M8 遭破坏，券顶无存。墓壁因挤压而变形。平面呈刀形。方向 250 度。通长 5.02（不包括排水道）、宽 1.92 米。由排水道、封门、甬道及墓室四部分组成。排水道从甬道中部朝外延伸，稍向西倾斜，现长 3.25、宽 0.3 米，由上、中、下三层平砌而成，中间两砖间隔并列，形成 8 厘米的水槽，上层砖横向平砌，下层纵向平砌；水道前端又在两边向外各横砌一砖，使得前端呈丁字形结构。封门位于甬道内侧，破坏严重，仅余纵向平砌两砖，宽 0.8、厚 0.3、残高 0.48 米。甬道基本偏向位于墓室一侧，平面呈长方形，长 0.78、宽 0.8、残高 0.42 米。墓壁下部六顺一丁，上部不详。墓室平面略呈椭圆形，两侧壁朝外微凸，后部弧凸较多，呈圆弧形。内长 3.74、宽 1.32 ~ 1.52、残高 0.54 米。墓

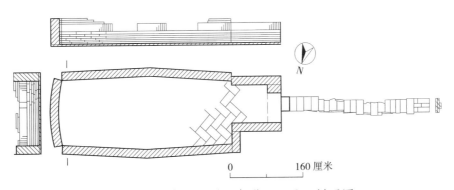

图 5 - 12　东西大道六朝墓 M8 平、剖面图

壁下部六顺一丁，上部现仅存三顺。墓底砖呈人字形。墓砖长33.2、宽17.3、厚4厘米（图5-12；彩版5-8，4）。

被盗扰甚重，未发现随葬品。

M9

M9遭到严重破坏，顶部无存，弧凸字形砖室墓。方向230度。通长6.6（不包括排水道）、宽2.2米。排水道现长6.04、宽0.3~0.42米，由上中下三层砖平砌而成，中间两砖间隔并列成宽6~7厘米的水槽，上、下层均横向平砌。封门无存。甬道位于墓室前壁中间，壁砖下部一组五顺一丁，其上为三顺一丁及平砖错缝垒砌，残长1.28、宽0.82、残高1.1米。墓室铺地砖呈人字形。棺床位于墓室中部，整体稍偏后一些，分上、下两层，下层纵向并列立砌，上层平砌砖几乎无存。棺床长3.16、宽1.62~1.73、现高0.12米。墓壁由下往上五顺一丁，再上三顺一丁砌筑。棺床前的墓室长1.22、宽1.62、残高0.58米，棺床后的墓室仅长0.34~0.54米。墓室内长4.74~4.92（至后壁圆弧顶点）、宽1.62~1.73米。墓砖长33、宽16、厚5厘米（图5-13A；彩版5-10，1）。

随葬品5件，青瓷盘口壶1件和小碗4件，位于墓室的东侧。

青瓷盘口壶　1件。

M9:5，青釉瓷。盘口稍外侈，口较浅，口沿上有五处黑釉点痕，沿外面下部饰一周弦纹，束颈上部较粗，下部稍细，圆溜肩，肩部对称附两组双系，腹斜直内收，平底略凹，施青绿釉。口径18、腹径26、底径13.6、高43.2厘米（图5-13B；彩版5-10，2）。

青瓷小碗　4件。形制基本相同，均直口，腹稍深，底面中心圆较深，平底或略带假圈足。除M9:3釉保存较好外，其余釉均脱落。

M9:1，平底。口径8~8.3、底径4.8、高3.9~4.1厘米（图5-13B）。

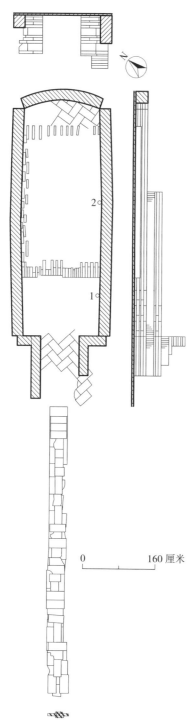

图5-13A　东西大道六朝墓
M9平、剖面图

M9:2，平底。口径9.2、底径4.8~5、高3.7~4厘米（图5-13B）。

M9:3，施青绿釉，略带假圈足，底外面饰一周弦纹。口径8.2~9.2、底径5.6、高4.2~4.4厘米（图5-13B；彩版5-10，3）。

M9:4，平底。口径8~9、底径5.4、高4.1~4.6厘米（图5-13B）。

0　　　　　　160厘米

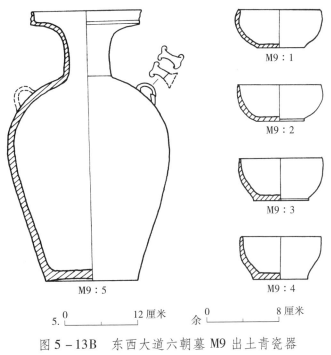

图 5 - 13B　东西大道六朝墓 M9 出土青瓷器
1~4. 青瓷小碗　5. 青瓷盘口壶

M10

M10 遭到严重破坏，顶部无存。平面呈刀形。方向 150 度。由封门、甬道及墓室三部分组成，通长 4.32、宽 1.54 米。封门位于甬道前端，不甚规整，略呈人字形叠砌，宽 0.66、厚 0.32、残高 0.14 米。甬道偏向于墓室东侧，平面呈横长方形，长 0.4、宽 0.66、残高 0.58 米。墓室平面呈长方形，内长 3.42、宽 1.22、残高 0.98 米。甬道和墓室的壁砖砌法相同，四顺一丁砌筑。墓底砖呈人字形平铺。墓室前部人字形铺地砖上横向平铺 3 块砖，似为棺床的孑遗。墓砖长 32、宽 16、厚 4 厘米（图 5 - 14；彩版 5 - 11，1）。

该墓扰乱太甚，未发现随葬品。

M11

M11 墓室和墓壁上部遭到严重破坏，扰乱较严重。弧凸字形砖室墓，方向 150 度。通长 5.36（不包括排水道）、宽 1.46 米。排水道从封门处向外延伸 2.66 米，水道宽 0.4、厚 0.12 米，由上中下三层组成，中层以两砖顺长间隔并列，中间留设宽 7~8 厘米的水槽；上、下层纵横平砌，其中不少为碎砖块，当为砌墓剩余的边角料。封门已完全破坏。甬道位于前室前端，仅残存后面一小部分，长 0.88、宽 0.84、残高 0.3 米。墓室平面大致呈椭圆形，前壁平直，后壁弧凸较甚，两侧壁朝外微凸。内长 4.06~4.16、宽 1.04~1.14、残高 0.3 米。墓室中部设有棺床，棺床高 10~14 厘米，长 3.05、宽 1.06~1.12 米，下层前端砌砖顺长并列立砌，其余立砌、平砌相杂；上层仅保留后部一段，横向错缝平砌。墓壁砖顺长错缝叠砌，仅余 6 层。铺地砖呈人字形。墓砖长 36、宽 15.5、厚 5 厘米（图 5 - 15A；彩版 5 - 11，2）。

随葬品 6 件。青瓷罐残片 1 件和小碗 5 件，位于甬道的东、西壁。

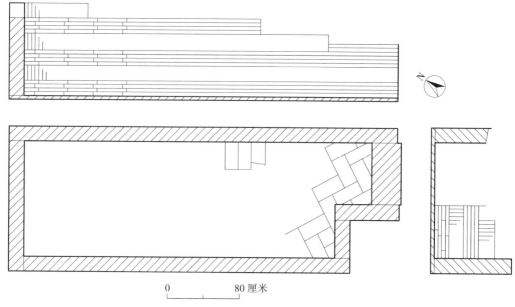

0   80 厘米

图 5 - 14   东西大道六朝墓 M10 平、剖面图

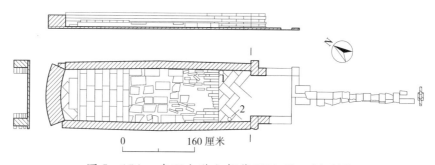

0   160 厘米

图 5 - 15A   东西大道六朝墓 M11 平、剖面图

青瓷罐 1 件。

M11:6，仅余残片，口微侈，圆唇，溜肩。肩上现存一方形系，系上端长 3.4、下端长 3.4 厘米。紫褐色胎，施青绿釉。宽 1.2～2.2、高 1.2～1.3 厘米（图 5 - 15B）。

青瓷小碗 5 件。青釉瓷。直口或微敛，腹较深，微凸，略带假圈足，平底，底外边缘饰一周弦纹，底内面中心圆浅平。

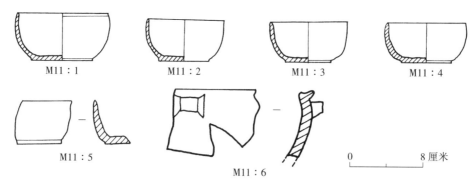

M11:1   M11:2   M11:3   M11:4

M11:5   M11:6   0   8 厘米

图 5 - 15B   东西大道六朝墓 M11 出土青瓷器

1~5. 青瓷小碗 6. 青瓷罐

M11：1，釉皆脱落，红褐胎。弇口，口外饰一道弦纹。口径10、底径6.6～6.7、高4.9～5.1厘米（图5-15B；彩版5-11，3）。

M11：2，施青绿釉。口径7.7～8.3、底径5.6、高4.2～4.5厘米（图5-15B；彩版5-11，4）。

M11：3，施青绿釉。口径7.7～8.3、底径4.9、高4.2～4.4厘米（图5-15B）。

M11：4，施青绿釉，灰胎。平底略内凹。口径8.7、底径5.4、高4.1厘米（图5-15B）。

M11：5，仅余四分之一，淡黄绿釉，褐胎。平底。高4.4厘米（图5-15B）。

M12

M12遭到严重破坏，长方形券顶砖室墓，券顶无存。方向240度。封门已存。墓室呈窄长方形，墓壁顺向错缝平砌，拱券顶，直壁高0.74米，起券处以横楔砖平砌发券，墓顶无存。墓底铺砖呈人字形。墓室外面现长3.6、宽0.96米，内长3.4、宽0.65、残高0.74米。墓室前端有长2.04、宽0.32米的砖砌排水道。墓砖长32.5、宽15.5、厚4厘米（图5-16；彩版5-12，1）。

未发现随葬品。

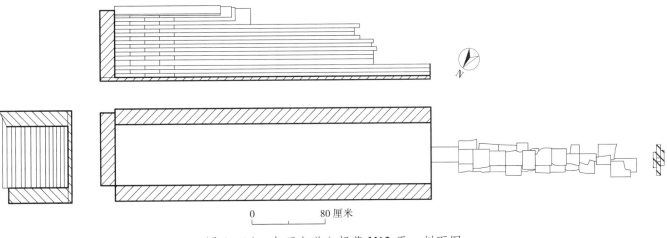

图5-16　东西大道六朝墓M12平、剖面图

M13

M13为长方形券顶砖室墓，券顶无存。方向245度。通长3.7、宽0.98米。封门位于墓室前壁正中，现存五顺一丁，再三顺，宽0.66、厚0.32、残高0.52米。墓室平面呈长方形，内长3.2、宽0.66、残高1.06米。墓壁由下往上五顺一丁一组、三顺一丁一组，再上为顺砖起券。墓底铺地砖呈人字形。墓砖长32、宽16、厚4厘米（图5-17A；彩版5-12，2）。

随葬品2件，均出土于墓室填土中。青瓷钵和铁钉各1件。

青瓷钵　1件。

M13：1，敛口，凸肩，平底。釉尽脱落，青灰胎，底外红褐色。口径10.5、底径5.5、高4～4.4厘米（图5-17B）。

铁钉　1件。

M13：2，残长20.4厘米，上端有覆斗形帽，边长3厘米；钉身为四棱柱形，上粗下细，下边长1厘米（图5-17B）。

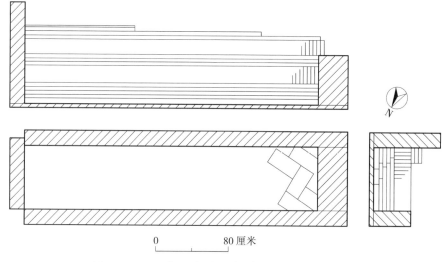

图 5 – 17A　东西大道六朝墓 M13 平、剖面图

0　　　　　80厘米

M14

M14 为长方形券顶砖室墓。方向 240 度。通长 3.3、宽 1.04 米。封门位于墓室前端，仅存一层砖，纵向平砌，宽 0.72、厚 0.16、残高 0.04 米。墓室平面呈窄长方形，墓壁由下往上三顺一丁三组后开始起券，券顶顺向错缝平砌，现基本无存。墓室后壁正中开设方形小龛一个，小龛距离墓底 0.4 米，宽 14、高 14、进深 16 厘米。墓底铺砖呈人字形。墓室内长 2.98、宽 0.73、残高 1.15 米（图 5 – 18A）。墓砖长 33、宽 15、厚 4 厘米，侧面模印正中为两组相连的 X 形纹，两侧为叶脉纹；端面模印两组双 X 形间一个圆圈纹（图 5 – 18B；彩版 5 – 12，3、4）。

M14 遭到严重破坏，未发现随葬品。

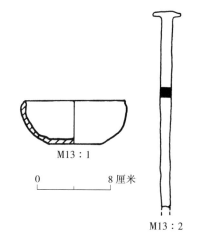

M13：1

0　　　　　8 厘米

M13：2

图 5 – 17B　东西大道六朝墓 M13 出土器物

1. 青瓷钵　2. 铁钉

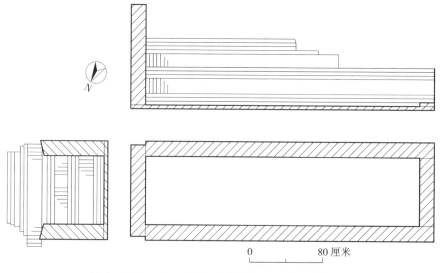

0　　　　　80厘米

图 5 – 18A　东西大道六朝墓 M14 平、剖面图

M15

M15 为凸字形砖室墓。方向 170 度。由封门、甬道和墓室三部分组成。通长 4.8、宽 1.52 米。封门位于甬道前端，下部以长方砖和横楔砖平砌 16 层，上面丁 1 层，宽 0.7、厚 0.16、残高 0.82 米。甬道偏向墓室西壁一侧，平面呈长方形，拱券顶，长 0.66、宽 0.7、内高 1.06、外高 1.2、直壁高 0.74 米。墓室平面呈长方形，两侧壁微朝外弧凸，前后壁平直，内长 3.82、宽 1.2、残高 1.02 米。墓壁顺长错缝平砌。墓底铺砖呈人字形，券顶无存。墓砖长 34、宽 15.1、厚 4.5 厘米（图 5 - 19A；彩版 5 - 13，1）。

M15 遭到严重破坏，随葬品仅发现青瓷盘口壶 1 件，出土于墓室东侧中间。

青瓷盘口壶 1 件。

M15:1，盘口外侈较大，沿宽而深，束颈较直，圆肩，肩部对称附两组双系，鼓腹斜直，略带弧度，平底微凹。施淡青绿釉，釉部分脱落，青灰胎。腹径 17.3、底径 8.3~8.8、高 31.8 厘米（图 5 - 19B；彩版 5 - 13，2）。

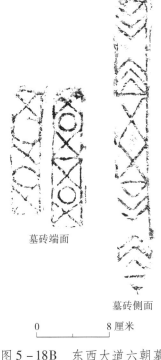

墓砖端面

墓砖侧面

0 8 厘米

图 5 - 18B 东西大道六朝墓 M14 墓砖拓片

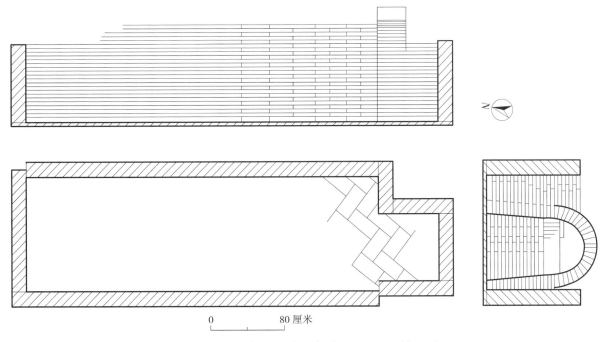

0 80 厘米

图 5 - 19A 东西大道六朝墓 M15 平、剖面图

M16

M16 为长方形券顶砖室墓。方向 145 度。通长 3.36、宽 1.02 米。封门位于墓室前壁正中，仅余最底一层砖，宽 0.7、厚 0.16、残高 0.04 米。墓室平面呈长方形，内长 3.02、宽 0.7、残高 0.84 米。墓

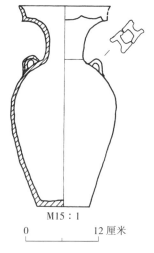

图 5 – 19B　东西大道六朝墓
M15 出土青瓷盘口壶

壁砌法：由下往上，先平砌 5 层，再砌一层丁砖，其上再平砌至顶，顶部无存。墓底铺地砖为人字形。墓砖长 32、宽 15.5、厚 4 厘米（图 5 – 20；彩版 5 – 13，3）。

未发现随葬品。

M17

M17 为弧凸字形砖室墓，方向 115 度。通长 6.5、宽 2.04 米。由墓前排水道、封门、甬道及墓室四部分组成。排水道残长 3.84、宽 0.3 ~ 0.35 米，由上中下三层组成，上、下层均顺长平砌，中层以两砖顺长间隔并列，中间留有宽 8 厘米的排水槽。封门位于甬道前端，仅余最下一层横向平砌砖，高 0.04 米。甬道偏向于墓室一侧，平面呈长方形，长 1.14、宽 0.92、残高 1.14 米。墓室平面大致呈长方形，两侧壁及后壁微朝外弧凸。未发现棺床，人字形铺地砖，墓室前部铺地砖上残存有一层纵横平砌的部分砖层，似为祭台的孑遗。墓壁砌法（由下往上）：先平砌 6 层，再丁 1 层（即六顺一丁），丁砖呈纵横相间组合结构，后壁横丁砖之间间隔 3 ~ 4 块纵丁砖，两侧壁横丁砖之间间隔 6 ~ 8 块纵丁砖；再往上四顺一丁，后壁丁砖仅存两侧端的三四块，两侧壁丁砖也是纵横丁相间的结构，横丁砖之间间隔 8 块纵丁砖；再往上四顺一丁三组，丁砖层均为纵丁砖，第五组丁砖为内窄外宽的梯形；第三组丁砖前后各留设有方形小龛一个（图 5 – 21A；彩版 5 – 14、彩版 5 – 15，1）。墓砖有长方砖、梯形砖、楔形砖等，长方砖长 33.5、宽 15.5、厚 5 厘米，其侧面模印纹饰，中间为一单钱胜纹，两侧为斜向平行线纹（图 5 – 21B）。第四、五组顺砖上层为横楔砖，砖侧面模印有纪年文字，文字为："太元十六年徐氏所作"（彩版 5 – 15，3）。"太元"为东晋孝武帝司马曜年号，共 21 年，是东晋时期最长的年号之一，太元十六年为公元 391 年。

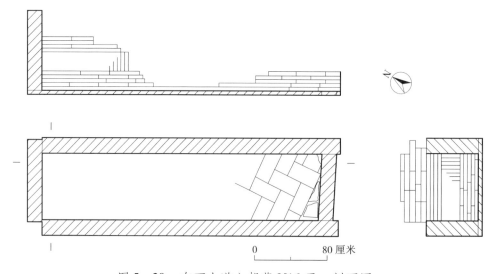

图 5 – 20　东西大道六朝墓 M16 平、剖面图

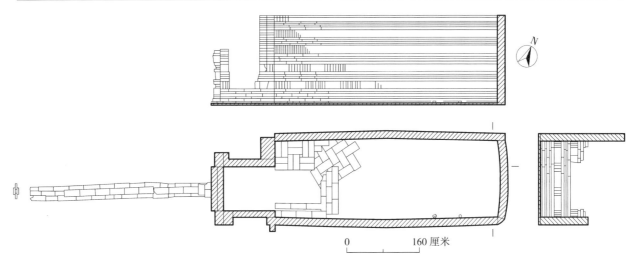

图 5 – 21A　东西大道六朝墓 M17 平、剖面图

随葬品 5 件，青瓷小碗 3 件、铜钉和铁钉各 1 件，出土于墓室后部东侧。另 M17 还发现有盘口壶口沿残片，沿上有黑釉点，盘口较浅，属于东晋时期。填土中还发现一枚宋代的"治平元宝"铜钱（直径 2.4、穿径 0.6 厘米，篆书），当属后期扰动混入。

青瓷小碗　3 件。

M17：1，直口，凸肩，斜直腹，平底微凹。施褐绿色、黑褐色釉。口径 7、底径 3.8、高 2.8 厘米（图 5 – 21C；彩版 5 – 15，2）。

M17：2，直口微侈，肩、腹较直，下腹急收，平底略凹。紫灰胎，施青绿色釉。口径 8.2～8.5、底径 4.8、高 3～3.3 厘米（图 5 – 21C）。

墓砖侧面

0　　　　8 厘米

图 5 – 21B　东西大道六朝墓 M17 墓砖拓片

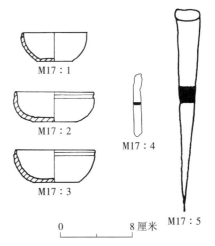

M17：1

M17：2

M17：3

M17：4

M17：5

0　　　　8 厘米

图 5 – 21C　东西大道六朝墓 M17 出土器物

1～3. 青瓷小碗　2. 铜钉　3. 铁钉

M17:3，侈口，腹较直，平底，口外饰一道弦纹。青绿釉尽脱。口径8.8、底径4.5、高3.3厘米（图5-21C）。

铜钉 1件。

M17:4，仅余长6.5厘米的钉身，宽0.7、厚0.25~0.3厘米（图5-21C）。

铁钉 1件。

M17:5，上有方形钉帽，帽长2.5、宽2.1厘米；钉身呈上粗下细的四棱柱形，其中部边长1厘米，通长21厘米（图5-21C）。

M18

M18为弧凸字形砖室墓。方向145度。通长6.04、宽2.38米。由墓前排水道、封门、甬道及墓室四部分组成。排水道由三层砖平砌叠压而成，多以残破的砖块砌成，上下层各一排，中间两排残砖横向并列砌筑，中间留设宽8~10厘米的排水槽。水道残长5.08、宽0.3~0.42、厚0.12米。排水道直通至封门的下部，与封门融为一体。封门位于甬道前端，纵横交替叠压而成，纵向并列一排，横向并列两排，宽1.0、厚0.3、残高0.28米。甬道位于墓室前端中间，平面呈长方形，长0.48、宽1.0、残高1.02米。墓室略呈椭圆形，两侧壁微朝外弧凸，后壁弧凸较多。内长4.36~4.52、宽1.93~2.05、残高1.4米。墓壁砌法：由下往上五顺一丁一组，再三顺一丁三组至现顶。墓底铺地砖为人字形。墓砖长32、宽16、厚5厘米（图5-22；彩版5-16）。

盗扰甚重，未发现随葬品。

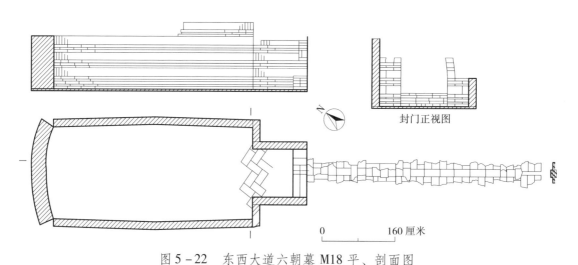

图5-22　东西大道六朝墓M18平、剖面图

M19

M19为凸字形砖室墓。方向135度。由墓前排水道、封门、甬道、墓室四部分组成。主体通长5.28（不包括排水道）、宽1.82米。排水道现长3.4、宽0.24~0.32米，由上中下三层砖平砌叠压而成。上下层均为一排，中间两排并列，中间留设水槽。封门位于甬道前端，叠砌较规整，下部为一组七顺一丁，其上为平砖错缝叠砌，高1.32米，所用砖有长方砖、楔形砖等。甬道位于墓室前端，较墓室略窄，平面呈长方形，甬道口券门呈三重券顶结构，外重券顶从距离底部1.2米的拱券顶开始发券，

在顶部形成一段圆弧；中层券顶从距底0.54米的砖壁开始垒砌发券，大致呈一个半圆形的顶；内重券门即为甬道的顶部，由墓底往上三顺一丁四组，再顺砖砌筑券顶，宽0.84、内高1.28米，甬道长1.0、通高1.6米。墓室平面大致呈椭圆形，两侧壁朝外弧凸，后壁弧凸较甚。内长4.1～4.22、宽1.4～1.46、残高1.64米。墓室以后壁保存最多，两侧壁保存较少。墓壁砌法：由下往上六顺一丁，再三顺一丁三组，再两顺一丁两组至现顶。后壁在第四组丁砖中部开设一小龛，小龛宽16、高10、进深16厘米。墓砖由长方形、楔形、梯形等种类砌筑，长方砖长30、宽16、厚4厘米（图5-23A；彩版5-17）。

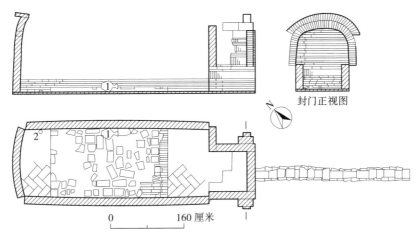

图5-23A　东西大道六朝墓M19平、剖面图

随葬品3件。盘口壶1件，出土于墓室东壁中间；小碗2件，出土于墓室后部东侧。

青瓷盘口壶　1件。

M19∶1，青釉瓷。口残，束颈较短，圆肩，肩部对称附双系，鼓腹适中，形体优美，平底微凹。施淡黄绿、青绿釉。腹径20.9、底径10.6、残高34厘米（图5-23B；彩版5-18，1）。

瓷碗　2件。

M19∶2，褐釉瓷。直口，肩微凸，斜腹急收，略带假圈足，平底。施褐绿色釉，釉多脱落。口径8～8.2、底径4.1、高3.4～3.7厘米（图5-23B；彩版5-18，2）。

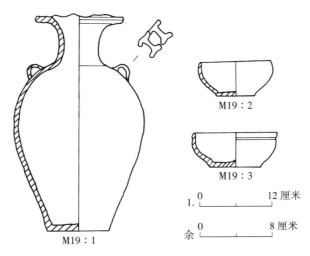

图5-23B　东西大道六朝墓M19出土瓷器
1. 青瓷盘口壶　2、3. 瓷碗

M19：3，褐釉瓷。口微侈，肩稍凸，腹斜收较急，平底，器内面中心圆下凹较深。施黑褐釉，釉多脱落。口径8.8～9.2、底径5.2～5.3、高3.5～3.8厘米（图5－23B）。

M20

M20为刀字形砖室墓。方向145度。通长4.9、宽1.68米。由封门、甬道及墓室三部分组成。封门位于甬道前端，呈人字形叠砌，宽0.8、厚0.3、残高0.12米。甬道位于墓室东端左侧，平面呈长方形，长0.68、宽0.8、残高0.32米。墓室平面呈长方形，中后部设有砖砌棺床。棺床基本占据了墓室中后部，长2.7、宽1.4米。棺床前面的墓室长1.06、宽1.4、高0.04米，纵横平铺一层砖，其前端横向平铺一排砖，西侧靠近西壁纵向平铺一排砖，其他呈两横两纵排列。墓壁呈三顺一丁砌筑，现存最多五组。两侧壁于第四组丁砖上平砌5层砖开始起券，直壁高1.26米。铺地砖呈人字形，墓砖长31、宽13.5、厚4厘米，其侧面模印几何纹（图5－24；彩版5－18，3）。

未发现随葬品。

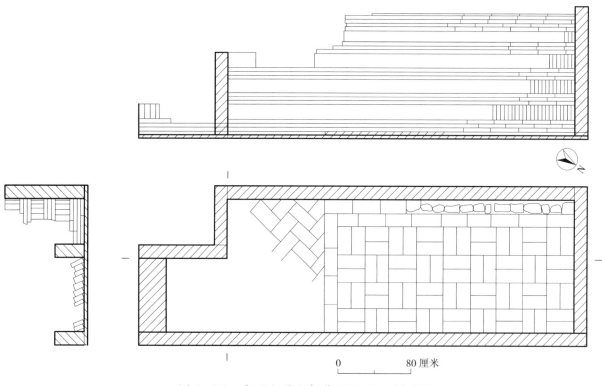

图5－24　东西大道六朝墓M20平、剖面图

M21

M21为凸字形券顶砖室墓。方向235度。通长6.03、宽1.84米。由墓前排水道、封门、甬道及墓室四部分组成。排水道以青砖三层砌筑，现长3.06、宽0.3米。上下层均顺长平砌，中间两砖间隔并列，中间留设宽4厘米的水槽。封门位于甬道前端，现存一丁二顺共三层，底层为并列立砌的丁砖，丁砖中间横砌宽36、高14厘米的排水道，直通墓室前和甬道内。宽0.9、厚0.32、残高0.24米。甬道平面呈长方形，稍微偏向墓室一侧，不位于墓室中部，拱券顶，长0.7、宽0.9、内高1.26、外高1.58米。甬道口为两重内收的拱券门，券门直壁从下往上为六顺一丁一组、四顺一丁一组，再往上为

圆弧形拱券，内重券顶六顺一丁，再七顺一丁至顶部正中；外重券顶基本为顺砖砌筑。墓室平面基本呈长方形，两侧壁基本平直，后壁微朝外弧凸，内长4.42～4.52、宽1.49、残高1.32米。墓壁砌法：由下往上六顺一丁一组，再四顺一丁三组至现顶。丁砖层为纵丁和横丁间隔排列，横丁砖每块为一组，两块横丁砖之间间隔纵丁砖2～3块，多数为3块（图5-25A；彩版5-18，4、彩版5-19）。墓底砖两两一组平砌成人字形。长方砖长33、宽15.5、厚5.5厘米，其侧面模印纹饰，中间为一单钱胜纹，两侧为斜向平行线纹。个别横楔砖侧面模印有纪年文字，文字为："太元十六年徐氏所作"（图5-25B）。"太元"为东晋孝武帝司马曜年号，共21年，是东晋时期最长的年号之一，太元十六年为公元391年。

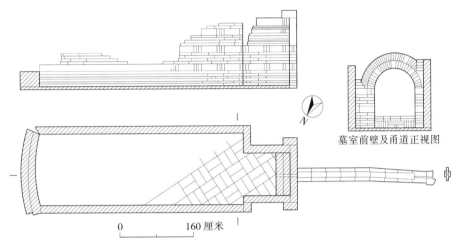

图5-25A　东西大道六朝墓M21平、剖面图

M21

图5-25B　东西大道六朝墓M21墓砖拓片

随葬品5件，青瓷盘口壶和鸡首壶各2件，水盂1件。

青瓷盘口壶　2件。

M21:1，口残缺，盘口较浅，口外面内凹，束颈较短，圆溜肩，鼓腹肥硕，平底内凹，近底处紫褐色，余施青绿釉，釉面光滑，肩部对称附两组双系，口沿有一处黑褐釉点彩。腹径25.2、底径11.6~11.7、高31.3厘米（图5-25C；彩版5-20，1）。

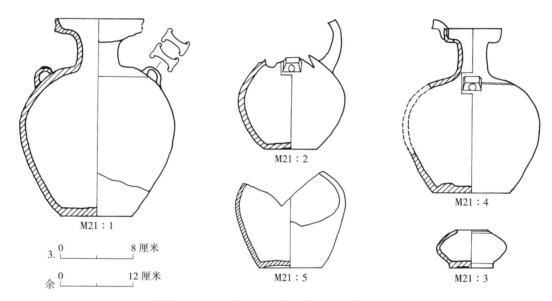

图5-25C　东西大道六朝墓 M21 出土瓷器
1、5. 青瓷盘口壶　2. 青瓷鸡首壶　3. 黑褐釉瓷水盂　4. 黑釉瓷鸡首壶

M21:5，口、颈残缺，鼓腹，凹底。施青绿釉，灰胎。腹径18.2、底径10~10.2、残高15.8厘米（图5-25C）。

瓷鸡首壶　2件。

M21:2，青釉瓷。口、颈残缺，曲柄残，溜肩，鼓腹，平底内凹，施青绿釉，釉面光滑，肩部残存一横向方形系。执柄现高7.6厘米。腹径17.3、底径9.7~9.8、残高13~20.2厘米（图5-25C；彩版5-20，2）。

M21:4，黑釉瓷。小盘口，微外侈，束颈极高，圆肩，鼓腹浑圆，平底略凹，肩附二方形系。系长2.1~2.6、宽1、高1.3厘米。通体施黑釉，釉层较厚，大多脱落，外露褐色胎体。口径9~9.1、腹径22.2、底径12.6、高26.4~27.3厘米（图5-25C；彩版5-20，3）。

瓷水盂　1件。

M21:3，黑褐釉瓷。直口微侈，斜圆肩，凸腹，假圈足，平底内凹。施黑褐色釉，釉已脱落。口径3.5、腹径7.5、底径4.7、高4厘米（图5-25C；彩版5-20，4）。

M22

M22为凸字形砖室墓。方向290度。通长6.66、宽2.35米。封门前未发掘，排水道情况不清楚。封门有内、外两重，宽0.84、厚0.46、高1.2米。外重砌筑于甬道口外面，内重砌于甬道内。内重封门由下往上平砌12层，再丁一层，其上再平砌，现存4层。外重封门一直砌筑于甬道顶，上部均为平砖，中下部因未发掘不清楚。甬道基本位于墓室正中，平面呈长方形，长 0.92、宽 0.84、残高 0.92 米，拱券顶，由下往上三顺一丁两组后再五顺一丁两组，再九顺一丁至顶端。墓室平面呈长方形，中后部设置有砖砌棺床，棺床从墓室 1.2 米的位置一直延伸至后壁，长 3.76、宽 1.7、高 0.18 米，以长方砖平砌 4 层而成，前端横向平砌一排 5 块砖作为边界，其后两两并列纵横排列。棺床前有 2 层横向并列的两排砖，紧贴棺床前的墓室南壁也有一层纵向平砌的两排砖，围绕棺床前呈"┐"形结构。这两组砖似为放置随葬品的祭台。墓室前部长 1.2、宽 1.32、残高 0.68 米。墓室以南壁保存较多，现高 1.86 米，由下往上三顺一丁三组后再五顺一丁，再六顺一丁，再六顺至现顶。墓底呈人字形平铺。墓砖有长方砖、楔形砖等种类，长方砖长 33、宽 16、厚 4 厘米（图 5-26A；彩版 5-21，1~3）。

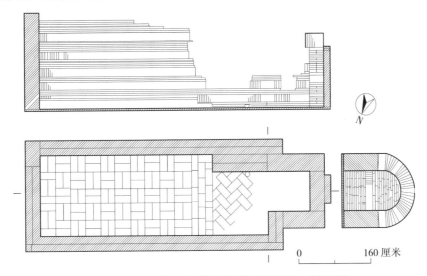

图 5-26A　东西大道六朝墓 M22 平、剖面图

随葬品仅 1 件青瓷小碗，出土于前室左侧。

青瓷小碗　1 件。

M22∶1，口微敛，口外饰两周弦纹，肩微凸，腹斜直内收，平底微凹，施青绿色釉，釉面有烧裂的小点，青灰胎。口径 10.5~11.1、底径 5.3~5.6、高 4~4.2 厘米（图 5-26B；彩版 5-21，4）。

图 5-26B　东西大道六朝墓 M22 出土青瓷小碗

M23

M23 为凸字形砖室墓。方向 5 度。通长 5.48、宽 1.46 米。封门无存，仅存甬道和墓室。甬道位于墓室前壁中间，平面呈长方形，墓壁顺长错缝平砌，现存 7~9 层，宽 0.8、残长 0.8、残高 0.3 米。墓室基本呈长方形，内长 4.5、宽 1.02~1.12、残高 0.4 米；墓壁顺向错缝平砌，现存 1~9 层。墓底砖均呈人字形平铺。墓砖长 32、宽 16、厚 4 厘米（图 5-27A）。

随葬品 7 件。青瓷盘口壶和鸡首壶各 1 件，小碗 5 件。

青瓷盘口壶　1 件。

M23∶1，盘口残，侈口较深，沿外面下端齐平，束颈较长，上细下粗，中间和下端各有一周凸棱，棱沿上堆积褐绿色釉，圆溜肩，肩部对称附四组系，其中两组为并列的两个方形横系；另外两组残缺

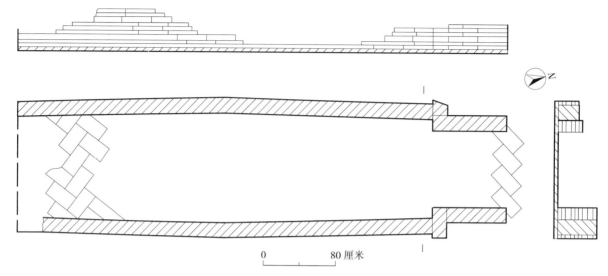

图 5 - 27A　东西大道六朝墓 M23 平、剖面图

不详，似为一系，鼓腹浑圆，近底处弧收，假圈足，平底，施黄绿色釉，釉尽脱落。腹径 21、底径 12.3、高 30.4 厘米（图 5 - 27B；彩版 5 - 22，1）。

青瓷鸡首壶　1 件。

M23：7，青褐黄绿釉瓷。小盘口，束颈，圆肩，鼓腹，凹底。外面近底处青褐色，余均施黄绿釉，个别部位呈青褐色。肩部附二方形系，系面施青褐色釉，鸡首残缺，仅余一小孔，腹部浑圆略扁。口径 7.9 ~ 8、腹径 19、底径 11.5、高 20.5 厘米（图 5 - 27B；彩版 5 - 22，2）。

青瓷小碗　5 件。

M23：2，口微敛，肩、腹圆弧斜收，假圈足。淡灰褐色胎，施黄绿釉，釉易脱落。残口径 9.4、底径 4.5、高 4.5 ~ 4.6 厘米（图 5 - 27B；彩版 5 - 22，2）。

M23：3，口微敛，肩微凸，腹斜收，略带假圈足，平底内凹。灰胎，施青绿釉。口径 8.3 ~ 9.2、底径 4.8、高 3 ~ 4 厘米（图 5 - 27B）。

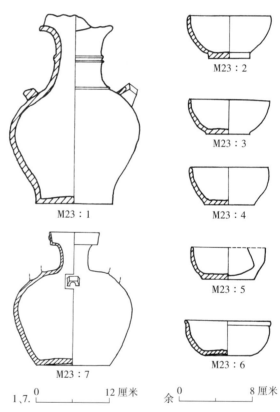

图 5 - 27B　东西大道六朝墓 M23 出土青瓷器
1. 青瓷盘口壶　2 ~ 6. 青瓷小碗　7. 青瓷鸡首壶

M23：4，形制同 M23：3，灰胎，釉尽脱。口径 8.5、底径 5.4、高 3.8 ~ 4.1 厘米（图 5 - 27B）。

M23：5，形制同 M23：3，灰胎，釉尽脱。口径 7.8 ~ 8、底径 5.6、高 3.4 ~ 3.8 厘米（图 5 - 27B）。

M23：6，口微侈，直腹，平底略凹。除外面近底处呈青褐色外，皆施青绿釉。口径 8.8 ~ 9.2、底径 4.8 ~ 5、高 3.4 ~ 3.6 厘米（图 5 - 27B）。

M24

M24 为刀形券顶砖室墓，方向 210 度。通长 4.62、宽 1.64、高 1.82 米。券顶除中部和南部有两个盗洞外，其他保存较好；甬道券顶除南部有一个盗洞，其他保存较完整。封门位于甬道内侧，由 22 层砖顺向不规则错缝平砌，宽 0.7、厚 0.14、现高 0.84 米。甬道偏向于墓室东侧，平面呈长方形，拱券顶，由墓底往上四顺一丁两组（高 0.62 米），再上为顺向错缝平砌，长 0.62、内宽 0.7、内高 0.92 米。墓室平面呈长方形，中后部设置有砖砌棺床，棺床系在墓底平砌一层砖而成，前端横向顺长平砌一排砖，其后两两并列纵横排列，长 2.72、宽 1.36、高 0.04 米。棺床前的墓室长 1、宽 1.36 米。墓室东、西、南三壁由墓底往上四顺一丁三组（高 0.9 米），再上为顺向错缝平砌。南壁残高 1.06 米。后壁由棺床往上四顺一丁两组、两顺一丁一组（高 0.86 米），再上为顺向错缝平砌，高 1.7 米。墓室

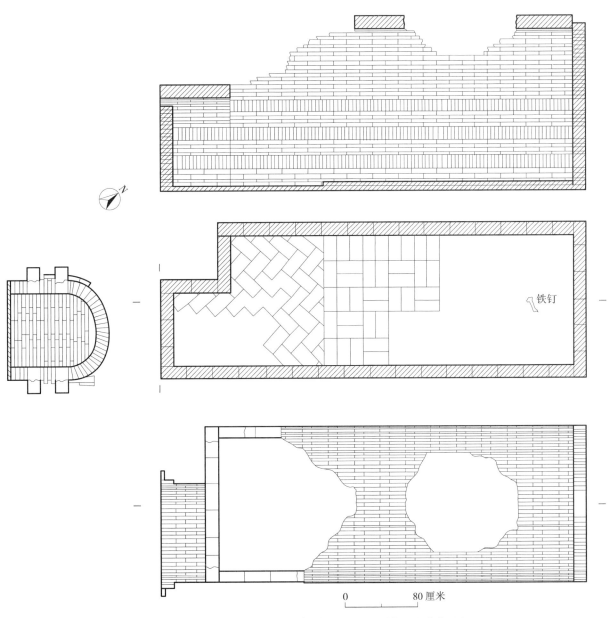

图 5-28　东西大道六朝墓 M24 平、剖面及俯视图

券顶内高 1.64、厚 0.14 米。铺地砖呈人字形平铺。墓砖有长方砖和楔形砖，长方砖侧面模印 X 形、米字、平行线等几何纹和钱纹（图 5 - 28；彩版 5 - 22，4、5）。

因盗掘，仅在后室北部距北壁约 0.4、距东壁约 0.54 米处出土残铁钉一枚。

M25

M25 由封门、甬道及墓室三部分组成。方向 165 度。通长 5 米、宽 1.9 米。已被盗扰，墓顶破坏严重，后壁残存券顶长 0.4 ~ 0.6、高 1.9 米。封门砌于甬道口内外，以砖块作人字形垒砌而成，通宽 0.9、厚 0.42、残高 0.87 米。甬道平面呈横长方形，比较窄短，宽 0.9、进深 0.6、高 0.92 ~ 1.2 米。拱券顶，现存双层拱券，在现存拱券顶的外面两侧，又垒砌两层弧券，现存 5 ~ 8 层砖，其砌法和弧度和甬道拱券顶的基本相同，应为最上层的两层拱券顶，这两层券顶直接从距离墓底 0.8 ~ 0.9 米的位置

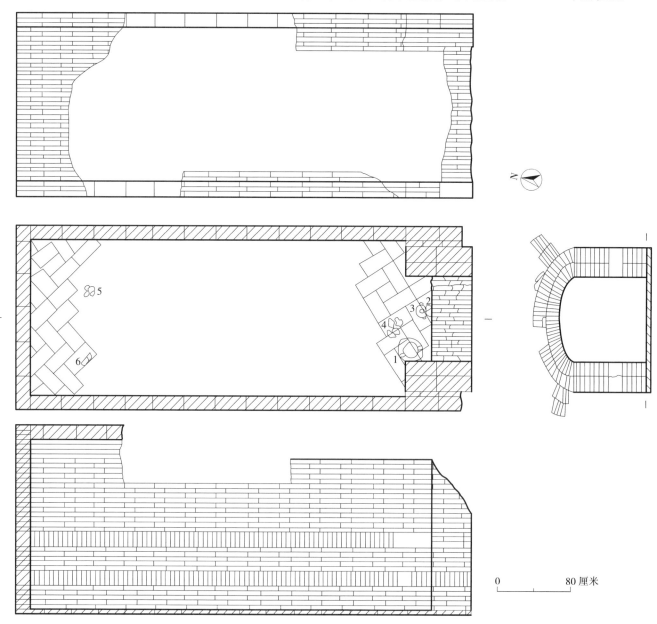

图 5 - 29A　东西大道六朝墓 M25 平、剖面及俯视图

开始发券，从而使甬道口券顶呈四层券顶的结构。墓室平面呈长方形，内长4.1、宽1.6米，南壁残高1.2~1.6、北壁高2米。墓壁砌法：由下往上五顺一丁两组后再平砌至顶。墓底铺地砖呈人字形（图5-29A；彩版5-23，1、2）。墓砖有长方砖和横楔砖等种类，长方砖长32~33、宽14.5~15、厚5厘米，砖侧面模印几何纹（图5-29B）；横楔砖长32、宽15、大厚4.5、小厚3厘米，主要用于券顶。

随葬品共5件，陶罐3件，青瓷碗、钵各1件，还发现有陶甑残片和铁棺钉（彩版5-23，3）。

陶大口罐　1件。

M25:1，夹砂红陶。侈口，圆唇，束颈，凸肩，腹斜直内收，平底。颈部有一周凸棱，肩附双系，现残存一系，肩饰两周浅弦纹。红褐色陶。口径23.4、腹径30、底径12.6、高22.7厘米（图5-29C；彩版5-23，4）。

陶小罐　2件。夹砂褐陶。形制基本相同。侈口，圆唇，束颈极短，颈中部凸起一周弦纹，圆凸肩，肩饰一周弦纹并附双系，系面饰叶脉纹，腹斜收，平底微凹，下腹紫褐色。

M25:2，口径10.7、底径8.8~9、高12厘米（图5-29C）。

M25:3，口径10.8、底径9、高11.1厘米（图5-29C；彩版5-23，5）。

青瓷钵　1件。

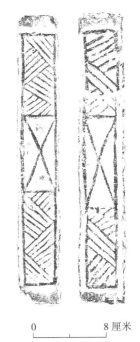

图5-29B　东西大道六朝墓
M25墓砖拓片

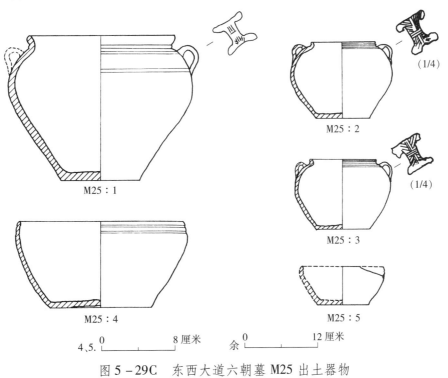

M25:1

M25:2　(1/4)

M25:3　(1/4)

M25:4

M25:5

图5-29C　东西大道六朝墓 M25 出土器物
1. 陶大口罐　2、3. 陶小罐　4. 青瓷钵　5. 青瓷小碗

M25:4，青釉瓷。敛口，凸肩，凹底。肩饰二周弦纹。内面及外面腹部以上施青绿釉。口径18、底径11、高8.5~9厘米（图5-29C）。

青瓷小碗　1件。

M25:5，青釉瓷。直口，肩微凸，平底微凹，仅余四分之一。口径9.2、底径5.6、高4厘米（图5-29C）。

另外还发现陶甑残片（陶质差，高4.8、底径5厘米）和铁钉（残长11厘米）各1件。

M26

M26整体呈长方形，已被盗扰，墓顶破坏严重，墓体全部为青砖垒砌而成，围绕砖室有岩石墓圹。方向120度。砖室由排水道、封门、甬道及墓室四部分组成。通长5.3、宽1.8、高1.95米。封门前有排水道，水道残长1.2米。封门砌于甬道口内外，券顶，基本保存宽0.7、厚0.31、内高1.1、通高1.5米。封门现存三重券顶，其中内重和中层系由甬道双层墓壁上起券，三顺一丁砌筑而成，外重直接从弧顶上顺长并列起券。甬道偏向墓室一侧，平面呈长方形，长0.84、宽0.72、现高0.9~1.1米。墓室平面基本呈椭圆形，两侧壁稍微朝外弧凸，后壁弧凸稍大，内长3.8~3.95、宽1.3~1.41米，南壁现高1~1.3米，北壁现高0.65~1.2米，后壁现高1.9米。墓室两侧壁偏后各开有一小龛，小龛宽14、进深13、高15厘米，小龛距墓室底部1.3米，龛内放置小碗一个。墓室两侧壁及后壁于第四组丁砖设置有直棂窗，因为残缺，窗棂具体数量不详。墓底铺地砖作人字形。墓壁砌法（由下往上）：四顺一丁一组，再三顺一丁三组后开始起券，券顶仅存三顺一丁一组。长方砖长32、宽15.5、厚4厘米，丁砖残长10~19（半砖）、宽15.5、厚4厘米。券顶顺砖层内有二层横楔砖，砖长32、宽15.5、大厚4、小厚3厘米；券顶小丁砖长19、宽8、厚4.5厘米。甬道小梯形砖长15、大宽11.5、小宽8、厚5厘米（图5-30A；彩版5-24，1~3）。

随葬品共5件，青瓷小碗3件、铁钉2件。

青瓷小碗　3件。

M26:1，口微侈，口外饰一周弦纹，腹急收，平底，腹以上施黑褐、褐绿色釉。口径8.5、底径4.8、高3.3~3.5厘米（图5-30B；彩版5-24，4）。

M26:2，口微敛，腹圆弧。灰胎，施青绿釉。口径8、底径4.2、高3.5厘米（图5-30B）。

M26:3，侈口，直腹，平底内凹，底内面直径较大，施青绿釉。口径8.4、底径4.4、高3.5厘米（图5-30B）。

铁钉　2件。均带覆斗形钉帽。

M26:4-1，长20.5、顶边长4、高1.2厘米，钉身呈四棱柱形，边长1厘米，下端尖头（图5-30B）。

M26:4-2，残长12厘米，帽长4.8、宽2.8、高1.2厘米，钉身扁方形，宽1.6、厚0.5~0.7厘米（图5-30B）。

M27

M27顶部、东墙和南墙因挖掘机取土，部分已被破坏。方向70度。通长2.48、内长2.20米。M27为砖砌单室墓，墓顶被破坏。封门现仅存五层，平砌而成，残高0.22米。墓室平面基本呈长方形，

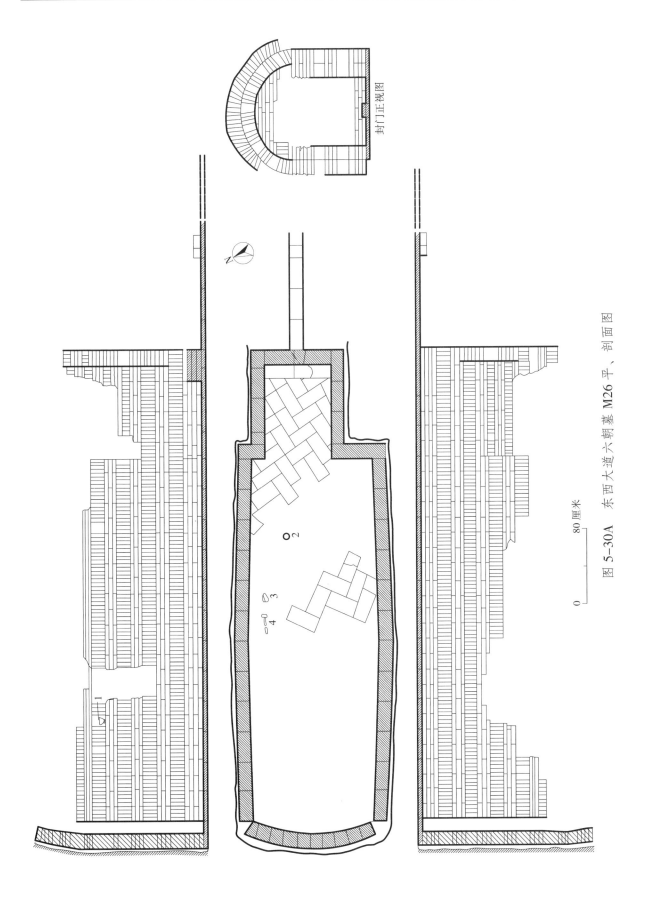

封门正视图

0　　　80厘米

图 5-30A　东西大道六朝墓 M26 平、剖面图

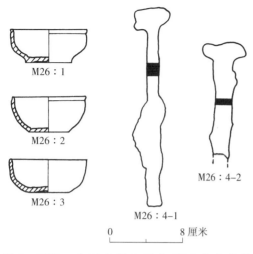

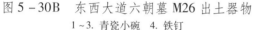

图 5-30B　东西大道六朝墓 M26 出土器物
1~3. 青瓷小碗　4. 铁钉

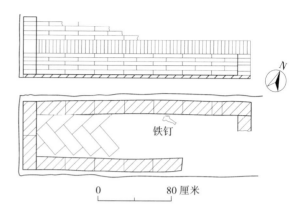

图 5-31　东西大道六朝墓 M27 平、剖面图

两侧壁略外弧。后壁底宽 0.44、口宽 0.2 米，由两组平砌砖和一组丁砖组成。由下向上第一、三组为平砌砖，均由五小层平砌砖组成；第二组为半截丁砖。北壁长 2.2、残高 0.55 米。墓壁由两组平砌砖和一组丁砖组成。由下向上先平砌五层，再丁一层，丁砖上再平砌至顶，丁砖为半砖，外参差而内齐平。南壁残长 1.6、残高 0.55 米（图 5-31；彩版 5-25，1）。

墓室距封门 0.68 米处，出土残铁钉一枚。未发现随葬品。

M28

M28 位于华坞村金城品屋工地南部，山的东坡南部，北距 M30 约 15 米，西南距 M32 约 50 米。方向 150 度。因盗掘破坏严重，仅存部分排水沟（残存 0.64 米）、甬道和墓壁。墓葬通长（含壁厚）5.62 米。砖室外有岩石墓圹。封门无存。甬道偏向于墓室一侧，仅存部分墓壁，五顺一丁砌筑。残长 0.46、内宽 0.86、厚 0.16、残高 0.4 米。墓室平面略呈椭圆形，内长 3.74 米，南、北底边均宽 1.34 米，中部最宽 1.46 米。两侧壁微凸，后弧凸较甚，南壁平直。两侧壁距墓底 0.7 米处，为五顺一丁和三顺一丁两组砌筑，之上为顺向错缝平砌，残高 1.4、厚 0.16 米。后壁由下往上由五顺一丁、三顺一丁各一组，再九顺一丁一组砌筑。内高 1.46、外高 1.5、厚 0.16 米。前壁五顺一丁砌筑，残高 0.4 米。墓底铺地砖为人字形（图 5-32A；彩版 5-25，2）。

随葬品 3 件。其中青瓷盘口壶 1 件，位于墓室南部，距南壁 0.4、距西壁 0.65 米；青瓷钵 1 件，位于墓室北部偏西，距壁 0.05、距北壁 0.64 米；青瓷小碗 1 件，位于墓室北部偏西，距西壁 0.06、距北壁 0.34 米。

青瓷盘口壶　1 件。

M28:1，青釉瓷。盘口宽大，外侈较大，口外饰一周弦纹，束颈稍高，溜肩，肩部对称两组双系，鼓腹斜收，平底略凹。通体施浅青绿色釉，腹部有两道呈青褐色，近底处有一凸起的气泡，一部分呈青褐色。口径 18.4~18.6、腹径 19.8、底径 11.8、高 39.6 厘米（图 5-32B；彩版 5-25，3）。

青瓷钵　1 件。

M28:2，黄绿釉瓷。残存不到一半。口微侈，肩、腹略外凸，平底，深腹。施淡黄绿釉，釉多脱

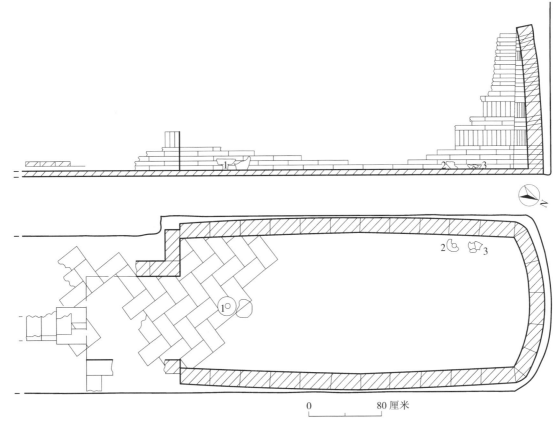

图 5 – 32A　东西大道六朝墓 M28 平、剖面图

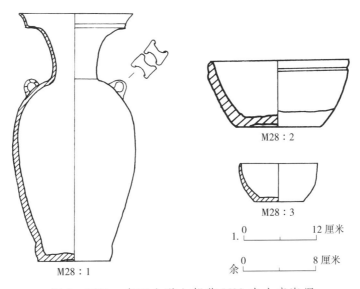

图 5 – 32B　东西大道六朝墓 M28 出土青瓷器

1. 青瓷盘口壶　2. 青瓷钵　3. 青瓷小碗

落，胎体底部红褐色，上部青灰色。残口径 15.6、底径 9.8、高 6.2 ~ 6.4 厘米（图 5 – 32B）。

青瓷小碗　1 件。

M28:3，黄绿釉瓷。口微内收，肩、腹微外凸，深腹，平底。施淡黄绿釉，釉多脱落。口径 8.4、底径 5.3、高 3.9 ~ 4.2 厘米（图 5 – 32B）。

M29

M29 位于华坞村金城品屋工地南部，山的东坡北部，西北距 M27 约 15 米，南距 M30 约 0.6 米。砖室墓，方向 110 度。残长（含墙厚）1.84 米。因盗掘破坏严重，仅存墓室后半部和西墙。封门无存。墓室平面略呈长方形，南、北壁微弧凸，西壁（后壁）平直，仅存南、北墓壁和后壁。墓壁厚0.24 米。墓室内残长 1.6 米，后壁厚 0.24、宽 0.77 米。现存北壁由 6 层砖顺向错缝平砌，高 0.3 米；南壁由 4 层砖顺向错缝平砌，高 0.2 米；后壁由 8 层砖顺向错缝平砌，高 0.4 米。墓底铺地砖为横向错缝平砌（图 5-33）。

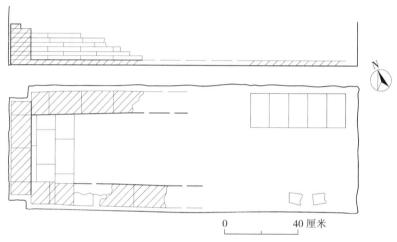

图 5-33 东西大道六朝墓 M29 平、剖面图

因盗掘和施工破坏，未发现随葬品。

M30

M30 位于华坞村金城品屋工地南部，山的南坡东侧山腰，其西约 10 米处为 M25，东距 M26 约 15米。长方形叠涩顶砖室墓，方向 100 度。通长 2.92、内长 2.6、内宽 0.64 米。券顶除中间至后墙之上部分保存较好外，其他已被破坏。为两层横向平铺砖，券顶内高 0.52、厚 0.08、残长 1.2 米。封门位于墓室外侧。现存封门由 12 层砖顺向不规则错缝平砌，宽 0.96、厚 0.16、高 0.5 米。墓室平面呈长方形，叠涩顶。南、北壁略内弧；西壁平直，南北两端内弧。两侧壁顺向错缝平砌 14 层，长 2.6、厚0.16、高 0.52 米；后壁底宽 0.64、上宽 0.4、厚 0.16、高 0.52 米。该墓墓砖均为长方砖，砖侧面一侧印有中间菱形两边斜线的几何纹，端面印五组斜线反向倾斜排布的平行线纹。长 31.5~33、宽 14~16、厚 4.5 厘米（图 5-34；彩版 5-25，4）。

未发现随葬品。

M31

M31 位于华坞村金城品屋工地南部，山坡东面，东北距 M30 约 15 米，西南距 M28 约 20 米。凸字形券顶砖室墓，方向 140 度。因盗掘仅存墓葬下半部。通长（不含排水道）5.5、宽 1.8 米。封门无存。排水道三层，中部两砖并列间隔，中间留设水槽，上下层顺长平砌一排砖，残长 1.7 米。甬道宽

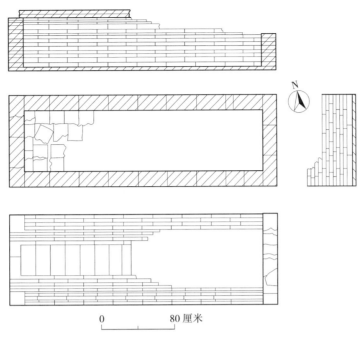

图 5 – 34　东西大道六朝墓 M30 平、剖面及俯视图

0.86、残长 0.48 米，东壁残高 0.05 米，西壁无存。墓室平面呈椭圆形，中后部设置砖砌棺床，棺床长 2.8、高 0.15 米，由下层的并列纵向立砌砖层和上面的平砌砖层组成。棺床底部中间有一宽 6、高 5 厘米的排水槽，水槽东 10 厘米为两层平铺砖，西 14 厘米为两层平铺砖，余下两侧至东、西壁为纵向丁砖，上面再横向错缝平铺一层砖。棺床前的墓室长 0.82 米。墓室南壁平直，两侧壁朝外微凸，后壁弧凸较甚。两侧壁为单砖顺长砌筑，厚 0.16 米，由墓底往上六顺一丁一组，再四顺一丁两组，高 1.21 米，之上残存四层顺砖，东壁残高 1.4 米，西壁残高 1.26 米。两侧壁丁砖基本为半截，少数为整砖。后壁由棺床向上残存两层，纵向错缝平砌，高 0.1、厚 0.32 米。南壁高 1.7 米，仅一侧保存较多，上部朝内弧曲内收，由下往上，六顺一丁、四顺一丁、三顺一丁、三顺一丁砌筑，之上再平砌四层。墓室及甬道铺地砖呈人字形。长方砖长 31.5 ~ 33、宽 14 ~ 15、厚 4.5 ~ 5 厘米，规格较小的长方砖长 20、宽 10、厚 5 厘米（图 5 – 35A；彩版 5 – 26，1、2）。

随葬品 4 件。甬道中部距墓室南壁 0.4、距甬道东壁 0.42 米处出土青瓷盘口壶 1 件，其东 0.08 米处出土青瓷小碗 1 件，其南 0.14 米处也出土青瓷小碗 1 件，墓室南部距南壁 0.46、距东壁 0.22 米处出土铁钉 1 枚。

青瓷盘口壶　1 件。

M31:1，褐绿釉瓷。仅余口、颈，盘口较浅，口沿有 5 处黑褐釉点，束颈较短，上粗下细。施褐绿色釉，表面有烧结的气泡，灰胎。口径 14.6 ~ 14.8 厘米（图 5 – 35B；彩版 5 – 26，3）。

青瓷小碗　2 件。

M31:2，青釉瓷。侈口，弧腹，略带假圈足，平底。浅灰胎，釉尽落。口径 8（残）、底径 5.5 ~ 5.6、高 3 ~ 3.1 厘米（图 5 – 35B；彩版 5 – 26，4）。

M31:3，青釉瓷。侈口，口外饰一周弦纹，折腹，平底。施青绿釉，仅余不到二分之一。底径 4.2、高 3 ~ 3.2 厘米（图 5 – 35B）。

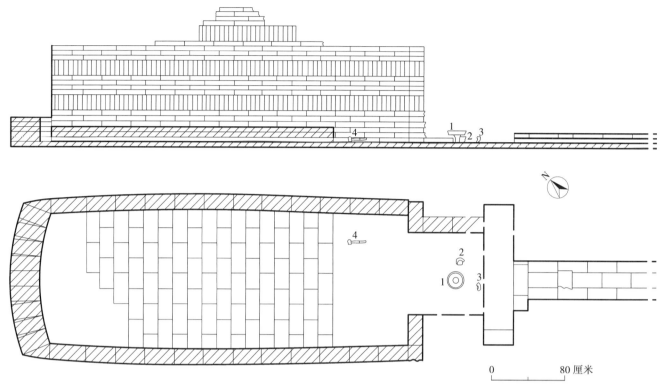

图 5 – 35A　东西大道六朝墓 M31 平、剖面图

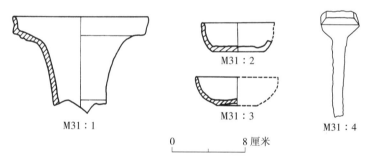

图 5 – 35B　东西大道六朝墓 M31 出土器物
1. 青瓷盘口壶　2、3. 青瓷小碗　4. 铁钉

铁钉　1 件。

M31：4，残长 11.4 厘米，覆斗形钉帽长 3.7～4 厘米，钉身扁方形，宽 1.2、厚 0.7 厘米（图 5 – 35B；彩版 5 – 26，5）。

M32

M32 位于华坞村金城品屋工地南部，山南坡东侧，东北距 M28 约 50 米，北距 M26 约 20 米。椭圆形砖室墓，方向 155 度。通长（含排水道）7.04 米。因盗掘破坏严重，墓顶无存。排水道长 3.52、宽 0.38、高 0.15 米，纵向呈弧形，上下为单层顺向平铺砌筑，中间为宽 6、高 5 厘米的排水沟，排水沟两边均为顺向平铺砌筑。封门由一组五顺一丁和两层顺砖砌筑，高 0.48、厚 0.16 米，中部最下层有宽 8、高 5 厘米的排水口。墓室平面略呈椭圆形，内长 3.2、南壁宽 0.64、北壁宽 0.64 米。两侧壁微外凸，后壁弧凸较甚。墓壁砌法：四顺一丁再顺向错缝平砌两层，东壁现高0.48、西壁现高0.53、后壁现高0.43米。墓壁以单砖顺长平砌，厚0.16米。墓室铺地砖呈人字形（图5-36；彩版5-27，1）。

因盗掘，未发现随葬品。

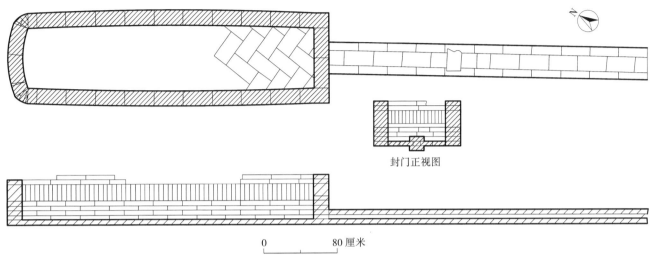

图5-36 东西大道六朝墓M32平、剖面图

M33

M33位于华坞村金城品屋工地南部，山南坡中部，东南距M26约30米。方向140度。长方形砖室墓，通长3.38、内长2.92米。因盗掘破坏严重，仅存墓室下半部和部分封门。封门处墓室内侧，呈人字形垒砌，残存一组。残长0.28、宽0.32、高0.13米。墓室平面呈长方形，因盗掘破坏，墓顶无存，墓室内长2.92、南北底边宽0.64米。两侧壁稍微有弧度，前后壁平直。墓壁以单砖砌筑，厚0.14米。砌法：由下往上三顺一丁两组后再平砌。东壁残长1.94、残高0.6米；西壁长3.24、现高0.52米；北壁距墓底0.52米之下为两组三顺一丁，之上顺向错缝平砌6层，下底宽0.92、上宽0.76、现高0.76米。墓底砖呈人字形平铺。长方砖长30～32、宽13.5～14.5、厚4厘米（图5-37；彩版5-27，2）。

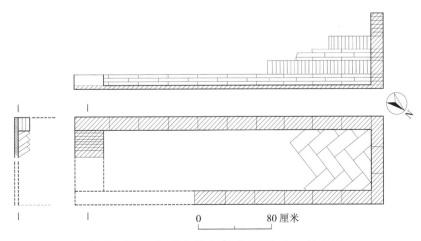

图5-37 东西大道六朝墓M33平、剖面图

因被盗掘，未发现随葬品。

M34

M34 位于华坞村金城品屋工地南部，山北坡中部，东距 M35 约 5 米，西南距 M44 约 50 米。刀形券顶砖室墓，方向 30 度。因盗掘仅存排水道和墓室下半部。通长 7.29（含排水道）、内长 4.5 米。排水道残长 2.5、宽 0.36、高 0.15 米，中间以两排砖顺向间隔平铺，宽 4 厘米，上下均砌一层顺向平铺砖。封门和甬道均被破坏无存。墓室平面略呈椭圆形，两侧壁朝外微凸，后壁弧凸较甚。中后部设有砖砌棺床，棺床仅余前后部分，长 3.23、高 0.04 米，系平铺一层砖而成，砖纵横相间成席纹。棺床前的墓室长 0.42 米。墓室直壁高 1.43 米。东、西壁由墓底往上四顺一丁，再三顺一丁三组，其上再错缝平砌。丁砖均为半砖，外参差而内齐平。东壁残长 3.64、现高 1.46 米；西壁长 3.64、残高 1.32 米；后壁由下往上四顺一丁，再三顺一丁两组，残高 0.76 米，丁砖纵横相间，每层施横丁砖 2～3 块，横丁砖之间间隔 5～7 块纵丁砖。墓壁以单砖顺长砌筑，厚 0.16 米。墓底铺地砖呈人字形。墓室内宽 1.32～1.36、内长 4.45～4.5 米。墓砖有长方砖和横楔砖。长方砖长 32.5～33、宽 14.5、厚 4.5 厘米；横楔砖长 32.5～33、宽 14.5、大头厚 4.5、小头厚 3 厘米（图 5－38A；彩版 5－28，1）。

随葬品 3 件。墓室北部靠近东壁处出土青瓷小碗 1 件，墓室中部偏南靠近西壁处发现铁削 1 件。

青瓷小碗　1 件。

M34：1，黄绿釉瓷。口微侈，肩微凸，平底。灰褐色胎，釉尽脱。口径 8.7、底径 4.8、高 3.6～3.7 厘米（图 5－38B）。

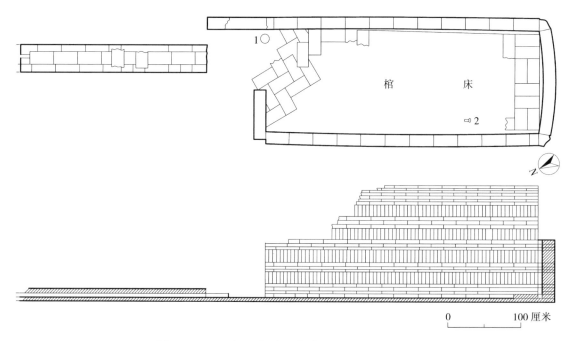

图 5－38A　东西大道六朝墓 M34 平、剖面图

铁削　1 件。

M34：2，柄端呈厚重的四方体形，柄宽 3、长 3.5、厚 1.4 厘米，刃宽 0.8～1、厚 0.4～0.5 厘米，削残长 18 厘米（图 5－38B）。

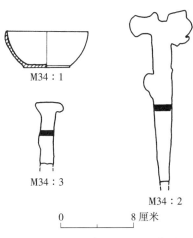

图 5 - 38B　东西大道六朝墓
M34 出土器物
1. 青瓷小碗　2. 铁削　3. 铁钉

铁钉　1 件。

M34:3，残长 6.6 厘米，上有长 2.6、宽 2.1 厘米的方形钉帽（图 5 - 38B）。

M35

M35 位于华坞村金城品屋工地南部，山北坡中部，西距 M34 约 5 米，东距 M36 约 8 米。长方形砖室墓，方向 25 度。因盗掘仅存排水道和墓室下半部。通长 3.36、内长 3.06 米。排水道残长 0.84、宽 0.4、高 0.1 米，中间顺向平铺两排砖，砖之间为宽 8 厘米的水槽，下顺向平铺一层砖，上面的平铺砖已被破坏。封门位于墓室口内侧，宽 0.8、厚 0.16、高 0.56 米，顺向错缝平砌 14 层砖。墓室平面基本呈长方形，两侧壁微朝外弧凸，长 3.06、宽 0.8、中间最宽 0.88 米。墓室西壁顺向错缝平砌 20 层砖，长 3.22、厚 0.16、高 0.9 米。东壁顺向错缝平砌 15 层砖，长 3.22、厚 0.16、高 0.7 米。后壁平直，错缝平砌 14 层砖，长 0.8、厚 0.16、高 0.7 米。墓室底横向错缝平砌一层砖。长方砖：长 32 ~ 34、宽 16 ~ 22.5、厚 3 ~ 5 厘米。横楔砖：长 33、宽 16、大头厚 4.5、小头厚 3.5 厘米（图 5 - 39；彩版 5 - 27，3）。

M35 发现青瓷盘口壶残片 2 件，从其形制来看为东晋时期。

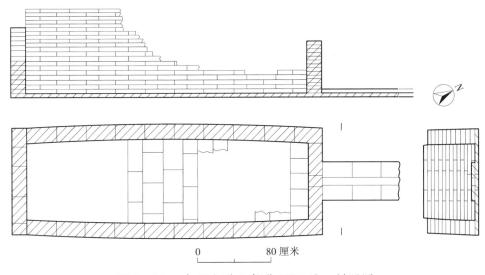

图 5 - 39　东西大道六朝墓 M35 平、剖面图

M36

M36 位于华坞村金城品屋工地南部，山北坡中部，西距 M35 约 6 米，东距 M37 约 5 米。凸字形砖券墓，方向 40 度。通长 9.2（含排水道）、内长 4.28 米。因盗掘破坏严重，仅存墓葬下半部。排水道平面呈弧形，前段较平直，后段弯曲，垂直长度 4.44、宽 0.28、高 0.12 米。排水道 3 层，中间并列两砖，两砖间距 8 厘米的排水槽，上下均顺向平铺一层砖。封门位于甬道内侧，残存 3 层纵横间隔的平铺砖，

长 0.86、宽 0.32、高 0.12 米。封门底部距东壁 0.32 米处有一宽 6、高 4 厘米的排水口。甬道平面呈长方形，宽 0.86、进深 0.84 米。墓壁从下往上现存五顺一丁、三顺一丁各一组，壁厚 0.14 米，西壁高 0.7 米，东壁高 0.8 米。墓室平面略呈椭圆形，现仅存墓室下部和部分棺床。墓室内长 3.6 ~ 3.76、宽 1.38、中间最宽 1.52 米。棺床长 2.62、距南壁 0.54、距北壁 0.6 米，南端被破坏，高 5 厘米，前后端用整砖平砌，中部以砖块平砌。墓室两侧壁保存较少，仅存下部五顺平砌砖层，高 0.22 米；后壁平面呈外凸的弧形，从下往上五顺一丁、三顺一丁，再三顺，高 0.82 米。墓壁厚 0.16 米，人字形铺地砖。长方砖长 33 ~ 34、宽 16、厚 4.5 厘米（图 5 - 40A；彩版 5 - 28，2、彩版 5 - 29，1）。

随葬品共 8 件。甬道东北角出土青瓷盘口壶 1 件；墓室南边中部出土青瓷盘口壶 1、小碗 3 件；墓室东北角出土青瓷小碗 3 件（彩版 5 - 29，2）。

青瓷盘口壶 2 件。

M36：1，青釉瓷。盘口稍深，外侈较大，口外饰一周弦纹，束颈高度适中，圆溜肩，肩部对称附两组双系，腹斜直内收，平底略凹。近底处青褐色，余施青绿釉，个别部位深绿或黄绿。口径 15.2 ~ 15.5、腹径 15.9、底径 9.6 ~ 9.8、高 31 ~ 32.8 厘米（图 5 - 40B；彩版 5 - 29，3）。

M36：2，青釉瓷。盘口残缺，束颈稍倾斜，肩较平，上附两组双系，腹部斜直内收，平底略凹，通体施青绿釉，最大径在肩腹结合处。腹径 20、底径 10 ~ 10.4、残高 34.8 厘米（图 5 - 40B；彩版 5 - 29，4）。

青瓷小碗 6 件。黄褐釉或青褐釉瓷。形制、大小基本相同。均直口，肩微凸，下腹斜收，平底（略凹），或凹底。外施黄褐色釉，有的釉已脱落，外面近底处青褐色。

M36：3，略带假圈足。口径 8.54、底径 4.7 ~ 5、高 3.6 厘米（图 5 - 40B）。

M36：4，平底微凹。口径 8.5、底径 4.8、高 3.7 ~ 4 厘米（图 5 - 40B）。

M36：5，凹底。口径 8.2、底径 4.9 ~ 5.2、高 3.9 厘米（图 5 - 40B）。

M36：6，红褐色胎体，釉皆脱落。口径 8.4 ~ 8.6、底径 4.6 ~ 4.8、高 3.8 ~ 4.1 厘米。

M36：7，平底略凹，釉皆脱落。口径 8.1 ~ 8.2、底径 4.3 ~ 4.4、高 4 厘米（图 5 - 40B）。

M36：8，仅余三分之二，略带假圈足，青灰胎。口径 8.5、底径 4.8 ~ 5.1、高 3.8 厘米（图 5 - 40B）。

M36 还发现铁棺钉 1 件，上有方形钉帽，长 10.5 厘米。

M37

M37 位于华坞村金城品屋工地南部，山北坡中部，西距 M36 约 10 米，东距 M39 约 6 米。凸字形砖券墓，方向 50 度。通长 6.6 米（含排水道）。因盗掘破坏严重，仅存墓葬下半部。排水道残长 0.96、宽 0.34、高 0.14 米。由 4 层砖垒砌而成，中间两砖并列，形成间隔 6 厘米的排水槽，上部纵向平砌两层砖，下部顺向平铺一层砖。封门位于甬道内侧，宽 0.84、厚 0.38、高 0.05 米，仅残存一层横向平铺砖，底部距东壁 0.36 米处有一宽 6、高 5 厘米的排水口。甬道平面呈长方形，宽 0.84、进深 1.02 米。两壁残存五层顺向错缝平铺砖，长 1.02、厚 0.18、高 0.24 米。墓室平面略呈椭圆形，两侧壁微朝外凸，后壁弧凸较甚。因盗掘破坏，仅存墓室下部和棺床。墓室内长 4.1 ~ 4.24、北宽 1.36、南宽 1.4、中间最宽 1.6 米。棺床长 2.54、北端距北壁 1.04、南端距南壁 0.68、高 0.15 米。由上下两层

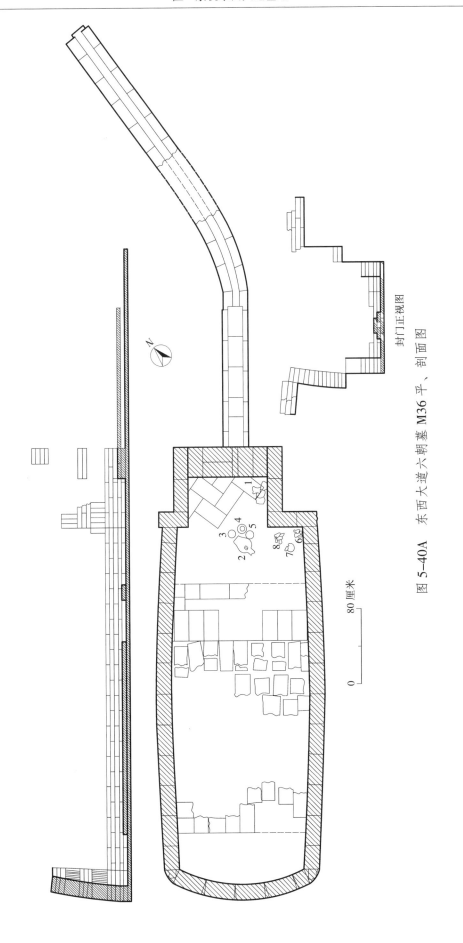

封门正视图

剖面图

图 5-40A　东西大道六朝墓 M36 平、剖面图

80 厘米

0

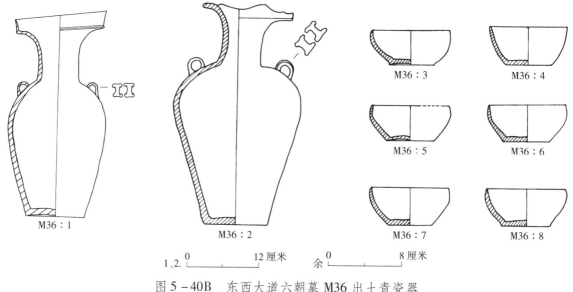

图 5 - 40B　东西大道六朝墓 M36 出土青瓷器
1、2. 青瓷盘口壶　3 ~ 8. 青瓷小碗

组成，下层并列一层丁砖，上层平砌一层砖；棺床前后端以整砖横向平砌一排，中部用不规则的半砖平砌。墓室西壁现存五顺一丁一组、三顺一丁两组，厚 0.18、高 0.94 米；东壁现存五层平砌砖，高 0.24 米。后壁外凸，残存由五层平砌砖错缝叠砌，厚 0.24、高 0.24 米。人字形铺地砖。墓砖有长方、梯形、楔形等种类。长方砖长 34、宽 18 ~ 18.5、厚 5 厘米；小长方砖长 19、宽 9.5、厚 4.5 厘米；纵楔形砖长 33.5、大头宽 11、小头宽 8、大头厚 5.5、小头厚 3.5 厘米；小纵楔形砖长 28.5、大头宽 11.5、小头宽 8、大头厚 5.5、小头厚 3.5 厘米；梯形砖长 19、大头宽 11、小头宽 8 ~ 8.5、厚 4.5 ~ 5 厘米（图 5 - 41A；彩版 5 - 30，1）。

随葬品共 3 件（组）。棺床前中部稍偏东处出土青瓷小碗 1 件，棺床北部中间出土滑石饰品 1 件，棺床中部和两边出土铁钉数枚。甬道中部还发现盘口壶残片。

青瓷小碗　1 件。

M37:2，黄绿釉瓷。侈口，肩微凸，腹斜直，平底，口部略呈椭圆形。黄绿釉基本脱落。口径 8.1 ~ 9、底径 4.3 ~ 4.6、高 3.3 ~ 3.8 厘米（图 5 - 41B）。

铁钉　1 组 7 枚。

M37:3，分有帽和无帽两种。有帽者 3 枚，钉较粗，残长 7.5 ~ 9 厘米，钉身宽 1 ~ 1.2、厚 0.8 ~ 1 厘米。无帽者 4 枚，最长 18.3、宽 1.1、厚 0.8 厘米，扁方形，上稍粗，下稍细；短者长 9.8、宽 0.7、厚 0.5 厘米（图 5 - 41B）。

滑石饰品　1 件。

M37:1，滑石质。平面呈长方形，背面磨光，正面斜刻两三刀，似为猪的形状。长 3.7、宽 1.2 ~ 1.3、厚 0.4 厘米（图 5 - 41B；彩版 5 - 30，3）。

M38

M38 位于华坞村金城品屋工地南部，山北坡中部，西距 M39 约 20 米，西南距 M40 约 30 米。长方形砖室墓，方向 35 度。通长 4.42（含排水道）、通宽 1.24（墓室）~ 1.46（封门）米。因盗掘破坏

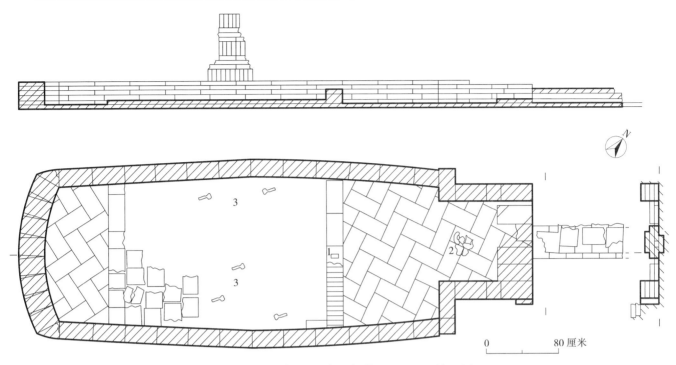

图 5 -41A　东西大道六朝墓 M37 平、剖面图

严重，封门和后壁无存，墓室仅存下半部。排水道残长 0.52、宽 0.36、高 0.1 米。中间顺向并列两砖，两砖间为间距 4 厘米的排水槽，上、下各顺向平铺一层砖。封门中部无存，两侧翼墙残长，翼墙宽 0.16、长 0.32 米，东翼墙高 0.6 米，西翼墙高 0.56 米。墓室平面基本呈长方形，两侧壁朝外弧凸，因盗掘破坏，后壁无存，东墙部分被破坏。残长 3.9、北边宽 0.8、中间最宽 0.92 米。东壁现存由三层顺向错缝平砌砖，厚 0.16、高 0.15 米；西壁现存五层顺向平砌砖，厚 0.16、高 0.25 米。墓底铺地砖为横向错缝平砌，仅在墓室前后有部分残留。长方砖长 31 ~ 32、宽 15 ~ 16、厚 5 厘米（图 5 -42；彩版 5 -30，2）。

因盗掘破坏，未发现随葬品。

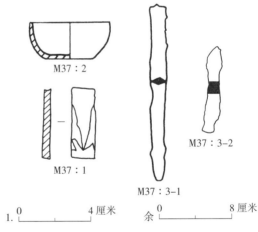

图 5 -41B　东西大道六朝墓 M37 出土器物
1. 滑石饰品　2. 青瓷小碗　3. 铁钉

M39

M39 位于华坞村金城品屋工地南部，山北坡中部，西距 M37 约 10 米，南邻 M40。凸字形砖券墓，方向 40 度。通长 6.8（含排水道）、内长 4.26 米。因盗掘破坏严重，仅存墓葬下半部。排水道残长 1、宽 0.42、高 0.11 米。中间两砖并列，形成宽 6 厘米的排水槽，上、下均为顺向平铺一层砖。封门位于甬道内侧，宽 0.88、厚 0.36、外侧高 0.78、内侧高 0.28 米，由 15 层砖顺向错缝平砌，底部距东壁

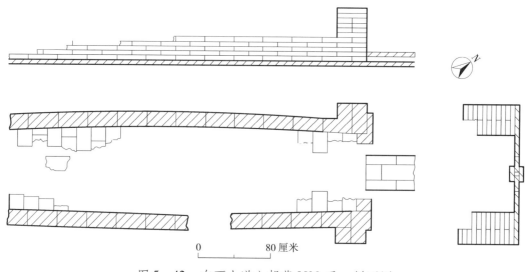

图 5 - 42　东西大道六朝墓 M38 平、剖面图

0.38 米处有一宽 6、高 5 厘米的排水口。甬道平面呈长方形，进深 1.2、内宽 0.88 米。壁厚 0.18 米，残存五顺一丁一组及上面一至三层顺砖。西壁高 0.53、东壁高 0.45 米。墓室平面略呈椭圆形，两侧壁微朝外凸，后壁弧凸较甚。因盗掘破坏，仅存墓室下部。墓室内长 4.06 ~ 4.26、北宽 1.48、南宽 1.52、中间最宽 1.72 米。墓室东壁现存从下往上：五顺一丁一组及一层平铺砖，高 0.45 米；西壁现存五层平砌砖，高 0.24 米；两侧壁及前壁厚 0.18 米。后壁外凸呈弧形，残存五层平砌砖，厚 0.34、高 0.24 米。前壁从下向上，五顺一丁一组、三顺一丁两组及两层平砌砖，高 1.06 米。甬道和墓室底部铺一层人字形砖。墓砖统计：长方砖 (1)，长 34 ~ 35、宽 16 ~ 19、厚 5 厘米；长方砖 (2)，长 34、宽 11、厚 5 厘米；梯形砖长 19、大头宽 11、小头宽 8、厚 4.5 ~ 6 厘米 (图 5 - 43A；彩版 5 - 31，1、2)。

随葬品仅 1 件。墓室东北角出土盘口壶 1 件。

青瓷盘口壶　1 件。

M39:1，青釉瓷。盘口外侈较大，沿宽而深，口外下端饰弦纹，束颈中等，圆溜肩，肩附两组双系，鼓腹斜直，平底微凹，形体修长。施淡黄绿釉，个别部位青绿，有脱釉现象，外面近底处青 (紫) 褐色。口径 16.3、腹径 20、底径 10.5 ~ 11、高 38 厘米 (图 5 - 43B；彩版 5 - 31，3)。

M40

M40 位于华坞村金城品屋工地南部，山北坡中部，西北邻 M39，东南临 M41。该墓为凸字形砖券墓，方向 60 度。通长 9.92 (含排水道)、内长 5.88、通宽 2.38 米。因盗掘破坏严重，仅存排水道和墓葬下半部。排水道残长 3.4、宽 0.28、高 0.1 米。中间两砖并列成宽 6 厘米的排水槽，上、下均顺向平铺一层砖。封门位于甬道内侧，由两层纵向平铺砖砌筑。宽 1、厚 0.32、高 0.52、内侧高 0.14 米。底部距东壁 0.44 米处有一宽 4、高 5 厘米的排水口。甬道平面呈长方形，拱券顶。进深 1.36、内宽 0.94、内高 1.45、外高 1.68、直壁高 0.96 米。东壁 1.35 米处之下由一组五顺一丁、三组三顺一丁和两组两顺一丁砌筑，之上为顺向错缝平砌；西壁同东壁。墓室平面略呈椭圆形，前壁平直，两侧壁

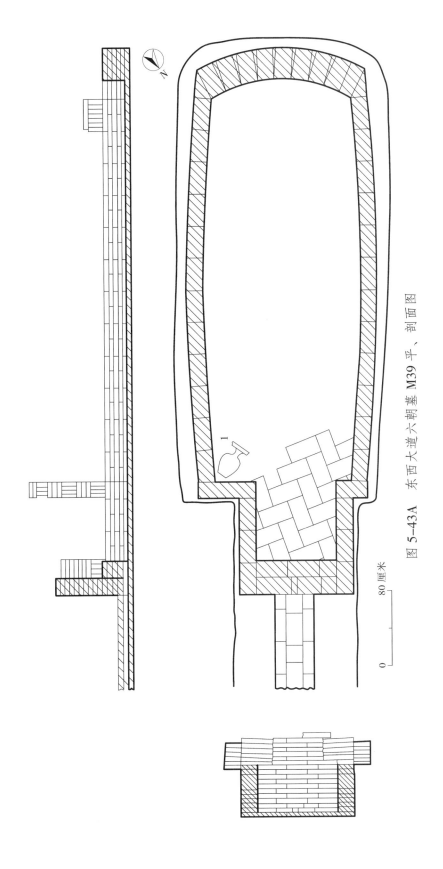

图 5-43A　东西大道六朝墓 M39 平、剖面图

0　　80 厘米

微外凸，后部弧凸较甚。因盗掘破坏，仅存墓室下部。墓室内长4.65~4.84、宽1.64、中间最宽1.9米。两侧壁厚0.23米，墓室东壁从下往上，五顺一丁一组，再三顺一丁三组，现高1.28米；西壁现存五层平砌砖，高0.24米；后壁外凸弧度较大，从下向上，五顺一丁一组、三顺一丁一组和三层顺向错缝平砌砖，厚0.32、高0.84米。前壁平直，从下向上0.96米处为五顺一丁一组、三顺一丁两组，之上为顺向错缝平砌，高1.68米。甬道、墓室底部为人字形铺地砖。墓砖统计：长方砖（1），长34~35、宽16~23、厚5厘米；长方砖（2），长23.5、宽11、厚5厘米；梯形砖，长23、大头宽11、小头宽8、厚5厘米；横楔砖长35、宽23、大头厚4.5、小头厚3厘米（图5-44A；彩版5-32，1、2）。

随葬品共6件。甬道东北角出土青瓷小碗4件；甬道中部出土青瓷盘口壶1件；甬道东南角出土青瓷盘口壶1件。

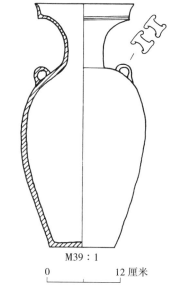

图5-43B 东西大道六朝墓
M39出土青瓷盘口壶

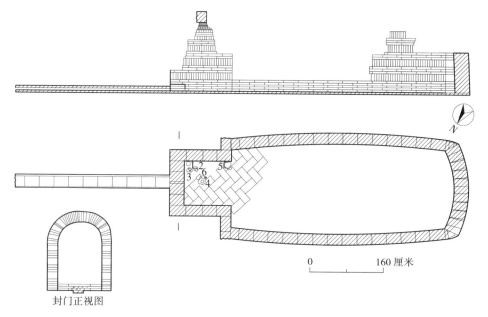

图5-44A 东西大道六朝墓M40平、剖面图

青瓷盘口壶 2件。

M40:4，青釉瓷。口、颈残缺，圆溜肩，肩对称附两组双系，腹斜收，平底微凹。施青绿釉，灰胎。腹径18.2、底径10、残高26.8厘米（图5-44B）。

M40:5，青釉瓷。形制同M40:4，盘口外侈较大，沿外下饰一道弦纹，束颈较直，高低适中。残存褐绿色釉。口径15.6、腹径18.8、底径10、高30.4厘米（图5-44B；彩版5-32，3）。

青瓷小碗 4件。M40:1较完整，其余3件均残缺。

M40:1，青绿釉瓷。口微侈，肩微凸，腹斜直，平底微凹。釉已脱落。口径10.2、底径6、高4.1~4.3厘米（图5-44B）。

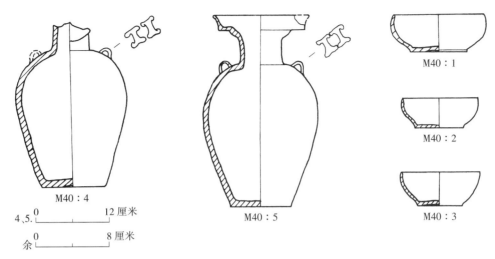

图 5－44B　东西大道六朝墓 M40 出土青瓷器

1～3. 青瓷小碗　4、5. 青瓷盘口壶

M40：2，青绿釉瓷。形制大致同 M40：1，略带假圈足。内施深绿色釉，外施淡绿色釉。口径 8.6、底径 5、高 3.2～3.6 厘米（图 5－44B）。

M40：3，青绿釉瓷。口微敛，平底微凹。施青绿釉。口径 8.6、底径 4.8、高 3.7 厘米（图 5－44B）。

M40：6，青绿釉瓷。形制同 M40：3，青绿釉，残缺不全。底径 4.6、高 3～3.9 厘米。

另有铁棺钉 2 枚。一枚有帽，长 9、帽径 2.4 厘米；一枚无帽，长 6.8 厘米。

M41

M41 位于华坞村金城品屋工地南部，山北坡中部，北邻 M40，西距 M42 约 10 米。凸字形砖券墓，方向 40 度。通长 10.44（含排水道）、内长 5.68 米。因盗掘破坏，封门上部有一盗洞，甬道南部中间有一盗洞，墓室仅存下半部。排水道残长 4、宽 0.42、高 0.15 米。中间两砖并列成间距 10 厘米的排水槽，上、下均顺向平铺一层砖。封门位于甬道内侧，从下向上，七顺一丁、四顺一丁，宽 0.94、厚 0.36、高 0.68 米；底部距东壁 0.42 米处有一宽 6、高 5 厘米的排水口。封门墙外为拱券顶的券门，共 4 层，仅最内一层保存较完整，内高 1.48、外高 1.58、宽 0.94 米（即为甬道的宽度），基本为三顺一丁砌筑，顶部正中 8 砖为顺砖，券顶丁砖为小梯形砖；外面 3 层券顶基本被破坏，第 2 层券顶紧贴第一层的外面并向前面凸出半砖，内宽 1.3 米，直壁下端 0.4～0.52 米高的部分和第 1 层共用，为顺丁组合结构，丁砖顺长横向，往上的部分均为顺砖顺长垒砌；第 3、4 层券顶从距底 1.1～1.2 米的位置开始发券，下端先平砌两层，上面顺长垒砌，券顶之间有一层立砌的夹层砖。券门下部宽 1.58、上部最宽 2.48 米。甬道平面呈长方形，拱券顶。进深 1.46、内宽 0.94 米，内高 1.42、通高 1.58 米。两壁距底 1.38 米处，五顺一丁一组、三顺一丁五组砌筑，之上顺向错缝平砌。距底 1.05 米两壁各开有两个小龛，小龛距甬道南边 0.16 米，宽 10～12、高 7、进深 18 厘米；两龛间距 0.92 米。墓室平面略呈椭圆形，前壁平直，后壁朝外弧凸较甚，两侧壁微弧凸。因盗掘破坏，仅存墓室下部和棺床南边。墓室内长 4.4～4.66、宽 1.6、中间最宽 1.84 米。墓室后部发现一排砖，距后壁为 0.52 米，砖间距 6～8 厘米，当为棺床的孑遗，棺床高 10 厘米。墓室除前壁保存较多外，其余均存留很少。前壁现存（从下往上）五顺一丁一组、三顺一丁两组，再顺砖一层，高 1.4 米；两侧壁现存五层平砌砖，厚 0.18、高 0.24 米；后壁外凸，残存三层，厚 0.32、高 0.14 米。甬道、墓室底部为人字形铺地砖。墓砖统计：长方砖（1），长 32～36.5、宽 15～18、厚 5 厘米；长方砖（2），长 18、宽 10、厚 5 厘米；梯形砖，长 18、大头宽 10、小头宽 8、厚 5 厘米；横楔砖，长 36.5、宽 18、大头厚 5、小头厚 4 厘米（图 5 - 45A；彩版 5 - 33，1、2）。

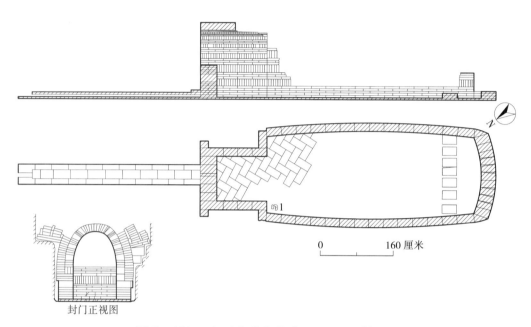

封门正视图

图 5 -45A　东西大道六朝墓 M41 平、剖面图

随葬品共 2 件，青瓷盘口壶和小碗各 1 件。

青瓷盘口壶　1 件。

M41:2，青釉瓷。仅余颈部及肩部残片，束颈较短，上粗下细，圆肩上残存一组纵向双系。施青绿釉，灰胎。残高 10.2 厘米（图 5 -45B）。

青瓷小碗　1 件。

M41:1，口微敛，肩、腹弧凸，深腹，假圈足，平底内凹。施黄绿色釉。口径 10.3、底径 6.6～6.8、高 5.5～5.7 厘米（图 5 -45B）。

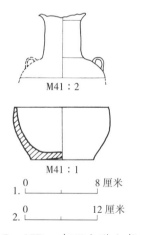

M41：2

M41：1

1. 　0　　　　　8 厘米

2. 　0　　　　　12 厘米

图 5 -45B　东西大道六朝墓
M41 出土青瓷器
1. 青瓷小碗　2. 青瓷盘口壶

M42

M42 位于华坞村金城品屋工地南部，山北坡中部，东邻 M41 约 4 米，西距 M43 约 6 米。凸字形砖券墓，方向 40 度。通长 10.95（含排水道）、不含排水道长 6.6、宽 2.68 米。因盗掘破坏，封门上部有一盗洞，甬道南部中间有一盗洞，墓室仅存下半部。排水道残长 4.4、宽 0.28、高 0.2 米，中间两排砖顺向平砌，间距 8 厘米，上、下均顺向平铺一层砖。封门位于甬道内侧，从下向上，平砌十五层，再丁一层，再平砌二层，丁一层，再平砌七层至券顶，宽 1.03、厚 0.4、高 1.48 米。封门券门同 M41，由 4 层拱券顶组成，现仅最内层券顶保

存，外面3层券顶之间均有一层夹层砖，券顶均并列顺砌，上部宽2.5、下部宽2.24、现存高度2.06米。第1、2层下端共用三顺一丁一组，第3、4层右侧从墓底开始砌筑，上宽下窄，券顶距离底部1.45~1.5米开始发券，第3层左侧从券顶往下基本砌至墓底，呈上宽下窄的楔形。甬道平面呈长方形，拱券顶。进深1.28、内宽1.03、内高1.48、通高1.7米。墓壁从下往上，四顺一丁，再三顺一丁五组，再五顺至顶部正中。西壁由下向上1.53米，距墓室壁0.85米处，有一宽17、高15、进深21厘米的小龛，在甬道由下向上1.09米，距墓室南边0.9米处，有两小龛，宽10、高7、进深19厘米。西壁同东壁。墓室平面呈椭圆形，因盗掘破坏，仅存墓室下部和棺床北部。墓室内长4.88、南北边均宽2.08、中间最宽2.28米。棺床北边距后壁为0.65米。墓室东壁现存从下往上，由四顺一丁一组、三顺一丁二组和二层平铺砖砌筑，厚0.19、高0.43~0.8米；西壁现存从下往上，由四顺一丁一组、三顺一丁四组，再三层平砌砖错缝叠砌组成，厚0.19、高1.76~0.43米；后壁朝外弧凸，残存四层顺砖，纵向错缝平砌，厚0.32、高0.2米。棺床位于墓室中部偏后，前端纵向并列立砌一排砖，后面全部用砖块平砌顺长的10道砖条，共3层，砖条之间有间距，现其中填塞泥土，当为排水而设。砖条和前端立砖之上再横向错缝平铺一层砖，棺床长3.2、高0.15米。甬道、墓室底部人字形砖铺地。墓砖统计：墓室长方砖，长38、宽19、厚5厘米；小长方砖，长19、宽16、厚5厘米；横楔砖，长38、宽19、大头厚5、小头厚3厘米。甬道长方顺砖，长38、宽19、厚5厘米；丁砖，长33、宽17、厚5厘米；小长方砖，长19、宽11、厚5厘米；梯形砖，长17、大头宽11、小头宽8、厚5厘米（图5-46A；彩版5-33，3、4）。

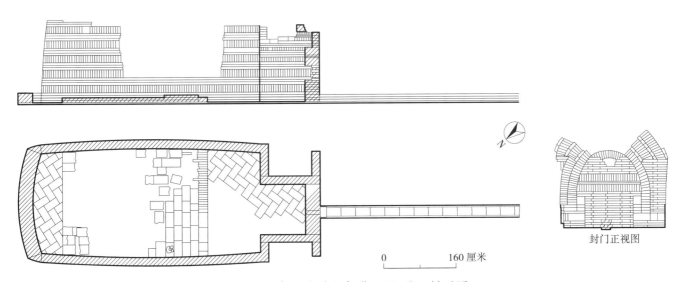

图5-46A　东西大道六朝墓M42平、剖面图

随葬品共1件。墓室中部靠近西壁出土青瓷钵1件。还发现青瓷小碗残片及铁棺钉1枚。

青瓷钵　1件。

M42：1，仅余四分之一，直口，肩微凸折，深腹，平底。施黄绿、青绿釉。高6.9~7、复原口径16、复原底径9厘米（图5-46B）。

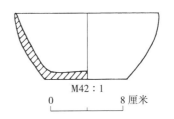

图5-46B　东西大道六朝墓M42出土青瓷钵

M43

M43 位于华坞村金城品屋工地南部，山北坡中部，东邻 M42 约 6 米，西距 M44 约 13 米。凸字形砖券墓，方向 40 度。通长（含排水道）14、不含排水道长 6.85 米。因盗掘破坏，墓室仅存底部。排水道残长 7.15、宽 0.56、厚 0.18 米；中部为两排砖顺向间隔平砌（宽 23 厘米），上、下均为一层顺向平铺砖。排水道从封门朝外 6.4 米为垂直于封门的直线走向，在朝外前端呈弧形弯曲，叠压于 M36 墓室后壁和南壁一角。封门两侧为宽 0.4 ~ 0.52 米的翼墙，中间为砌于甬道内侧的封墙，翼墙从下向上，五顺一丁一组，三顺一丁二组，再顺向错缝砌筑。封墙宽 1、厚 0.33、残高 0.25 米。甬道平面呈长方形，拱券顶已残，仅存底部。长 1.44、内宽 1 米，东壁残高 0.47 ~ 1.15 米，西壁残高 0.42 ~ 1.42 米。墓室平面略呈椭圆形，仅存墓室底部和棺床北部。墓室内长 4.3、前后均宽 2.28、中间最宽 2.44 米。棺床前端距甬道口 1.6 米。墓室两侧壁现存（从下往上）五顺一丁一组、三顺一丁二组，厚 0.23、残高 0.1 ~ 0.8 米；后壁呈外凸的圆弧形，现存（从下往上）五顺一丁一组，三顺一丁二组，再二顺，厚 0.33、残高 0.89 ~ 1.15 米。棺床位于墓室中后部，残长 2.75、残高 0.1 米。现存底部三层平砖，用残砖块砌成顺长的 9 道，每道之间有间距，以利排水。甬道、墓室底部均为人字形铺地砖。墓砖统计：墓室长方砖（1），长 33、宽 23、厚 5 厘米，长方砖（2），长 37、宽 22、厚 3.5 厘米；小长方砖，长 23、宽 16、厚 5 厘米；楔砖，长 32、大头宽 15.5、小头宽 13、大头厚 6、小头厚 3.5 厘米；小长方砖，长 23、宽 11、厚 5 厘米；小梯形砖，长 23、大头宽 12、小头宽 8、厚 5 厘米；梯形砖，长 32、大头宽 14、小头宽 8、厚 5 厘米（图 5 – 47A；彩版 5 – 34，1、2）。

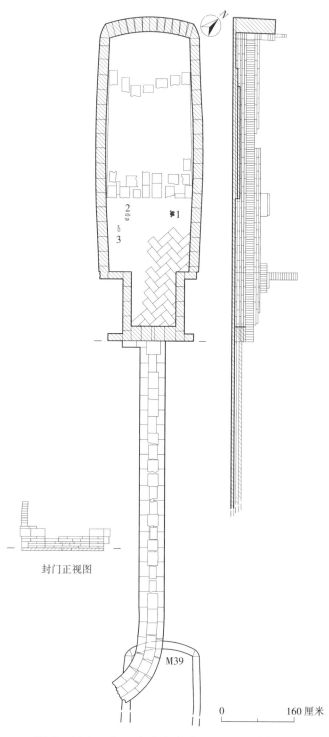

封门正视图

0   160 厘米

图 5 – 47A 东西大道六朝墓 M43 平、剖面图

随葬品共 3 件（组）。墓室北部靠西壁 30 厘米处发现一堆铜钱，墓室北部靠近东壁发现铁削和青瓷盘口壶残片各一。

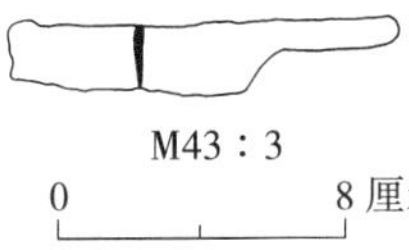

青瓷盘口壶　1 件。

M43：2，黄绿釉瓷。仅余口沿残片，盘口浅而直，黄绿色釉。大致属东晋时期。

铜钱　1 组 20 枚。

M43：1，均残破，酥脆。"直百五铢" 1 枚，钱径 2.6、穿径 1 厘米。"四铢" 8 枚，钱径 2.2 ~ 2.3、穿径 0.9 ~ 0.95 厘米，分两种，一种直径 2.3、穿径 0.95 厘米，"四" 字较方正，略呈扁方形，较规整；一种直径 2.2、穿径 1 厘米，"四" 字较瘦长（彩版 5 - 34，3）。其余为 "五铢"，"五" 字交股较曲，其中有数枚剪边钱，直径 2 厘米（彩版 5 - 34，4）。"大泉五十" 仅 1 枚。

铁削　1 件。

M43：3，残长 11、宽 1.7 ~ 2 厘米（图 5 - 47B）。

M43：3

0　　　　　　8厘米

图 5 - 47B　东西大道六朝墓 M43 出土铁削

M44

M44 位于华坞村金城品屋工地南部，山北坡中部，东邻 M44 约 13 米，东北距 M34 约 2 米。凸字形砖券墓，方向 40 度。通长 7.45（含排水道）、本体长 5.85 米。因盗掘破坏，墓室仅存底部。排水道残长 1.6、宽 0.25、厚 0.05 米。中间以两排砖顺向间隔平砌，宽 19 厘米，上、下均顺向平铺一层砖。封门位于甬道内侧，封墙从下向上，七顺一丁一组，再五顺至现顶。宽 0.9、厚 0.36、残高 0.4 米。甬道平面呈长方形，拱券顶已残，仅存底部。长 1.15、内宽 0.9，两壁残高 0.56 ~ 0.6 米。墓室平面略呈椭圆形，仅存墓室底部和棺床北部。前壁平直，后壁朝外弧凸，两侧壁朝外微凸。墓室内长 4.4、前后边均宽 1.52、中间最宽 1.68 米。棺床后端距后壁 0.45 米。墓壁保存较少，从下往上，五顺一丁一组、三顺一丁一组，再两顺。侧壁厚 0.19、残高 0.15 ~ 0.55 米；后壁厚 0.19、残高 0.25 ~ 0.56 米。棺床位于墓室中后部，前端顺长并列立砌一排砖作为边缘，后面也是不太规则的顺长立砌，个别地方用梯形砖平砌，棺床立砌砖层上原应有一层平砌砖，现仅在一侧残存三四块砖。棺床长 2.74、高 0.1 米。距离棺床前端 0.18 ~ 0.2 米的墓室前部现存三组砖台，每组均由两砖并列平砌一层，中间一组砖台上放置一只青瓷小碗，推测这三组砖台应为放置随葬品而设，或称为祭台。墓底铺地砖均横向错缝排列。墓砖统计：墓室长方砖（1），长 31 ~ 32.5、宽 18.5、厚 5 厘米；长方砖（2）（丁砖），长 19、宽 15.5、厚 5 厘米；小长方砖，长 18、宽 10、厚 5 厘米；长方砖，长 30、宽 10、厚 5 厘米；梯形砖，长 32、大头宽 14、小头宽 8、厚 5 厘米（图 5 - 48A；彩版 5 - 35，1）。

随葬品共 2 件。青瓷鸡首壶和钵各 1 件，放置于棺床前的墓室前部。

青瓷鸡首壶　1 件。

M44：1，青釉瓷。盘口残缺不全，束颈修长，上细下粗，圆肩，肩部残存以横方形系、鸡首、柄均缺失，鼓腹下部较方直，肩部往下刻一周下垂的莲瓣，平底内凹。青灰胎，施青绿釉，釉面纯净光滑。口径 9.6、腹径 20.6、底径 15.9、高 31.4 厘米（图 5 - 48B；彩版 5 - 35，2）。

青瓷钵　1 件。

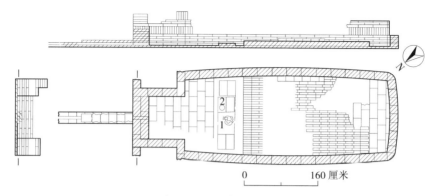

图 5－48A　东西大道六朝墓 M44 平、剖面图

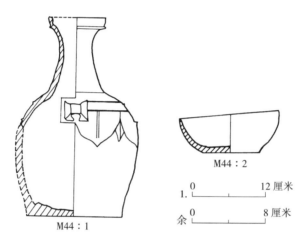

图 5－48B　东西大道六朝墓 M44 出土青瓷器

1. 青瓷鸡首壶　2. 青瓷钵

M44:2，敞口，凸肩，平底。施釉不至底，黄绿或褐绿釉，口沿有几处褐彩。口径 11、底径6.2～6.3、高3.6～4.4厘米（图 5－48B；彩版 5－35，3）。

M45

M45 位于华坞村金城品屋工地南部，山北坡中部，东邻 M27 约 36 米，东北距 M38 约 13 米。长方形砖券墓，方向 40 度。通长 3.98 米。因盗掘破坏，墓室仅存底部。墓室平面呈长方形，内长 3.6、内宽 1.26、外宽 1.64 米，东壁残高 0.1～0.2 米，西壁残高 0.23～0.4 米。后壁保存最多，共 13 层，残高 0.61 米。墓底铺地砖横向错缝排列。墓砖（长方砖）长 33.5～38、宽 19、厚 5 厘米（图 5－49A；彩版 5－36，1）。

随葬品共 3 件。青瓷盘口壶 1 件、小碗 2 件，均位于墓室东北部。

青瓷盘口壶　1 件。

M45:1，黄绿釉瓷。盘口外侈较大，沿宽而深，口外下端饰弦纹，束颈较直，圆肩，鼓腹，平底略凹，肩附两组双系。施黄绿釉。口径 14.7～15.1、腹径 18.6、底径 10.2～10.7、高 30.5 厘米（图 5－49B；彩版 5－36，2）。

青瓷小碗　2 件。

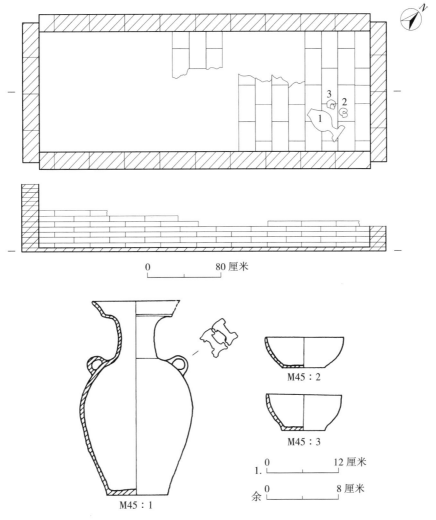

图 5-49　东西大道六朝墓 M45 平、剖面图及出土青瓷器
1. 青瓷盘口壶　2、3. 青瓷小碗

M45：2，青釉瓷。口微敛，肩微凸，腹斜直，平底。红胎，釉脱落已尽。口径 8.6、底径 4.7、高 3.2～4 厘米（图 5-49B）。

M45：3，青釉瓷。口微侈，肩微凸，平底。红褐胎。口径 8.2、底径 4.8、高 3.8 厘米（图 5-49B）。

M46

M46 位于华坞村金城品屋工地南部，山北坡中部，西距 M47 约 4 米。砖室墓，仅存后部一段。方向 60 度。西壁残长 0.58、东壁残长 0.82 米。内宽 0.62、外宽 0.88 米，残高 0.1～0.23 米。因盗掘破坏，墓室仅存底部。两侧壁砌法，下端平砌 4 层，再丁一层，丁砖纵横相间，横丁砖为三砖并列，纵丁砖或三砖并列，或一砖，参差不齐，内面齐平。后壁均为纵丁并列。墓室底部由人字形平砖铺地。墓砖（长方砖）长 25～28、宽 13、厚 2.3～2.5 厘米；丁砖残长 18～8、宽 13、厚 2.3～2.5 厘米（图 5-50）。

未发现随葬品。

M47

M47 位于华坞村金城品屋工地南部，山北坡中部，东邻 M46 约 4 米。凸字形砖墓，方向 40 度。西壁残长 1 米。因盗掘破坏，墓室仅存墓室一角。墓室后壁呈圆弧形，残长 1、残宽 1.58 米。墓室西壁现存三层顺砖，厚 0.16、残高 0.13 米；后壁外凸，残存五层平砌砖，厚 0.16、残高 0.22 米。墓室底部人字形铺地砖。墓砖长 32～33、宽 15～16、厚 4～4.5 厘米（图 5-51）。

未发现随葬品。

M50

M50 位于华坞村金城品屋工地南部，山北坡中部，东邻 M49 约 40 米，西距 M51 约 1 米。平面基本呈刀形，方向 10 度。通长（含排水道）5.3、本体长 4.5、宽 1.52

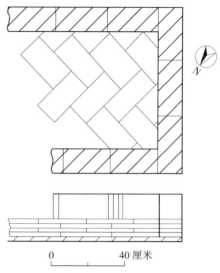

图 5-50　东西大道六朝墓
M46 平、剖面图

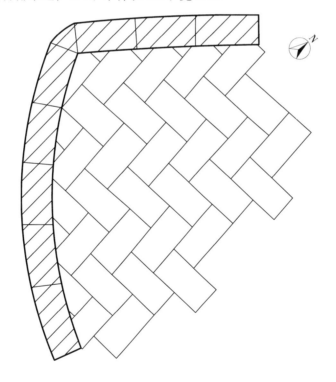

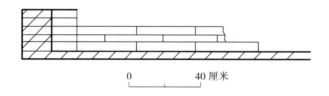

图 5-51　东西大道六朝墓 M47 平、剖面图

米。因盗掘破坏，墓室仅存底部及部分墓壁。排水道残长 0.8、宽 0.35、厚 0.1 米，中间顺向平铺两排砖，宽 22 厘米，上、下均顺向平铺一层砖。封门位于甬道内侧，从下向上，六顺一丁一组，再一顺。宽 0.68、厚 0.32、残高 0.42 米。甬道偏向墓室一侧，平面呈长方形，拱券顶已残仅存底部。进深 0.8、内宽 0.7 米，两壁五顺一丁再四顺，残高 0.54 ~ 0.56 米，墓室平面呈长方形，内长 3.48、宽 1.24 米。墓室西壁后部保存较多，上部被挤压变形，从下往上，五顺一丁一组、四顺一丁一组、三顺一丁一组，再五顺至现顶，厚 0.14、残高 0.24 ~ 1.15 米；东壁厚 0.14、残高 0.1 ~ 0.24 米；后壁厚 0.14、残高 0.18 ~ 0.5 米。甬道、墓室底部均为人字形铺地砖。墓砖统计：墓室长方砖，长 32、宽 13.5、厚 4.5 厘米；丁砖，残长 22 ~ 11、宽 13.5、厚 4.5 ~ 5 厘米；横楔砖，长 33.5 ~ 32、宽 14、大头厚 5、小头厚 3 厘米（图 5 – 52；彩版 5 – 36，3）。

未发现随葬品。

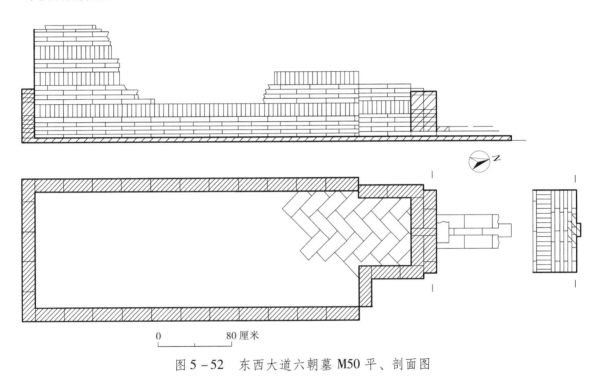

图 5 – 52 东西大道六朝墓 M50 平、剖面图

M51

M51 位于华坞村金城品屋工地南部，山北坡中部，东邻 M50 约 1 米，西距 M52 约 6 米。刀把形砖墓，方向 5 度。通长 7.16（含排水道）、本体长 5.08、宽 1.34 米。墓顶前部被盗掘破坏。排水道宽 0.32、厚 0.1、残长 2.1 米，中间两排砖顺向间隔平铺，宽 18 厘米，上、下均顺向平铺一层砖。封门位于甬道内侧，呈人字形垒砌，宽 0.8、厚 0.32、高 1.28 米。封门前有开凿于岩石中的墓道。甬道平面呈长方形，拱券顶。进深 0.84、内宽 0.8 米，内高 1.14、外高 1.3 米。墓室平面呈长方形，两侧壁微朝外弧凸。墓室与甬道处有一长 1.8、宽 1.2 米的盗洞。墓室内长 4.1、宽 0.94 ~ 1、高 1.24 米，外高 1.44 米。墓室直壁平砌 23 ~ 24 层（棺床占一层）砖，高 0.9 米；其上再丁一层砖开始起券，往上六顺一丁，再六顺至墓顶正中一组丁砖。墓壁厚 13.5 厘米。后壁从下往上一直平砌至顶。在距墓底 0.9 米的两侧壁丁砖层各开有两个小龛，小龛宽 8、高 14 厘米，距离后壁 0.76、间距 2.24 米。墓室中

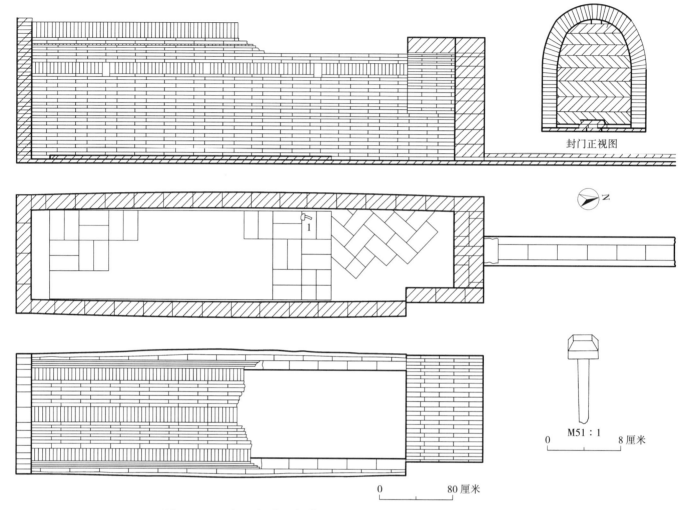

封门正视图

M51：1

0　　　　　　　　8 厘米

0　　　　　　　80 厘米

图 5 - 53　东西大道六朝墓 M51 平、剖面及俯视图和出土铜钉

后部设有棺床，棺床长 3.1 米，以青砖两两并列相错平砌而成，共 1 层，高 4 厘米。棺床后端距离后壁 0.2 米，前端距离前壁 0.8 米。甬道、墓室底铺地砖为人字形。墓砖统计：墓室长方砖，长 32、宽 15、厚 4 厘米；丁砖，残长 18～9、宽 11、厚 4 厘米；横楔砖（1），长 32、宽 15、大头厚 4.5、小头厚 3.5 厘米；横楔砖（2），长 32、宽 15.5、大头厚 6、小头厚 4 厘米；梯形砖，长 15、大头宽 12、小头 9、厚 4.5 厘米。甬道横楔砖，长 16、宽 14、大头厚 6、小头厚 3.5 厘米（图 5 - 53；彩版 5 - 37，1）。

随葬品仅 1 件铜钉，位于墓室北部偏西。

铜钉　1 件。

M51：1，残长 9.2 厘米，上有覆斗形钉帽，帽顶面长 2.21、宽 1.6 厘米，下长 3.1、宽 2.6、高 1.8 厘米；钉身扁方形，宽 1～1.2、厚 0.4～0.6 厘米（图 5 - 53；彩版 5 - 37，3）。

M52

M52 位于华坞村金城品屋工地南部，山北坡中部，东邻 M51 约 6 米，北距 M23 约 8 米。凸字形砖墓，方向 0 度。通长 8.08（含排水道）、本体残长 4.4、宽 1.8 米。甬道和墓室外有岩石墓圹。排水道残长 3.68、宽 0.16～0.38、厚 0.15 米。中间顺长并列两排砖，宽 15 厘米，上、下均顺向平铺一层砖。

封门位于甬道内侧，横向平砌两排砖，现存4层，宽0.8、厚0.32、残高0.16米。甬道平面呈长方形，由底往上四顺一丁、三顺一丁。进深1.3、内宽0.8米，东壁残高0.64～1.18米，西壁残高0.48～0.95米。墓室平面呈长方形，后部被毁无存。残长3.12、前壁宽1.65、中间最宽1.75米。墓室砌法，东壁现存从下往上，四顺一丁一组、三顺一丁三组，再顺一层至现顶，厚0.15、残高0.63～1.25米；西壁砌法同东壁，残高0.63～0.98米。甬道、墓室底部铺地砖呈人字形。墓砖统计：长方砖，长31.5～32、宽15、厚5厘米；丁砖残，长19～11、宽15、厚5厘米（图5-54A；彩版5-37，2）。

随葬品共3件，甬道东部放1件青瓷鸡首壶，墓室前部东端发现2件青瓷小碗。

青瓷鸡首壶 1件。

M52：1，黄绿釉瓷。小盘口微侈，束颈较短，圆溜肩，肩部附二方形横向系，鸡首高耸，执柄缺失，圆鼓腹，凹底。黄绿色釉皆脱落。口径7.7、腹径15、底径10～10.2、高16.9（至口沿）～18（至残柄）厘米（图5-54B；彩版5-37，4）。

青瓷小碗 2件。

M52：2，青釉瓷。侈口，口外饰一道弦纹，腹斜收，平底，底面中心圆凹下较深，圆径较小。施淡青绿釉。口径8.8～9、底径4.6～4.9、高3.3～3.5厘米（图5-54B；彩版5-37，5）。

M52：3，青釉瓷。形制基本同M52：2。口径8.4～8.5、底径4.2～4.3、高3.3～3.7厘米（图5-54B）。

M53

M53整体呈长方形，已被盗扰，墓顶破坏严重，坐东向西，方向75度。由排水道、封门、甬道及墓室四部分组成。残长3.18（不含排水道）、宽2.28、残高0.2～0.9米。封门前偏北有排水道，排水道呈弧形弯向北部，现存垂直长度3.3、宽0.12米，以两砖斜向立砌相靠而成，底部平铺一层砖。封门砌于甬道口内，呈人字形垒砌，现存最多6层，宽1.2、厚0.32、残高0.64～0.86米。甬道平面呈长方形，进深0.7、内宽1.2、残高1米。墓室残长2.48、宽1.54米，南壁残高0.2～0.9米，北壁残高1米。墓室前部现存4排2组砖平砌的砖台，似为放置随葬品的祭台。铺地砖横向纵向平铺。墓砖长36、宽16、厚5厘米，封门个别砖长32、宽14～15、厚5厘米，砖侧面模印有叶脉纹（图5-55A；彩版5-38）。

随葬品共5件，罐3件，陶罍（残）和铁镳斗各1件，均放置于墓室前部。

釉陶罐 1件。

M53：2，口微侈，圆唇，束颈极短，颈中部凸起一道弦纹，圆溜肩，鼓腹，下腹斜收至底，肩部对称附双系，系面饰叶脉纹。器外及唇内施褐绿色（酱色）釉。口径11.5～11.8、腹径18.7、底径10.5、高14.5厘米（图5-55B；彩版5-39，1）。

青瓷罐 1件。

M53：1，口微侈，圆唇，束颈极短，斜溜肩，鼓腹微折，下腹斜收较急，平底略凹。颈部饰一道弦纹，颈下部分呈尖棱状凸出。肩部饰三周弦纹，上二下一，上下弦纹之间纵跨二系，一系残缺，系面饰叶脉纹。折腹以上施青绿釉。口径15.8～16.8、腹径27.2、底径15.2～15.7、高18.7厘米（图5-55B；彩版5-39，2）。

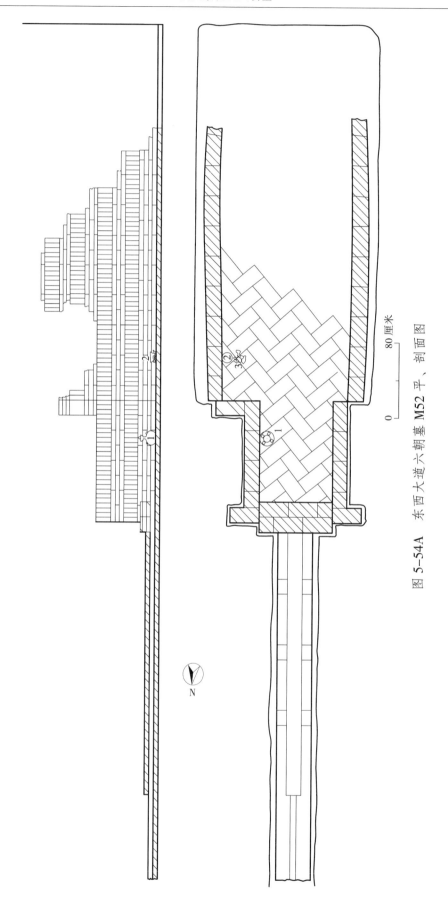

图 5-54A　东西大道六朝墓 M52 平、剖面图

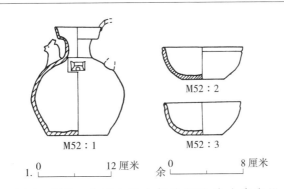

图 5-54B　东西大道六朝墓 M52 出土青瓷器
1. 青瓷鸡首壶　2、3. 青瓷小碗

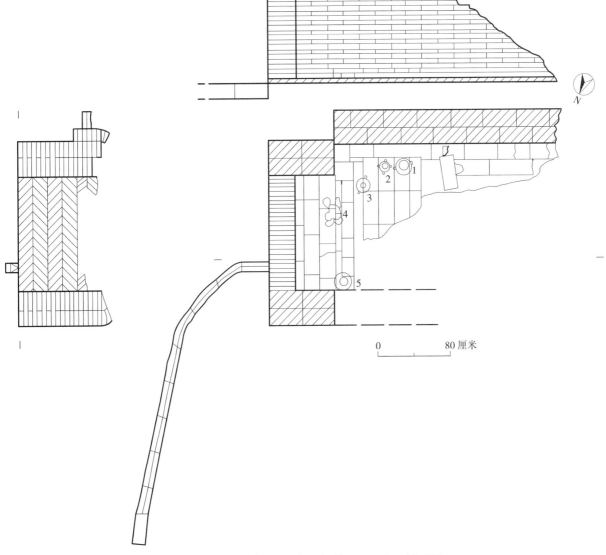

图 5-55A　东西大道六朝墓 M53 平、剖面图

青瓷四系罐　1件。

M53:3，青绿釉瓷。直口微侈，口外饰一道弦纹，溜肩，鼓腹深直，平底微凹，肩部抹饰一道弦纹，弦纹上对称饰四个横向系，系两端有上下抹痕，器身外饰淡青黄绿釉，釉仅有零星存留，器身满

饰排印的麻布纹，近底处抹光。口径 11.7～12.3、腹径 24、底径 13.7～14、高 23.8 厘米（图 5－55B；彩版 5－39，3）。

　　陶罍　1 件。

　　M53：4，夹砂红陶。敛口，斜平沿，圆唇，鼓腹，平底，外饰方格垂幛纹。口内径 18.2、口外径 22、底径 15、高 33 厘米（图 5－55B；彩版 5－39，4）。

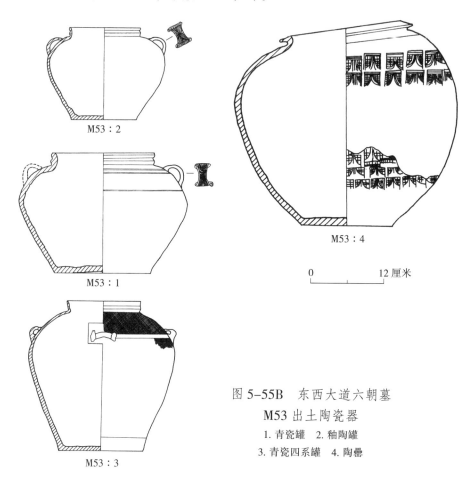

M53：2

M53：1

M53：4

0　　　　　　　　　　12 厘米

图 5－55B　东西大道六朝墓
M53 出土陶瓷器
1. 青瓷罐　2. 釉陶罐
3. 青瓷四系罐　4. 陶罍

M53：3

　　铁镰斗　1 件。

　　M53：5，残，仅余斗盆，口大底小，底较平，下附三足，斗柄缺失。斗盆口径 18、深 8 厘米。

　　M54

　　M54 位于华坞村金城品屋北部，东距 M53 约 49 米。西距 M56 约 6 米。坐南面北，整体呈长方形，方向 0 度。仅余后半部，墓壁单砖平砌，现存 6 层。墓室残长 1.86、内宽 0.82～0.87、外宽 1.14～1.2、残高 0.3 米。铺地砖横向平砌，现存九排。墓砖长 33、宽 16、厚 5 厘米（图 5－56）。

　　未发现随葬品。

　　M55

　　M55 位于华坞村金城品屋北部，东距 M56 约 8 米，北距 M62 约 10 米。坐南面北，整体呈凸字形，已被盗扰，仅余靠近墓底的砖层和部分排水道。方向 25 度。排水道残长 2.2、宽 0.42 米，由三层砖顺

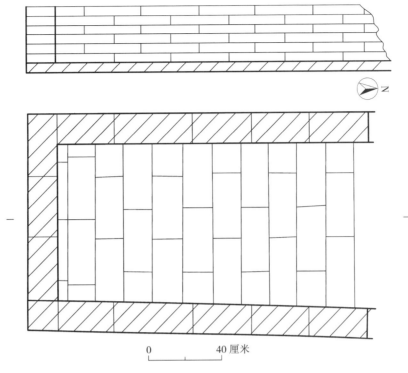

图 5 - 56　东西大道六朝墓 M54 平、剖面图

长垒砌而成，中间为两砖间隔并列，上下层为单砖。砖室由封门、甬道及墓室三部分组成。封门和甬道基本被毁。封门通宽 0.98 米。甬道宽 0.88 米。墓室平面略呈椭圆形，前壁平直，两侧壁微凸，后壁弧凸较甚。墓壁由底往上，五顺一丁、三顺一丁，墓室底部人字形铺地砖。通长 4.51、前宽 1.74、中宽 1.84、后宽 1.74、残高 0.22 ~ 0.68 米。墓室中后部残存有砖砌棺床，棺床用砖块和整砖混合平砌，仅存一层砖。墓室前部有四块砖两两平砌成两排，似为放置随葬品的祭台。墓砖分长方砖、梯形砖和楔形砖三类。长方砖，长 33 ~ 34、宽 16、厚 4.5 ~ 5 厘米；梯形砖，长 34、大宽 11、小宽 9、厚 5 厘米；小梯形砖，长 16.5、大宽 10、小宽 7、厚 5 厘米；楔形砖，长 33、宽 16、大厚 5.5、小厚 3.5 厘米；丁砖（长方半砖），长 16.5、宽 15、厚 4.5 厘米（图 5 - 57A；彩版 5 - 40，1）。

随葬品 2 件，为青瓷盘口壶，放置于墓室前部一侧。

青瓷盘口壶　2 件。

M55：1，盘口外侈较大，束颈较长，上细下粗，中间有两道凸棱，棱上堆青绿色釉，圆肩较平，肩上对称附 4 横向系，鼓腹较圆，假圈足，平底。腹中部以上施淡青绿色釉，灰胎。口径 13.5、腹径 18.8、底径 10.8 ~ 11、高 27.6 厘米（图 5 - 57B；彩版 5 - 40，3）。

M55：2，口、颈部朝一边倾斜，盘口外侈，稍残。口外施一两道弦纹，束颈，圆肩，肩对称附两组双系，腹斜直修长，平底略凹。近底处紫褐色，余施淡黄绿釉、青绿釉，口、腹部有烧凸的气泡。口径 14.4、腹径 19.7、底径 12、高 36.6 厘米（图 5 - 57B；彩版 5 - 40，2）。

M56

M56 位于华坞村金城品屋南侧，M56 东距 M54 约 6 米，西距 M55 约 8 米。M56 被毁严重，仅余墓室中后部，两侧壁朝外微凸，后壁弧凸较甚。坐南面北，方向 25 度。残长 4.4 米，墓室中部外宽

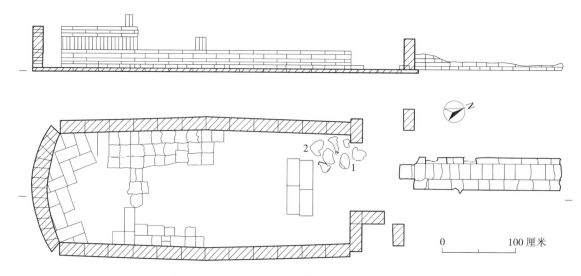

图 5 - 57A　东西大道六朝墓 M55 平、剖面图

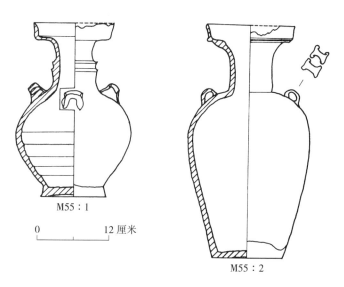

M55：1

M55：2

图 5 - 57B　东西大道六朝墓 M55 出土青瓷盘口壶

2.52、内宽 2.06 米，后端外宽 2.3、内宽 1.86 米，残高 0.26~0.42 米。墓壁仅余下端 5 层平砌砖，残存一组丁砖。后壁为外凸的圆弧形，厚 0.34 米，两侧壁单砖砌筑，厚 0.22 米。墓室底部为人字形砖铺地。墓砖主要分长方形、梯形和楔形三类：长方砖，（1）长 34、宽 22.5、厚 5 厘米，（2）长 23.5、宽 16.5、厚 4.5 厘米；梯形砖，长 34、大宽 16、小宽 13、厚 5 厘米；小梯形砖，（1）长 23.5、大宽 10.5、小宽 8、厚 4.5 厘米，（2）长 23.5、大宽 10.5、小宽 8、厚 6.5 厘米；楔形砖，长 32、宽 10.5、大厚 5、小厚 3 厘米；纵楔砖，长 34、大宽 12、小宽 8.5、厚 5 厘米；铺地砖，长 34、宽 16、厚 5 厘米（图 5 -58；彩版 5 -41，1）。

随葬品出土 3 件，为青瓷盘口壶 2 件、钵残片 1 件。

青瓷盘口壶　2 件。

M56：1，青釉瓷。仅余颈、腹、底个别残片。束颈上细下粗，肩部残存一横向系，横长 3.5、宽 2.5、纽宽 0.7~1.2、高 1.4 厘米，平底。黑褐色釉有零星残存，青灰胎。底径 13.4 厘米。

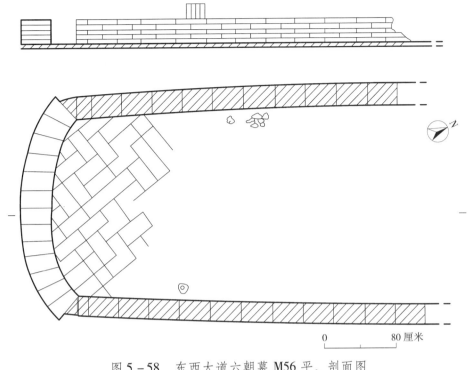

图 5 - 58 东西大道六朝墓 M56 平、剖面图

M56：3，青釉瓷。仅余颈、腹、底个别残片，盘口较深，外侈较大，束颈较短，鼓腹较修长。施青绿、黄绿釉，灰胎（大致为南朝时期）。

青瓷钵 1 件。

M56：2，黄绿釉瓷。仅余五分之一，敛口，腹微凸，平底，壁上薄下粗，下厚 1 厘米。施黄绿色釉，脱落严重。高 7.6、复原底径 12 厘米。

M57

M57 位于华坞村金城品屋工地东南部，山北坡东部，东邻 M58 约 6 米。刀形砖券墓，方向 10 度。通长 7（含排水道）、本体长 4.72 米。被盗掘破坏，墓室仅存底部。排水道宽 0.38、厚 0.1、残长 2.24 米。水道中间为两砖顺长间隔并列，宽 16 厘米，上、下均顺向平铺一层砖。封门基本被毁无存。甬道平面呈长方形，仅存底部。进深 0.84、内宽 0.74、残高 0.1 ~ 0.22 米。墓室平面基本呈长方形，内长 3.7、南北边均宽 1.28、中间最宽 1.32 米。现存墓壁厚 0.18 米，砌法：五顺一丁再四顺。东壁残高 0.18 ~ 0.42 米，西壁残高 0.18 ~ 0.39 米，后壁残高 0.27 ~ 0.42 米。墓底部为人字形砖铺地。墓砖统计：长方砖，长 32、宽 16、厚 5 厘米；丁砖，残长 18 ~ 10、宽 16、厚 5 厘米（图 5 - 59A；彩版 5 - 41，2）。

随葬品共 2 件，为 2 件青瓷小碗，均位于墓室前部。

青瓷小碗 2 件。

M57：1，直口，口外饰一周弦纹，浅腹，小平底。施褐绿色釉，灰胎。残口径 8.6、底径 3.8、高 2.8 ~ 2.9 厘米（图 5 - 59B）。

M57：2，形制同 M57：1。口沿及腹外有黑（褐）釉斑点，灰褐胎。口径 8.3、底径 4.4、高 3.1 厘米（图 5 - 59B）。

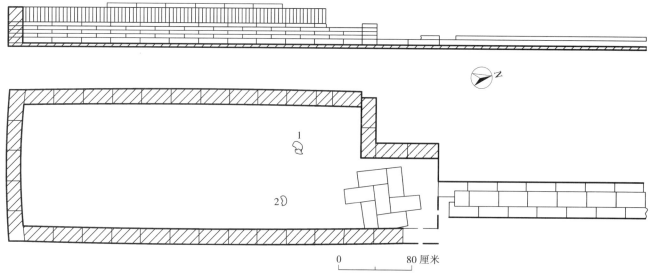

图 5-59A　东西大道六朝墓 M57 平、剖面图

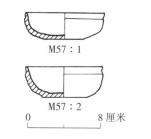

M57:1

M57:2

0　　　　　　8厘米

图 5-59B　东西大道六朝墓
M57 出土青瓷小碗

M58

M58 位于华坞村金城品屋工地中部偏北，靠近东墙，其西北约 260 米处为 M60，东部靠墙。墓室上部因盗掘破坏现已不存在，室内砖块被破坏。方向 20 度。由排水道、封门、甬道及墓室四部分组成。墓葬通长 5.34（带排水道）、不带排水道长 4.8、内长 4.28、通宽 1.78 米。排水道残长 0.54、宽 0.24、厚 0.1 米。水道中间以两砖间隔并列平砌而成，宽 24 厘米，上、下均顺向平铺一层砖。封门砌于甬道口内，从下向上，二顺一丁两组。宽 0.54、厚 0.32、残高 0.56 米。甬道平面呈长方形，偏向墓室一侧，进深 0.9、内宽 0.88 米，东、西两壁高 0.6 米。墓室平面略呈长方形，内长 3.74、南北边均宽 1.32、中间最宽 1.42 米。由下往上，四顺一丁，三顺一丁，三顺一丁。丁砖为半砖并列立砌，外参差内齐平。墓壁厚 0.16 米，东壁残高 1 米，西壁残高 0.48 米。铺墓底的砖块，有个别整砖，横向平砌。长方砖，长 32~36、宽 16、厚 4.5~5 厘米；横楔砖，长 32.5~33、宽 16、大厚 6~6.5、小厚 3.5 厘米（图 5-60A；彩版 5-41，3）。

随葬品 2 件瓷小碗，放置于墓室前部。

瓷小碗　2 件。

M58:1，直口，尖唇，直腹稍深，下腹斜收，略带假圈足，平底略凹。器内及外面腹部以上施黄褐及黑色釉。口径 8.6~8.7、底径 5~5.2、高 3.8 厘米（图 5-60B；彩版 5-42，1）。

M58:2，口微敛，深腹，腹中部微鼓，略带假圈足，平底。除底外面，均施青绿釉，灰胎，釉面有细微裂纹。口径 8~8.1、底径 5.4、高 4.5 厘米（图 5-60B；彩版 5-42，2）。

M60

M60 位于华坞村金城品屋工地东北部，其西约 30 米处为 M61，东部靠墙。墓室上部土层被挖掘机去掉，室内砖块被破坏。方向 345 度。由封门、墓室两部分组成。通长 3.5、通宽 1.12 米。外部墓圹

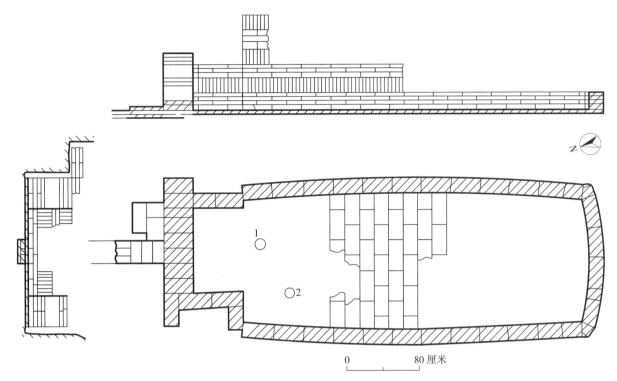

图 5 - 60A　东西大道六朝墓 M58 平、剖面图

已被挖掘机破坏。封门砌于墓室口内，由三层半砖作人字形垒砌，残高 0.6 米。墓室平面呈长方形，墓壁平直。墓壁由下往上三顺一丁，再五顺。丁砖为半砖，外参差内齐平。墓壁厚 0.16 米，东壁高 0.34 ~ 0.6 米，北壁残高 0.6 米，西壁残高 0.18 米，墓底以残砖铺砌。现存墓砖均为长方砖，砖长 32 ~ 36、宽 16、厚 4.5 ~ 6 厘米，砖端面和一侧长面模印几何纹（图 5 - 61A）。

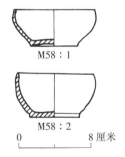

图 5 - 60B　东西大道六朝墓
M58 出土瓷小碗
1. 黑褐釉瓷小碗　2. 青釉瓷小碗

随葬品 3 件。青瓷罐、钵和小碗各 1 件，均放置于墓室西南部（彩版 5 - 41，4）。

青瓷罐　1 件。

M60:1，口微侈，束颈极短，颈中部饰一道弦纹，圆肩凸出，肩部饰一道弦纹并对称附双系，系上印叶脉纹及平行线纹，腹斜直内收，平底略凹。器外肩腹以上施青绿、褐绿釉，釉多脱落，腹呈紫褐色，上有不少流釉。口径 16、底径 9 ~ 9.2、高 15.6 厘米（图 5 - 61B；彩版 5 - 42，3）。

青瓷钵　1 件。

M60:2，直口，口外饰一道弦纹，肩部饰一周菱形网格纹，腹部斜直内收较急，凹底。除底外面外，均施青黄、青绿釉。底面有一圈刮痕。口径 15.3 ~ 15.7、底径 8.5 ~ 8.8、高 5.5 厘米（图 5 - 61B；彩版 5 - 42，5）。

青瓷小碗　1 件。

M60:3，青釉瓷。直口，圆唇，口外饰两道弦纹，凸肩，腹急剧内收，凹底。底外面为红褐色，余均青绿釉。口径 8.8 ~ 8.9、底径 4.9、高 2.9 厘米（图 5 - 61B；彩版 5 - 42，4）。

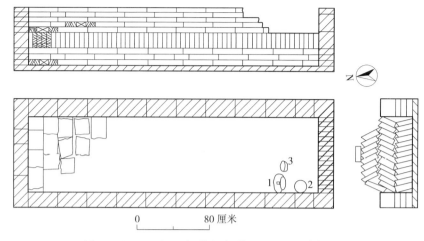

图 5 -61A　东西大道六朝墓 M60 平、剖面图

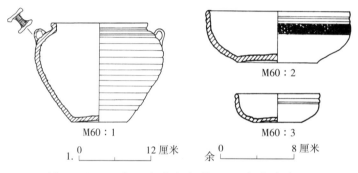

图 5 -61B　东西大道六朝墓 M60 出土青瓷器
1. 青瓷罐　2. 青瓷钵　3. 青瓷小碗

M61

M61 平面呈长方形,方向 240 度。墓室由封门、甬道及墓室三部分组成。前端带一短甬道。通长 5.05、内长 4.9 米。已被盗扰,墓顶有两处盗洞,一处在墓室与甬道处,长 1.84、宽 1.12 米,另一处在墓室中部,长 0.9、宽 0.84 米。封门由封墙和券门组成。封墙位于甬道口内侧,下面两层平砌,其余作人字形垒砌 5~6 层,宽 1、厚 0.32、内高 1 米。券门由五层券顶及两侧的立柱组成,立柱从铺地砖往上顺长平砌 4 层后横向丁一层,丁砖一半凸出墙体外。横丁砖之上再平砌两层,然后开始起券,第一重拱券同下面的直壁连接成一个完整的券顶,第二重从第一重上面一块砖开始起券,覆盖于第一重券顶上;第三重券顶从第二重上面 5 块砖开始起券,覆盖于第二重券顶上;第四重、第五重在左侧有保留,分别比下重券顶起券点高 4~5 块砖,这样就形成了层层递减的五重券顶,通高 1.8 米。甬道平面呈长方形,拱券顶。甬道东壁现存从下往上,四顺一丁后再平砌至顶,宽 1、进深 0.7、内高 1.02 米。墓室平面呈长方形,拱券顶。墓室东壁现存从下往上,由一组四顺一丁和平铺砖砌筑,墓室内部尺寸,长 4.12、宽 1.6、通高 1.95 米,两侧壁从下往上两组四顺一丁后顺砌至顶,券顶呈两边倾斜的尖顶。后壁由下往上,四顺一丁、四顺一丁、三顺一丁、三顺一丁,再四顺。人字形铺地砖。墓室前部于铺地砖上横向平砌 3 排砖,距墓室前壁 1.3 米,似为放置器物的祭台。墓砖侧面模印几何纹,可分长方砖和横楔砖两种。长方砖长 35.5、宽 16、厚 5.5 厘米;横楔砖长 34.5、宽 16、大厚 5.5、小厚 3 厘米(图5 -62;彩版 5 -43,1、2)。

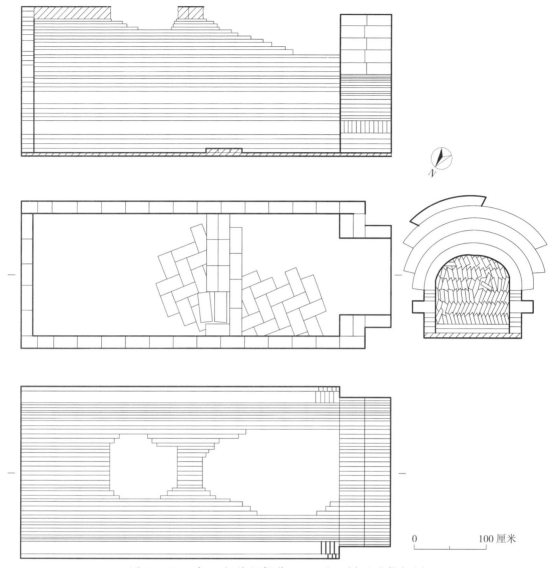

图 5-62　东西大道六朝墓 M61 平、剖面及俯视图

随葬品共 2 件，墓室东部放置一陶小口罐，墓室西南部放置一陶钵，墓室西部还发现有铁钉残件。

陶小口罐　1 件。

M61:1，夹砂灰陶。小口，束颈，圆肩，肩附双系并饰一周凹弦纹，鼓腹，平底略凹，下腹青褐色。口径 4.2、底径 8.1、高 14.7 厘米（彩版 5-43，4）。

陶钵　1 件。

M61:2，泥质红陶。口微侈，肩微凸，斜腹，平底内凹。口径 11.5~11.7、底径 6.2、高 4.5~4.9 厘米。

M63

M63 位于华坞村金城品屋工地南部，山北坡东部，西邻 M49 约 3 米。长方形砖墓，被毁严重，仅余墓室中后部。方向 45 度。封门、甬道已被毁无存。墓室平面基本呈长方形，前部被毁，仅存墓室底部和棺床北部。两侧壁朝外微凸，后壁弧凸较大。墓室西壁残长 3.64、东壁残长 3.6、两壁残高 0.25~

0.3 米；后壁残高 0.48、壁厚 0.16 米。墓室后端宽 1.24、中部最宽 1.36、外宽 1.68 米。墓室中部偏后设有棺床，棺床分两层砌筑，下层用砖并列顺长立砌一层，上面再横向错缝平铺一层，棺床长 2.64、高 0.16、后端距后壁 0.52 米。墓底为人字形砖铺地。墓砖长 32、宽 16、厚 5 厘米（图 5 - 63；彩版 5 - 43，3）。

　　未发现随葬品。

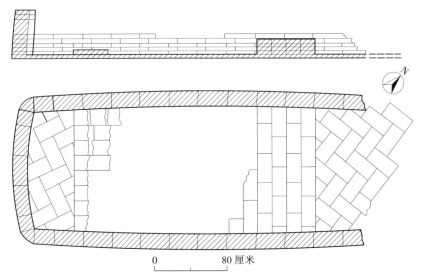

0　　　　　80 厘米

图 5 - 63　东西大道六朝墓 M63 平、剖面图

第三章　结　语

一　墓葬时代

1. 东西大道 M2 为较宽的砖椁墓，随葬的红陶罍、弦纹罐和壶同湖州白龙山 M7 的同类器物[①]相似，时代为东汉早期。东西大道 M48、M49、M59、M62 均为券顶砖室墓，形制基本相同，墓砖的纹饰也基本相同，封门呈外凸的弧形，当属同一时期的墓葬。随葬器物基本为灰陶，种类有陶罐、壶、灶、井、耳杯等，灰陶罐同上虞驮山东汉永元十二年（100 年）墓 M31 出土的原始瓷罐[②]、上虞嵩坝东汉中期 M52、M57 出土的陶罐[③]较为相似，为东汉中期。

2. 东西大道 M53∶1 青瓷大口双系罐同黄岩秀岭水库东吴天玺元年（276 年）墓陶罐（M5∶8）[④]、嵊县大塘岭东吴墓的 I 式双系罐（M101∶20）[⑤]、余杭街道马鞍山筑路工地发现的青瓷双耳罐[⑥]十分相似；M53∶3 四系罐同襄阳樊城大型三国墓出土的青釉麻布四系瓷罐[⑦]十分相似，南京仙鹤山孙吴墓 M5∶24 瓷罐[⑧]也是类似的形状，均为直口、圆溜肩、长腹，唯南京仙鹤观孙吴墓 M5∶24 瓷罐肩部没有系。所以，东西大道 M53 的时代可定为三国孙吴时期。东西大道 M60∶2 青瓷钵同嵊县石璜镇东吴墓 M74 的 I 式碗[⑨]相似，直口，外壁饰一周网格纹带；M60∶1 罐同金华古方三国墓 M12 的 I 式青瓷罐[⑩]相似，所以，余杭东西大道 M60 的时代为三国时期。东西大道 M25∶1 陶罐同安吉三官乡六朝初年墓出土的 II 式红陶大口罐[⑪]相似，其时代大约也在三国时期。

3. M21 墓砖侧面模印有"太元十六年徐氏所作"文字，"太元"为东晋孝武帝司马曜年号，共 21

[①] 浙江省文物考古研究所、湖州市博物馆：《湖州市白龙山汉六朝墓葬发掘报告》，《浙江汉六朝墓报告集》，155～157 页，科学出版社，2012 年。

[②] 浙江省文物考古研究所：《上虞驮山古墓葬发掘》，《沪杭甬高速公路考古报告》，251 页，文物出版社，2002 年。

[③] 浙江省博物馆：《浙江省上虞县嵩坝汉墓发掘简报》，《浙江省文物考古研究所学刊》第 7 辑，414～422 页，杭州出版社，2005 年。

[④] 浙江省文物管理委员会：《黄岩秀岭水库古墓发掘报告》，《考古学报》1958 年第 1 期。

[⑤] 嵊县文管会：《浙江嵊县大塘岭东吴墓》，《考古》1991 年第 3 期。

[⑥] 中国江南水乡文化博物馆：《考古余杭——三国两晋南北朝》，21 页，西泠印社出版社，2015 年。

[⑦] 襄阳市博物馆、襄阳市文物考古研究所：《三国遗韵——襄阳樊城大型三国墓出土文物》，科学出版社，2016 年。

[⑧] 南京市博物馆、南京师范大学文物与博物馆学系：《南京仙鹤山孙吴、西晋墓》，《文物》2007 年第 1 期。

[⑨] 嵊县文管会：《浙江嵊县六朝墓》，《考古》1988 年第 9 期。

[⑩] 金华地区文管会：《浙江金华古方六朝墓》，《考古》1984 年第 9 期。

[⑪] 浙江省文物管理委员会：《浙江安吉三官乡的一座六朝初期墓》，《考古》1958 年第 6 期。

年，是东晋时期最长的年号之一，太元十六年为公元 391 年。所以 M21 为东晋时期墓葬。东西大道 M52：1 鸡首壶同杭州老和山东晋兴宁二年墓的黑釉鸡首壶①相似，所以，东西大道 M52 时代也在东晋时期。

4. M43 出土有"四铢"铜钱，"四铢"铜钱是南朝刘宋元嘉年间所铸，"轮郭形制与五铢同"②，所以 M43 为南朝时期墓葬。M44：1 青瓷鸡首壶腹部饰有覆莲瓣纹，同浙江苍南藻溪南朝墓鸡首壶③相似，其时代为南朝。东西大道 M9：5、M15：1、M19：1、M28：1、M36：1、M36：2、M39：1、M40：5、M45：1、M55：2 青瓷盘口壶同余杭小横山 AaⅢ～AaⅤ式盘口壶和 AbⅡ、AbⅢ式盘口壶④相似，均属南朝时期。M55：1 盘口壶同湖北孝昌南朝齐永明九年（491 年）墓青瓷盘口壶（M6：1）⑤、忠县土地岩 M15 和大坟坝 M1 出土的盘口壶⑥相似。

二　墓葬特征

余杭东西大道汉六朝墓群从东汉延续至南朝，以东晋南朝墓为主，南朝墓数量最多，东汉三国墓有少量发现，西晋墓几乎没有。墓葬均为砖砌，围绕山体呈放射状分布，背倚山体，面临平川。按照形制分为长方形、刀形和凸字形三种，以长方形和凸字形为主。刀形墓主要流行于东晋时期。长方形墓分两种，一种规模稍大，封门呈三层弧券顶结构，有的墓前有排水道，流行于东汉三国时期；一种规模一般较小，墓室窄长，流行于东晋南朝时期。凸字形墓规模较大，前端多有砖砌的排水道，有的排水道呈弯曲的弧形，如 M36、M53 等，类似的现象在湖北孝昌南朝齐永明九年（491 年）墓 M4 中⑦也有发现，其目的主要是为了避开下排的墓葬，可能也有风水方面的考虑。凸字形墓时代集中于东晋南朝时期，以南朝时期为主，往往三四座成组并列（如 M5、M6、M7、M8，M20、M21、M22，M42、M43、M44 等），墓室底部有砖砌的棺床，有的墓壁留设小龛，龛内放置青瓷小碗，当为照亮幽暗墓室的灯碗。约 20 座规模较大的墓设置有棺床，棺床分 A、B 两型。A 型棺床位于墓室中后部，占据了墓室中后部的整个空间，即棺床三边同墓壁相连，棺床平砌 3 或 4 层砖。属于这一型的仅发现两座（M20、M22），均为刀形墓，属于东晋墓。B 型棺床位于墓室中部，前、后两端距离墓室前后壁有一定距离，两侧同墓壁相连，基本由上下两层组成，下层顺长并列立砌，有的砌成镂空形状，上层横向平砌，前后端有平砌的包边。东西大道六朝墓群棺床多属此型，墓葬呈凸字形，为南朝墓。南朝墓墓室较长，后壁基本呈外凸的弧形，两侧壁也微凸，具有鲜明的时代特征。其实，墓壁弧凸的变化从东晋后期就已经开始，东西大道东晋太元十六年（391 年）的 M17 和 M21 墓室后壁开始朝外微凸，两侧壁也有类似的变化，发展到南朝，后壁弧凸成为南朝墓普遍而显著的特征之一。

---

① 浙江省文物管理委员会：《杭州晋兴宁二年墓发掘简报》，《考古》1961 年第 7 期。
② 《宋书》卷七十五《颜峻传》，1960 页。
③ 温州市文物处：《浙江苍南藻溪南朝墓》，《考古》1986 年第 7 期。
④ 杭州市文物考古研究所、余杭博物馆：《余杭小横山东晋南朝墓》，文物出版社，2013 年。
⑤ 湖北省文物考古研究所：《孝昌古坟岗墓地的发掘》，《江汉考古》1999 年第 3 期。
⑥ 北京大学考古文博学院：《重庆忠县大坟坝六朝墓葬发掘报告》，《东南文化》2005 年第 4 期。
⑦ 湖北省文物考古研究所：《孝昌古坟岗墓地的发掘》，《江汉考古》1999 年第 3 期。

　　由于墓葬大多被盗，随葬品发现很少，汉墓随葬品以陶罐、壶、罍、灶为主，M62 还发现一套 6 件的釉陶耳杯。三国墓随葬品青瓷器和陶器混合出现，青瓷器已占大宗，以大口罐、四系罐为主。东晋南朝墓随葬品基本为青瓷，有个别黑釉瓷，器形以盘口壶、小碗、鸡首壶、唾壶为主，带有盝顶形钉帽的铜质、铁质棺钉较常见。虽然出土器物很少，但墓葬的排列、结构、形制、数量等对杭州地区六朝墓的研究提供了一份比较重要的研究资料。

附　表

附表5　余杭东西大道墓地墓葬登记表

墓号	方向	墓室形制、棺床、排水道	出土器物	时代
1	230°	长方形	未发现	东晋南朝
2	225°	长方形	陶罐3、罍1、壶1	东汉
3	225°	长方形	未发现	东晋南朝
4	235°	长方形	未发现	东晋南朝
5	245°	凸字形，有棺床、排水道	青瓷盘口壶1、小碗1	南朝
6	235°	凸字形，有棺床、排水道	未发现	南朝
7	230°	凸字形，有棺床、排水道	青瓷小碗1、灯盘1	南朝
8	250°	凸字形，有排水道	未发现	南朝
9	230°	凸字形，有棺床、排水道	青瓷盘口壶1、小碗4	南朝
10	150°	刀形	未发现	东晋
11	150°	凸字形，有棺床、排水道	青瓷罐1、小碗5	南朝
12	240°	长方形，有排水道	未发现	东晋南朝
13	245°	长方形	青瓷钵1，铁钉1	东晋南朝
14	240°	长方形	未发现	东晋南朝
15	170°	凸字形	青瓷盘口壶1	南朝
16	145°	长方形	未发现	六朝
17	115°	凸字形，有棺床、排水道	青瓷小碗3，铁钉1，铜钉1	东晋
18	145°	凸字形，有棺床、排水道	未发现	南朝
19	135°	凸字形，有棺床、排水道	青瓷盘口壶1、小碗2	南朝
20	145°	刀形	未发现	东晋
21	235°	凸字形，有棺床、排水道	青瓷盘口壶2、鸡首壶2、水盂1	东晋
22	290°	凸字形，有棺床	青瓷小碗1	东晋
23	5°	凸字形	青瓷盘口壶1、鸡首壶1、小碗5	南朝
24	210°	刀形	铁钉1	两晋
25	165°	长方形	陶大口罐1、小罐2，青瓷钵1、小碗1	孙吴
26	120°	凸字形，有排水道	青瓷小碗3，铁钉2	东晋
27	70°	长方形（很窄）	未发现	两晋
28	150°	凸字形，有排水道	青瓷盘口壶1、钵1、碗1	南朝
29	110°	长方形	未发现	南朝

墓号	方向	墓室形制、棺床、排水道	出土器物	时代
30	100°	长方形（叠涩顶）	未发现	六朝
31	140°	凸字形，有棺床、排水道	青瓷盘口壶1、小碗2，铁钉1	南朝
32	155°	凸字形，有排水道	未发现	南朝
33	140°	长方形	未发现	六朝
34	30°	凸字形，有棺床、排水道	青瓷小碗1、铁削1、钉1	东晋南朝
35	25°	长方形，有排水道	残片2	东晋
36	40°	凸字形，有棺床、排水道（弯曲）	青瓷盘口壶2、小碗6	南朝
37	50°	凸字形，有棺床、排水道	青瓷小碗1、滑石饰品1、铁钉7	南朝
38	35°	长方形，有排水道	未发现	东晋南朝
39	40°	凸字形，有排水道	青瓷盘口壶1	南朝
40	60°	凸字形，有排水道	青瓷盘口壶2、小碗4	南朝
41	40°	凸字形，有棺床、排水道	青瓷小碗1、盘口壶1	南朝
42	40°	凸字形，有棺床、排水道	青瓷钵1	南朝
43	40°	凸字形，有棺床、排水道	青瓷盘口壶1、铁削1、铜钱20	南朝
44	40°	凸字形，有棺床、排水道	青瓷鸡首壶1、钵1	南朝
45	40°	长方形	青瓷盘口壶1、小碗2	南朝
46	60°	长方形	未发现	东晋南朝
47	40°	凸字形	未发现	南朝
48	20°	长方形	硬陶罐	东汉
49	20°	长方形	硬陶壶1、罍1、铁带钩2	东汉
50	10°	刀形	未发现	东晋
51	5°	刀形，有棺床、排水道	铜钉1	南朝
52	0°	凸字形，有排水道	青瓷鸡首壶1、小碗2	东晋
53	75°	长方形，有排水道	陶罍1、釉陶罐1、青瓷罐1、四系罐1、铁镶斗1	三国孙吴
54	0°	长方形	未发现	南朝
55	25°	凸字形，有排水道	青瓷盘口壶2	南朝
56	25°	凸字形（残）	青瓷盘口壶2、钵1	南朝
57	10°	刀形，有排水道	青瓷小碗2	东晋南朝
58	20°	凸字形，有棺床、排水道	青瓷小碗2	南朝
59	235°	长方形	陶灶1、罐1、铁刀1	东汉
60	345°	长方形	青瓷罐1、钵1、小碗1	三国
61	240°	长方形	陶小口罐1、钵1	三国
62	350°	长方形，有排水道	陶灶1、井1、三足盆1、硬陶罍1、釉陶耳杯6、铁削1	东汉
63	450°	长方形	未发现	南朝

陆　研究与讨论

第一章　杭州汉墓述略①

一　发现概况

20 世纪 50 年代开始，杭州地区汉墓时有发现。1956 年，浙江省文物管理委员会在浙江大学古荡钢铁厂清理两座汉墓，其中一座是汉代朱乐昌墓②。1956 年 8 月，浙江省文物管理委员会在老和山北麓古荡镇清理一座东汉墓，出土器物 15 件③。

20 世纪 80 年代以来，伴随着基本建设的快速发展，杭州地区汉墓的发现数量急剧增加，省市县各级考古文博单位在配合基本建设过程中清理了大批汉墓。一些墓地规模较大、较为重要的考古发现多已见诸报道，而一些零散的考古发现资料则积压在各地库房尚未与世人见面。

1983 年至 1984 年，浙江省文物考古研究所在萧山城南电扇厂、杭州钢铁厂转炉车间及杭州联运公司古荡仓库清理了一批汉六朝墓，其中汉代土坑墓 14 座、砖室墓 4 座④。

1984 年 8 月至 10 月，为配合湘湖啤酒厂基本建设，杭州市园林文物管理局联合萧山文物管理委员会对溪头黄墓地进行考古发掘，共发掘清理古墓葬 76 座，其中两汉墓葬 59 座，包括竖穴土坑墓、砖椁墓和砖室墓，出土器物 936 件（组）⑤。同年，在配合杭州市萧山县城南乡黄家河村提花布厂基建所进行的考古发掘中，共清理古墓 60 座，多数为汉墓。

1986 年，浙江省文物考古研究所在老和山浙江大学邵逸夫科技馆建设时发现 109 座古墓葬，其中汉墓 60 座，包括竖穴土坑墓 51 座、砖椁墓 3 座、砖室墓 6 座，出土大量遗物⑥。

1987 年 10 月至 11 月，浙江省文物考古研究所在 104 国道改建工程的抢救性考古发掘中，于瓶窑镇大观山果园东南端发掘汉代土墩墓 3 个。土墩内含有汉墓 13 座，包括土坑墓 4 座、券顶砖室墓 7 座⑦，出土器物 122 件（组）。

① 本章作者：杨金东。
② 浙江省文物管理委员会：《杭州古荡汉代朱乐昌墓清理简报》，《考古》1959 年第 3 期。
③ 冯信敹：《杭州西郊古荡镇东汉墓清理》，《考古》1957 年第 5 期。
④ 浙江省文物考古研究所：《杭州地区汉、六朝墓发掘简报》，《东南文化》1989 年第 2 期。
⑤ 杭州市文物考古研究所、萧山博物馆：《杭州萧山溪头黄汉墓发掘报告》，《考古学报》2018 年第 2 期；郎旭峰：《杭州萧山溪头黄墓地 M9 发掘简报》，《东方博物》第五十一辑，中国书店，2014 年。
⑥ 浙江省文物考古研究所：《浙江省杭州市老和山汉墓发掘报告》，《浙江省文物考古研究所学刊》第七辑，杭州出版社，2005 年。
⑦ 浙江省文物考古研究所：《杭州大观山果园汉墓发掘简报》，《浙江汉六朝墓报告集》，科学出版社，2012 年。

1990 年，良渚遗址管理所对瓶窑镇大观山果园西坡的一座汉代竖穴土坑木椁墓作了抢救性考古清理，出土铜镜、带钩、钱币，铁剑，陶盘口壶、罐、盆、熏炉及麟趾金等①。

2004 年，浙江省文物考古研究所等单位在良渚街道大陆乡大雄山山前小岗的崧泽遗址上清理汉代竖穴土坑墓 3 座，出土器物 51 件（组）②。

2004 年 11 月，浙江省文物考古研究所在宣（城）杭（州）铁路复线建设工程中，于星桥街道横山姚大夫村西侧发掘东汉砖室墓 4 座，出土的随葬品有陶罐、罍，铜镜、钱币，铁釜、刀，石黛板和研黛器等③。

2004 年 10 月至 12 月，杭州市文物考古所与临安市文物馆为配合临安中都青山翠湖开发区基本建设，于工程区块内共发现古墓葬 80 余座，包括砖室墓和土坑墓两类，清理 31 座，其中西汉墓 8 座、东汉墓 10 座④。

2007 年 5 月至 7 月，杭州市文物考古研究所在余杭街道义桥村西侧工业园区内约 1500 平方米的区域中，抢救性发掘古墓 64 座，其中汉墓共 47 座，分为竖穴土坑墓和砖室墓两种。土坑墓出土遗物较为丰富，器形多样，砖室墓出土遗物较少。按照质地不同可分为陶器、瓷器、铜器、铁器、银器、石器和琉璃器等。其中以陶器所占比重最大，瓷器次之，铜铁器再次之⑤。

2010 年 2 月至 8 月，浙江省文物考古研究所在余杭经济开发区内小林街道上环桥村茅山南发掘汉至宋代墓葬 84 座。所清理的西汉墓葬均为中小型土坑墓，随葬品以陶鼎、盒、瓿、壶、罐、灶及铜钱为基本组合，部分中型墓中伴出有陶质的麟趾金和五铢钱⑥。

自 2010 年以来，浙江省文物考古研究所在莫角山发现并清理了数座西汉时期墓葬，其中 M37 为长方形竖穴土坑木椁墓，墓内残留有木质葬具的板灰痕迹，随葬品共 16 件。东汉砖椁墓 4 座，墓葬分为前后两排，东西走向，砖砌椁室，随葬品以盘口壶、罐、罍、碗等日用器为基本组合⑦。

2010 年 11 月至 2011 年 1 月，杭州市文物考古研究所联合余杭博物馆对临余公路七里亭墓地进行考古发掘，清理战国末期至清代的墓葬 30 座，战国汉墓包括竖穴岩坑墓 15 座、砖椁墓 2 座、砖室墓 2 座⑧。

2011 年 3 月至 11 月，杭州市文物考古研究所对马家山墓地进行考古发掘，共发现墓葬 32 座，主要分布于两个山坡地带，其中汉代竖穴土坑墓 10 座、砖椁墓 3 座⑨。

2011 年 3 月至 7 月，杭州市文物考古研究所为配合广厦天都城爱丽山庄的建设工作，在余杭区星桥镇里山进行了考古勘探和发掘，共发掘墓葬 32 座，出土文物 120 余件（组），墓葬均为砖室墓，其中汉墓 22 座⑩。

---

① 中国江南水乡文化博物馆：《考古余杭——秦汉时期》，西泠印社出版社，2014 年。
② 浙江省文物考古研究所、良渚管委会：《余杭石马兜汉墓发掘简报》，《浙江汉六朝墓报告集》，科学出版社，2012 年。
③ 中国江南水乡文化博物馆：《考古余杭——秦汉时期》，西泠印社出版社，2014 年。
④ 资料现在杭州市文物考古研究所。
⑤ 杭州市文物考古所、余杭博物馆：《余杭义桥汉六朝墓》，文物出版社，2010 年。
⑥ 中国江南水乡文化博物馆：《考古余杭——秦汉时期》，西泠印社出版社，2014 年。
⑦ 中国江南水乡文化博物馆：《考古余杭——秦汉时期》，西泠印社出版社，2014 年。
⑧ 杨金东、李迎：《杭州市余杭区七里亭战国汉墓发掘报告》，《东方博物》第六十四辑，中国书店，2017 年。
⑨ 李坤：《杭州余杭星桥马家山汉、六朝墓发掘简报》，《东方博物》第五十八辑，中国书店，2016 年。
⑩ 刘卫鹏、刘芳芳：《余杭星桥里山汉墓发掘简报》，《东方博物》第五十四辑，中国书店，2015 年。

2011 年 6 月至 2012 年 1 月，杭州市文物考古研究所在小横山发掘了一批古墓葬，除大量六朝墓外，另有东汉墓 8 座。墓葬分土坑砖椁墓和券顶砖室墓两类，平面均呈长方形，由于早年被盗，随葬品仅有 29 件①。

2011 年 10 月至 2012 年 5 月，为配合杭州市金城品屋房地产有限公司的建设，杭州市文物考古研究所和余杭博物馆对该地块内的古墓葬进行考古发掘，共清理汉六朝墓 63 座，其中汉墓 5 座②。

2012 年 6 月至 8 月，杭州市文物考古研究所对百亩地墓地进行考古发掘，共发掘汉代墓葬 21 座，其中土坑墓 16 座、砖室墓 5 座③。

2012 年 12 月至 2013 年 5 月，杭州市文物考古研究所和萧山博物馆对位于杭州市萧山区闻堰镇湖山村以东的湖山古墓葬群进行抢救性考古发掘，共清理战国至明清的各类墓葬 60 座，其中汉墓 1 座，出土大量石制品。

2013 年 3 月至 7 月，杭州市文物考古研究所联合萧山博物馆对老虎洞遗址进行考古发掘，发现 1 处良渚文化至商周时期的遗址和 34 座战国至明代墓葬，墓内出土各类遗物 255 件（组），其中汉代土坑墓 9 座、砖椁墓 1 座④。

2014 年 2 月，杭州市文物考古研究所联合萧山博物馆对萧山湖头陈后山发现的一座汉墓进行清理，该墓为长方形券顶砖室墓，出土器物 11 件⑤。

2015 年 7 月至 11 月，杭州市文物考古研究所联合萧山博物馆对萧山湘湖闻堰街道水漾坞墓群进行考古发掘。此次发掘共清理战国至明代的墓葬 34 座，其中汉墓 13 座，竖穴土坑（岩坑）墓 8 座、砖椁墓 4 座、砖室墓 1 座，首次于杭州地区汉墓中发现铜钱范⑥。

2015 年 9 月、2016 年 9 月，杭州市文物考古研究所联合萧山博物馆对位于杭州市萧山区闻堰街道湘湖旅游度假区丁家庄古窑停车场北侧山坡的丁家庄墓群进行考古发掘，共清理墓葬 13 座，其中汉代竖穴土坑墓 6 座、砖椁墓 2 座、砖室墓 1 座⑦。

2016 年 10 月至 2017 年 6 月，杭州市文物考古研究所联合萧山博物馆对位于杭州市萧山区闻堰街道湘湖旅游度假区老虎洞村陈家埠墓群进行考古发掘，发掘总面积约 1150 平方米。此次发掘共清理春秋至明代的墓葬 21 座，其中汉代墓 6 座，包括竖穴土坑墓 2 座、砖椁墓 1 座和砖室墓 3 座。首次于杭州地区汉墓中发现玉手镯⑧。

除了上述考古发现外，杭州市文物考古研究所在历年的考古工作中还零星发现一批汉墓，发掘资料均存考古所库房。1983 年在老和山临近的秦亭山发现汉墓 10 余座。1984 年杭州皇姑山工地发现汉、晋、宋墓 13 座，其中汉墓 4 座，可分为土坑木椁墓和土坑墓两种，出土器物有釉陶瓿、罐、壶、铜镜等。1987 年在浙江大学玉泉校区工地发现汉墓 3 座，出土随葬品 53 件。1988 年在杭州双峰工地发现

---

① 杭州市文物考古研究所、余杭博物馆：《余杭小横山东晋南朝墓》，文物出版社，2013 年。
② 中国江南水乡文化博物馆：《考古余杭——秦汉时期》，西泠印社出版社，2014 年。
③ 中国江南水乡文化博物馆：《考古余杭——秦汉时期》，西泠印社出版社，2014 年。
④ 杨金东：《杭州萧山老虎洞遗址发掘收获》，《中国文物报》2013 年 10 月 11 日第 8 版；崔太金：《萧山老虎洞遗址考古发掘的成果与思考》，《萧山博物馆开馆五周年纪念论文集》，浙江人民出版社，2014 年。
⑤ 资料现存杭州市文物考古研究所。
⑥ 资料现存杭州市文物考古研究所。
⑦ 资料现存杭州市文物考古研究所。
⑧ 资料现存杭州市文物考古研究所。

墓葬33座，其中汉墓1座。1990年在浙江大学玉泉校区化工厂工地发现汉、宋、明墓葬17座，汉墓分土坑墓和砖室墓两种。1998年在浙江大学玉泉校区曹光彪科技楼工地发现汉、唐、宋墓23座，其中汉代土坑墓8座。2000年在杭州九里松工地发现东汉、晋代墓葬11座，均为砖室墓，出土少量随葬品。2001年在浙江大学玉泉校区网络学院工地发现东汉、宋、明墓葬17座，其中东汉土坑墓和砖室墓各2座，出土陶罐、罍、双唇罐、壶和铁镰斗、剑以及铜镜、铜钱（大泉五十）等。2004年在杭州西湖区老东岳工地考古发现东汉砖室墓葬1座。2005年在杭州四宜路工地发现东汉墓2座，为长方形竖穴土坑墓，出土随葬品20件。

二 墓葬形制

杭州地区的汉墓可分为竖穴土坑墓、砖椁墓和砖室墓三种类型，西汉时期均为竖穴土坑墓，新莽至东汉早期竖穴土坑墓与砖椁墓并行，东汉中晚期流行砖室墓。

根据墓道的有无，竖穴土坑墓可以分为带墓道的土坑墓和不带墓道的土坑墓两大类。不带墓道的土坑墓其平面形制多为长方形，少量一端宽一端窄略呈梯形。带墓道的土坑墓根据墓道位置的差异其平面形制可分为凸字形和刀把形两种。杭州古荡朱乐昌墓为长方形土坑墓，其西南角设一个耳室，平面呈长方形，长3.2、宽1.65米，其内置放大量随葬品（图6-1）。余杭七里亭M27为凸字形竖穴岩坑墓，由斜坡墓道、耳室和墓室三部分组成。耳室位于墓道南壁上部，呈长方形，东西长105、南北宽95厘米，底部平整，底高于墓道底约50厘米，耳室内填土坚实，含有大量石块（图6-2）。

保存较为完整的土坑墓墓上有设封土堆现象，部分墓葬墓底四周有设生土二层台或熟土二层台现象，部分墓葬的墓底设有两条平行枕木沟以便承接上面的棺椁。汉代还存在土墩墓现象，瓶窑镇大观山果园发掘汉代土墩墓3个，土墩内含有汉墓13座。余杭义桥汉墓中多见墓上设封土堆的现象，如M10、M17、M18（图6-3）、M39等等。萧山湘湖陈家埠墓群M7为凸字形竖穴土坑墓，墓上封土堆保存完整，直径约8米，高约1.7米，墓道内发现填塞块石防盗现象，墓底设两条枕木沟，墓底铺一层厚约15厘米的青膏泥（图6-4A、B）。萧山溪头黄汉墓的18座墓填土中发现铺砌小石子现象，厚约10厘米，有的铺在填土上部，有的铺在填土下部，有的铺在填土顶部，有的铺在墓底。此外，1座墓墓底

图6-1 杭州古荡朱乐昌墓

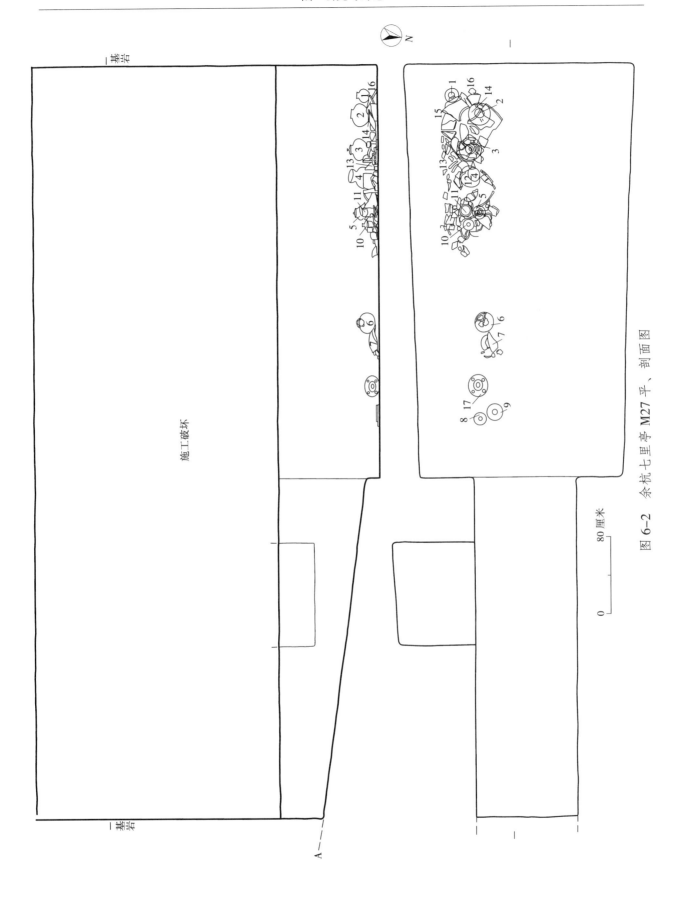

图 6-2　余杭七里亭 M27 平、剖面图

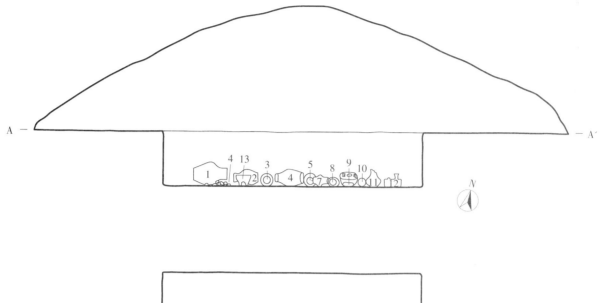

图 6 - 3　余杭义桥 M18 平、剖面图

铺垫木炭，1 座墓墓底紧靠四壁铺垫有 49 厘米宽的鹅卵石面，1 座墓填土上部发现灰白色膏泥，1 座墓墓底铺一层白膏泥。萧山老虎洞 M31 为长方形竖穴土坑石椁墓，墓室近底部四周均用石块围成石圹，墓底中部亦发现一排横向石块。墓底中部的横向石块仿枕木之用。墓室南部偏西处发现有排水沟，排水沟长约 12 米，呈东北至西南走向，中部稍向西转折，连接墓室的北段排水沟底部满铺石块，中部用较大石块封堵，南部未见石块（图 6 - 5A、B、C）。

砖椁墓是介于竖穴土坑墓和横穴砖室墓之间的一种过渡形态的墓葬形制。平面呈长方形，土坑墓底或砖铺墓底，墓壁砖错缝平铺叠砌，顶部设木质盖板，部分壁砖设咬土砖。早期砖椁墓不设墓门，后期开始设墓门且砖壁出现收分现象。余杭七里亭墓地中 M13 为土坑墓底，砖壁顶部平齐（图 6 - 6），而 M9 "东壁高出 2 皮砖微现收分，其余三壁顶部均在同一水平面上"（图 6 - 7），这似乎说明，在木顶砖椁墓向券顶砖室墓过渡过程中可能存在着一种新的墓葬类型——券顶砖椁墓，浙江东汉墓的发展或许经历了从

图 6 - 4A　陈家埠 M7 平、剖面图

图 6 - 4B　陈家埠 M7 封土堆剖面

图 6 - 5A　老虎洞 M31

图 6 - 5B　老虎洞 M31 墓室全景

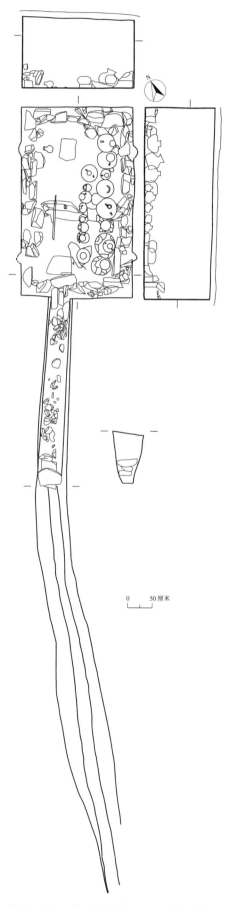

0   50 厘米

图 6 – 5C   老虎洞 M31 平、剖面图

图 6-6　七里亭 M13 全景

平顶砖椁到券顶砖椁再到券顶砖室墓过程。萧山水漾坞汉墓 M3 为长方形砖椁墓，东壁正中设封门。壁砖顶部均在同一水平面上，贴近东壁上部发现一排共 6 块呈倾斜状排列的墓砖，砖为横向，应为墓壁顶部横置的一层砖跌落所致，其作用应该是为了扩大承接墓顶木板的接触面（图 6-8）。而萧山陈家埠 M9 顶部平齐，其东壁正中设墓门且不封堵，而墓壁高 1.6 米（图 6-9），可能该墓已经采用横向下葬方式。

砖室墓包括长方形墓、凸字形墓和横前堂双后室墓。长方形墓数量较多，根据墓室内结构的差异可分出两个形制，即单室结构墓和前后室结构墓。单室结构墓数量较多，余杭义桥 M51、M52（图 6-10）、M53、M54 为其代表。前后室结构墓数量较少，以余杭义桥 M13（图 6-11）为代表。凸字形墓由封门、甬道和墓室几部分组成。根据墓室内结构的差异可分出两个形制，即前后室结构墓和单室结构墓。余杭义桥 M27（图 6-12）、M22、M40 和 M4 为前后室结构墓，由墓门、甬道、前室和后室组成，余杭义桥 M23、M24 和

图 6-7　七里亭 M9 全景

图 6 - 8　水漾坞 M3

图 6 - 9　陈家埠 M9

M25 等为单室结构。横前堂双后室墓数量较少，仅见两座，分别是余杭义桥 M14 和萧山陈家埠 M16，双后室一大一小。余杭义桥 M14 早年被盗，整体形制保存完整，由封门、拱形门、前堂、左右后室几部分组成（图 6 - 13）。萧山陈家埠 M16 前堂被破坏，双后室保存较完整，由封门、拱形门、前堂、左右后室几部分组成，左室专门放置随葬品，右室和前堂亦发现铁刀等随葬品（图 6 - 14）。由此可见，这种横前堂双后室的结构可能还保留着战国至西汉早期箱式木椁墓的分室结构特征和功能布局特征。

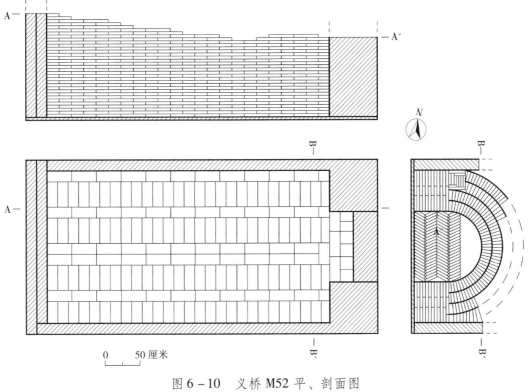

图 6 - 10 义桥 M52 平、剖面图

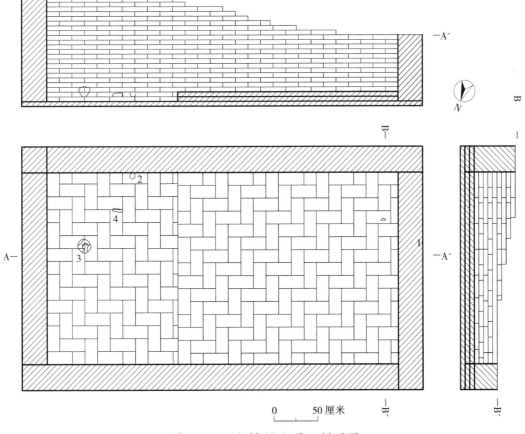

图 6 - 11 义桥 M13 平、剖面图

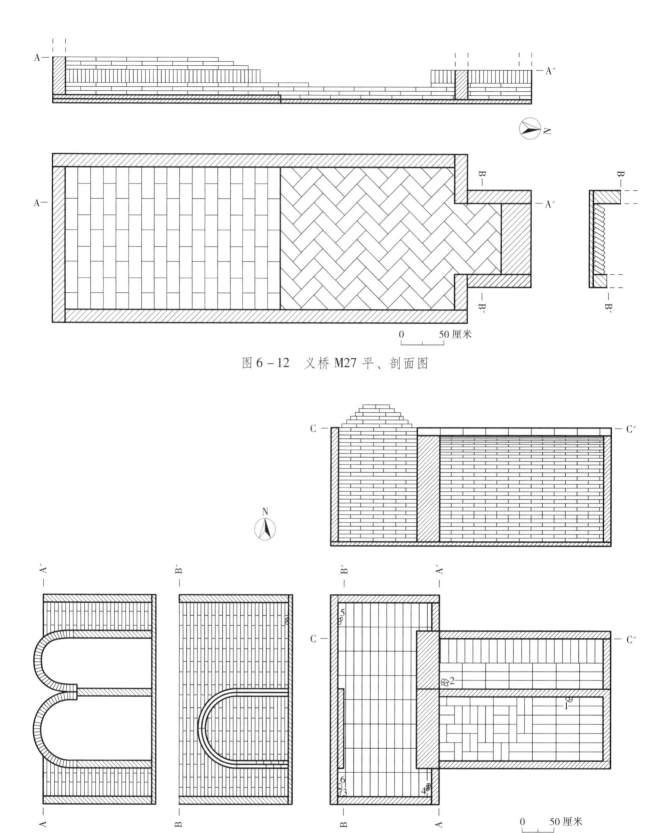

图 6 – 12　义桥 M27 平、剖面图

图 6 – 13　义桥 M14 平、剖面图

图 6 - 14　陈家埠 M16

汉墓有单人葬、合葬习俗。单人葬比例较大，合葬墓则有很多表现形式，有同茔异穴合葬、并穴合葬、一椁二棺合葬等合葬现象。同茔异穴合葬墓和并穴合葬墓均表现出各自挖坑掩埋，各有一组随葬品，通过两墓坑并列的方式实现合葬目的；一椁二棺合葬墓直接实现合葬。

三　随葬品

杭州汉墓中随葬品种类丰富，包括陶器、瓷器、铜器、铁器、玉器、石器和琉璃器等。

陶器是杭州汉墓中的主要随葬品之一，占比较大。陶器以灰褐色、红褐色或青灰色硬陶为主，釉陶所占比重最大；器表多施釉，釉色青黄，属南方青釉系统；器物多采用轮制法修制而成，配合模制和手制；纹饰以弦纹、旋纹和刻划纹为主；器形丰富多样，有仿铜陶礼器，也有生活用器和模型明器。器形包括仿铜陶礼器鼎、豆、盒、壶，生活用器锺、瓿、罐、双唇罐、瓿式罐、硬陶罍、钵、熏炉、卮、杯、耳杯、樽、盆、纺轮、虎子，模型明器灶、井、鸟、鸡、猪、马、靴形器、汤匙、璧、麟趾金和冥币等。余杭百亩地 M3 出土的陶靴形器（图 6 - 15）和俑头（图 6 - 16）、余杭义桥 M29 出土的陶鸟（图 6 - 17）、萧山溪头黄出土的低温铅釉陶盘口壶（图 6 - 18）、萧山水漾坞出土的低温釉陶盘口壶（图 6 - 19）等都是较为少见的器形。

瓷器数量较少，有青釉瓷和酱釉瓷，器形包括五管瓶（图 6 - 20）、钵等。

图 6-15　陶靴形器（百亩地 M3:7）　　　图 6-16　俑头（百亩地 M3:25）

图 6-17　陶鸟（义桥 M29:43）

图 6-18　釉陶壶
（溪头黄 M66:2）

图 6-19　盘口壶
（水漾坞 M32:1）

图 6-20　五管瓶（溪头黄 M6:2）

图 6 - 21　天禄铜镜（里山 M8：1）

图 6 - 22　铜镜（溪头黄 M73：22）

　　铜器也是汉墓中的主要随葬品之一。铜质较差，锈蚀严重，铜容器的器壁均较薄，多数残碎无法起取，有些仅大致器形可辨，具体形制则不辨，少量铜镜保存尚好。器形包括鼎、盉、镳斗、釜、甑、盆、碗、盒、带钩、刀、镞、弩、铜镜和铜钱等。余杭里山出土的天禄铜镜（图 6 - 21）、萧山溪头黄出土的"胡"字铭铜镜（图 6 - 22）和萧山水漾坞出土的"厲"字铜钱范（图 6 - 23）、古荡出土的铜印章（图 6 - 24）为少见的精品。

　　铁器的铁质较差，锈蚀严重，少量铁器保存尚好。器形包括镳斗、釜、甑、刀、剑等。

　　其他还包括玉手镯（图 6 - 25）、玉环等玉器以及料珠、玛瑙、耳瑱、石黛板、研黛器和木架等。

图 6 - 23　铜钱范（水漾坞 M27：8）

图 6 - 24　朱乐昌印

图 6 - 25　玉手镯（陈家埠 M7：1）

　　随葬品中陶器数量大，各个时期器形变化较为明显，下面就演变特征明显的鼎、盒、壶、瓿、罐、罍等典型随葬品做类型学分析（图 6 - 26）：

　　鼎　根据盖、耳、腹、足的差异，可分为 5 式：

　　Ⅰ式，七里亭 M25：1→Ⅱ式，义桥 M33：4→Ⅲ式，义桥 M42：4→Ⅳ式，溪头黄 M48：8→Ⅴ式，溪头黄 M9：5。

　　演变趋势：腹较浅，盖顶三个环纽较规整，腹部凸棱位于中部，耳外撇较大，蹄形足较肥硕，足跟外撇→盖顶的环纽略退化，弧顶加大，腹部加深，腹部凸棱上移，双耳外撇程度没有Ⅰ式鼎那么大→盖顶的环纽变成乳丁或消失，腹加深，腹部凸棱上移，双耳外撇幅度较小，三个蹄足变小、变矮→下腹斜收较甚，三个蹄足退化较甚，立耳微外撇→三足消失不见，立耳亦退化。

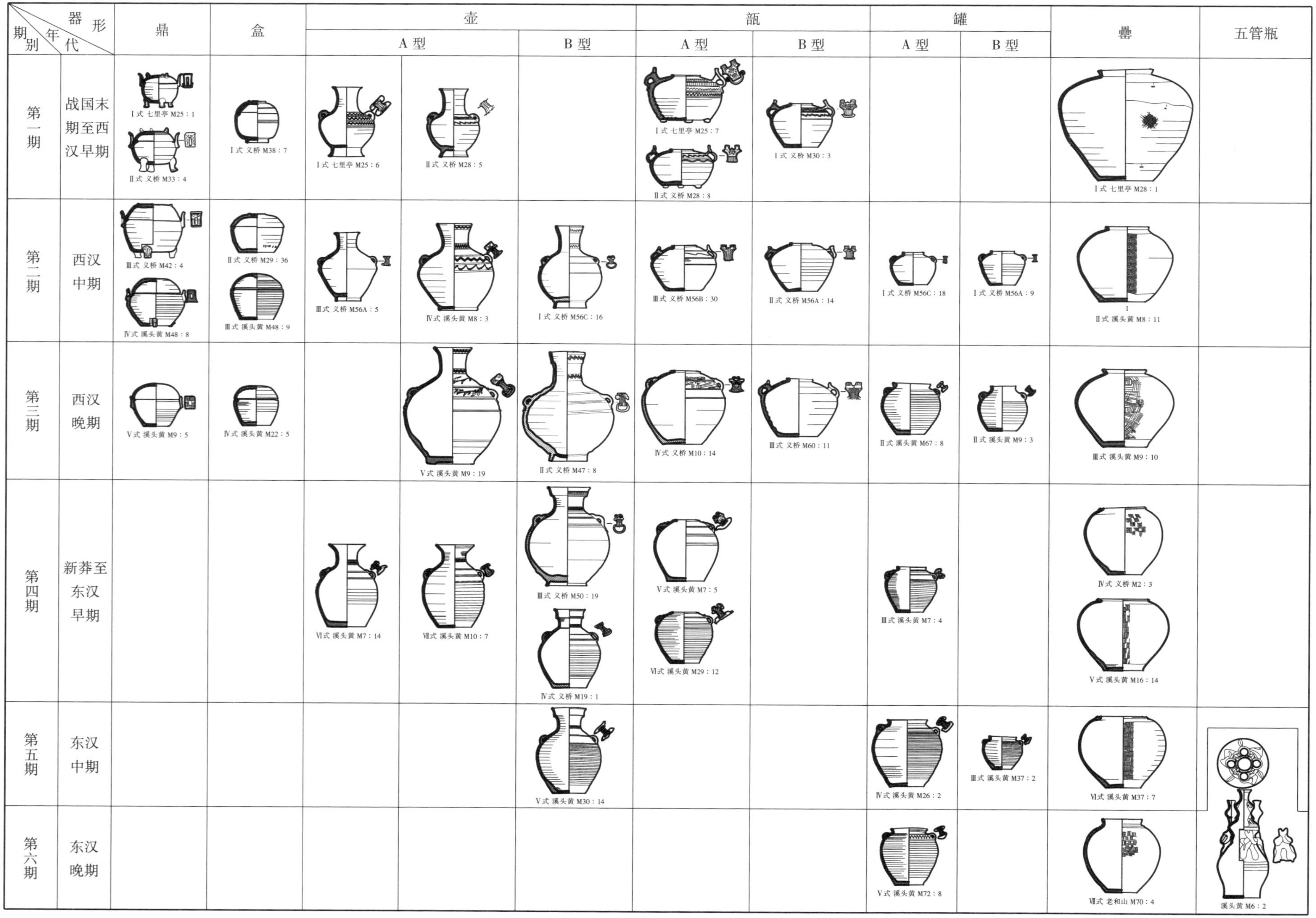

图 6－26　汉墓典型器物分期演变图

期别	年代	鼎	盒	壶 A型	壶 B型	瓿 A型	瓿 B型	罐 A型	罐 B型	瓿	五管瓶
第一期	战国末期至西汉早期	I式 七里亭 M25：1　II式 义桥 M33：4	I式 义桥 M38：7	I式 七里亭 M25：6		I式 七里亭 M25：7　II式 义桥 M28：8	I式 义桥 M30：3			I式 七里亭 M28：1	
第二期	西汉中期	III式 义桥 M42：4　IV式 溪头黄 M9：5	II式 义桥 M29：36	III式 义桥 M56A：5	I式 义桥 M56C：16	III式 义桥 M56B：30	II式 义桥 M56A：14	I式 义桥 M56C：18	I式 义桥 M56A：9	II式 义桥 M8：11	
第三期	西汉晚期	V式 溪头黄 M9：5	III式 溪头黄 M48：9	IV式 义桥 M8：3	II式 义桥 M47：8	IV式 义桥 M10：14	III式 义桥 M60：11	II式 义桥 M67：8	II式 溪头黄 M9：3	III式 溪头黄 M9：10	
第四期	新莽至东汉早期		IV式 溪头黄 M22：5	V式 溪头黄 M9：19	III式 义桥 M50：19	V式 溪头黄 M7：5		III式 溪头黄 M7：4		IV式 义桥 M2：3	
第五期	东汉中期			VI式 溪头黄 M10：7	IV式 义桥 M19：1	VI式 溪头黄 M29：12		IV式 溪头黄 M26：2	III式 溪头黄 M37：2	V式 义桥 M16：14　VI式 溪头黄 M37：7	
第六期	东汉晚期				V式 溪头黄 M30：14			V式 溪头黄 M72：8		VII式 老和山 M70：4	溪头黄 M6：2

盒　根据盖、足、底的变化，可分为 4 式：

Ⅰ式，义桥 M38：7→Ⅱ式，义桥 M29：36→Ⅲ式，溪头黄 M48：9→Ⅳ式，溪头黄 M22：5。

演变趋势：覆钵形盖，盖顶有圆圈形捉手，器身子口，高圈足→顶部捉手退化，呈浅圈足状，圈足→弧形盖顶近平，圈足消失变成平底→下腹斜收较甚，腹部略加深。

壶　根据口部的不同可分为两型，即喇叭口壶和盘口壶。

A 型：喇叭口　根据颈部、腹部和圈足的变化分为 7 式：

Ⅰ式，七里亭 M25：6→Ⅱ式，义桥 M28：5→Ⅲ式，义桥 M56A：5→Ⅳ式，溪头黄 M8：3→Ⅴ式，溪头黄 M9：19→Ⅵ式，溪头黄 M7：14→Ⅶ式，溪头黄 M10：7。

演变趋势：喇叭口，细高束颈，鼓腹，高圈足外敞，肩部饰水波纹→器形变得较为肥硕，颈部变粗变矮，腹部变得圆鼓，圈足扁矮，肩部的水波纹不见→颈部变得粗短，腹部变为圆鼓，圈足变矮，肩部出现弦纹，下腹饰旋纹，颈部饰成组的细密水波纹→耳部装饰简化，口部更外敞，矮圈足变成平底。

B 型：盘口　根据口部和圈足的变化分为 5 式：

Ⅰ式，义桥 M56C：16→Ⅱ式，义桥 M47：8→Ⅲ式，义桥 M50：19→Ⅳ式，义桥 M19：1→Ⅴ式，溪头黄 M30：14。

演变趋势：盘口微现，细高颈，圆鼓腹，圈足外撇→盘口变明显，颈部变粗硕，多为铺首衔环耳和贴塑 S 形耳，肩部饰成组弦纹，圈足→器身变得修长，腹由圆鼓腹变成弧腹，耳部装饰简化，圈足变矮→器身更为修长，腹部满饰弦纹，圈足变成平底→器身修长，腹部饰粗弦纹。

瓿　根据腹部及耳部的不同，可分为二型：

A 型：鼓腹　可分为 6 式：

Ⅰ式，七里亭 M25：7→Ⅱ式，义桥 M28：8→Ⅲ式，义桥 M56B：30→Ⅳ式，义桥 M10：14→Ⅴ式，溪头黄 M7：5→Ⅵ式，溪头黄 M29：12。

演变趋势：小口，鼓腹较扁，双耳上翘，耳高于口唇，底附三瓦足→双耳几乎与口唇齐平，腹部稍圆鼓，底部瓦足消失→耳部退化，耳不上翘，明显低于口唇，腹部圆鼓，腹较深→器形退化，铺首耳变小，耳位于肩中部，下腹饰旋纹，平底。

B 型：折腹　根据耳部的变化，可分为 3 式：

Ⅰ式，义桥 M30：3→Ⅱ式，义桥 M56A：14→Ⅲ式，义桥 M60：11。

演变趋势：小口，耳上翘，高于口唇，平底→口耳几乎平齐→耳低于口唇。

罐　根据口部的不同可分为二型：

A 型　侈口　可分为 5 式：

Ⅰ式，义桥 M56C：18→Ⅱ式，溪头黄 M67：8→Ⅲ式，溪头黄 M7：4→Ⅳ式，溪头黄 M26：2→Ⅴ式，溪头黄 M72：8。

演变趋势：双耳位于上腹部，腹最大径位于腹中部，腹部素面或有旋纹→双耳上移，腹最大径上移，器身变高→肩部略弧，最大径上移→器形变得较高，溜肩，最大径移到中腹偏上。

B 型　敛口　可分为 3 式：

Ⅰ式，义桥 M56A：9→Ⅱ式，溪头黄 M9：3→Ⅲ式，溪头黄 M37：2。

演变趋势：双耳位于上腹部，腹最大径位于腹中部→腹最大径上移，腹部旋纹增多。

罍　根据口腹的不同可分为 7 式：

Ⅰ式，七里亭 M28：1→Ⅱ式，溪头黄 M8：11→Ⅲ式，溪头黄 M9：10→Ⅳ式，义桥 M2：3→Ⅴ式，溪头黄 M16：14→Ⅵ式，溪头黄 M37：7→Ⅶ式，老和山 M70：4。

演变趋势：方唇，侈口，矮颈，广弧肩，鼓腹，上腹圆鼓，下腹弧收，腹的最大径偏上→敞口，矮颈，最大腹颈在中部，器形较大→腹部最大径上移，底变小→敞口变成敛口，口部弧曲→敛口，腹部圆鼓→直口，腹最大径移至中部。

四　分期与年代

杭州汉墓中存在一些叠压打破现象，如七里亭墓地中 19 座战国两汉墓共发现 6 组叠压打破关系，百亩地墓地中存在 5 组叠压打破关系，这些叠压打破关系可以作为墓葬年代先后的地层学证据。汉墓均出土多少不一、时代特征鲜明的随葬品，且墓葬形制亦存在一定差异。故而根据墓葬形制与随葬品组合的变化，结合可资断代的铜镜和铜钱等资料，我们将杭州汉墓分成六期并断代如下（参见图 6-26）：

第一期墓葬以余杭七里亭 M19、M25、M28、M29、百亩地 M20、余杭义桥 M28、M33、M38 为代表。均为竖穴土坑（岩坑）墓，可分为凸字形和长方形两种。器物基本组合方面以Ⅰ式鼎、Ⅱ式鼎、Ⅰ式盒、Ⅰ式喇叭口壶、Ⅱ式喇叭口壶、Ⅰ式鼓腹瓿、Ⅱ式鼓腹瓿、Ⅰ式罍、熏炉、角形器为主，未见罐。Ⅰ式喇叭口壶细高束颈、鼓腹、高圈足，其形态具有西汉早期陶壶的特点。Ⅰ式鼎为三环纽盖、双耳外撇、腹较浅、兽蹄足矮胖、腹部凸棱位于中部，具有战国晚期至西汉初期器物特点，与楚墓中所见陶鼎一脉相承。Ⅱ式鼎与Ⅰ式鼎相比，盖顶的环纽略退化，弧顶加大，腹部加深，腹部凸棱上移，双耳外撇程度没有Ⅰ式鼎那么大，其形态具有西汉早期陶鼎特点。Ⅰ式盒、Ⅰ式鼓腹瓿均具有战国末期至西汉早期特点。七里亭 M25：8 这件熏炉与余姚老虎山 D1M14：46、D1M14：47[①] 器形几乎完全一致，具有战国晚期的特点。七里亭 M28：1 和 M28：3 均为印纹硬陶罍，腹部分别满饰拍印复线回字交叉纹和麻布纹，器形与纹饰均具有战国印纹硬陶罍的特点。七里亭 M29 出土的四件釉陶角形器为春秋战国墓越墓中常见的随葬品[②]。鼎、盒、壶、瓿的组合和器物特征与仪征张集团山西汉墓[③]、浙江嵊州郯山[④]、上海青浦福泉山[⑤]、东阳大云山[⑥]、余姚老虎山[⑦]等地出土的同类器物相似。

结合墓葬形制、器物组合和器形特征，我们认为本期墓葬的年代约为战国末期至汉武帝元狩五年（前 118 年）以前的西汉早期，其中七里亭 M25、M28、义桥 M28 年代稍早，当为战国末期至西汉初期，其余当为西汉早期。

第二期墓以七里亭 M2、M8、M27、义桥 M29、M56、百亩地 M3、溪头黄 M8、M48 等为代表。均

① 陈元甫：《余姚老虎山一号墩发掘》，浙江省文物考古研究所编：《沪杭甬高速公路考古报告》，文物出版社，2002 年。
② 黄昊德：《角形器功能初探》，《浙江省文物考古研究所所刊》第九辑，科学出版社，2009 年。
③ 南京博物院、仪征博物馆筹备办公室：《仪征张集团山西汉墓》，《考古学报》1992 年第 4 期。
④ 张恒：《浙江嵊州市剡山汉墓》，《东南文化》2004 年第 2 期。
⑤ 王正书：《上海福泉山西汉墓群发掘》，《考古》1988 年第 8 期。
⑥ 淮阴市博物馆：《盱眙东阳大云山西汉墓发掘简报》，《东南文化》1993 年第 3 期。
⑦ 陈元甫：《余姚老虎山一号墩发掘》，《沪杭甬高速公路考古报告》，文物出版社，2002 年。

为竖穴土坑（岩坑）墓，可分为刀把形、凸字形和长方形三种。器物基本组合方面以Ⅲ式鼎、Ⅳ式鼎、Ⅱ式盒、Ⅲ式盒、Ⅲ式喇叭口壶、Ⅳ式喇叭口壶、Ⅰ式盘口壶、Ⅲ式鼓腹瓿、Ⅱ式罍为主，新出现罐。器物形态方面，喇叭口壶与一期相比，颈部变粗变矮，腹部变得圆鼓，圈足扁矮。新出现的盘口壶由一期的喇叭口壶演变而来，口部的盘口微现，腹部圆鼓，外撇的高圈足变成直壁的高圈足。瓿与一期相比，双耳上翘幅度变小，腹部稍圆鼓，底部瓦足消失。本期鼎、盒、壶、瓿、罐、罍器物组合较为稳定，器形与江苏东阳小云山一号墓①，江苏邗江胡场五号汉墓②，绍兴狮子山西汉墓③，龙游东华山④79M11、79M22、、87M12、89M27，浙江义乌西汉墓⑤，江苏高淳固城⑥M1、M2，湖州方家山⑦M25、M27，浙江嵊州郯山⑧M38、M49、M61，安吉上马山西汉墓⑨M10、M11等墓葬出土同类遗物器形相似。本期发现麟趾金、陶璧等，汉武帝太始二年"更黄金为麟趾、褭蹄，以协瑞焉。因以班赐诸侯王"⑩，麟趾金的出现说明这些墓葬的年代最早不会早于汉武帝太始二年。因此，本期墓葬的绝对年代约为汉武帝元狩五年之后到宣帝时期，即为西汉中期。

第三期墓葬以七里亭M18、M26、义桥M10、M18、M46、天马山M10、M15、M28、M29、M32、百亩地M18、M19、老和山M80～M83为代表。均为竖穴土坑（岩坑）墓，可分为凸字形、刀把形和长方形三种。器物组合方面以Ⅴ式鼎、Ⅳ式盒、Ⅴ式喇叭口壶、Ⅱ式盘口壶、Ⅳ式鼓腹瓿、Ⅲ式罍为主。器物形态方面，壶是本期最为普遍的器物，且数量较大。喇叭口壶与上一期相比颈部变为细颈外折口，腹部变为圆鼓，圈足变矮，肩部出现弦纹，下腹饰旋纹，颈部饰成组的细密水波纹。盘口壶的盘口明显，颈部变粗硕，圆鼓腹，圈足高敞，多为铺首衔环耳和贴塑S形或卷云纹耳。瓿与前期相比，耳部退化，耳不上翘，明显低于口唇，腹部圆鼓，腹较深。上述壶、瓿、罐、罍的形态与江苏仪征胥浦101号汉墓⑪，浙江龙游县东华山12号汉墓⑫，安吉上马山西汉墓⑬M6、M10、M11，湖州方家山⑭M24、M28，浙江嵊州郯山⑮M59、M71等墓葬所出土的同类器物相类似，后者所处时代均为西汉晚期。出土的四乳四虺纹铜镜与烧沟汉墓⑯第五型铜镜（1005∶33）、芜湖贺家园⑰二号墓铜镜、萧县汉墓⑱铜镜（XPM93∶1）类似，属于典型的西汉晚期遗物。出土的五铢钱，钱正面穿外无郭，方面穿外有郭，正面穿外有篆文"五铢"二字，钱纹清晰，字的锋棱毕露，"五铢"略显瘦高，"五"字中间两

①　盱眙县博物馆：《江苏东阳小云山一号汉墓》，《文物》2004年第5期。
②　扬州博物馆、邗江县图书馆：《江苏邗江胡场五号汉墓》，《文物》1981年第11期。
③　绍兴市文物管理处：《绍兴狮子山西汉墓》，《考古》1988年第9期。
④　朱土生：《浙江龙游县东华山汉墓》，《考古》1993年第4期。
⑤　浙江省文物管理委员会：《浙江义乌发现西汉墓》，《考古》1965年第3期。
⑥　南京市博物馆：《江苏高淳固城汉墓发掘简报》，《东南文化》1992年第5期。
⑦　浙江省文物考古研究所：《浙江湖州市方家山第三号墩汉墓》，《考古》2002年第1期。
⑧　张恒：《浙江嵊州市郯山汉墓》，《东南文化》2004年第2期。
⑨　安吉县博物馆：《浙江安吉上马山西汉墓的发掘》，《考古》1996年第7期。
⑩　《汉书·武帝纪》太始二年条，中华书局，1962年。
⑪　扬州博物馆：《江苏仪征胥浦101号西汉墓》，《文物》1987年第1期。
⑫　龙游县文物管理委员会：《浙江龙游县东华山12号汉墓》，《考古》1990年第4期。
⑬　安吉县博物馆：《浙江安吉上马山西汉墓的发掘》，《考古》1996年第7期。
⑭　浙江省文物考古研究所：《浙江湖州市方家山第三号墩汉墓》，《考古》2002年第1期。
⑮　张恒：《浙江嵊州市郯山汉墓》，《东南文化》2004年第2期。
⑯　洛阳区考古发掘队：《洛阳烧沟汉墓》，科学出版社，1959年。
⑰　安徽省文物工作队、芜湖市文化局：《芜湖市贺家园西汉墓》，《考古学报》1983年第3期。
⑱　安徽省文物考古研究所、安徽省萧县博物馆：《萧县汉墓》，文物出版社，2008年。

笔呈弧曲形，"铢"字的金字头为小三角形，与洛阳烧沟汉墓[①]第Ⅱ型五铢钱类似。

结合墓葬形制、器物组合和器形特征，我们认为本期墓葬的绝对年代约为西汉元、成、哀、平四代，即为西汉晚期。

第四期墓以七里亭 M1、M12、M23、M24、M9、M13、义桥 M17、M39、M50、溪头黄 M42、M47、M73、马家山 M18、M19、M23、百亩地 M1、M11 等为代表，包括竖穴土坑（岩坑）墓和砖椁墓两种类型。器物组合方面以Ⅵ式喇叭口壶、Ⅶ式喇叭口壶、Ⅲ式盘口壶、Ⅳ式盘口壶、Ⅴ式鼓腹瓿、Ⅵ式鼓腹瓿、Ⅳ式罍、Ⅴ式罍为主，鼎、盒消失不见。器物形态方面，盘口壶器身变得修长，由圆鼓腹变成弧腹，耳部装饰简化，圈足少见。瓿器形退化，耳部仍保留简化的铺首，低矮敛口，下腹满饰旋纹。罍为敛口，腹部最大径上移。出土"大泉五十"铜钱。上述壶、瓿、罍的形态与江苏邗江宝女墩新莽墓[②]Ⅲ式盘口壶、Ⅲ式壶、罍，浙江嵊州郯山[③]Ⅴ、Ⅵ式壶、Ⅲ式罍，龙游东华山[④]Ⅲ式瓿、A 型Ⅲ式壶、B 型Ⅲ式壶、Ⅱ式罍，湖州方家山[⑤]第三期墓壶、瓿、罍等同类器物相似。

结合墓葬形制、器物组合和器形特征，我们认为本期墓葬的年代约为新莽至安帝永初三年（109 年），即新莽至东汉早期。

第五期墓以七里亭 M6、M7、百亩地 M8、溪头黄 M30、M31、M33、M46、M37、里山 M8、M17、义桥 M51~M54 为代表，包括竖穴土坑（岩坑）墓和砖室墓两大类，竖穴土坑（岩坑）墓有长方形、凸字形和刀把形三种，砖室墓均为长方形。墓壁砌法均为平砖错缝叠砌，墓底砖为横向错缝平铺，墓砖规格大。器物组合方面以Ⅴ式盘口壶、Ⅳ式侈口罐、Ⅵ式罍为主，喇叭口壶消失不见，瓿式罐代替瓿成为组合器之一，硬陶罍上出现拍印方格纹。本期器形与奉化南岙林场汉六朝墓第 6 段[⑥]，上虞永初三年墓[⑦]，上虞驮山 M31[⑧] 等墓葬的同类器相似。

结合墓葬形制、器物组合和器形特征，我们认为本期墓葬的年代约为东汉安帝永初三年（109 年）至汉顺帝时期，即东汉中期。

第六期墓以老和山 M70、溪头黄 M1、M6、M72、义桥 M27、M14、陈家埠 M16 为代表，竖穴土坑墓罕见，砖室墓流行，包括长方形、凸字形和横前堂双后室等墓葬形制。由于砖室墓多遭到严重盗掘破坏，出土遗物较少，新出现青瓷罐，硬陶罍腹部拍印斜方格纹，出土的青瓷五管瓶与嘉兴九里汇东汉墓[⑨]出土的五管瓶雷同，罐与上期相比器身明显变高，部分罐身旋纹消失。

结合墓葬形制、器物组合和器形特征，我们认为本期墓葬的年代约为东汉冲帝至汉献帝时期，即东汉晚期。

① 洛阳区考古发掘队：《洛阳烧沟汉墓》，科学出版社，1959 年。

② 扬州博物馆、邗江县图书馆：《江苏邗江县杨寿乡宝女墩新莽墓》，《文物》1991 年第 10 期。

③ 张恒：《浙江嵊州市剡山汉墓》，《东南文化》2004 年第 2 期。

④ 朱土生：《浙江龙游县东华山汉墓》，《考古》1993 年第 4 期。

⑤ 浙江省文物考古研究所：《浙江湖州市方家山第三号墩汉墓》，《考古》2002 年第 1 期。

⑥ 浙江省文物考古研究所、宁波市文物考古研究所、奉化市文物保护管理所：《奉化白杜南岙林场汉六朝墓葬》，《浙江汉六朝墓报告集》，科学出版社，2012 年。

⑦ 吴玉贤：《浙江上虞蒿坝东汉永初三年墓》，《文物》1983 年第 6 期。

⑧ 黎毓馨：《上虞驮山古墓葬发掘》，《沪杭甬高速公路考古报告》，文物出版社，2002 年。

⑨ 嘉兴市文化局：《浙江嘉兴九里汇东汉墓》，《考古》1987 年第 7 期。

五　文化因素分析

杭州汉墓中的文化因素可以分成两大类，一类是本地文化因素，一类是汉文化因素。本地文化因素可分成对传统文化因素的继承和汉代新出现的具有本地特色的文化因素两类。汉文化因素是指汉王朝建立以后，全国各地大致相同的文化因素。汉墓内存在多种文化因素交流碰撞的情况，并且不同文化因素在各个时期所处的地位和性质存在很大差异。

墓葬形制方面，竖穴土坑（岩坑）墓墓穴较深，与本地先秦时期流行的土墩墓和浅土坑竖穴墓有别，应视为对战国时期楚文化因素的继承。砖椁墓为本地文化因素，应为汉代新出现的文化因素。砖室墓则为汉文化因素。

随葬器物方面，陶器多为硬胎釉陶，烧成温度高，釉色以淡黄绿色为主，器表饰弦纹与水波纹的组合纹饰带，在本地区战国晚期葬中已出现，属于本地越文化因素的孑遗。釉陶瓿和釉陶熏炉为本地特有的器形，釉陶角形器多见于本地战国时期墓葬，印纹硬陶罍与本地春秋战国时期硬陶器一脉相承，釉陶璧本地先秦西汉时期常见，应视为本地越文化因素。盖豆式熏炉最早出现于战国晚期楚墓中，陶冥币造型多样，部分上部有刻划纹饰，与楚文化中所见的郢爰有雷同之处，可视为楚文化因素的孑遗。镂空形熏炉其他地区少见，船形灶和桶形灶不见于其他地区，可视为本地特色的文化因素。兽蹄足陶鼎、喇叭口壶和瓿亦应视为对本地区战国晚期文化因素的继承。双唇罐多见于南方地区，本地常见，应视为本地文化因素。原始瓷横系罐（七里亭 M19∶2）装饰水波纹，质地为原始瓷，均可视为本地文化因素，但其双系横置特点较为少见，可能与岭南文化因素影响有关。釉陶鍪形罐（七里亭 M27∶4）器形特征酷似铜鍪，铜鍪为西南地区巴蜀文化特有的器形①，应视为巴蜀文化因素。釉陶壶、罐、麟趾金，陶灶、井，铁刀、釜，铜镜和铜钱等应视为汉文化因素。

器物组合方面，战国末至西汉早中期体现出的鼎、壶、瓿等仿铜陶礼器组合和西汉晚期至东汉流行的壶、罐组合均具有汉文化特征。但是，战国末至西汉早期器物组合中往往缺少某一器类，应该说具有一点的地方特点。

结合前文的墓葬分期，我们可以看出战国末至西汉早中期时墓葬中的文化因素较为复杂多样，西汉晚期开始文化面貌变得较为简单，本地文化因素逐渐变少，汉文化因素变强。至东汉时汉文化因素已经呈现出"独霸天下"的局面，本地文化因素罕见。

战国末期至西汉早期，墓葬文化面貌复杂，存在楚文化因素、越文化因素等本地传统文化因素和汉文化因素并存的现象，且本地文化因素占重要地位。西汉中期，文化面貌呈现出汉文化因素与本地文化因素并存的局面。西汉晚期，汉文化因素比重加大，本地文化因素比重减少。新莽至东汉早期，以汉文化因素为主，地方文化因素为辅。东汉中晚期，呈现出汉文化因素"独霸天下"的局面，本地文化因素罕见。

各时期文化因素的发展演变过程实际上就是汉文化的逐步发展壮大并逐步取代本地文化的过程。这一发展趋势与其他地区汉代文化发展情况类似。同时，我们也注意到，墓地内的本地文化有着极强

---

① 　吴小平：《汉代青铜容器的考古学研究》，岳麓书社，2005 年。

的韧性和发展连续性，它并没有因为汉文化的强势一统而马上消失。本地传统的硬陶文化得以继承和发展，以瓿和罍为代表的本地文化器物表现出顽强的生命力。当然，文化的发展不可能是一蹴而就的，它的背后定有其历史原因。《史记·货殖列传》载："楚、越之地，地广人希，饭稻羹鱼，或火耕而水耨，果隋赢蛤，不待贾而足，地势饶食，无饥馑之患，以故呰窳偷生，无积聚而多贫。是故江、淮以南，无冻饿之人，亦无千金之家。"[①] 公元前 201 年，汉高祖平定江南。汉武帝元狩四年（前 119 年），为开发江南，将黄河下游大量贫民迁移到陇西、会稽等郡。西汉末年，为避战乱，北方部分官僚地主纷纷逃往南方。前述文化因素的演变过程与上述历史背景密切相关。

六　结　语

以上从墓葬形制、随葬品、墓葬分期与年代、文化因素等方面对杭州地区汉墓做了简要分析。总体而言，杭州地区汉墓可分为竖穴土坑墓、砖椁墓和砖室墓三种类型，西汉时期均为竖穴土坑墓，新莽至东汉早期竖穴土坑墓与砖椁墓并行，东汉中晚期流行砖室墓。土坑墓包括长方形、凸字形、刀把形等形制，墓底多发现两条枕木沟，说明原来均应存在棺椁等木质葬具。老虎洞 M31 发现的土坑石椁墓及其墓前排水沟为较罕见的墓葬类型。在从竖穴土坑墓向砖室墓过渡过程中，砖椁墓持续使用了很长一段时间，且其向砖室墓演变的形态可能并非单一的，而是多样的，其中的复杂性尚需具体分析。砖室墓包括长方形墓、凸字形墓和横前堂双后室墓。长方形墓数量较多，根据墓室内结构的差异可分出两个形制，即前后室结构墓和单室结构墓。凸字形墓由甬道和墓室组成。横前堂双后室墓数量较少，由封门、拱形门、前堂、左右后室几部分组成，后室中规模较小的墓室专门放置随葬品，这种横前堂双后室的结构可能还保留着战国至西汉早期箱式木椁墓的分室结构特征和功能布局特征。

土坑墓出土随葬品较为丰富，而砖室墓由于多数遭到盗掘出土随葬品较少。随葬品以高温釉陶为主，西汉早中期流行鼎、盒、壶、瓿、罐、罍的器物组合，西汉晚期鼎、盒退化或消失，壶、瓿、罐、罍成为基本组合，新莽至东汉早期壶、罐、罍成为基本组合，到了东汉中晚期则以盘口壶、罐和青瓷五管瓶、青瓷罐等为基本组合，器类简单。个别器形如里山 M8 出土的天禄铜镜、溪头黄 M73 出土的胡字铭铜镜、水漾坞 M27 出土的"厲"字铭铜钱范以及水漾坞 M32 出土的低温釉陶壶、萧山溪头黄出土的低温铅釉陶盘口壶等为研究汉代铜钱、铜镜及南北文化交流等问题提供了有效线索。

值得注意的是，由杭州汉墓的发现情况分析，杭州地区汉墓集中发现于余杭区余杭街道、良渚街道和半山临平山一带、杭州古荡老和山一带、萧山西山湘湖等地区，其他地区均为零星发现。而且，老余杭地区和半山地区均发现战国至西汉早期的墓葬，其他地区少见，皋亭山至临平山一带多见东汉墓。古荡老和山汉墓多为西汉中期及以后的墓葬，而萧山西山湘湖一带多见西汉晚期及以后墓葬，东汉中晚期墓葬数量较多。这一墓葬分布的地区差异应该与各地历史的发展不平衡有着不可分割的关系。

今余杭区地，秦王政二十五年（前 222 年），平定江南诸国，于故吴地置会稽郡。余杭、钱唐两县自此始设，属会稽郡。西汉余杭、钱唐两县仍属会稽郡。钱唐为会稽郡西部都尉治。元封五年（前 106 年）置十三州刺史部，会稽郡隶扬州刺史部。新莽时（9～23 年）设余杭县为进睦，钱唐县名为

---

① 《史记》，中华书局，2005 年。

泉亭。东汉建武元年（25 年），复名余杭、钱唐。六年（30 年）西部都尉撤销，并钱唐县入余杭县。永建四年（129 年），分会稽郡浙江以西地置吴郡，余杭县属吴郡，仍隶扬州刺史部。光和二年（179 年），汉灵帝封朱隽为钱唐侯，恢复钱唐县。建安十六年（211 年），析余杭县西部地置临水县。今萧山地区，秦至汉初属会稽郡。西汉初至元始二年（2 年）间，始建县，名余暨，属会稽郡。新莽始建国元年（9 年），改余暨为余衍。三国吴黄武年间（222～229 年），改名永兴，属会稽郡。今富阳地区，古称富春，会稽郡辖二十六县，富春为其一。汉高祖六年（前 201 年），富春属荆国地。十二年（前 195 年），荆更名为吴，富春属之。新莽始建国元年（9 年），改富春为诛岁，属会稽郡。东汉建武元年（25 年），复富春县名。永建四年（129 年），划浙江以西地为吴郡，富春属之。今临安市系原临安、於潜、昌化三县合并。汉以前三县均无建制。临安秦、汉时为会稽郡余杭县地，东汉建安十六年（211 年）分余杭置临水县，县治在高乐。

　　杭州汉墓的发现情况与上述杭州各地区在汉代郡县设置的前后有着密切关系，距离县治越近的区域发现的汉墓数量越多，而距离县治越远的区域发现的汉墓数量越少。越早设置县的区域则发现的汉墓数量越多，且时代延续性强。由此可知，各区域各时期汉墓数量的多少直接反映了当时当地的人口繁盛情况。

第二章　杭州六朝墓述略[①]

　　杭州位于浙江省北部，春秋时属吴越，战国属楚。秦、汉并属会稽郡。东汉顺帝分会稽立吴郡。三国吴孙权分丹杨立新都郡，孙皓分吴郡立吴兴郡。晋平吴，改新都郡为新安郡。西晋时，吴郡下有钱唐、富阳、桐庐、建德等 11 县，吴兴郡下有临安、余杭、於潜、乌程等 10 县，新安郡下有遂安、始新等 6 县，均隶属扬州。东晋元帝渡江，建都扬州；晋明帝太宁元年，扬州统丹杨、吴郡、吴兴、新安等 11 郡[②]。南朝宋顺帝昇明三年，改扬州刺史曰牧；其吴郡太守领钱塘、富阳、新城、建德、桐庐等 12 县，吴兴太守领余杭、临安、於潜等 10 县，人口分别为 42 万和 31 万多的大邑；而下辖始新、遂安等 5 县的新安太守治下仅有人口 3.6 万[③]。隋平陈，置杭州，属余杭郡，下辖钱唐、富阳、余杭、於潜、盐官、武康六县；遂安郡统雉山、遂安、桐庐 3 县[④]。唐代杭州余杭郡不变，遂安郡改为睦州新定郡，下辖建德、寿昌、桐庐、分水、遂安、还淳 6 县[⑤]。宋代杭州下辖钱唐、仁和、於潜、余杭、富阳、盐官、临安、昌化、新城、南新 10 县，东西 617 里，南北 99 里；睦州领建德、桐庐、寿昌、遂安、分水、清溪 6 县，东西 390 里，南北 320 里[⑥]。如今，杭州下辖余杭、萧山、富阳、临安、桐庐、建德、淳安等区县[⑦]。本地区历史悠久，六朝时期政区虽屡有变化，但经济和人口一直处于稳定的发展和增长中，尤其是东晋定都建康以后，随着中原北方人口的大量南迁，江南的开发进入迅速发展时期，杭州地区也成为大族盘踞和埋葬的一个区域，该地发现的数量众多的东晋南朝墓就是其中的一个反映。

一　发现概况

　　20 世纪五六十年代，伴随着基本建设的展开，本地区的六朝墓时有发现。如浙江省文物管理委员会和浙江省博物馆在杭州东北的金门槛清理西晋大型多室墓 1 座[⑧]；在杭州老和山东麓发现东晋兴宁二年褚府君墓，出土 16 件德清窑黑釉瓷器[⑨]。1983 ~ 1984 年，浙江省文物考古研究所在萧山城南电扇

---

① 本章作者：刘卫鹏。
② 《晋书》卷十五《地理下》，459 ~ 463 页，中华书局，1974 年。
③ 《宋书》卷三十五《州郡志》，1029 ~ 1037 页，中华书局，1974 年。
④ 《隋书·地理志》，878 ~ 879 页，中华书局，1973 年。
⑤ 《通典》卷 182《州郡十二》，4822 ~ 4831 页，中华书局 1988 年。
⑥ 《太平寰宇记》，1861 ~ 1910 页，中华书局，2007 年。
⑦ 其中分水县并入桐庐，新登并入富阳，昌化、於潜并入临安。
⑧ 浙江省文物管理委员会：《杭州金门槛西晋墓》，《考古》1961 年第 4 期。
⑨ 浙江省文物管理委员会：《杭州晋兴宁二年墓发掘简报》，《考古》1961 年第 7 期；孙秋珍：《杭州老和山东晋墓出土的黑釉瓷器》，《东方博物》第二十六辑。

厂、杭州钢铁厂转炉车间及杭州联运公司古荡仓库清理了一批汉六朝墓，其中六朝墓 12 座①。1984
年，杭州市文物考古所在杭州半山西面的马岭山清理西晋太康二年墓 1 座（编号杭 M41），出土随葬器
物 18 件②。1987 年，杭州市文物考古所在闲林埠东北庙山清理南朝画像砖墓 1 座③。1996 年，杭州市
文物考古所在半山鸟儿山清理了东晋南朝墓 8 座④。

2000 年后，杭州市文物考古研究所先后在余杭、杭州、萧山、富阳、淳安等地发掘清理六朝墓
450 座。2005 年，在杭州留下镇东岳村清理三国西晋墓 2 座⑤。2007 年，在余杭义桥工业园区清理汉
六朝墓 64 座，其中六朝墓 13 座⑥；同年，会同临安文物馆在临安於潜镇牛上头清理东晋至隋墓 13 座，
墓主可能是东晋谢氏家族的一支⑦。2010 年 6 月，联合富阳文物馆在富阳市富春街道秋丰村六盘山北
麓清理六朝墓 21 座，均为南北向的砖室墓，形制有凸字形、刀形和梯形三种⑧，以东晋南朝墓为主。
2010～2012 年，在余杭小林镇小横山清理东晋南朝墓 112 座，其中 20 座墓发现有画像砖⑨。2010～
2011 年，在余杭区余杭镇七里亭清理六朝墓 7 座，有 4 座有纪年，出土器物 67 件⑩。2011 年，在余杭
星桥街道汤家社区的马家山清理六朝墓 14 座⑪。2012 年，在余杭东西大道 05、06 地块共清理汉六朝
墓 60 余座，其中大多数为六朝墓；2015 年又在 05 地块紧邻的杭州学军中学海创园分校地块发掘清理
六朝墓 145 座⑫。2013 年，在富阳步桥村乌龟山清理六朝墓 11 座，以东晋墓为主⑬。2014 年，联合桐
庐博物馆在桐庐城南街道岩桥村庙山清理六朝墓 2 座，南朝时期烧砖的陶窑 5 座；联合富阳文物馆在
富阳富春街道东山村清理六朝墓 27 座⑭。2015 年，在淳安县千岛湖镇屏湖村清理东晋墓 4 座⑮；在萧
山河上镇小坟山东麓清理六朝墓 7 座。2012～2016 年，在萧山湘湖周围的湖山（6 座）、老虎洞、水漾
坞、丁家庄、海洋公园二期地块（5 座）等数个地点发现近 20 座六朝墓。2017 年 2～3 月，为配合临
金高速公路的前期建设工作，在临安於潜、桐庐分水的六个地点调查发现相当数量的六朝墓，有的地
点分布还比较密集。

另外，杭州下辖各区县在杭州萧山⑯、余杭临平山⑰、临安小山弄⑱等地也清理了一批六朝墓。

---

① 浙江省文物考古研究所：《杭州地区汉、六朝墓发掘简报》，《东南文化》1989 年第 2 期。
② 张玉兰：《杭州半山西晋太康二年墓》，《杭州文博》第 6 辑，杭州出版社，2007 年。
③ 杭州市文物考古所：《浙江省余杭南朝画像砖墓清理简报》，《东南文化》1992 年第 1 期。
④ 梁宝华：《杭州半山鸟儿山古墓葬群清理简报》，《杭州考古》1997 年。
⑤ 梁宝华：《杭州留下镇东岳村墓葬清理简报》，《杭州文博》第 6 辑，杭州出版社，2007 年。
⑥ 杭州市文物考古所、余杭博物馆：《余杭义桥汉六朝墓》，文物出版社，2010 年。
⑦ 浙江省文物考古研究所编著：《浙江汉六朝墓报告集》，科学出版社，2012 年。
⑧ 沈国良：《富阳富春街道秋丰村六朝墓葬发掘简报》，《杭州文博》第 16 辑，浙江古籍出版社，2016 年。
⑨ 杭州市文物考古研究所、余杭博物馆：《余杭小横山东晋南朝墓》，文物出版社，2013 年。
⑩ 杨金东、尚如春、谢静：《杭州余杭七里亭晋墓》，《东方博物》第五十八辑，中国书店，2016 年。
⑪ 李坤：《杭州余杭星桥马家山汉、六朝墓发掘简报》，《东方博物》第五十八辑，中国书店，2016 年。
⑫ 资料现存杭州市文物考古研究所。
⑬ 杭州市文物考古研究所、富阳区文物馆：《富阳步桥乌龟山六朝墓发掘报告》，《东方博物》第六十辑，中国书店，2016 年。
⑭ 资料现存杭州市文物考古研究所。
⑮ 杭州市文物考古研究所、淳安县文物管理所：《淳安淤泥坞墓群清理简报》，《东方博物》第五十六辑，中国书店，2015 年。
⑯ 王屹峰、施加农：《浙江萧山航坞山晋墓》，《南方文物》2000 年第 3 期；崔太金：《萧山三国永安四年墓》，《东方博物》第四
十二辑。
⑰ 盛正岗：《浙江余杭临平山出土的两晋瓷器》，《南方文物》2010 年第 2 期。
⑱ 临安市文物馆：《临安小山弄西晋纪年墓发掘简报》，《东方博物》第三十一辑。

二　墓葬的分布与排列

　　杭州地区六朝墓一般同汉墓一起发现，交错分布。六朝墓基本分布于低矮的山丘上，墓向根据地形和山体走向而定，背依山峰，面向平川，以数十座至成百座的合葬墓为主，墓葬的排列以一字形平行排列常见，也有呈品字形分布者；墓葬数量少者 2～3 座，多者 7～8 座并列，大多属家族合葬。如小横山东晋南朝墓群根据墓葬形制及相对位置大致可以分为几个组群，一个组群的墓葬往往相距较近，呈平行布列或品字形排列，形制相同，规模相当或相差不大——小横山 M8、M9、M10、M2、M3、M119、M7，M40、M41、M42，M85、M86、M87、M88、M93，M23、M95、M96、M97、M118 等。余杭马家山M1、M2、M3 三墓并列（图 6-27），其中 M1 为四隅券进式顶，M2、M3 为拱券顶，M2 墓砖印有"元康"纪年文字及"黄"字，应该是西晋时期黄氏家族合葬墓地。同时，形制和规模相同、排列整齐的两墓并列是常见的合葬形式，应属兄弟或父子合葬，如临安牛上头东晋谢氏家族的 M14、M15 及 M12、M13（图 6-28）；富阳乌龟山东晋 M9、M10 和 M11、M12 两组墓葬排列整齐，每组墓葬之间间距 3 米左右，墓葬形制、随葬品的种类和风格基本相同，可以确定为同一时期、有密切关系的墓葬。一个墓地中，由于墓葬分布比较密集，往往在山坡上由下往上成排成组分布，有时下排墓葬墓室后部已经伸入上排墓葬墓室下面，余杭小横山墓群和余杭学军中学海创园分校六朝墓群（图 6-29）即是如此。

图 6-27　余杭马家山西晋墓（东—西）

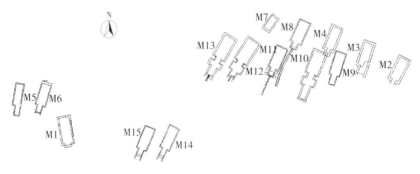

图 6-28　临安牛上头东晋隋谢氏家族墓分布图

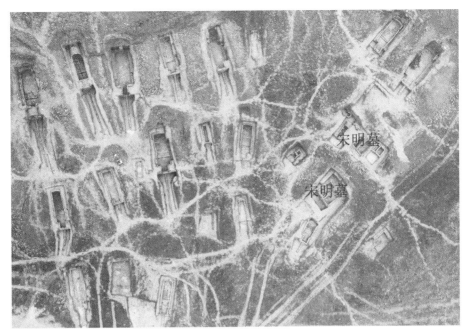

图 6 - 29　杭州学军中学海创园分校中区南坡六朝墓分布排列

上排墓葬的排水道为了避开下排的墓葬，有时作弯曲的弧形，如余杭东西大道六朝墓中的 M36、M43、M53、M62，杭州学军中学海创园分校中区 M20、M38、M73、M78 和北区 M19 等。

三　墓葬形制

杭州地区的六朝墓基本为砖室墓，形制比较稳定，按照墓室的多少可分单室墓和多室墓，以单室墓为主，多室墓数量很少。

（一）　单室墓

单室墓按其平面形制可分为长方形、凸字形和刀形三大类。凸字形和刀形的区别主要是甬道位置的不同，凸形墓甬道基本位于中间；刀形墓甬道偏向墓室一侧。小型墓基本为长方形，东晋时期墓壁开始朝外弧凸，南朝时期墓壁朝外弧凸的长方形墓数量增多。规模稍大的墓葬基本为凸字形和刀形，以凸字形居多，刀形也占有相当的比例。墓前有砖砌的排水道，墓室内有砖砌的棺床，墓壁砌法以顺丁组合最为常见，也有一部分为错缝平砌。墓顶基本为拱券，少量为四隅券进式顶，个别为叠涩顶。

凸字形墓是数量最多、最流行的墓形。三国、西晋和东晋时期凸字形墓变化不大，墓室平面呈长方形，四壁方正，流行于墓室中后部设置砖砌的棺床，个别墓四角砌有砖柱，似带有鄂城三国西晋墓的遗风。这种四壁方正的凸字形墓一直延续到南朝宋，东晋晚期至南朝宋墓墓室后壁开始朝外弧凸，但外凸的弧度较小。刘宋以后，墓壁弧凸开始增大，尤以后壁为甚，呈圆弧形，后壁立面大多呈朝向墓内的倾斜状，墓壁开小龛和直棂窗，小龛由原来（东晋）的方形变成桃形，有的桃形小龛下面还模印有莲瓣纹；个别大中型的凸字形南朝墓装饰有画像砖及莲花，此类墓不但后壁弧度增大，两侧壁也外弧，已经成为普遍流行的形制，以余杭小林镇小横山发现最多，数量达 20 座（图 6 - 30，10、11）。

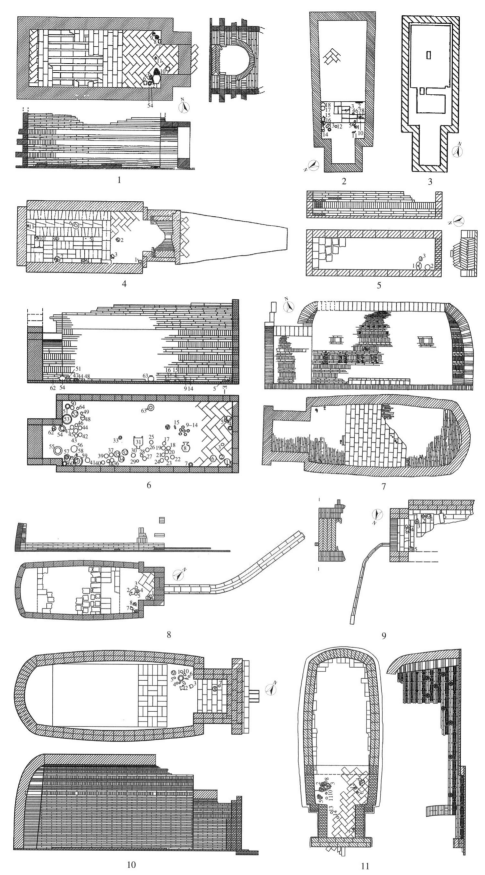

图 6 – 30　三国至南朝单室墓

1. 临安小山弄西晋 M30（元康三年）　2. 半山西晋杭 M41　3. 萧山航坞山 M2（两晋之交）　4. 余杭马家山 M5
5. 东西大道 M60（三国）　6. 余杭七里亭东晋 M5　7. 余杭闲林埠庙山 M1　8. 余杭东西大道 M36　9. 东西大道
M53　10. 余杭小横山 M42　11. 余杭小横山 M23（7～11 均为南朝墓）

小横山南朝墓墓室券顶由前、后端的半圆形穹隆顶和中间的拱券顶组成，墓门上砌有宽大高耸、结构复杂的多重拱券式的挡墙，墓砖多印有标识砖种类的文字，墓壁砌有直棂窗和小龛，一部分有中幅或大幅拼镶的画像砖，显然受到都城建康墓葬画像砖风气的影响，甚至就是从建康直接传送输入而来。

刀形墓从三国一直延续到南朝，形制变化不大，甬道偏向墓室一侧，墓室平面呈长方形，东晋南朝时期墓壁多开设小龛，小龛内放置一只小瓷碗，作灯碗使用。

三国时期墓前排水道继承了东汉时期的做法，排水道两砖顶部紧靠、下部分开，和底部平砌的砖层构成断面呈三角形的结构。如东西大道 M53 排水道呈弧形弯向北部，以两砖斜向立砌相靠而成，底部平铺一层砖（图 6 - 30，9）。西晋以后墓前排水道呈三层砖平砌的结构，上层和下层均顺长平砌一层砖，中间两砖并别间隔平砌，中间的孔道即为排水口，此种类型的排水道在南朝被普遍采用，有时相邻的两个墓室或两座墓葬排水道在墓前汇合成一处，如萧山河上镇缸窑山 M3 为双室并列，排水道从两座墓室出来即合为一处，向外延伸而去（图 6 - 31，1）；萧山水漾坞南朝 M16、M17 两座墓葬间距 1 米多，排水道从各自的墓室出来后呈内弧形弯曲，在墓前两三米的地方合为一处；学军中学海创园分校中区 M119 墓前排水道往外延伸近 10 米，和旁边另外一条排水道基本汇合（此墓被毁）（图 6 - 31，2），这种两条排水道合为一条的做法应是夫妻或家族合葬的一种体现。

棺床在杭州地区的六朝墓中较为流行，尤其在规模稍大的墓葬中。棺床根据形制和与墓壁的距离可分为独立式、半独立式和连接式三种。独立式棺床位于墓室的中央，棺床四边与墓壁有一定的间距；半独立式棺床前后两端与墓室前后壁有一定的距离，左右两边与墓壁相连；连接式棺床仅前端与墓室前壁有一定距离，其余三边均与墓壁相连。棺床的结构有单层、双层。单层棺床一般位于规模较小的墓葬中，以独立棺床为主，如杭州学军中学海创园分校中区 M71、M132、M138 等，两砖并列为一组，纵横排列两行、九至十排（图 6 - 31，3）。墓室稍微宽一点的设置连接式棺床，如杭州学军中学海创园分校中区 M75，棺床位于墓室中后部，横向平砌 4 块砖，延伸至墓室后壁（图 6 - 31，4）。南朝时期大中型墓的棺床一般为平、立砌筑的两层，即下层立砌，上层平砌，下层的立砌砖之间一般留有空隙，形成透雕或镂空的效果（图 6 - 31，5），一则利于排水，二为透气，棺床前后端一般平砌两三层作为包边，以连接式和半独立式棺床为主。杭州学军中学海创园分校 M120 棺床下层用砖块平砌两层，总共八排，每排之间留有空隙（图 6 - 31，6），应作排水用。余杭东西大道南朝墓棺床大多为半独立式，仅有两座为连接式；而余杭小横山南朝墓大多为连接式棺床，个别为半独立式和独立式棺床（如小横山 M42）。小横山连接式棺床结构比较特殊，棺床主体为生土，仅在前端立砌一排作为边缘，再在上面整个平砌一层作为棺床面。

（二）多室墓

本地区六朝时期多室墓发现很少，时间主要集中在三国西晋时期，东晋时期也有个别发现。杭州金门槛西晋墓全长 12.5 米，由前、中、后室及两个耳室组成，墓室之间以甬道相连。甬道长 2.5、宽 0.96 ~ 1、高 1.36 ~ 1.64 米；前室平面方形，长 1.34、宽 1.14、高 2.22 米；中室长方形，长 1.96、宽 3.44，顶已塌；后室长方形，长 3.5、宽 1.82、高 2.22 米；前室和中室之间两侧各有一长方形耳室（图 6 - 32，1）。临安牛上头东晋 M10、M11、M12、M13 均是横前室和纵向后室的前后室形制，如 M13 甬道残长 1.7、宽 0.98、高 1.16 米，前室横长 2.04、宽 0.88、高 1.7 米，前后室之间的过道长

图 6－31　墓葬排水道和棺床

1. 河上镇缸窑山 M3 排水道　2. 学军中学中区 M119 排水道　3. 学军中学中区 M138 棺床　4. 学军中学中区
M75 棺床　5. 学军中学中区 M7 棺床　6. 学军中学中区 M120 棺床

0.88、内宽 0.88 米，后室长 4.04、宽 2.04、高 2.26 米（图 6－32，2），墓壁双砖并列，墓砖模印有
"升平三年九月十日谢造"铭文，可知墓葬时代在公元 359 年左右。

（三）　四隅券进式顶墓

杭州地区四隅券进式顶墓从东晋一直延续到隋代，数量也占有一定的比例，东晋时期的四隅券进
式顶墓平面呈长方形，墓壁平直方正。余杭星桥马家山 M1 墓室后壁上的穹隆顶在后壁正中相接，接
缝直抵下面的平砌墙上；两侧壁同样在中部有接缝，墓底砌有棺床（图 6－33，1、7）。萧山航坞山

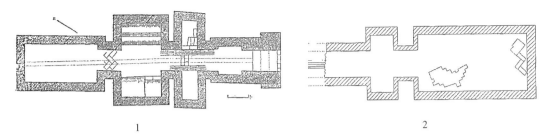

图 6 – 32　多室墓
1. 杭州金门槛西晋墓　2. 临安牛上头 M13

M1 总长 7.1 米，后壁中间左右各设一龛，墓室后部设棺床，前部有祭台（图 6 – 33，2）；M2 总长 6.85 米，墓室三壁各设一直棂窗，独立式棺床直接砌于铺地砖上，中间有一腰坑，墓室前部有一祭台，腰坑周围发现 3 枚"货泉"铜币①。

　　南朝时期的四隅券进式顶墓平面呈两端齐平、中间外凸的椭圆形，主要发现于余杭小横山。余杭小横山中型墓中的 B 型就是这样的形制，总计有 8 座（墓壁并列双砖），从南朝延续到隋代，其中 M88 和 M112 为南朝时期，墓室前、后壁平直，两侧壁弧凸稍小（图 6 – 33，3～5）；其余的为南朝晚期至隋代，大多墓室前后壁也略外凸，两侧壁弧凸较大，其中 M13 墓室后壁还残存砖砌的三层塔（图 6 – 33，6、8），M14 墓室后壁砖塔仅余最下一层，推测其同 M13 的结构相同，是比较罕见的例子。同东晋时期的四隅券进式顶墓相比，小横山南朝四隅券进式顶墓墓室侧壁一改以前两侧券顶交接于中部的垂直平分结构，转而变为在侧壁中部下侧增加一个或一组三个的小拱券，即在两个平分大券顶的下部增设一个或一组支撑券顶，这样的结构，能更好地减轻来自上面的压力，使墓壁结构更加复杂美观，更加牢固结实。而类似墓形结构的湖州东晋南朝墓中也有发现，有的还发现有墓顶石。如湖州白龙山 M14 覆顶石呈斗形②，发现于墓室中部，石顶面透雕半环形提手，通高 35.4 厘米（图 6 – 33，9）；湖州杨家埠五子墩东晋 M4 覆顶石呈覆斗形，小端雕有两层 12 瓣莲花，中心有突出的莲房（图 6 – 33，10）。

　　四隅券进式穹隆顶墓葬在南京地区一般流行于孙吴、西晋时期，东晋时期少见③，有学者认为四隅进券式墓顶在汉末三国早期出现，在东晋早期以后突然消失④。但从杭州地区发现的材料来看，其延续时间相对较长，可能由政治中心传入后流行有一定的延迟性。

四　随葬器物

　　杭州地区六朝墓随葬器物以瓷器为主，陶器很少（主要有罐、盆、豆、盂、杯、罍、洗等）。

　　瓷器以青瓷为主，还有少量的德清窑黑釉瓷。青瓷以越窑为主，还有少量瓯窑和婺州窑的产品。瓯窑青瓷产品流行于浙东南一带，釉色淡青，透明度高，胎色灰白，已经达到了很高的水平，其褐彩装饰极具特点，褐彩装饰最早见于东吴，东晋时期流行，主要施于器物的口沿及腹部，以对称的点彩

①　王屹峰、施加农：《浙江萧山航坞山晋墓》，《南方文物》2000 年第 3 期。
②　浙江省文物考古研究所、湖州市博物馆：《湖州市白龙山汉六朝墓发掘报告》，《浙江汉六朝墓报告集》，198～200 页，科学出版社，2012 年。
③　南京象山 M7、老虎山 M1、郭家山 M1～M4 等均为四隅券进式穹隆顶。
④　韦正：《六朝墓葬的考古学研究》，141 页，北京大学出版社，2011 年。

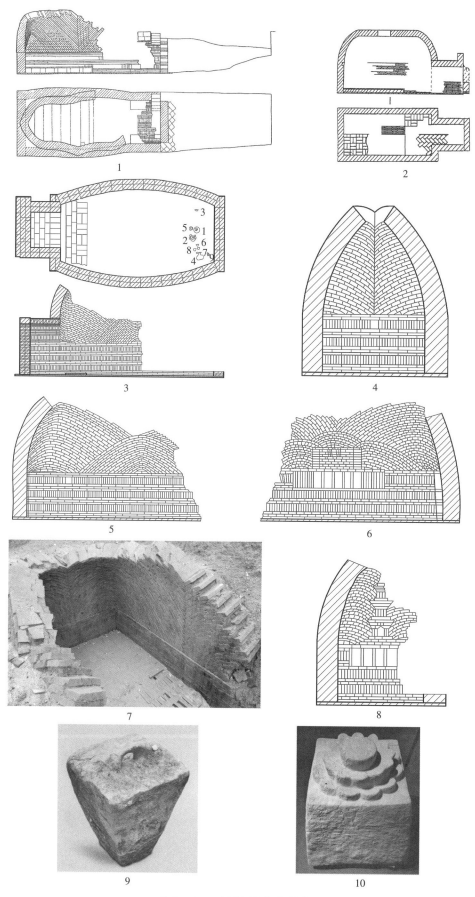

图 6 - 33　四隅券进式顶墓

1. 余杭星桥马家山 M1　2. 萧山航坞山 M1　3. 小横山 M88　4. 小横山 M112 墓室后壁　5. 小横山 M112 墓室东壁结构　6. 小横山 M13 墓室西壁结构　7. 余杭星桥马家山 M1 墓壁结构　8. 小横山 M13 墓室后壁结构　9. 湖州白龙山 M14 墓顶覆顶石　10. 湖州杨家埠五子墩 M4 墓顶覆顶石

最为常见，还有部分点花和几何图案①。这种点彩的装饰手法在杭州地区六朝墓的越窑青瓷器也可以看到，尤其以东晋时期的器物最为常见。富阳乌龟山东晋 M9、M11 青瓷盘口壶口沿装饰褐彩斑点 3 或 4 个，余杭小横山南朝初期墓 M85、M86、M98 盘口壶肩部装饰有褐彩斑点。婺州窑产品流行于浙中南一带，从西晋时期开始在胎上施用奶白色化妆土，器表光滑，釉色青中泛黄②。如富阳乌龟山东晋晚期 M7∶1 唾壶釉色青中泛黄白，可能是婺州窑的产品。

　　杭州地区六朝墓出土的德清窑黑釉瓷主要集中于东晋时期，以杭州老和山晋兴宁二年墓为代表，该墓出土黑釉瓷器 16 件，种类有带盖盘口壶、鸡首壶、熏炉、唾壶、耳杯盘、盏盘、带盖三足盒，瓷器色黑如漆，釉肥厚滋润，已经达到了很高的水平（图 6 - 34，1）；余杭义桥 M4 出土黑釉唾壶（图 6 - 34，2），余杭星桥里山 M15 出土的黑釉鸡首壶、钱纹罐（图 6 - 34，7、8），余杭小横山 M82 出土的黑釉瓷唾壶和三足砚（图 6 - 34，3、4），M94 出土的黑釉三足砚，杭州学军中学海创园分校东晋 M55 出土的黑釉熏炉和鸡首壶（图 6 - 34，9），也是质量较高的黑釉瓷器。余杭小横山 M43、M57、M63、M73、M86 和余杭东西大道 M17、M19、M26、M58 等墓出土的黑釉或黑褐釉小碗（图 6 - 34，5），余杭东西大道 M21 和淳安淤泥坞东晋 M4 均出土有黑釉（酱釉）鸡首壶和水盂（图 6 - 34，6），余杭星桥里山东晋 M15 和富阳秋丰东晋 M13 也出土有类似的黑釉鸡首壶。其中有的鸡首壶、小碗或唾壶的黑釉同胎体结合不紧密，釉层多有脱落。可见，杭州地区东晋南朝墓（主要是东晋墓）黑釉或酱釉瓷主要集中于鸡首壶、唾壶、小碗、三足砚等器形，这在青瓷一统天下的杭州六朝墓中给人一种清新悦目的感觉。

　　三国西晋时期随葬品组合为盘口壶、大口罐、堆塑罐（谷仓罐）、双耳罐、鸡首罐等，水盂、香熏、狮形烛台、蛙形水注、火盆镣斗、多子槅、钵、小碗、樽、洗、耳杯盘、虎子等日用品；灶、井、鸡笼、猪圈、狗圈等模型明器。其中堆塑罐（谷仓罐）、蛙形水注、双耳罐、火盆镣斗、鸡首罐、狮形烛台、樽等器物主要流行于三国西晋时期，西晋以后基本不见。堆塑罐（谷仓罐）在杭州钢铁厂转炉车间 M33、余杭义桥 M23（图 6 - 35，1）、临安小山弄西晋墓 M29 和 M30（图 6 - 35，5）、临平山西晋墓中均有发现；浙江省博物馆、杭州博物馆、余杭博物馆、萧山博物馆也收藏有谷仓罐十几件（图 6 - 35，2、3），大部分应是杭州地区的六朝墓所出。狮形烛台主要流行于西晋时期，如余杭半山西晋墓杭 M41∶13、余杭义桥 M7 等（图 6 - 35，8）。

　　三国西晋时，香熏类似于双耳罐，但个别的香熏呈博山炉形，下带托盘。东晋南朝时香熏均为下带托盘的熏炉形（图 6 - 34，9）。圆形多子槅是浙江六朝墓比较有特点的器物之一，三国时就已出现，一直延续至南朝。萧山航坞山东晋 M1 随葬两件圆形槅③，分别为 6 格和 8 格，格内中心圆又分 1 ~ 3 格（图 6 - 35，9、10）。钱纹罐是杭州地区较有特点的器物之一，流行于三国西晋时期，东晋也有个别发现，器形分大口凸肩斜直腹和下口圆肩鼓腹两种，钱纹主要装饰于器物肩部，个别的至腹部（图 6 - 35，6、7）。余杭东西大道 M53 还出土了一件四系青釉罐，圆溜肩，肩部附四个横向系，釉层大多脱落，器身满饰细密的布纹（图 6 - 35，4），同襄阳樊城大型三国墓出土的青釉麻布四系瓷罐④十分相似，可能为长江中游一带的产品。

　　① 蔡钢铁：《六朝瓯窑的造型与装饰艺术》，《江西文物》1991 年第 4 期。
　　② 张云土、占剑：《婺州窑制瓷工艺》，《东方博物》第二十辑。
　　③ 王屹峰、施加农：《浙江萧山航坞山晋墓》，《南方文物》2000 年第 3 期。
　　④ 襄阳市博物馆、襄阳市文物考古研究所：《三国遗韵——襄阳樊城大型三国墓出土文物》，科学出版社，2016 年。

图 6－34　东晋墓黑釉瓷器

1. 杭州老和山晋兴宁二年墓出土　2. 义桥 M4：8　3. 小横山 M82：1　4. 小横山 M82：2　5. 东西大道 M26：1
6. 东西大道 M21：3　7. 里山 M15：2　8. 里山 M15：4　9. 学军中学海创园分校中区 M55 出土

　　东晋时期随葬品组合为盘口壶、大口罐、鸡首壶、唾壶、多子槅、三足砚、灯、香熏、虎子、钵、小碗、盘等，堆塑罐、灶、井、鸡笼、猪圈、狗圈等模型明器逐渐消失，盘口壶、鸡首壶、唾壶、三足砚、小碗、盘等器物组合流行，特征鲜明。小横山东晋 M70 还出土有一件大口蛙形尊，造型精美（图 6－35，11）。余杭七里亭东晋 M5 出土青瓷小碗 34 件、灯 5 件，还有一件青瓷方形扁壶（图 6－35，12），是比较罕见的例子。富阳乌龟山东晋 M9 出土了 1 件青黄釉四系罐，溜肩，肩部附四个横向系，腹部略呈直筒形（图 6－35，13）。同西晋时期的器物相比，东晋时器物纹饰和附加装饰大大减少，转而以造型和釉色取胜，以越窑青瓷为主，釉色莹润；而德清窑系的黑釉和酱釉瓷也占有一定的比例。东晋墓流行随葬石质猪握，一般死者左右手各握一只，代表财富，以富阳乌龟山东晋 M10 为代表。该墓发现两口棺木痕迹，每口棺木内中部各发现两只石质猪握。个别规模较大的墓还发现有梅花形、桃形的金饰片或者圆形的对鸟饰片（乌龟山 M10、M12）（图 6－36，6），当为冠帽或衣服上的装饰品。铜镜发现较少，乌龟山东晋 M10 出土有一面神人神兽镜，直径 12.7 厘米，主纹外饰一圈相间的半圆方枚各 10 个，每个方枚上有四个文字，边缘纹饰有羽人骑龙、羽人骑虎、羽人持戟骑大雀、云车、飞龙等（图 6－36，1），制作相对精美。余杭七里亭东晋 M5 出土铜镶斗 1 件（图 6－36，5）。东晋南朝墓常见铜质和铁质棺钉，富阳乌龟山东晋 M9 的铜棺钉长达 38 厘米，盝顶，四棱柱形或扁四棱

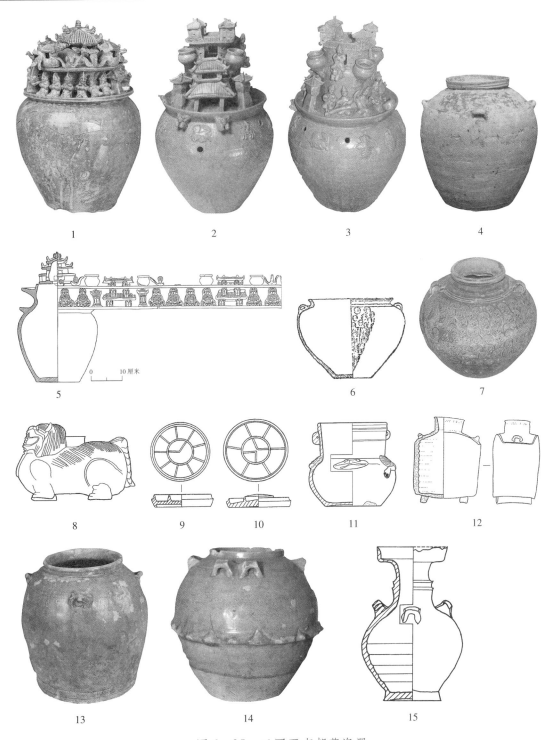

图 6-35　三国至南朝墓瓷器

1. 义桥 M23∶13　2. 余杭临平山堆塑罐　3. 临平安隐寺西出土　4. 东西大道 M53∶3 四系布纹罐　5. 临安小山弄西晋墓堆塑罐 M30∶1　6. 杭 M38∶10　7. 临平黄泥坝三国钱纹　8. 余杭义桥西晋 M7 狮形烛台　9、10. 萧山航坞山东晋 M1　11. 小横山 M70∶1　12. 余杭七里亭 M5∶31　13. 富阳乌龟山 M9 四系罐　14. 学军中学海创园分校北区 M19　15. 东西大道 M55∶1

柱形钉身（图 6-36，3），余杭东西大道南朝墓也出土有不少铜棺钉，长度明显减小。如 M51∶1 铜棺钉长 9.2 厘米，覆斗形钉帽顶面长 2.21、宽 1.6 厘米，下长 3.1、宽 2.6、高 1.8 厘米；钉身扁方形，宽 1～1.2、厚 0.4～0.6 厘米（图 6-36，4）。

图 6 – 36　其他金属随葬品

1. 富阳乌龟山东晋墓铜镜（M10∶5）　2. 余杭东西大道南朝墓四铢钱（M43∶1）　3. 富阳乌龟山东晋 M9 铜棺钉　4. 余杭东西大道南朝墓铜棺钉（M51∶1）　5. 余杭七里亭东晋墓铜镳斗（M5∶58）　6. 富阳乌龟山东晋墓金饰品（M12∶1）

　　南朝时期器物组合为盘口壶、鸡首壶、唾壶、盖罐、小碗、钵、盘等，器物流行装饰莲花纹，应是受到佛教的影响。尤其是盘口壶，盘口外撇大而深，颈部稍细，腹部斜长，整体造型修长优美，数量非常多，几乎每墓都有发现，多为两个一组随葬。鸡首壶一改东晋腹部浑圆横宽的形态，腹部收窄变长，壶柄粗壮，上端作龙首形，鸡首颈部变细，有单首、双首之别。学军中学海创园分校北区南朝 M19 出土了 1 件莲瓣纹四系罐，釉色青黄，溜肩，鼓腹，腹中间凸起一周莲瓣纹，肩附方形系（图 6 – 35，14）。东西大道南朝墓出土有一种四系盘口壶（图 6 – 35，15），颈部呈竹节形，肩部对称附四个方形系，腹部浑圆，略带圈足，在杭州地区六朝墓中很少发现，而同湖北孝昌齐永明九年墓（491 年）青瓷盘口壶（M6∶1）①、忠县土地岩 M15 和大坟坝 M1 出土的盘口壶②相似，可能为长江中游南朝墓的舶来品。另外，余杭东西大道 M43 出土"四铢"铜钱 8 枚，钱径 2.2 ~ 2.3、穿径 0.9 ~ 0.95 厘米，分两种，一种直径 2.3、穿径 0.95 厘米，"四"字较方正，略呈扁方形，较规整；一种直径 2.2、穿径 1 厘米，"四"字较瘦长（图 6 – 36，2）。

　　三国至南朝时期典型器物的组合及形制演变，见附表 6 – 1、6 – 2。

---

① 湖北省文物考古研究所：《孝昌古坟岗墓地的发掘》，《江汉考古》1999 年第 3 期。
② 北京大学考古文博学院：《重庆忠县大坟坝六朝墓葬发掘报告》，《东南文化》2005 年第 4 期。

五　砖　文

　　浙江地区六朝墓墓砖三国东晋时期流行正面印 3～6 组钱纹和叶脉纹，侧面或端面印文字或纹饰（图 6-37），纹饰以钱纹（单钱、双钱）、胜纹、鱼纹、梳篦纹、几何纹为主，还有龙、虎等动物图像；南朝时期墓砖流行模印莲花纹，以两砖端面各印半莲花竖拼成一朵莲花最为常见。墓砖侧面常常模印有文字，根据文字内容可分为纪年类、纪名类、综合类、标识类。

图 6-37　萧山三国墓砖纹饰及文字

（一）　纪年类

　　此类铭文最为常见，记载年号、月份、干支等。如萧山区蜀山街道联合新村柴岭山三国墓的"永安四年"和"大安四年"；临安小山弄西晋 M30 的"元康三年"等。杭州半山西晋杭 M41 部分长方砖侧面模印"太康二年二月□记"铭文。余杭里山 M26 墓砖一端面模印"钱氏作" 3 字，一侧面模印"太元十五年庚寅岁八月（作）"（图 6-38，4、5）；余杭马家山 M1 墓砖侧面模印"咸康六"铭文，"咸康"指年号，为东晋成帝司马衍在位的第二个年号，"六"或是"六年"的简称，"咸康六年"当公元 340 年。余杭东西大道 M21 墓砖侧面文字为"太元十六年徐氏所作"。富阳步桥乌龟山东晋 M3 甬道及墓室两侧壁有"太康十年九月苞获所作"砖文，墓室顶部有"元熙元年太岁在庚戌八月日作"。余杭义桥六朝 M55 墓砖侧面模印"升平十五年□造"。萧山湘湖湖山墓地 M19 墓砖文字为"宋元嘉廿八太岁辛卯"。

（二）　纪名类

　　主要是人名、姓、职官等内容。如余杭星桥马家山西晋墓中的"黄"；余杭天都城东晋 M26 的"钱氏作"。余杭七里亭东晋 M20 部分墓砖侧面模印"咸康八年王奉"或"王奉"铭文。萧山海洋公园二期地块 M32 墓砖侧面模印"泰岁辛未吕"文字，墓主可能姓吕。三国时期文字数量和内容较少，主要为年号和人名等，西晋后逐渐增多，砖文一般年号、人名姓氏和纪事组合于一体，尤以东晋时期最为普遍，到南朝梁以后文字又逐渐减少，以年号和人名居多。

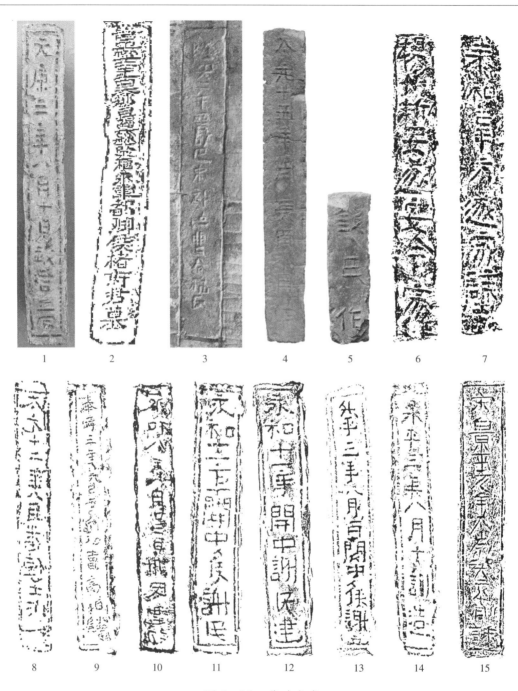

图 6 - 38　墓砖文字

1. 临安小山弄西晋 M29　　2. 杭州老和山东晋兴宁二年墓　　3. 杭州学军中学海创园分校 M90　　4. 余杭里山
M26 砖侧面文字　　5. 余杭里山 M26 砖端面文字　　6、7. 淳安淤泥坞东晋墓　　8. 萧山航坞山 M3　　9 ~ 14. 临安
牛上头 M11、M12、M14、M15 砖文　　15. 萧山闻堰老虎洞

（三）　综合类

　　墓砖纪年、人名、地点综合于一体，对研究当时的历史地理、政区沿革等提供了可靠的实物资料。
如临安小山弄 M29 墓砖长侧面印"元康三年八月十日钱君立冢"（图 6 - 38，1），短侧面印"元康三
年"。杭州老和山东麓东晋兴宁二年墓砖侧面印"晋兴宁二年吴郡嘉兴县故丞相参军都乡侯褚府君墓"
（图 6 - 38，2）。杭州钢铁厂转炉车间 M33 墓砖有"太康八年八月吴作壁""太康八年八月□□廿三日

吴氏作"两种文字①。萧山航坞山东晋 M3 砖文为"太元十二年八月番传士作"（图 6 - 38，8）。小横山 M69 砖文为"太元十三年八月戊子"。杭州学军中学海创园分校地块 M79 墓砖侧面模印"太和三年七月闰庚"，M90 墓砖模印"隆安二年晋故巴东郡汉丰县令施氏"（图 6 - 38，3）。淳安千岛湖镇淤泥坞东晋 M2、M3、M4 均模印文字，M2 为"泰元廿一年九月十日作"，M3 为"泰和三年方遂家壁""扬州新安遂安令家作"（图 6 - 38，6、7）；M4 除了有与 M3 相同的外，还有"八月十日方村高作"；上述砖文可证东晋时千岛湖镇一带属于扬州新安郡遂安县②。临安於潜牛上头东晋谢氏家族墓墓砖铭文较多，如 M11 的"奉明三年□六日□□功曹高□□"、M12 的"永和八年八月廿三日谢氏建功"、M14 的"永和十一年关中侯谢民"和"永和十一年关中谢民建"、M15 的"升平三年八月一日关中侯谢立"和"永平三年八月十谢造"等③（图 6 - 38，9～14）。杭州萧山闻堰镇老虎洞南朝 M1 出土文字砖两种④，一为"宋景平元年太岁癸亥七月许作"，其中"作"字很小，位于"月"字右侧（图 6 - 38，15）；另一种为"会稽永兴西乡相藏里许督自书之"，此铭文对研究萧山的行政建制提供了珍贵的实物资料。萧山西汉初年称余暨，王莽时改为余衍，三国吴黄武年间改为永兴，属会稽郡。据此砖文，可知萧山在南朝刘宋时期也称永兴，属会稽郡。

（四）标识类

主要是标识砖的名称、种类、编号等，以余杭小横山东晋南朝墓发现最多、最具代表性。小横山南朝墓砖种类丰富，形式多样，最多的一座墓内有 40 多种规格。按砖的形制可分为长方砖、梯形砖、楔形砖、小型砖、特种砖五大类。根据模印文字可以分为"方"字、"刀"字、"急"字、"足"字、"斧"字、"宽"字、"坾"字或"宁"字、"门"字、数字类和特殊类十大类四十余种，"方"字类代表墓壁长方砖，"足"字类为北壁弧凸平砌砖，"刀"字类为券顶横楔砖，"斧"字类为券顶梯形砖，"急"字类为券顶纵楔砖，"门"字类为券门封墙用砖等，其中"急"字、"宽"字、"坾"字或"宁"字类均有大、中、小三种规格，如"大急""中急""小急"，"大宽""中宽""小宽""副宽""出宽"等；梯形砖常以数字区分大小规格。另外还有不少单字名称如"天""人""大""工""田""士""车""申""甲""下""丰""末""反"等，笔画相对较少，易于书写和区分；有的以符号代替，似为同一部首内笔画的增减，如 M96 的"車""申""田"，M85 的"丰""末""未"等即是。其实还可以再进一步细分，分类之细致和复杂远远超出我们的想象，根据这些文字可以得知当时的一些习用语和分类方法⑤。

小横山东晋南朝墓墓砖文字除了模印在砖一侧的类别文字外，还有一部分刻于正面或侧面的文字，按文字内容大致分为三类。第一类，表示制砖的数量或人名，如 M1 的"七十""八十""二百""三百""五百足""二人十""走"。第二类，表示人名或同人相关的一些事情，多刻于砖正面。如 M62

① 浙江省文物考古研究所：《杭州地区汉、六朝墓发掘简报》，《东南文化》1989 年第 2 期。
② 汉建安十三年，吴大帝"分歙为始新、新定、黎阳、休阳四县，与黟、歙凡六县，因立新都郡，理始新县，属扬州"。晋太康元年改新都为新安郡，新定县为遂安县。《太平寰宇记》卷九十五，1909 页。
③ 《临安市牛上头谢氏家族墓地发掘报告》中将"关中侯"厘定为"开中孙"，厘定有误，应为"关中侯"。
④ 张传官、杨金东：《谈杭州萧山区南朝墓 M1 新出墓砖铭文》，《中国国家博物馆馆刊》2015 年第 9 期。
⑤ 刘卫鹏：《余杭小横山东晋南朝墓墓砖文字研究》，《南京晓庄学院学报》2014 年第 3 期。

的"沈逍逺"①、M109 的"奴朝建□二百"等。第三类，刻于砖的正面，表示画像内容及位置的文字，主要发现于 M1、M8、M9、M10、M27、M65、M100、M107、M109 等，如"龙下三第七""虎建上第一""玄武下三第四云""化生中第一无""左将军下中第一""右将军下第一""吹生下三第一""吹笆下三第一""吹箫下中一""笙四""笆一""箫二""信""花"等。

六　画　像

杭州地区六朝墓墓砖流行装饰画像，以模印于砖侧面的单幅小型画像居多，南朝时期的拼镶画像砖也有发现，画像内容主要有龙、虎、双鱼、对鸟、羽人、兽面、人物等，分布比较普遍，三国至东晋墓砖画像主要为小型的人物、兽面等，如临安西晋墓墓砖端面的男女人物（图 6 - 39，1），萧山三国东晋墓中的兽面（图 6 - 39，2 ~ 4）；富阳富春街道东山村晋墓中发现两砖竖拼的怪兽等（图 6 - 39，5）。南朝时期的拼幅画像仅在余杭闲林埠和余杭小林镇小横山两个地点有发现。闲林埠庙山 M1 墓室两侧壁画像有挂剑而立的武士、站立的人物、僧侣、对鸟等（图 6 - 39，6）。余杭小横山南朝墓中共有 20 座墓发现有画像，画像砖主要施用于封门券门正面、墓室南壁及东西两壁，北壁也偶有分布，画像的内容有四神、凤鸟、千秋、万岁、狮子、飞仙、莲花化生、宝珠、人物等（图 6 - 40），画像的形式有单块独幅、单块多幅及多块拼合三种。画像砖在墓葬内的配置规律为：封门中部的券门上一般镶嵌单幅小画像砖，内容主要有狮子、千秋、万岁、捧物飞仙、对鸟、宝轮、宝珠、宝瓶莲、莲花化生、朱雀等；墓室南壁以甬道间隔，两侧墙面分别装饰大幅拼合的相向站立的左右将军门吏像，门吏上、下一般镶嵌狮子、千秋万岁、捧物飞仙及莲花等单幅小画像砖；墓室东西两壁一般装饰多砖拼合的伎乐飞仙，飞仙均朝向前面的墓室口，M109 墓室东西壁还分别镶嵌有仙人驭虎、仙人驭龙长方形画像砖，其方向也是朝向墓口。总体而言，小横山南朝墓画像砖根据墓葬不同位置镶嵌不同种类的画像砖，以模印于小方砖上的单幅小画像发现最多，封门保存较为完整的画像砖墓均有发现，其大小、形制、题材基本相同，券门装饰精美繁复，券顶正中一砖为朱雀，应是指示墓门朝南的方位，也是四神之一南方守护神的代表；券顶两侧装饰以宝瓶莲、宝珠、宝轮、莲花等佛教类题材为主，直壁部分装饰千秋万岁、捧物飞仙、莲花及狮子，其中狮子一般位于最下层的最里侧，起着威严和守护墓门的作用；千秋万岁、捧物飞仙类题材同我国传统的道教神仙思想紧密相连；墓室南壁以甬道为界分为东西两壁，一般装饰以左右将军为代表的门吏形象，是我国传统镇墓习俗的体现。余杭小横山南朝墓画像砖同都城建康地区发现的画像砖具有较多的相似性，当是受其影响。

七　结　语

以上对杭州地区发现的六朝墓从墓葬分布和排列、墓葬形制、随葬器物、砖文、画像等方面进行了概括和分析。总体而言，杭州地区六朝墓形制以凸字形为主，长方形次之，刀形也占有一定比例。其中，四隅券进式顶墓从东晋延续到隋代，墓葬形制和券顶构造均发生了一定的变化。随葬器物基本

---

① 《余杭小横山东晋南朝墓》报告释为"沈□远"，经再次细审，应为"沈逍逺"。

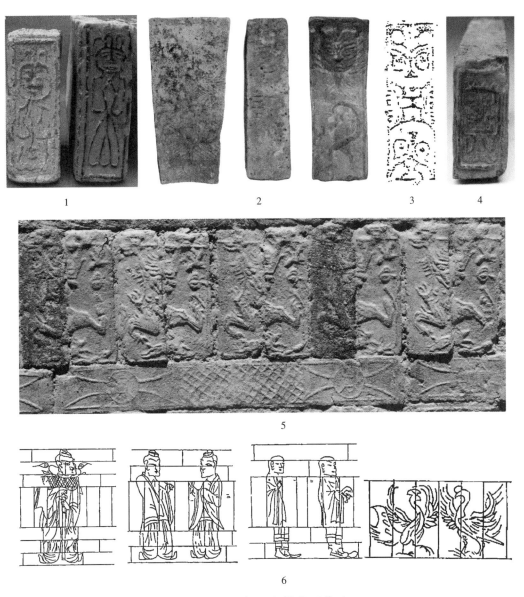

图6-39　浙江六朝墓画像砖

1. 临安小山弄西晋 M30　2. 萧山三国墓兽面和玄武画像　3. 萧山航坞山 M1 墓砖画像　4. 萧山海洋公园二期 M22 墓砖　5. 富阳富春街道东山村晋墓墓砖画像　6. 余杭闲林埠 M1 拼幅画像

为瓷器。三国西晋器物组合有堆塑罐、盘口壶、大口罐、香熏、狮形烛台及灶、鸡笼、狗圈等；东晋南朝器物组合以盘口壶、鸡首壶、唾壶、灯、小碗、钵、三足砚为主。墓葬时代主要集中于东晋和南朝，三国西晋墓很少，据此大致可以推断出杭州地区在东晋南朝时期发展较为迅速，人口数量有了较大的增长。杭州地区六朝墓基本为中小型的单室砖券墓，高等级的大型墓很少。这同其所处的地理位置和行政级别有关，墓葬的分布和排列、墓葬形制和随葬器物的发展演变同长江下游的核心地带——南京和苏州地区大致保持一致，有些就是从南京地区传来，尤其是靠近苏州的临安和余杭一带更为明显[1]，在余杭小横山和闲林埠两个地点发现有同建康类似的拼幅画像，说明南朝时余杭同建康的联系

---

① 刘卫鹏：《浙江六朝墓概述》，《西部考古》第 12 辑，科学出版社，2016 年。

图 6－40　余杭小横山南朝墓画像砖

1. M10 飞仙　2. M12 的侍女和门吏　3、4. M18 的飞仙、化生和人物　5. M23 千秋万岁　6. M93 狮子　7. M109 的左右将军　8. M93 的宝珠和化生

比较紧密。同时，余杭六朝墓个别器物（如东西大道 M53 的四系罐、M55 的盘口壶）同长江中游一带六朝墓的同类器物相似，可能来自长江中游的输入品。

　　附记：本章的写作使用了杭州市文物考古研究所部分未发表的资料，并采用了个别图片，对提供资料的杨金东、杨曦、施梦以、李坤四人特致谢忱！

附表 6 - 1　杭州六朝墓随葬器物分期表（一）

	灶	鸡首壶	罐	盘口壶	堆塑罐（含仓罐）
三国					
西晋					

续表

堆塑罐（含仓罐）	盘口壶	罐	鸡首壶	灶
东晋	15　16　17　18	19　20　21	22　23	24
南朝	25　26　27　28	29	30　31　32	

说明：1. 萧山老虎洞 M26:1　2. 东西大道 M53:1　3. 东西大道 M60:3　4. 萧山蜀山三国墓青瓷灶　5. 萧山老虎洞 M26:11　6. 临安小山弄 M30 出土　7. 义桥 M23:13　8. 余杭马家山 M5:6　9. 半山西晋墓杭 M41:5　10. 义桥 M20:3　11. 义桥 M23:3　12. 半山西晋墓杭 M41:15　13. 义桥 M29:8　14. 临安小山弄 M82:5　15. 淳安滥泥坞 M4:5　16. 富阳乌龟山 M3:1　17、18. 学军中学海创园分校中区 M79 出土　19. 余杭七里亭 M5:54　20. 萧山坞山 M2 出土　21. 临安牛上头 M10:3　22. 余杭七里亭 M5:57　23. 淳安滥泥坞 M4:5　24. 萧山坞山 M2 出土　25. 东西大道 M55:1　26. 东西大道 M55:2　27. 余杭小横山 M23:1　28. 余杭小横山 M1:1　29. 学军中学海创园分校北区 M19 出土　30. 小横山 M118:2　31. 东西大道 M44:1　32. 余杭小横山 M49:1

附表 6 - 2　杭州六朝墓随葬器物分期表（二）

钵	香薰	灯（烛台）	小碗	耳杯（盘）	三足砚	唾壶
三国						
西晋						
东晋						

续表

	钵	香熏	灯（烛台）	小碗	耳杯（盘）	三足砚	唾壶
南朝							

说明：1. 东西大道 M60：2　2. 老虎洞 M26：6　3. 东西大道 M60：1　4. 义桥 M7：6　5. 半山西晋墓杭 M41：12　6. 临安小山茶 M29：5　7. 义桥 M23：2　8. 义桥 M7：2　9. 余杭义桥 M7 出　10. 临安小山茶 M30 出土　11. 义桥 M23：12　12. 余杭马家山 M5：7　13. 半山西晋墓杭 M41：17　14. 半山西晋墓杭 M41：14　15. 小横山 M82：4　16. 小横山 M82：3　17. 杭州老和山 晋兴宁二年（364年）墓出土　18. 学军中学 M55 出土　19. 乌龟山 M10：2　20. 余杭小横山 M63 出土　21. 杭州老和山晋兴宁二年（364年）墓出土　22. 乌龟山 M11：2　23. 淳安淤泥坞 M4：7　24－1. 义桥 M4：8　24－2. 杭州老和山晋兴宁二年墓出土　25. 萧山老虎洞 M1：4　27. 小横山 M37：2　28. 小横山 M23：2　29. 余杭小横山 M109 出土　30. 小 横山 M42 出土　31. 余杭小横山 M118：4　32. 小横山 M82：2　33. 小横山 M94：1　34. 小横山 M81：1　35. 小横山 M86：6　36. 小横山 M37：3

后 记

　　《杭州余杭汉六朝墓》由五篇发掘报告和两篇综述性论文组成。

　　近年来，为配合城市基本建设，我所承担了大量的田野考古发掘工作，获取了一批重要的田野考古资料。余杭地区的考古发掘主要以历史时期的墓葬为主，这批墓葬时代特征鲜明，类型丰富多样，出土遗物种类繁多、数量大，为研究余杭地区古代的丧葬制度和习俗提供了不可多得的资料。

　　这批墓葬中独立成系统的墓地如义桥墓地和小横山墓地先后以《余杭义桥汉六朝墓》和《余杭小横山东晋南朝墓》为名在文物出版社出版，取得了很好的反响，也为我们研究消化这批资料提供了非常宝贵的经验。相对而言，本书中收集的五个考古项目的成果则显得相对单薄，它们中除了少数墓葬和个别器物存在一定亮点外，其余墓葬和遗物存在很大的同质性，特点并不鲜明。

　　这些项目的发掘时间集中在 2010 年至 2012 年，野外发掘完成后，各项目负责人在繁重的发掘任务间隙对其项目进行初步整理，并将其中有一定代表性的墓葬以简报的形式公开发表。这样做虽然可以让学术界及时研究利用最新发掘成果，但是，这也在无形中割裂了各个墓地的整体性，使得这批本就零散的资料更加支离破碎，不利于深入研究的开展。

　　有鉴于此，自 2014 年开始，我们决定将这批以汉六朝时期墓葬为主的五个项目结集出版。由于每个项目负责人每年都要面临繁重的田野发掘任务，难以集中时间开展室内整理工作，因此，整理工作时断时续，各项目的进展情况亦不统一。至 2017 年 5 月，所有项目终于整理完成并交给我来统稿。整理初期，我们三人曾商量了一个报告体例，那就是以墓葬为单位详细全面报道各个墓地的发掘情况并做适当综合分析，但是，统稿过程中，我发现各个项目的编写体例存在很大差异，墓葬描述、器物描述、照片选择等方面亦存在不同，结语部分详略差异较大。我觉得造成如此局面的原因无非有两个，一是商量报告体例时没有深入探讨、未做具体要求，二是各个项目负责人因其本身的研究侧重点不同，对同样材料的理解和处理方式存在差异。此时，与出版社商定的交稿时间临近，已经没有时间和精力进行统一调整。因此，在统稿时，我们仅对墓葬描述和器物描述的先后顺序进行调整，尽量做到全书中的单个墓葬的体例大致相同，其他方面仍尊重各自的原有格式未做改动。

　　由于各个项目基本上都属于分述性质，缺少综合分析，未对余杭地区汉六朝墓做全方位考察，因此，我们三人协商决定由我和刘卫鹏分别对余杭地区的汉墓和六朝墓进行综合研究，以期尽可能全面地厘清余杭汉六朝墓的时代特征和发展脉络。在写作过程中，我们发现仅仅依靠余杭地区的材料不足以全面构建各时期墓葬发展特征，因此我们决定扩大材料收集范围，加入萧山、富阳、临安和主城区老和山等地的材料，分别以《杭州汉墓述略》和《杭州六朝墓述略》为题进行论述。《杭州汉墓述略》

从发现概况、墓葬形制、随葬品、分期与年代、文化因素分析五个方面对杭州地区发现的汉墓进行全面梳理，总结了杭州汉墓的发展演变规律，并对其发展演变的历史背景进行分析。《杭州六朝墓述略》从发现概况、墓葬的分布与排列、墓葬形制、随葬器物、砖文、画像六个方面对杭州地区发现的六朝墓进行全面梳理，总结了杭州六朝墓的发展演变规律，并对余杭与其他地区的文化交流进行论述。

五个项目中，我参与了其中三个，里山墓群的前期勘探工作由我负责，百亩地墓群的前期勘察也由我负责，七里亭墓地的发掘工作由我完成。七里亭墓地的发掘给我留下深刻印象。短短一个月左右时间清理30座墓葬，而且很多墓葬还是保持较完整的竖穴土坑墓，再加上盗墓分子、文物贩子在工地边上晃荡，施工方的挖掘机在身旁轰鸣，发掘工作的艰难程度可想而知。冬天白天较短，而墓葬清理到一定程度就必须当天完成，不可过夜，因此，好多个日子清理工作都是持续到晚上八九点。由于发掘现场安保条件差，文物无法过夜存放，几乎每天都需要把出土文物运回市内库房存放，如此则经常是十点左右才能回到家。匆匆吃完晚饭倒头便睡，次日六点准时起床赶往发掘现场。如此往复月余，总算顺利完成此次抢救性发掘任务。现在去检视当时的发掘成果，发现其中有不少缺憾，如野外遗迹照片质量不佳、遗迹周边场面不够整洁，一些遗迹如棺椁痕迹等未做仔细清理辨认等问题。考古发掘是个充满遗憾的工作，这些遗憾会让我们成长，让我们在以后的发掘和研究工作中考虑得更为周全，免得挂一漏万，即便现场条件再艰苦也要尽可能确保考古发掘工作的科学性和完整性。

通过多年野外工作建立起来的余杭地区汉墓发展演变轨迹的基本框架是长江下游地区原吴越文化圈汉文化发展的重要组成部分，为研究汉代的大一统过程提供了一个可资参考的区域样本。战国末期至汉代初期墓葬的判定一直是长江下游地区汉文化研究中的学术难题，本辑七里亭墓地对其进行初步尝试，希望能对这一难题的解决提供帮助。本辑的出版为研究汉六朝时期文化交流、贸易往来、墓葬类型、瓷器起源、铜镜内涵等问题提供了新的线索，其中百亩地发现的俑头和低温釉陶器、里山发现的"天禄"铜镜、七里亭发现的券顶砖椁墓和大量青瓷器、马家山发现的印章和四隅券进式墓葬等为研究相关问题提供了难得的材料。

成书过程中，唐俊杰所长、房友强书记为我们创造了良好的工作氛围，解决了后顾之忧，使我们能够专注于发掘和整理工作，并多次到整理现场进行指导，提出宝贵意见和建议。杭州市园林文物局文物处、财政局等相关部门为报告的编写工作提供了必要的财政支持。北京大学考古文博学院王音博士为本书摘要作英文翻译。

本报告的出版得到文物出版社的大力支持。

谨向上述单位和个人表示衷心感谢。

书中纰漏之处恳请读者批评指正。

杭州市文物考古研究所　杨金东

2017年10月8日于杭州翁家山

ABSTRACT

This book consists of five excavation reports and two summarization papers.

The cemetery of Qiliting is located northwest of Yuhang Town in western Yuhang District, affiliated to Qiliting Village. The tombs are distributed on slopes of low hills, including Anshan Hill, Baiyishan Hill, Xiaobaihushan Hill, and Taoshan Hill from east to west. From November 25th of 2010 to January 5th of 2011, Hangzhou Municipal Institute of Cultural Relics and Archaeology, together with Yuhang Museum, conducted a rescue excavation at the cemetery, with 30 tombs dating back from the Warring States Period to the Qing Dynasty discovered. Among them, there are 15 rock pit tombs, 2 brick-coffined tombs and 13 brick-chambered tombs, with 261 pieces (groups) of cultural relics unearthed. There are two kinds of cultural factors existing in the cemetery: one kind belongs to the local culture, and the other belongs to the Han culture. In Han Dynasty tombs, there were some collisions and communication of several cultural factors, and the status and nature of different cultural factors differed from period to period. Cultural factors were comparatively more complex and diverse in tombs from the end of the Warring States Period to the early and middle Western Han Dynasty, while local cultural factors gradually reduced and the Han cultural factors became stronger in tombs of the late Western Han Dynasty, resulting in a simpler cultural appearance. At the time of the Eastern Han Dynasty, the Han cultural factors occupied the dominant position, and local cultural factors were rarely seen.

Han Dynasty tombs of Baimudi Village are distributed in northern Baimudi Village, Zhongtai Town, lying in southeastern Yuhang District. In June 2012, ancient tombs were discovered on a hill in northern Baimudi Village during construction work, and Hangzhou Municipal Institute of Cultural Relics and Archaeology conducted an archaeological excavation from July to August 17th. 21 tombs are found, among which 16 are earthen pit tombs and 5 are brick-chambered tombs. Earthen pit tombs are densely distributed, dating back from the early Western Han Dynasty to the early Eastern Han Dynasty, while brick-chambered tombs are severely destroyed, belonging to the middle and late Eastern Han Dynasty.

Tombs of Majiashan are distributed in southwestern Yuhang District, south of Tangjia Community, Xingqiao Subdistrict and 5km east of Yuhang district government. Majiashan Hill is composed of two small hills in the north and south, with a relatively low terrain and a relative height of about 20m. The hills are densely covered with tea plants. From July to December of 2011, Hangzhou Municipal Institute of Cultural Relics and Archaeology carried out an archaeological excavation and found 32 tombs in total, including 10 Han Dynasty earthen pit tombs, 3 brick-coffined tombs, and 14 Six Dynasties brick-chambered tombs. The unearthed artifacts are mainly found from earthen pit tombs and brick-coffined tombs. Most of the brick-chambered tombs are poorly preserved, with a small number of burial objects left. The Han Dynasty tombs date back from the late Western Han Dynasty to the early Eastern Han Dynasty, while the Six Dynasties tombs mainly belong to the Eastern Jin Dynasty.

Tombs of Lishan are distributed on Lishan Hill of Xingqiao Town, Yuhang District, Hangzhou City, which is a small hill roughly east-west stretching, belonging to the extension of the eastern end of Banshan and Gao tingshan Mountains. From March to July of 2011, to cooperate with construction work, Hangzhou Municipal Institute of Cultural Relics and Archaeology, together with Yuhang Museum, carried out an archaeological exploration and excavation work at Lishan Hill which is behind Tianducheng housing estate of Xingqiao Town, and found 32 tombs in total. 22 tombs belong to the Han Dynasty, 8 belong to the Eastern Jin and Sui Dynasties, and 2 belong to the Song Dynasty (M2 and M12) . The Han Dynasty tombs are all single brick-chambered tombs. The bronze mirror found in M8 is the only *Tianlu* (a mysterious beast) mirror scientifically excavated so far, which is of important research value.

Yuhang 05 and 06 plots are located in eastern Yuhang Town, Yuhang District, Hangzhou City, northeast of the intersection of Yunxi Road and Jingyu Road. The terrain is relatively low and flat, with an average altitude of 6m, covered by a lot of vegetation. From October of 2011 to May of 2012, to cooperate with construction work, Hangzhou Municipal Institute of Cultural Relics and Archaeology, together with Yuhang Museum, excavated the ancient tombs within the plots. 63 tombs are excavated, including 5 Han Dynasty tombs and 58 Six Dynasties tombs. The arrangement, structure, shape and quantity of the tombs are important materials for the study of the Six Dynasties tombs in Hangzhou.

The paper *A Brief Account of Han Dynasty Tombs in Hangzhou* makes a comprehensive study of the Han Dynasty tombs found in Hangzhou from five aspects of discovery situation, tomb shapes, burial objects, stages and ages, as well as cultural factors, and summarizes the development and evolution rules of Han Dynasty tombs in Hangzhou.

The paper *A Brief Account of Six Dynasties Tombs in Hangzhou* makes a comprehensive study of the Six Dynasties tombs found in Hangzhou from six aspects of discovery situation, distribution and arrangement of the tombs, tomb shapes, burial objects, brick inscriptions, as well as tomb images, and summarizes the development and evolution rules of Six Dynasties tombs in Hangzhou.

（英文翻译：王音）

图版

1. 桃山地貌（东—西）

2. 小白虎山南坡地貌（西—东）

彩版1-1　七里亭墓地所在桃山与小白虎山地貌

1. M1全景（东—西）

2. M2全景（东—西）

彩版1-2　七里亭M1、M2

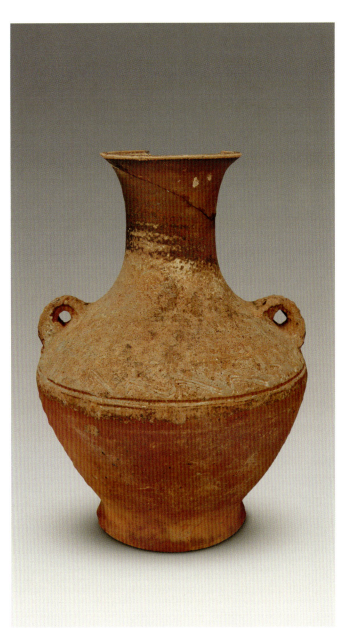

1. 釉陶壶（M2：2）

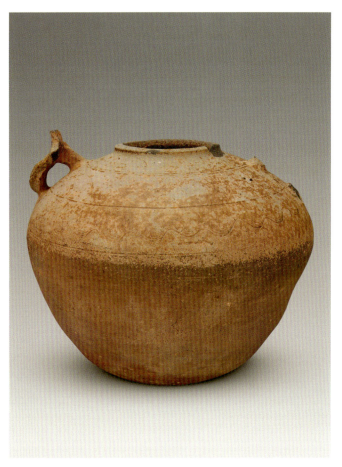

2. 釉陶瓿（M2：1）

3. 釉陶罐（M2：4）

彩版1-3　七里亭M2出土器物

1. M4全景（南—北）

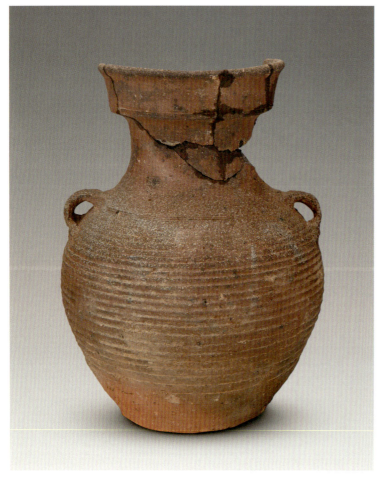

2. 釉陶壶（M4∶3）

彩版1-4　七里亭M4及其出土器物

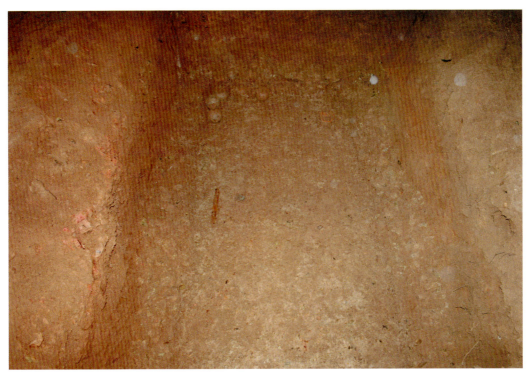

1. M11全景（西—东）

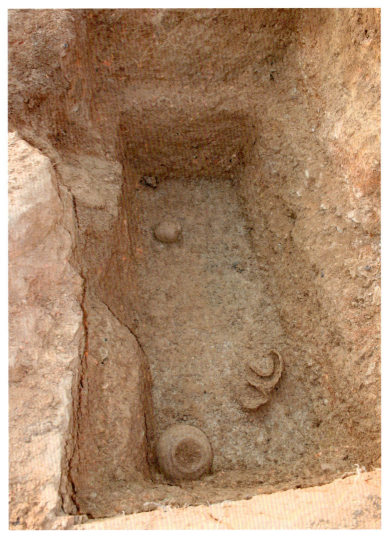

2. M12全景（东—西）

彩版1-5　七里亭M11、M12

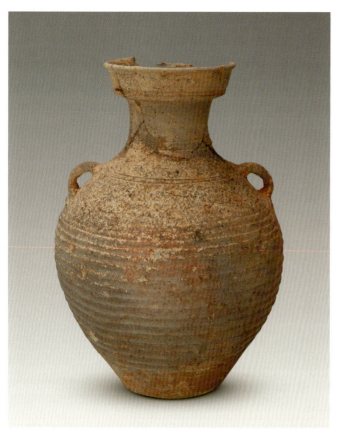

1. 釉陶壶（M11：5）

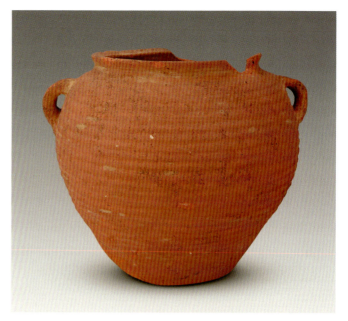

3. 陶罐（M11：3）

4. 石钺（M11：01）

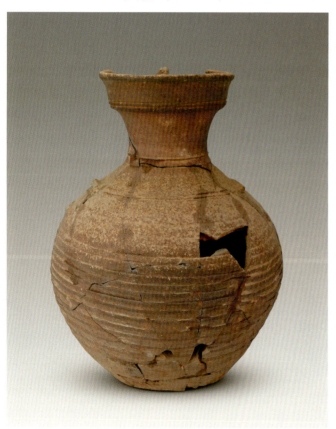

2. 釉陶壶（M11：6）

5. 石锛（M11：02）

彩版1-6　七里亭M11出土器物

1. M18局部（西—东）

2. M19全景（东—西）

3. 釉陶壶（M18：5）

4. 陶井（M18：10）

彩版1-7　七里亭M18、M19及M18出土器物

1. 釉陶熏炉（M18：8）

2. 釉陶角形器（M18：15）

彩版1-8　七里亭M18出土器物

1. 釉陶壶（M19：1）

2. 原始瓷罐（M19：2）

3. 釉陶瓿（M19：6）

4. 釉陶罐（M19：18）

彩版1-9　七里亭M19出土器物

1. 釉陶钵（M19：7）

5. 釉陶钵（M19：14）

2. 釉陶钵（M19：9）

6. 釉陶钵（M19：8）

3. 釉陶钵（M19：10）

7. 釉陶杯（M19：4）

4. 釉陶钵（M19：12）

彩版1-10　七里亭M19出土器物

1. 釉陶樽（M19∶3）   2. 釉陶熏炉（M19∶5）

彩版1-11　七里亭M19出土器物

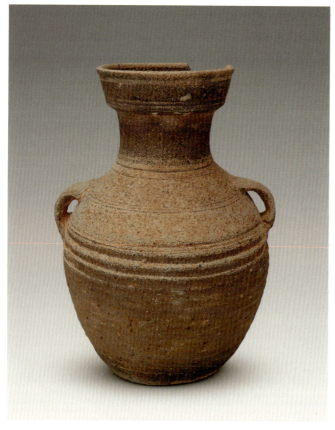

1. 釉陶壶（M23：1）

2. 釉陶壶（M23：2）

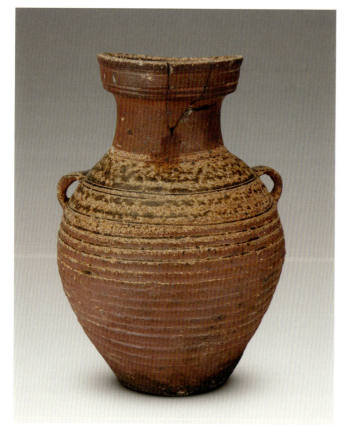

3. 釉陶壶（M23：3）

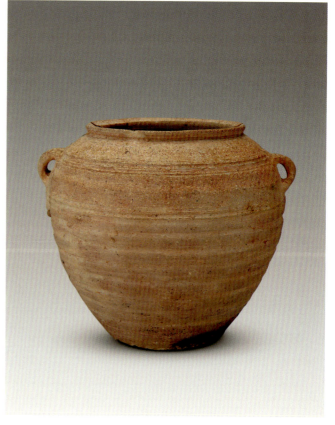

4. 釉陶罐（M23：6）

彩版1-12　七里亭M23出土器物

1. M24局部（西—东）

2. 釉陶瓿（M24：5）

3. M25全景（西—东）

彩版1-13　七里亭M24、M25及M24出土器物

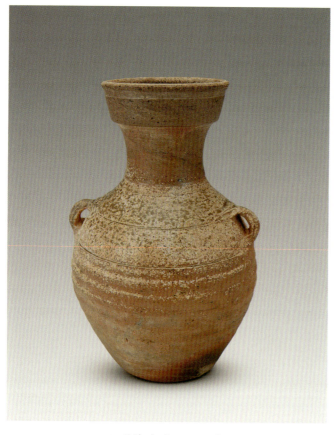

1. 釉陶壶（M24：2）

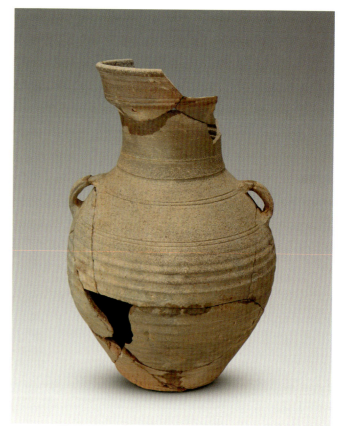

2. 釉陶壶（M24：12）

3. 釉陶壶（M24：4）

4. 釉陶壶（M24：11）

彩版1-14　七里亭M24出土器物

1. 釉陶鼎（M25：1）　　　　　　　　　　　　2. 釉陶壶（M25：6）

彩版1-15　　七里亭M25出土器物

1. 釉陶瓿（M25：7）

2. 釉陶钵（M25：2）

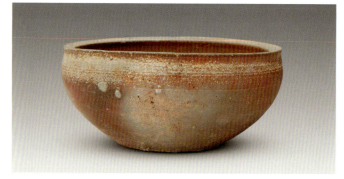

3. 釉陶钵（M25：3）

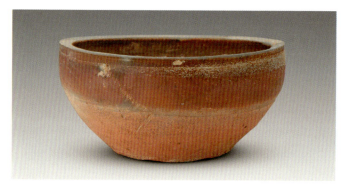

4. 釉陶钵（M25：4）

5. 釉陶熏炉（M25：8）

彩版1-16　七里亭M25出土器物

1. M26全景（东—西）

2. 釉陶壶（M26：6）

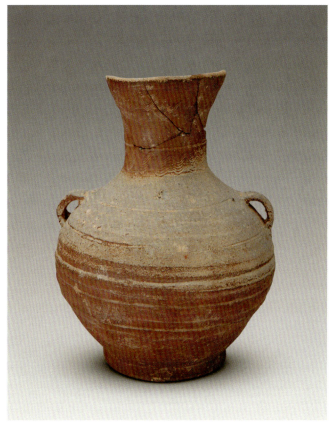

3. 釉陶壶（M26：5）

彩版1-17　七里亭M26及其出土器物

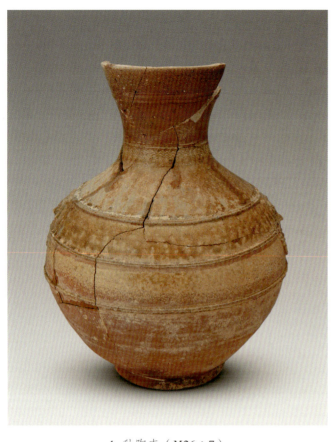

1. 釉陶壶（M26∶7）

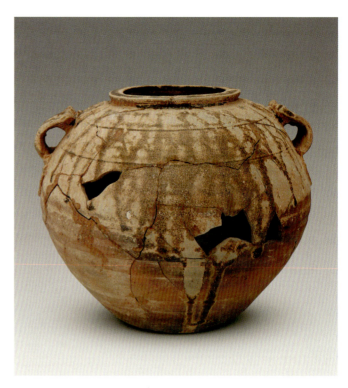

3. 釉陶瓿（M26∶1）

M26∶1

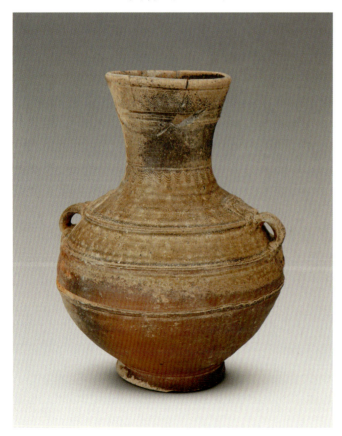

2. 釉陶壶（M26∶11）

M26∶11

彩版1-18　七里亭M26出土器物

2. 铜钱（M26：4）

1. 釉陶麟趾金（M26：9）

3. 石黛板（M26：3）

4. 釉陶壶（M26：14）

彩版1-19　七里亭M26出土器物

1. 釉陶壶（M26：15）

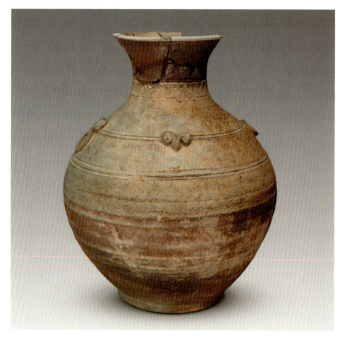

2. 釉陶壶（M26：16）

3. 釉陶壶（M26：18）

4. 釉陶壶（M26：20）

彩版1-20　七里亭M26出土器物

1. M27全景（西—东）

2. M27耳室（北—南）

彩版1-21　七里亭M27

1. 釉陶罐（M27：2）

3. 釉陶熏炉（M27：17）

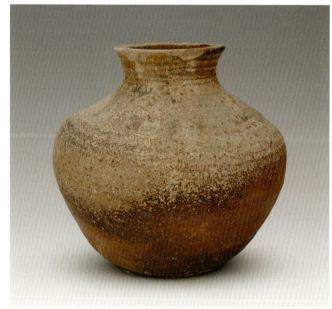

2. 釉陶罐（M27：1）

4. 釉陶鍪形罐（M27：4）

彩版1-22　七里亭M27出土器物

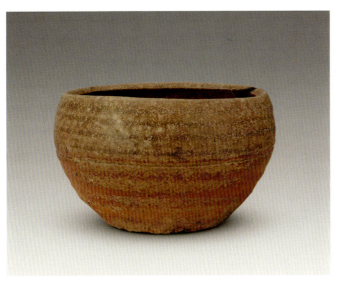

1. 釉陶钵（M27：5）

2. 釉陶器盖（M27：10）

3. 釉陶璧（M27：9）

4. 釉陶璧（M27：18）

彩版1-23　七里亭M27出土器物

1. 釉陶壶（M27：02）

2. 釉陶壶（M27：05）

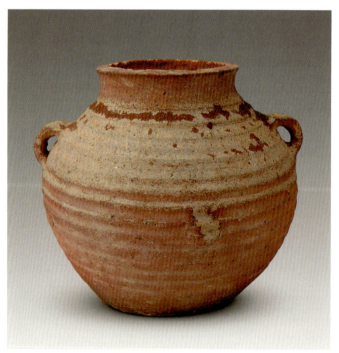

3. 釉陶罐（M27：03）

4. 釉陶罐（M27：04）

彩版1-24　七里亭M27出土器物

1. M28、M29全景（东—西）

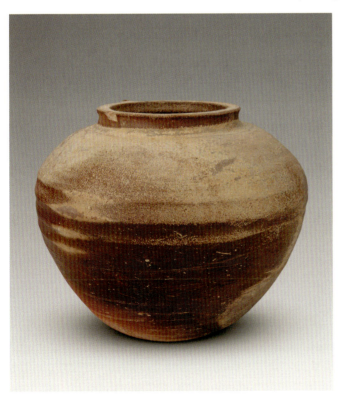

2. 釉陶罐（M28：7）

3. 釉陶钵（M28：4）

4. 釉陶钵（M28：5）

5. 釉陶钵（M28：6）

彩版1-25　七里亭M28、M29及M28出土器物

1. 釉陶壶（M29：3）

2. 釉陶瓿（M29：7）

3. 釉陶钵（M29：8）

6. 陶罐（M29：1）

4. 釉陶钵（M29：9）

5. 釉陶钵（M29：10）

7. 陶罐（M29：2）

彩版1-26　七里亭M29出土器物

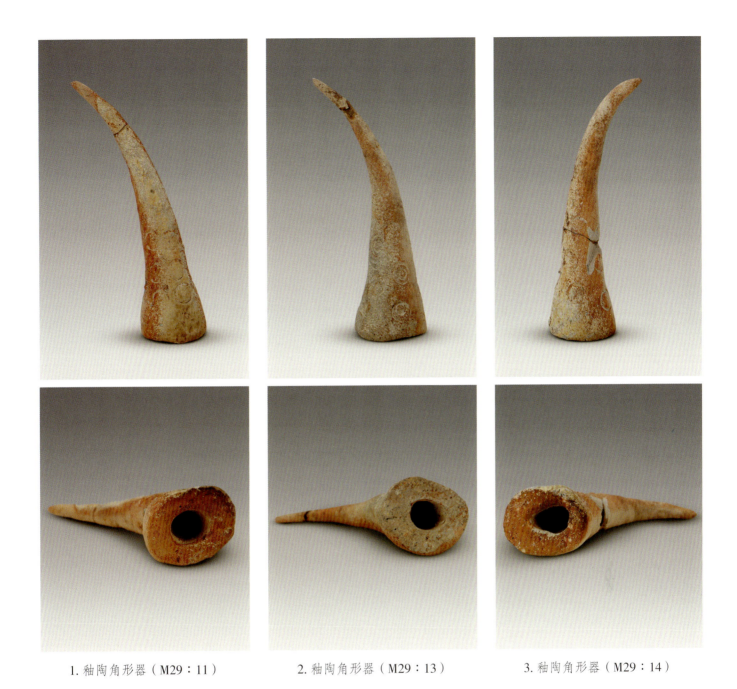

1. 釉陶角形器（M29：11）　　　　2. 釉陶角形器（M29：13）　　　　3. 釉陶角形器（M29：14）

彩版1-27　七里亭M29出土器物

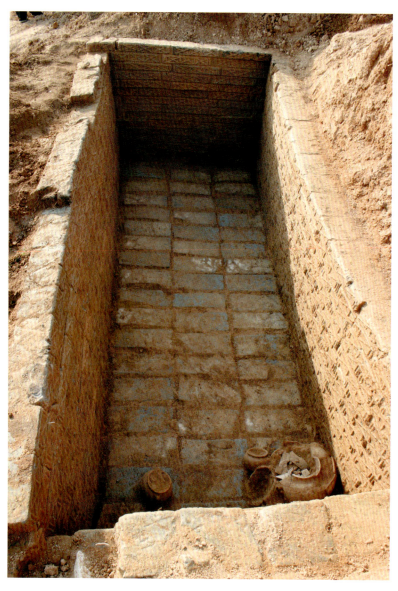

1. M9全景（东—西）

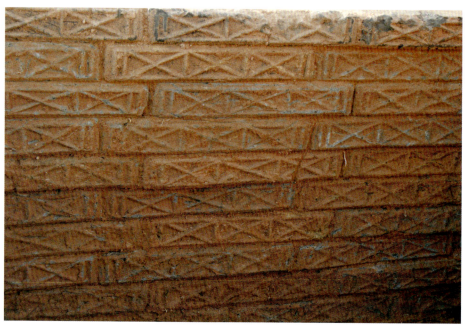

2. M9壁砖纹饰（东—西）

彩版1-28　七里亭M9

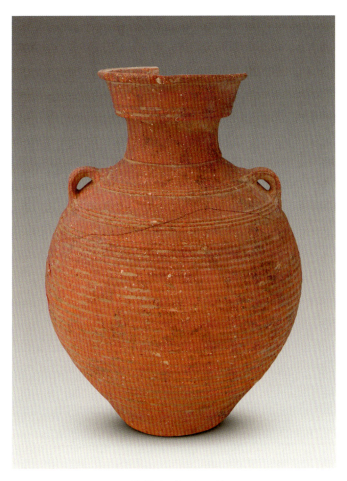

1. 釉陶壶（M9：5）

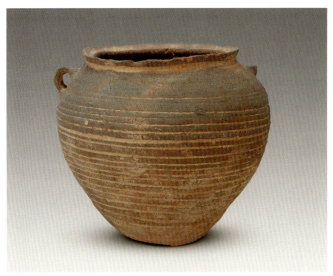

2. 陶罐（M9：3）

3. 陶罐（M9：7）

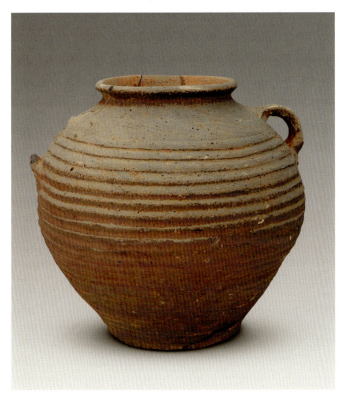

4. 陶罐（M9：11）

5. 陶罐（M9：4）

彩版1-29　七里亭M9出土器物

1. M13全景（东—西）

2. M13壁砖纹饰

3. 琉璃耳瑱（M13：1、2）

彩版1-30　七里亭M30及其出土器物

1. M6全景（东—西）

2. M7全景（西—东）

3. M7壁砖纹饰

1. M5全景（南—北）　　　　　　　　　　　2. M5全景（北—南）

3. M5局部（西—东）

彩版1-32　七里亭M5

1. 青瓷盘口壶（M5：1）　　　　　　　2. 青瓷盘口壶（M5：8）

彩版1-33　七里亭M5出土器物

1. 青瓷鸡首壶（M5:33）

2. 青瓷唾壶（M5:2）

彩版1-34　七里亭M5出土器物

1. 青瓷扁壶（M5：31）　　　　　2. 青瓷罐（M5：54）

彩版1-35　七里亭M5出土器物

1. 青瓷罐（M5∶57）　　　　　　　　　　　2. 青瓷罐（M5∶59）

彩版1-36　七里亭M5出土器物

1. 青瓷罐（M5：63）　　　　　　　　2. 青瓷罐（M5：5）

彩版1-37　七里亭M5出土器物

1. 青瓷罐（M5：55）　　　　　　　　　　2. 青瓷罐（M5：32）

彩版1-38　七里亭M5出土器物

1. 青瓷盆（M5：53）　　　　　　　　　　2. 青瓷盆（M5：60）

彩版1-39　七里亭M5出土器物

1. 青瓷碗（M5：6）　　　　　　　　　　　　　2. 青瓷碗（M5：17）

彩版1-40　七里亭M5出土器物

1. 青瓷碗（M5：18）　　　　　　　　　　2. 青瓷碗（M5：19）

彩版1-41　七里亭M5出土器物

1. 青瓷碗（M5:20）　　　　　　　　　　2. 青瓷碗（M5:21）

彩版1-42　七里亭M5出土器物

1. 青瓷碗（M5：22）　　　　　　　　　　2. 青瓷碗（M5：26）

彩版1-43　七里亭M5出土器物

1. 青瓷碗（M5：27）

2. 青瓷碗（M5：28）

彩版1-44 七里亭M5出土器物

1.青瓷碗（M5：34）　　　　　　　　　　　2.青瓷碗（M5：35）

彩版1-45　七里亭M5出土器物

1. 青瓷碗（M5：36）　　　　　　　　　　　　2. 青瓷碗（M5：37）

彩版1-46　七里亭M5出土器物

1. 青瓷碗（M5∶38）　　　　　　　　　　2. 青瓷碗（M5∶39）

彩版1-47　七里亭M5出土器物

1. 青瓷碗（M5：43）   2. 青瓷碗（M5：44）

彩版1-48　七里亭M5出土器物

1. 青瓷碗（M5：46）　　　　　　　　2. 青瓷碗（M5：47）

彩版1-49　　七里亭M5出土器物

1.青瓷碗（M5：52）   2.青瓷碗（M5：3）

彩版1-50   七里亭M5出土器物

1. 青瓷碗（M5：23）　　　　　　2. 青瓷碗（M5：29）

彩版1-51　七里亭M5出土器物

1. 青瓷碗（M5：40）　　　　　　　　　　2. 青瓷碗（M5：45）

彩版1-52　七里亭M5出土器物

1. 青瓷碗（M5：49）　　　　　　　　　2. 青瓷碗（M5：64）

彩版1-53　七里亭M5出土器物

1. 青瓷碗（M5：48）　　　　　　　　　　2. 青瓷碗（M5：24）

彩版1-54　七里亭M5出土器物

1. 青瓷碗（M5：30）　　　　　　　　　　　2. 青瓷碗（M5：42）

彩版1-55　七里亭M5出土器物

1. 青瓷灯盏（M5：4）　　　　　　　　2. 青瓷灯盏（M5：7）

彩版1-56　七里亭M5出土器物

1. 青瓷灯盏（M5：51）　　　　　　　　　　2. 青瓷灯盏（M5：61）

彩版1-57　七里亭M5出土器物

1. 青瓷三足砚（M5：41）　　　2. 铜鐎斗（M5：58）

彩版1-58　七里亭M5出土器物

1. 铜镜（M5：16）

2. 铜器（M5：15）

3. 银环（M5：9）

4. 银环（M5：10）

5. 银环（M5：11）

6. 银环（M5：12）

7. 银环（M5：13）

彩版1-59　七里亭M5出土器物

1. M14全景（南—北）

2. 青瓷罐（M14：1）

彩版1-60　七里亭M14及其出土器物

1. M15全景（南—北）

2. M15局部（北—南）

彩版1-61　七里亭M15

1. 青瓷盘口壶（M15：2）　　　　　　　2. 青瓷碗（M15：1）

彩版1-62　七里亭M15出土器物

1. M17全景（北—南）　　　　　　　　2. M20全景（西—东）

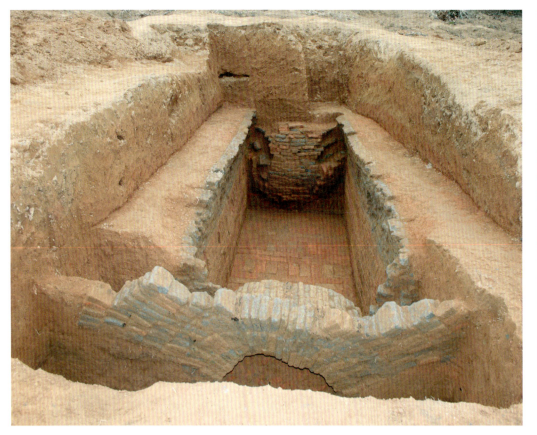

1. M22全景（南—北）　　　　　　　　　　　　　　　　2. M22纪年文字墓砖

3. M30全景（南—北）

彩版1-64　七里亭M22、M30

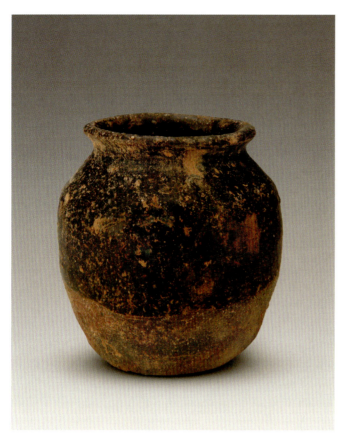

1. 黑釉瓷罐（M16：1）

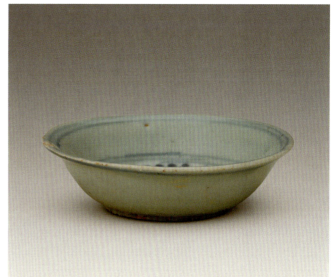

2. 银钗（M16：01）

3. 青花瓷碗（M21：2）

彩版1-65　七里亭M16、M21出土器物

1. 铜镜（M21：3）　　　　　2. 铜钱（M21：4）

彩版1-66　七里亭M21出土器物

1. 墓地概貌

2. 土坑墓一组

彩版2-1　百亩地墓地

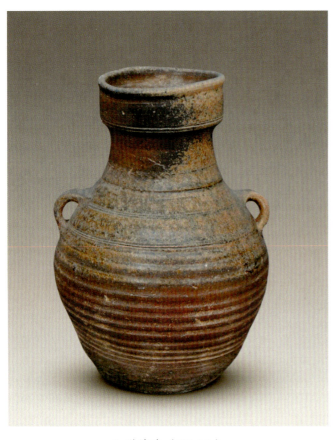

1. 釉陶壶（M1∶1）

3. 釉陶壶（M1∶6）

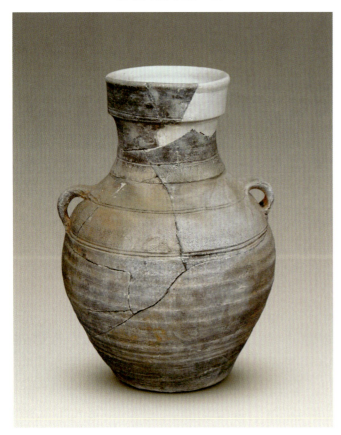

2. 釉陶壶（M1∶4）

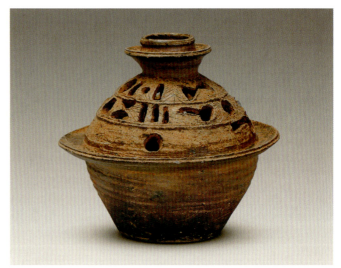

4. 釉陶熏炉（M1∶5）

彩版2-2　百亩地M1出土器物

1. 陶罍（M2：1）

2. 铜五铢（M2：2）

3. 铁钩（M2：8）

彩版2-3　百亩地M2出土器物

1. M3（北—南）

2. M3墓室器物（西北—东南）

彩版2-4　百亩地M3

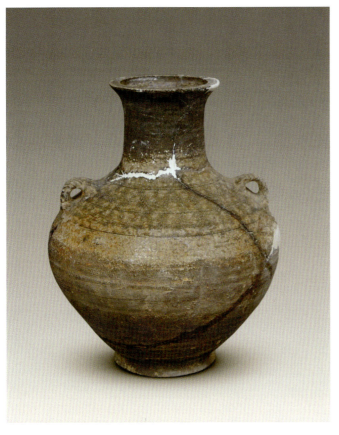

1. 釉陶壶（M3：18）

2. 釉陶瓿（M3：21）

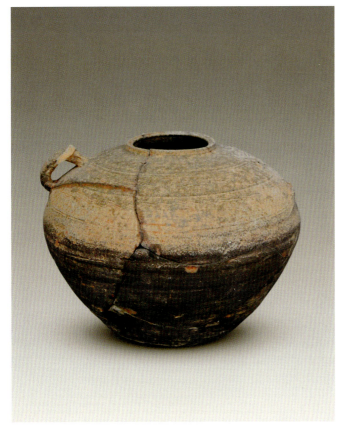

3. 釉陶瓿（M3：22）

4. 釉陶瓿（M3：31）

彩版2-5　百亩地M3出土器物

1. 陶罐（M3：14）

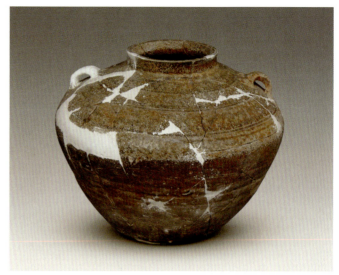

2. 釉陶罐（M3：16）

3. 釉陶罐（M3：29）

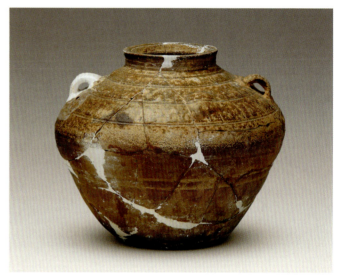

4. 釉陶罐（M3：30）

5. 釉陶罐（M3：13）

6. 釉陶罐（M3：19）

彩版2-6　百亩地M3出土器物

1. 釉陶罐（M3：28）

2. 釉陶罐（M3：15）

3. 釉陶罐（M3：17）

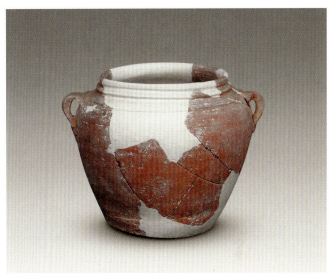

4. 釉陶罐（M3：20）

5. 釉陶罐（M3：32）

6. 陶器盖（M3：3）

彩版2-7　百亩地M3出土器物

1. 釉陶钵（M3：6）

2. 陶釜（M3：12）

3. 陶纺轮（M3：9）

4. 釉陶熏炉（M3：1）

5. 陶瓮（M3：26）

6. 陶瓮（M3：27）

彩版2-8　百亩地M3出土器物

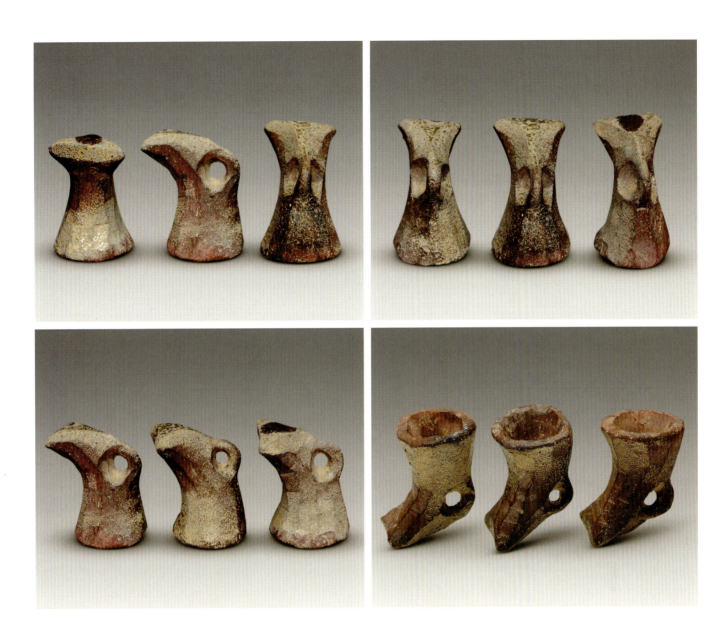

1. 釉陶靴形器（M3：7）

2. 陶俑头（M3：25）

彩版2-9　百亩地M3出土器物

1. 陶璧（M3：4）

4. 釉陶麟趾（M3：5）

2. 釉陶璧（M3：2）

3. 铜半两（M3：23）

5. 釉陶冥币（M3：33）

彩版2-10　百亩地M3出土器物

1. 陶罍（M6：1）

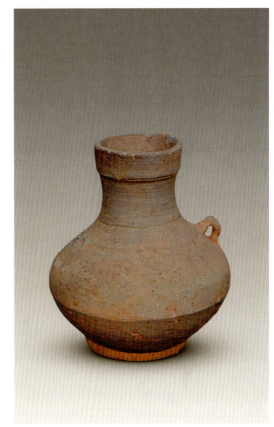

3. 陶小壶（M16：1）

2. 陶罐（M10：1）

4. 陶盒（M16：2）

彩版2-11　百亩地M6、M10、M16出土器物

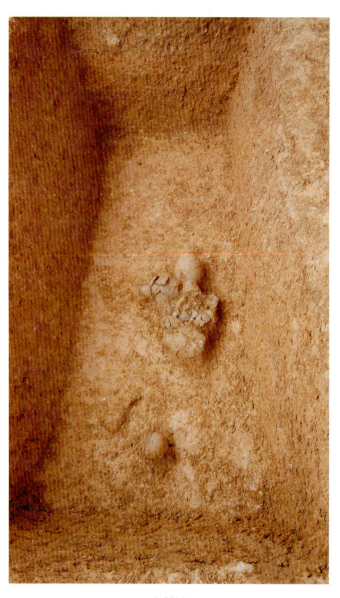 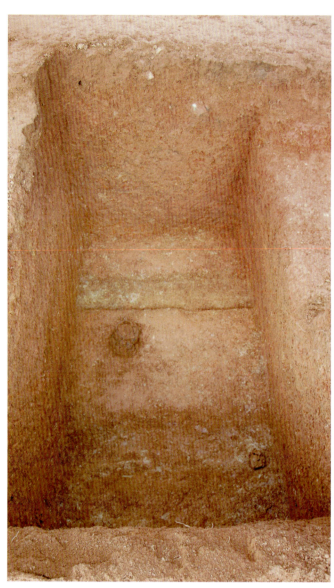

1. M11

2. M13

彩版2-12　百亩地M11、M13

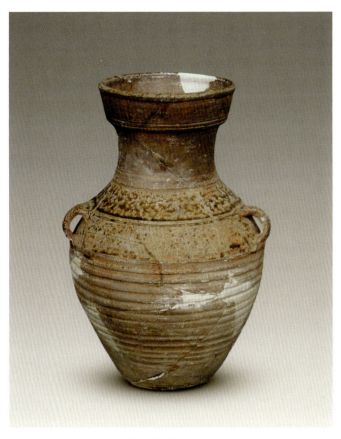

1. 釉陶壶（M11：2）

2. 釉陶壶（M11：3）

4. 陶罐（M11：1）

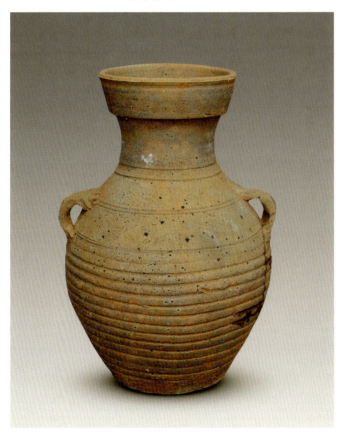

3. 釉陶壶（M11：5）

5. 陶罐（M11：4）

彩版2-13　百亩地M11出土器物

1. M12

2. M12随葬器物

彩版2-14　百亩地M12

1.釉陶壶（M12：1）

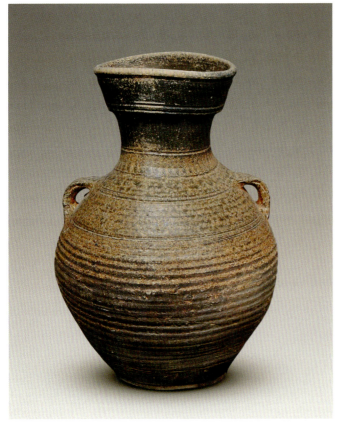

2.釉陶壶（M12：3）

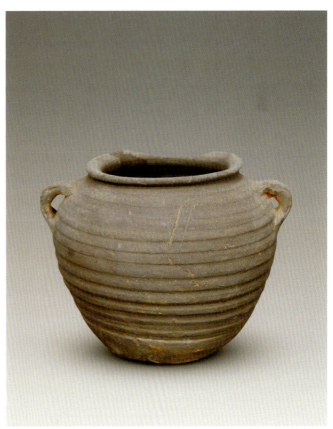

3.釉陶壶（M12：4）

4.陶罐（M12：5）

彩版2-15　百亩地M12出土器物

1. M14

2. M14出土器物

3. 陶罐（M14：1）

彩版2-16　百亩地M14及其出土器物

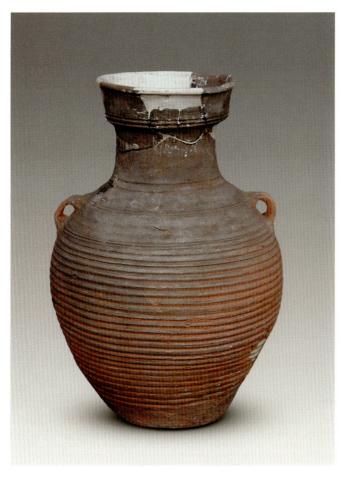

1. 陶壶（M14：6）

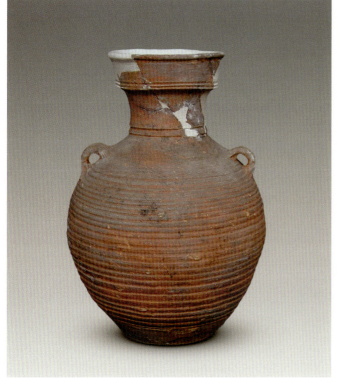

2. 陶壶（M14：3）

3. 陶壶（M14：4）

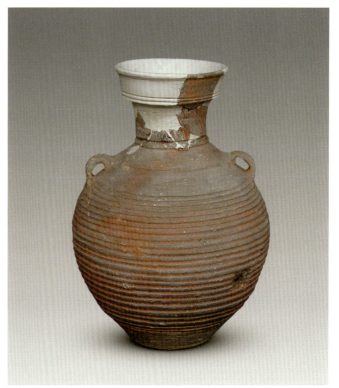

4. 陶壶（M14：5）

彩版2-17　百亩地M14出土器物

彩版2-18　百亩地M17

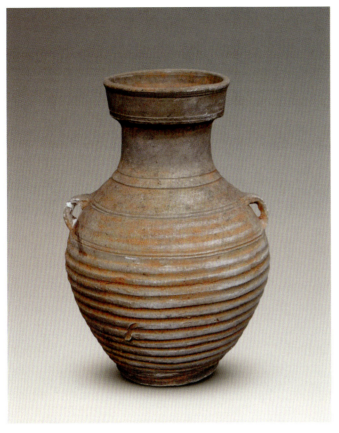

1. 陶壶（M17：1）

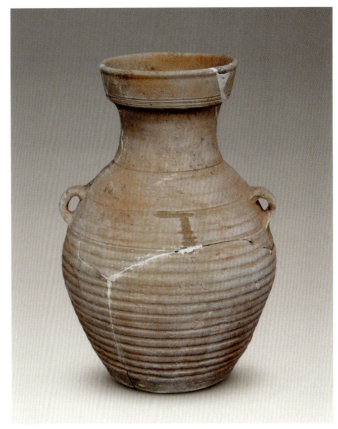

2. 陶壶（M17：3）

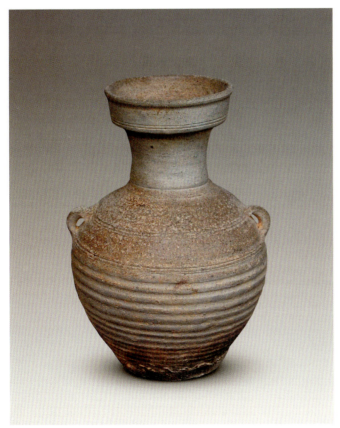

3. 釉陶壶（M17：2）

4. 陶罐（M17：4）

彩版2-19　百亩地M17出土器物

1. M18

3. M18墓底漆木棺

2. M18器物

4. M18墓底漆木棺局部

彩版2-20　百亩地M18

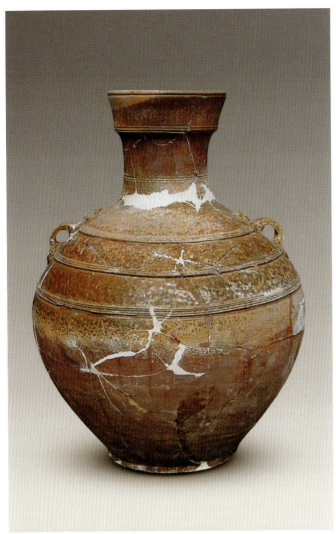

2. 釉陶壶（M18：8）

1. 釉陶壶（M18：6）

3. 釉陶壶（M18：12）

彩版2-21　百亩地M18出土器物

1. 釉陶壶（M18：13）

2. 釉陶壶（M18：15）

3. 釉陶壶（M18：17）

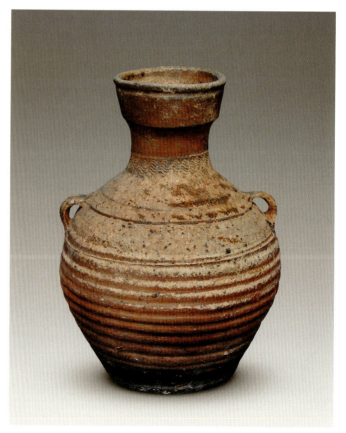

4. 釉陶壶（M18：1）

彩版2-22　百亩地M18出土器物

1. 釉陶壶（M18：4）

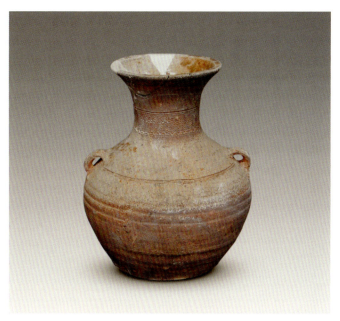

2. 釉陶壶（M18：10）

3. 釉陶壶（M18：5）

4. 釉陶壶（M18：16）

5. 铁釜（M18：19）

彩版2-23　百亩地M18出土器物

1. 釉陶瓿（M18：7）

2. 硬陶罍（M18：20）

3. 硬陶瓿（M18：2）

彩版2-24　百亩地M18出土器物

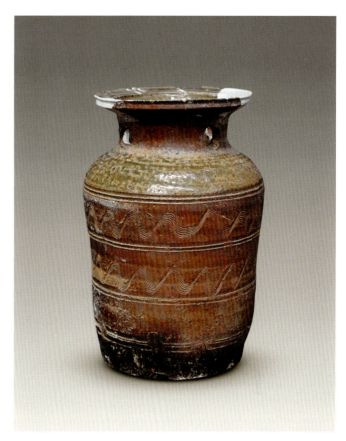

2. 釉陶井（M18：11）

1. 釉陶熏炉（M18：3）

3. 陶灶（M18：14）

彩版2-25　百亩地M18出土器物

1. M19（东—西）

2. M19器物（南—北）

3. 铜镜（M19：4）

4. 铜钱（M19：8）

5. 石黛板和研黛器（M19：6、7）

彩版2-26　百亩地M19及其出土器物

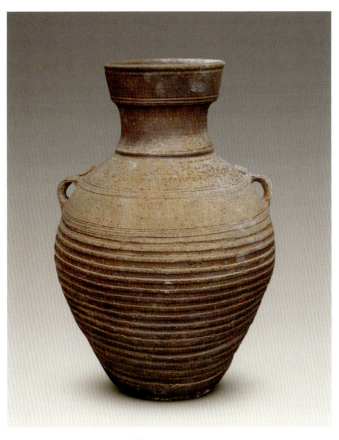

1. 釉陶壶（M19：1）

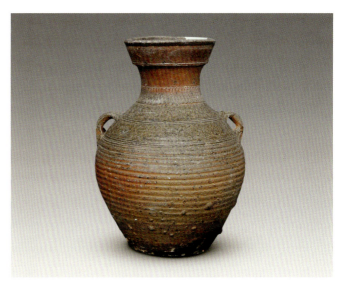

3. 釉陶壶（M19：25）

4. 釉陶壶（M19：16）

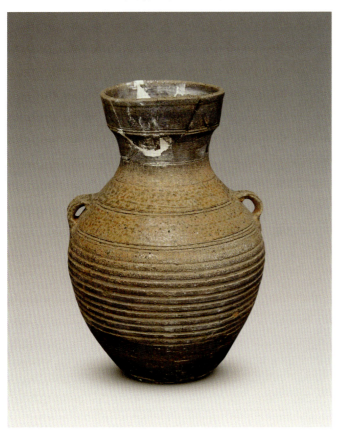

2. 釉陶壶（M19：24）

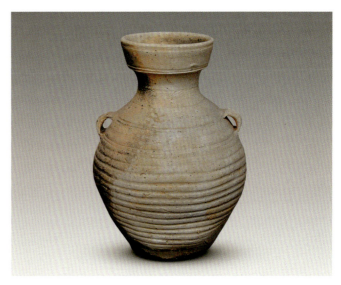

5. 釉陶壶（M19：26）

彩版2-27　百亩地M19出土器物

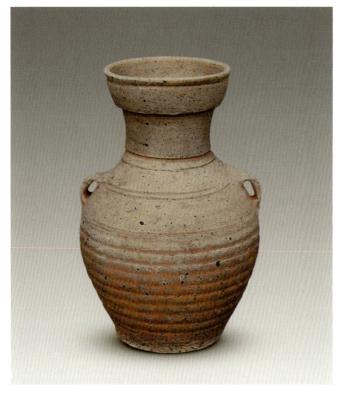

1. 陶壶（M19∶22）

2. 陶壶（M19∶15）

3. 陶双唇罐（M19∶14）

5. 陶井（M19∶21）

4. 陶樽（M19∶9）

彩版2-28　百亩地M19出土器物

1. 陶钵（M19：12、19、17）

2. 陶钵（M19：11）

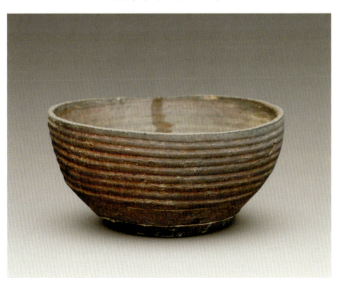

3. 陶钵（M19：23）

4. 陶灶（M19：20）

彩版2-29　百亩地M19出土器物

釉陶麟趾金（M19：2）

釉陶麟趾金（M19：2）

彩版2-30　百亩地M19出土器物

2. M20（北—南）

2. 釉陶壶（M20：1）

3. 釉陶熏炉（M20：7）

彩版2-31　百亩地M20及其出土器物

1. 釉陶鼎（M20：2）

3. 釉陶瓿（M20：5）

2. 釉陶盒（M20：4）

4. 釉陶耳杯（M20：3）

彩版2-32　百亩地M20出土器物

1. M4（西—东）

2. M4墓室南壁墓砖纹饰

彩版2-33　百亩地M4

1. M5（东—西）

2. M5东壁

彩版2-34　百亩地M5

1. M7墓壁

2. M8

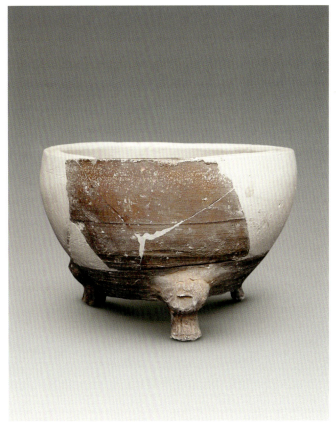

3. 陶鼎（M8:1）

彩版2-35　百亩地M7、M8及M8出土器物

1. M8墓壁

2. M8墓室及排水道

彩版2-36　百亩地M8

彩版3-1　马家山墓地发掘前地形地貌（北—南）

1. M3全景（北—南）

2. 釉陶鼎（M3：2）

3. 釉陶鼎（M3：4）

彩版3-2　马家山M3及其出土器物

1. 釉陶盒（M3：1）

2. 釉陶盒（M3：3）

3. 釉陶壶（M3：6）

4. 釉陶壶（M3：15）

彩版3-3　马家山M3出土器物

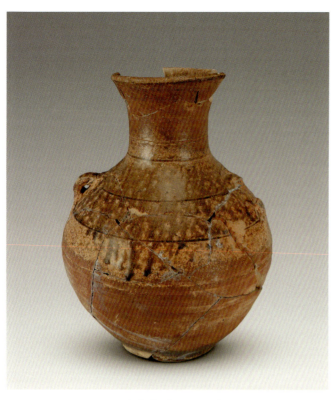

1. 釉陶壶（M3 : 13）

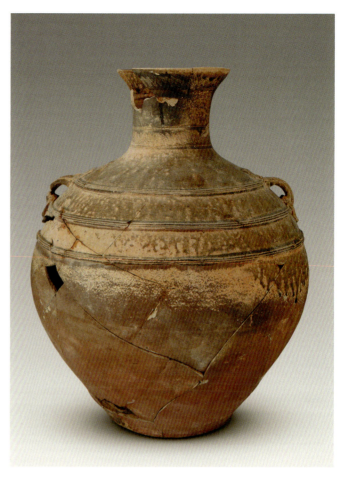

3. 釉陶壶（M3 : 22）

2. 釉陶壶（M3 : 20）

4. 釉陶壶（M3 : 9）

彩版3-4　马家山M3出土器物

1. 釉陶瓿（M3：5）

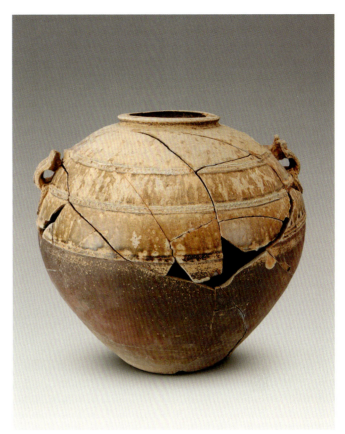

2. 釉陶瓿（M3：7）

3. 釉陶瓿（M3：10）

4. 釉陶瓿（M3：19）

彩版3-5　马家山M3出土器物

1. 硬陶罍（M3：12）

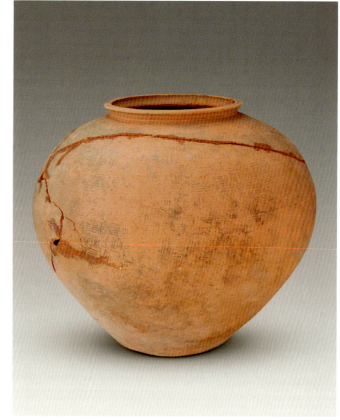

2. 硬陶罍（M3：16）

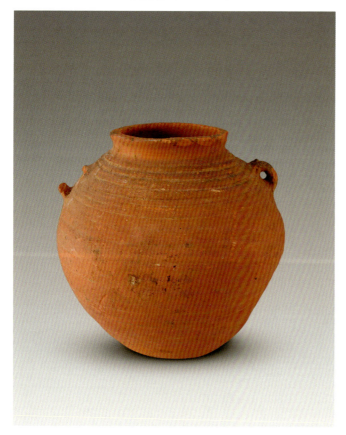

3. 陶罐（M3：8）

4. 铜镜（M3：25）

彩版3-6 马家山M3出土器物

1. 釉陶麟趾金（M3：23-1）

4. 铜五铢（M3：24-1）

5. 泥五铢（M3：24-2）

2. 釉陶麟趾金（M3：23-2）

6. 料珠（M3：26）

3. 釉陶麟趾金（M3：23-3）

7. 石网坠（M3：27）

彩版3-7　马家山M3出土器物

1. M4全景（北—南）

2. 釉陶鼎（M4：9）

3. 釉陶壶（M4：10）

彩版3-8　马家山M4及其出土器物

1. 釉陶瓿（M4：4）

2. 釉陶瓿（M4：22）

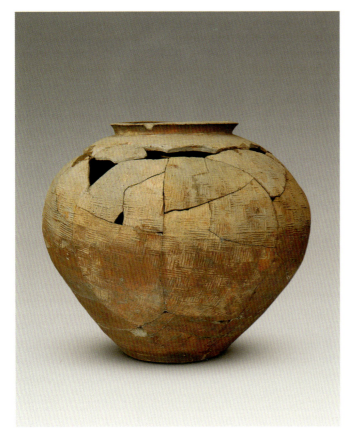

3. 硬陶罍（M4：13）

4. 硬陶罍（M4：19）

彩版3-9　马家山M4出土器物

1. 釉陶罐（M4：12）

4. 釉陶麟趾金（M4：3-1）

2. 釉陶罐（M4：14）

5. 釉陶麟趾金（M4：16-1）

6. 铜五铢（M4：2-1）

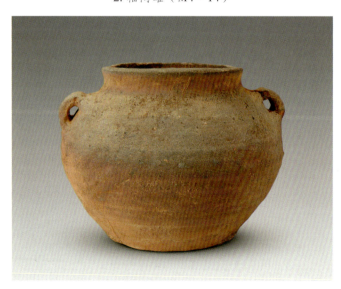

3. 釉陶罐（M4：18）

7. 料珠（M4：1）

彩版3-10　马家山M4出土器物

1. M6全景（南—北）

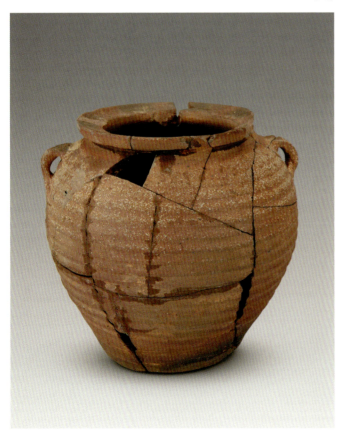

2. 釉陶罐（M6：8）

3. 釉陶罐（M6：13）

彩版3-11　马家山M6及其出土器物

1. 釉陶壶（M6：6）

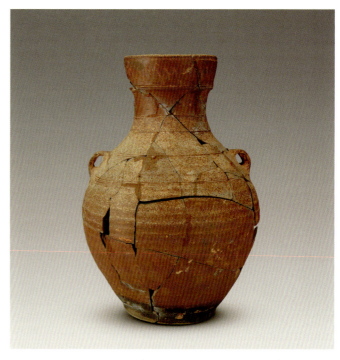

3. 釉陶壶（M6：11）

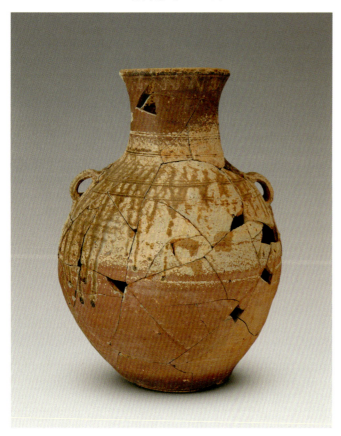

2. 釉陶壶（M6：10）

4. 硬陶罍（M6：16）

5. 铜五铢（M6：2-1）

彩版3-12　马家山M6出土器物

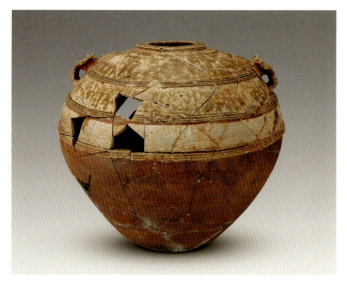

1. 釉陶瓿（M6：4）

2. 釉陶瓿（M6：7）

3. 釉陶瓿（M6：9）

4. 釉陶瓿（M6：12）

5. 釉陶瓿（M6：14）

6. 釉陶瓿（M6：15）

彩版3-13　马家山M6出土器物

1. M10全景（北—南）

2. 玉器（M10：2）

3. 玉器（M10：3）

4. 玉器（M10：4）

彩版3-14　马家山M10及其出土器物

1. 釉陶鼎（M10：5）

2. 釉陶盒（M10：6）

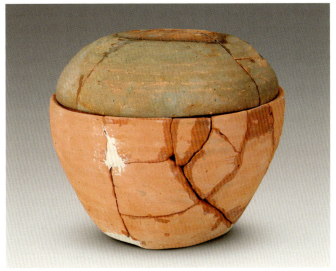

3. 釉陶盒（M10：8）

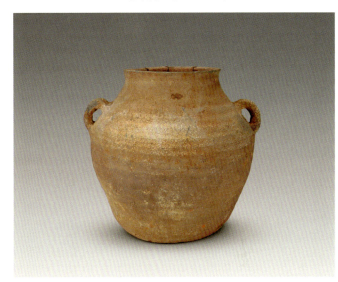

4. 釉陶罐（M10：13）

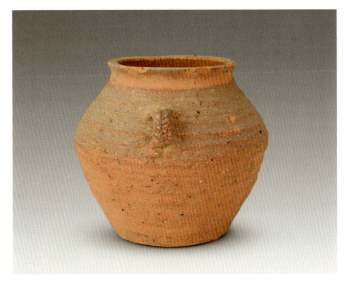

5. 釉陶罐（M10：19）

6. 铜釜（M10：18）

彩版3-15　马家山M10出土器物

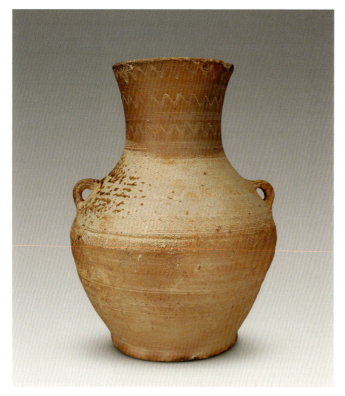

1. 釉陶壶（M10：12）

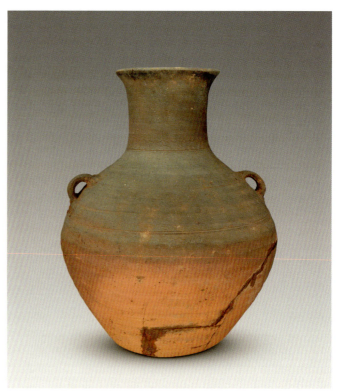

3. 釉陶壶（M10：17）

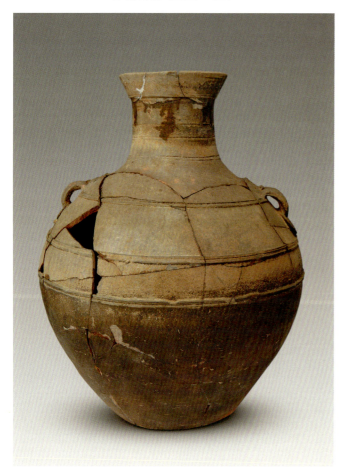

2. 釉陶壶（M10：14）

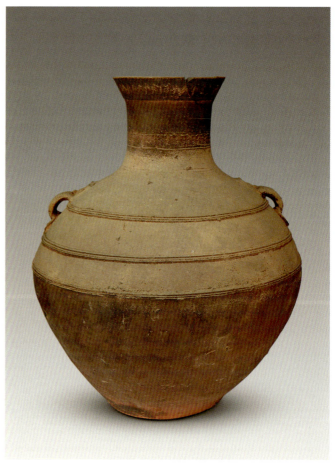

4. 釉陶壶（M10：15）

彩版3–16　马家山M10出土器物

1. 釉陶壶（M10：20）

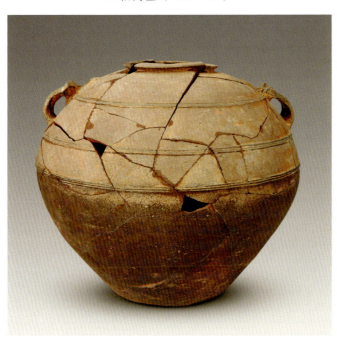

2. 釉陶瓿（M10：7）

3. 釉陶瓿（M10：9）

4. 釉陶瓿（M10：10）

5. 釉陶瓿（M10：11）

彩版3-17　马家山M10出土器物

1. M15全景（西—东）

2. 釉陶鼎（M15∶7）

3. 釉陶鼎（M15∶17）

彩版3-18　马家山M15及其出土器物

1. 釉陶盒（M15：4）

2. 釉陶盒（M15：5）

3. 釉陶盒（M15：6）

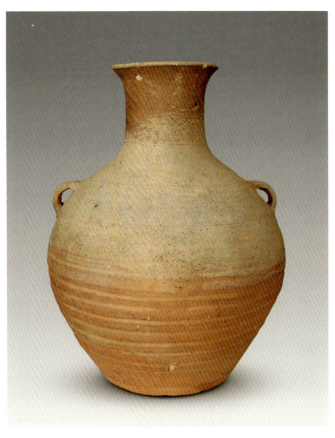

4. 釉陶壶（M15：3）

5. 釉陶壶（M15：11）

彩版3-19　马家山M15出土器物

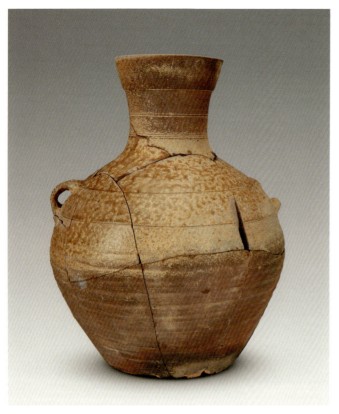

1. 釉陶壶（M15∶12）

2. 釉陶壶（M15∶13）

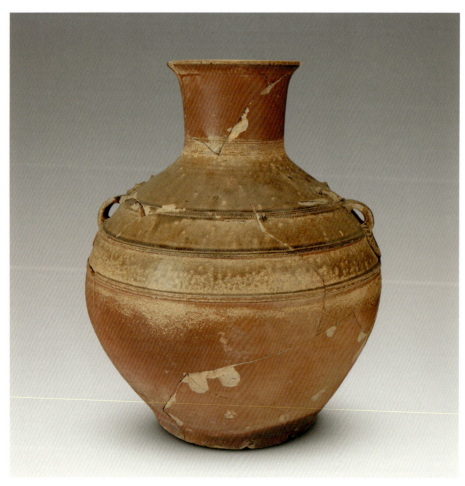

3. 釉陶壶（M15∶21）

彩版3-20　马家山M15出土器物

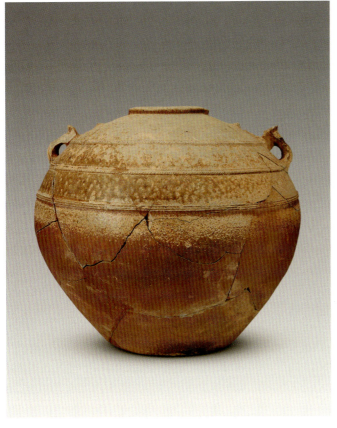

1. 釉陶瓿（M15：16）

2. 釉陶瓿（M15：29）

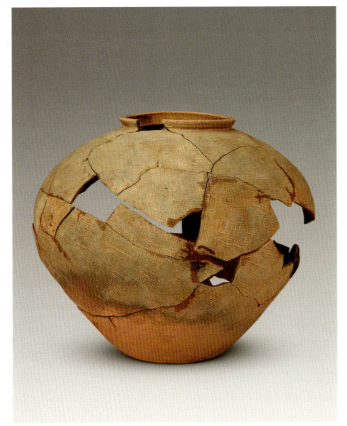

3. 硬陶罍（M15：15）

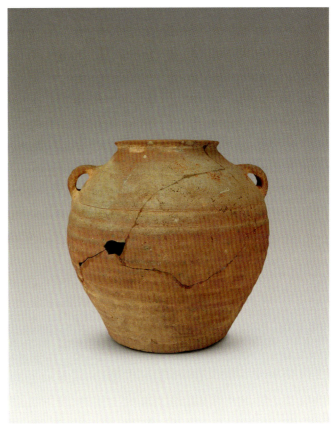

4. 釉陶罐（M15：1）

彩版3-21　马家山M15出土器物

1. 釉陶罐（M15：8）

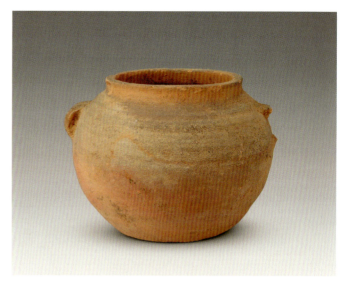

2. 釉陶罐（M15：19）

3. 釉陶罐（M15：22）

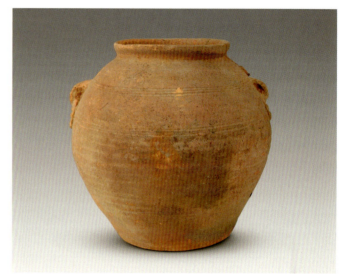

4. 釉陶罐（M15：24）

5. 釉陶罐（M15：34）

6. 釉陶罐（M15：36）

彩版3-22　马家山M15出土器物

1. M25全景（北—南）

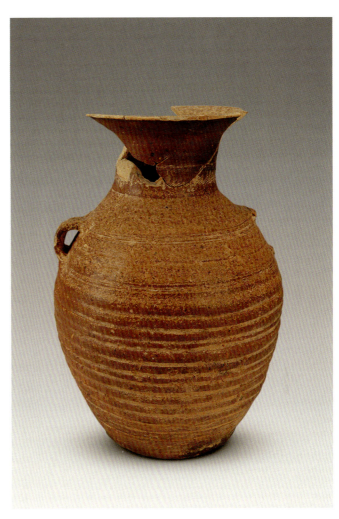

2. 釉陶壶（M25：4）

3. 釉陶瓿（M25：5）

4. 釉陶瓿（M25：6）

彩版3-23　马家山M25及其出土器物

1. M26全景（南—北）

2. 陶罐（M26：1）

3. 陶罐（M26：2）

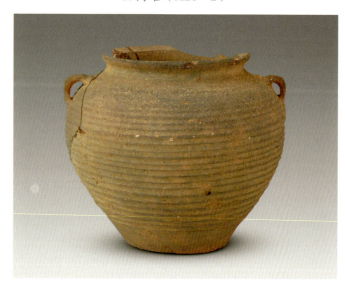

4. 陶罐（M26：3）

彩版3-24　马家山M26及其出土器物

1. M28

2. M29

彩版3-25　马家山M28、M29

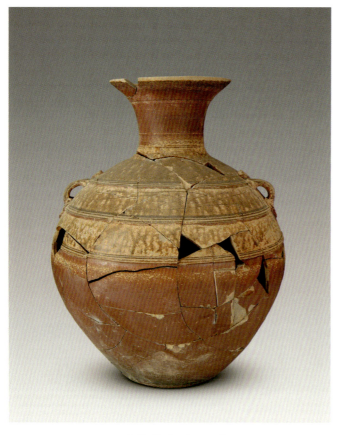

1. 釉陶壶（M28：9）

2. 釉陶瓿（M28：19）

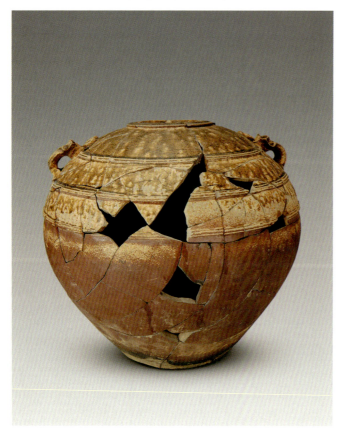

3. 釉陶瓿（M28：11）

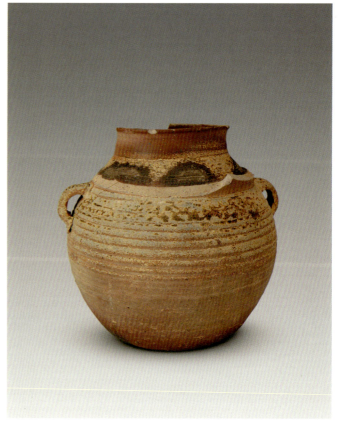

4. 釉陶双唇罐（M28：15）

彩版3-26　马家山M28出土器物

1. 釉陶罐（M28：5）

2. 釉陶罐（M28：13）

3. 釉陶罐（M28：18）

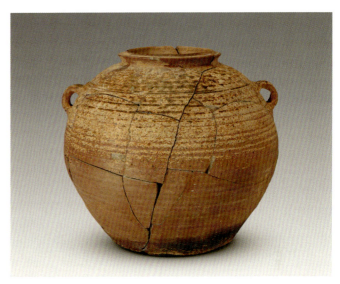

4. 釉陶罐（M28：26）

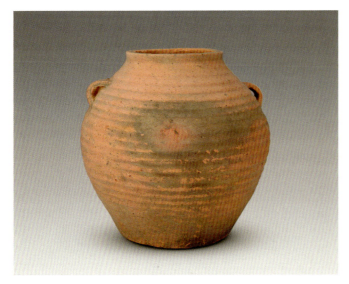

5. 釉陶罐（M28：12）

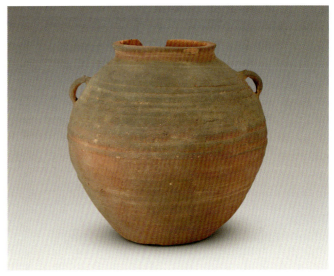

6. 釉陶罐（M28：14）

彩版3-27　马家山M28出土器物

1. 釉陶卮（M28：6）

2. 釉陶卮（M28：8）

3. 釉陶麟趾金（M28：3-1）

4. 石黛板（M28：28）

5. 釉陶樽（M28：27）

彩版3-28　马家山M28出土器物

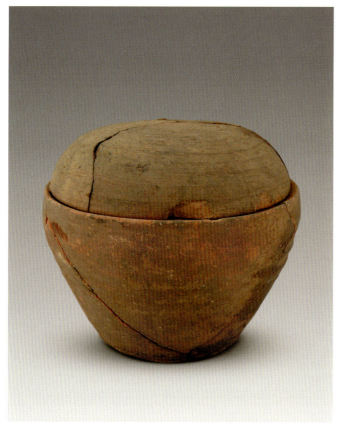

1. 釉陶盒（M29：10）

2. 釉陶壶（M29：1）

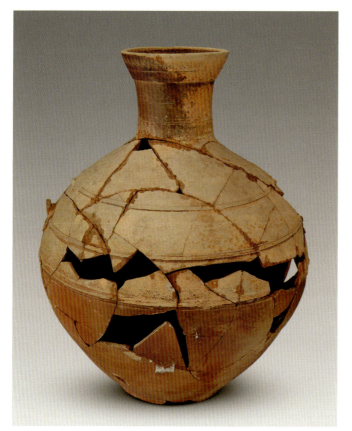

3. 釉陶壶（M29：2）

4. 釉陶壶（M29：16）

彩版3-29　马家山M29出土器物

1. 釉陶瓿（M29：17）

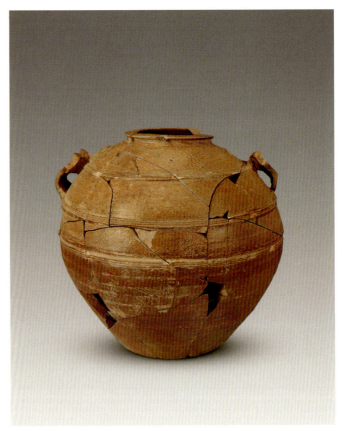

2. 釉陶瓿（M29：18）

3. 釉陶瓿（M29：22）

4. 釉陶瓿（M29：32）

彩版3-30　马家山M29出土器物

1. 釉陶瓿（M29：35）

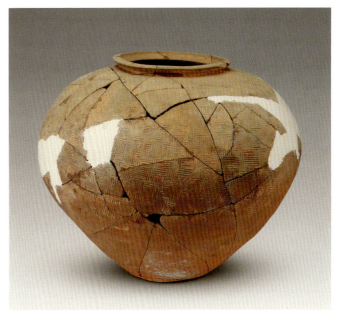

2. 硬陶罍（M29：14）

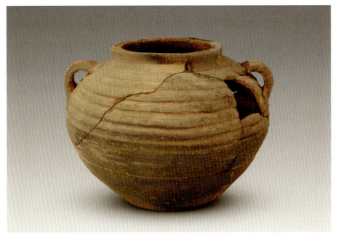

3. 釉陶罐（M29：7）

4. 釉陶罐（M29：8）

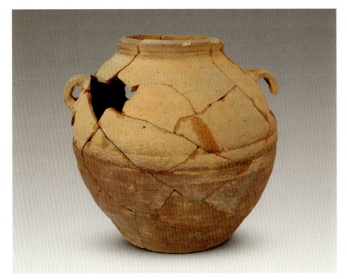

5. 釉陶罐（M29：13）

6. 釉陶罐（M29：15）

彩版3-31　马家山M29出土器物

1. 釉陶罐（M29：24）

2. 铜镜（M29：19）

5. 铜印（M29：29）

3. 铜带钩（M29：26）

6. 铁带扣（M29：31）

4. 铜带钩（29：27）

7. 石圆柱形器（M29：30）

1. M32全景（南—北）

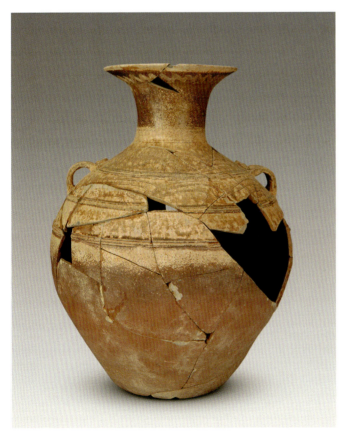

2. 釉陶壶（M32：3）

3. 釉陶壶（M32：8）

彩版3-33　马家山M32及其出土器物

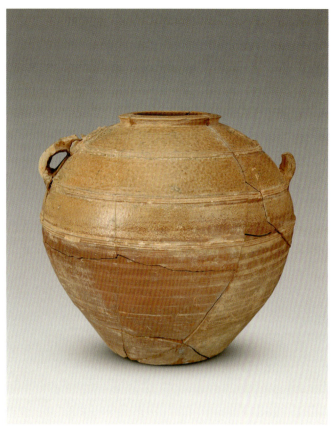

1. 釉陶瓿（M32：4）

3. 陶罐（M32：6）

4. 陶罐（M32：25）

2. 釉陶瓿（M32：9）

5. 釉陶麟趾金（M32：14）

彩版3-34　马家山M32出土器物

1. 铜矛头（M32：15）

2. 铜带钩（M32：19）

3. 铜镜（M32：21）

4. 铜印（M32：24）

5. 玉器（M32：18）

6. 铁剑（M32：17）

彩版3-35　马家山M32出土器物

1. M18全景（北—南）

2. 釉陶壶（M18：7）

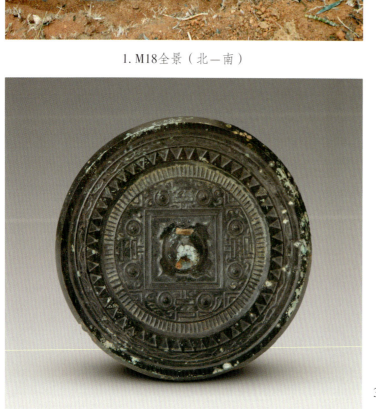

3. 铜镜（M18：2）

彩版3-36　马家山M18及其出土器物

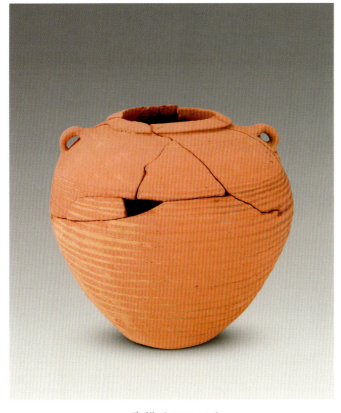

1. 陶罐（M18：3）

2. 陶罐（M18：4）

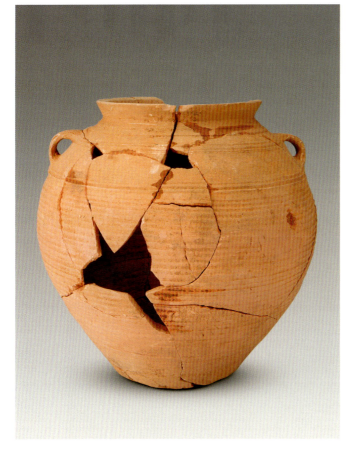

3. 陶罐（M18：5）

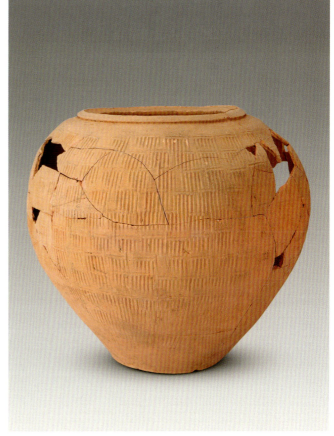

4. 硬陶罍（M18：6）

彩版3-37　马家山M18出土器物

彩版3-38　马家山M19全景（北—南）

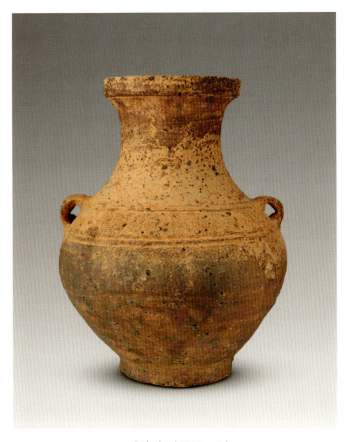

1. 釉陶壶（M19：3）

3. 铁刀（M19：4）

2. 釉陶罐（M19：1）

4. 铜镜（M19：2）

彩版3-39　马家山M19出土器物

1. M1、M2、M5位置关系图（东—西）

2. M1全景（东—西）

彩版3-40　马家山M1、M2、M5

1. M1棺床及墓壁结构（东—西）

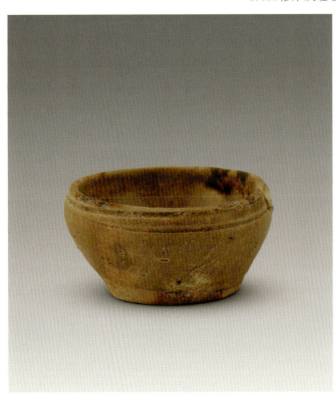

2. 青瓷小钵（M1：02）

3. 铜器残件（M1：01）

4. 银手镯（M1：03）

彩版3-41　马家山M1及其扰土中出土器物

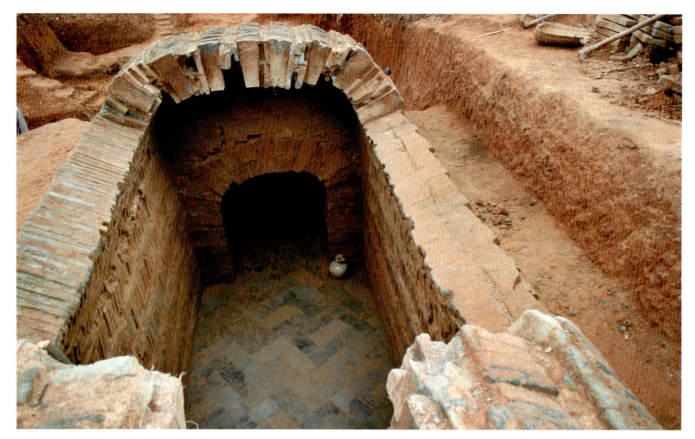

1. M2全景（西—东）

2. M2券顶外侧情况（西—东）

彩版3-42　马家山M2

1. M2甬道外侧结构（北—南）

2. 青瓷盘口壶（M2：1）

彩版3-43　马家山M2及其出土器物

1. M5全景（西—东）

2. M5内侧封门结构（西—东）

彩版3-44　马家山M5

1. 青瓷盘口壶（M5：6）

2. 青瓷盘（M5：2）

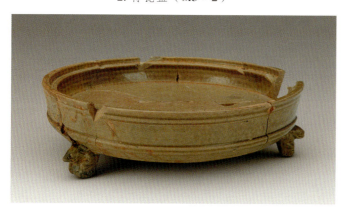

3. 青瓷三足砚（M5：7）

4. 青瓷提梁罐（M5：8）

5. 青瓷双耳罐（M5：10）

6. 青瓷小罐（M5：11）

彩版3-45　马家山M5出土器物

1. 青瓷灶（M5：3）

2. 青瓷狗圈（M5：4）

3. 青瓷鸡舍（M5：1）

彩版3-46　马家山M5出土器物

1. M7全景（东—西）

2. M9全景（西—东）

彩版3-47　马家山M7、M9

1. M9封门外侧结构（东—西）

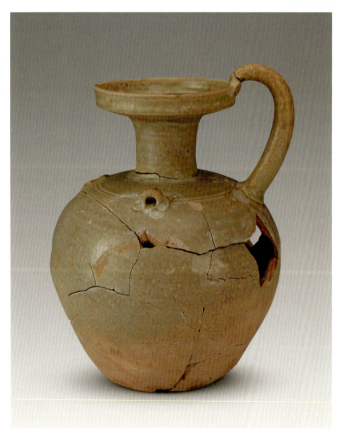

2. 青瓷鸡首壶（M9：1）

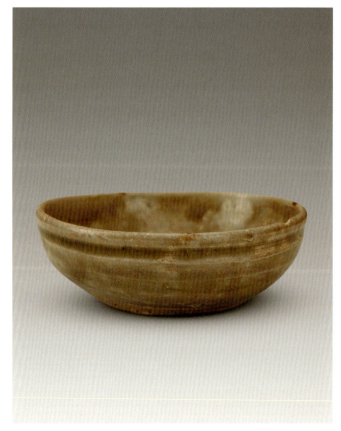

3. 青瓷碗（M9：3）

彩版3-48　马家山M9及其出土器物

1. M13全景（西—东）

2. M14全景（西—东）

1. M17全景（西—东）

2. M21全景（南—北）

3. M24西壁墓砖纹饰

彩版3-50　马家山M17、M21、M24

1. M3（南—北）

2. M3墓室北部铁镶斗

3. 陶罐（M3：1）

4. 石砚（M3：3）

彩版4-1　里山M3及其出土器物

1. M4（东—西）

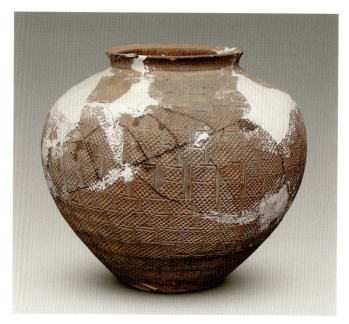

3. 硬陶罍（M4：9）

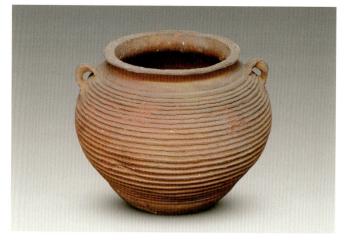

4. 陶双系罐（M4：1）

2. 釉陶壶（M4：8）

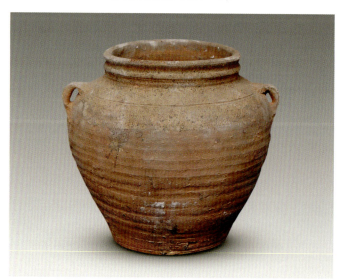

5. 陶直口罐（M4：3）

彩版4-2　里山M4及其出土器物

1. M5（东—西）

2. M5墓室底部（东—西）

彩版4-3　里山M5

1. M5随葬陶器（东—西）

2. 釉陶壶（M5:3）

3. 硬陶大口罐（M5:1）

4. 陶直口罐（M5:2）

彩版4-4　里山M5及其出土器物

1. M8（东—西）

2. 陶瓿式罐（M8：3）

3. 铜镜（M8：1）和石砚（M8：2）

彩版4-5　里山M8及其出土器物

1. 釉陶罐（M8：5）

2. 陶瓿式罐（M8：4）

3. 铜镜（M8：1）

彩版4-6　里山M8出土器物

1. M13 (东—西)

M14

M13

2. M13和M14

彩版4-7　里山M13、M14

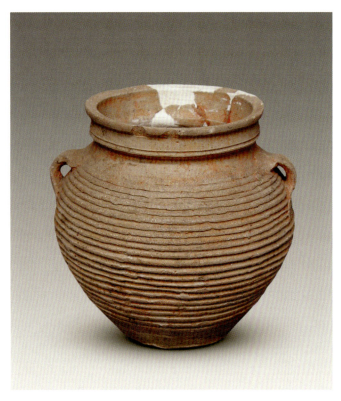

1. 硬陶罐（M13：2）

2. 硬陶罐（M13：5）

3. 硬陶罍（M13：3）

彩版4-8　里山M13出土器物

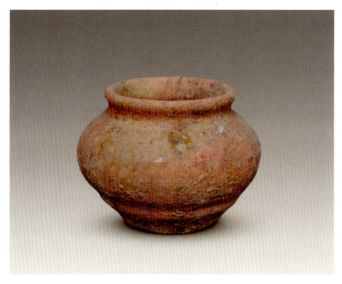

1. 釉陶小罐（M13：1）

3. 陶灶（M13：6）

2. 陶盆（M13：4）

4. 陶井（M13：7）

5. 铁镶斗（M13：8）

彩版4-9　里山M13出土器物

1. 铜镜（M13：10）

2. 铜镜（M13：11）

彩版4-10　里山M13出土器物

1. M17（东—西）

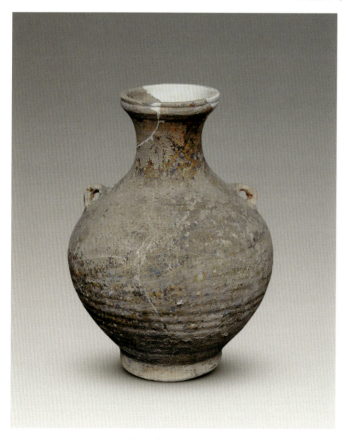

2. 釉陶壶（M17：6）

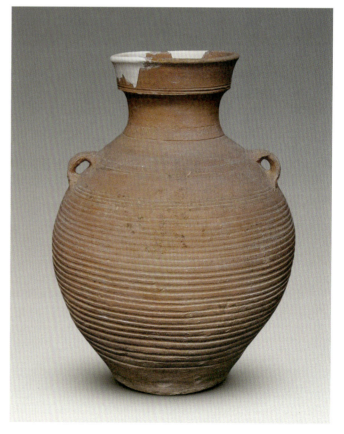

3. 硬陶壶（M17：14）

彩版4-11　里山M17及其出土器物

1. 陶罍（M17：8）

2. 陶罍（M17：9）

3. 陶罐（M17：15）

4. 陶盘口罐（M17：7）

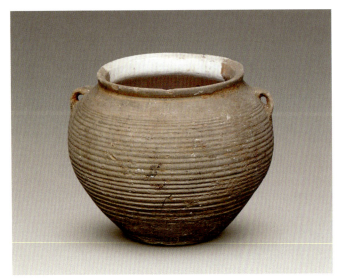

5. 陶罐（M17：16）

6. 铜镜（M17：1）

彩版4-12　里山M17出土器物

1. M18墓室西壁

2. M23（西—东）

3. M23北壁（东—西）

4. M23墓砖

5. M23墓砖

彩版4-13　里山M18、M23及M23墓砖

1. M24（南—北）

2. M24（西—东）

3. M25（南—北）

彩版4-14　里山M24、M25

1. 陶罐（M24：1）

4. 陶桶（M24：8）

2. 陶井（M24：3）

5. 陶大口罐（M28：1）

3. 陶三足盆（M24：5）

6. 陶直口罐（M28：2）

彩版4-15　里山M24、M28出土器物

1. M15甬道及墓室（东—西）

2. M15甬道及排水道
（西—东）

彩版4—16　里山M15

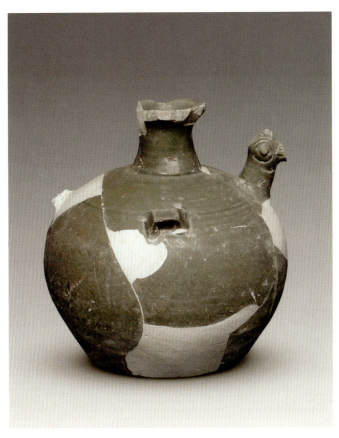

1. 瓷鸡首壶（M15：1）

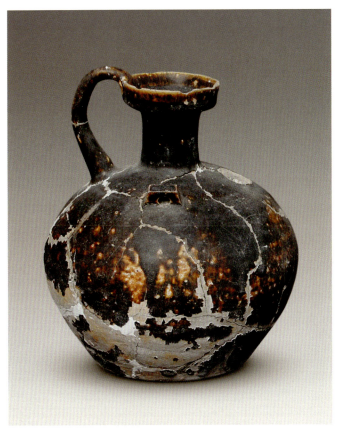

2. 瓷鸡首壶（M15：2）

3. 瓷壶（M15：3）

4. 瓷钱纹罐（M15：4）

彩版4-17　里山M15出土器物

1. M26（东—西）

2. M26墓砖侧面文字

3. M26墓砖端面文字

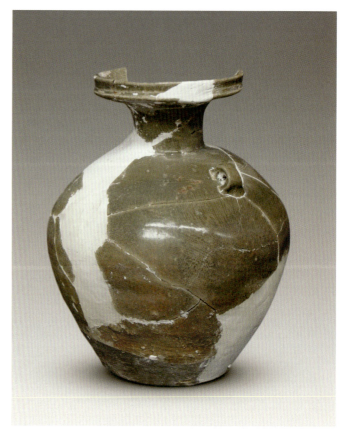

4. 青瓷盘口壶（M26：1）

彩版4-18　里山M26及其出土器物

1. M27墓砖

2. M27墓砖

4. 青瓷盘口壶（M27：1）

3. 青瓷盅（M27：3）

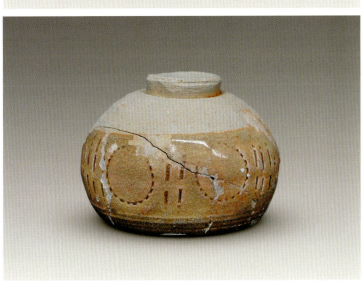

5. 青瓷盘口壶（M27：2）

彩版4-19　里山M27出土器物

彩版4-20　里山M31（西—东）

1. M2（东北—西南）

2. M2随葬器物

彩版5-1　东西大道M2

1. 陶壶（M2：5）

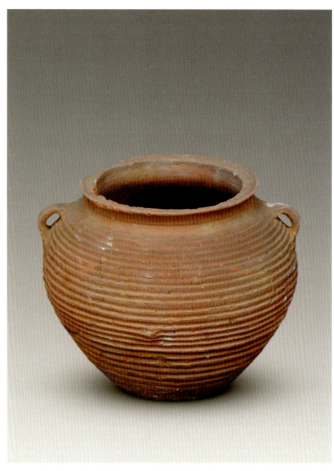

2. 陶罐（M2：4）

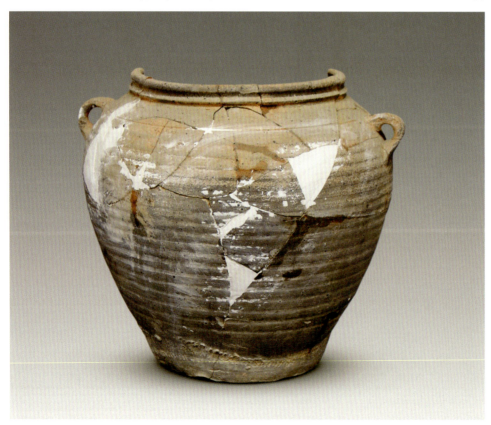

3. 硬陶罐（M48：1）

彩版5-2　东西大道M2、M48出土器物

1. M49（北—南）

2. M49墓室后壁

3. 硬陶壶（M49:1）

4. 铁带钩（M49:3）

彩版5-3　东西大道M49及其出土器物

1. M59（南—北）

2. M59墓砖纹饰

彩版5-4　东西大道M59

3. 釉陶耳杯（M62∶1）

1. 陶灶（M59∶1）

4. 陶灶（M62∶2）

2. 硬陶罐（M59∶2）

5. 陶井（M62∶3）

彩版5-5　东西大道M59、M62出土器物

1. M62（北—南）

2. M62随葬器物

彩版5-6　东西大道M62

1. M1（南—北）

2. M4（北—南）

3. M3（北—南）

彩版5-7　东西大道 M1、M3、M4

1. M5（北—南）

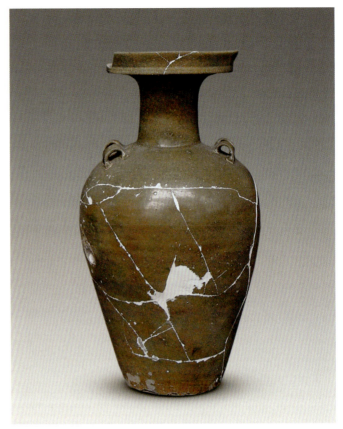

2. 青瓷盘口壶（M5：1）

3. M6（北—南）

4. M8（北—南）

彩版5-8　东西大道M5、M6、M8及M5出土器物

1. M7（北—南）

2. 青瓷小碗（M7：1）

3. 青瓷灯盘（M7：2）

彩版5-9　东西大道M7及其出土器物

1. M9（北—南）

2. 青瓷盘口壶（M9：5）

3. 青瓷小碗（M9：3）

彩版5-10　东西大道M9及其出土器物

1. M10

2. M11

3. 青瓷小碗（M11：1）

4. 青瓷小碗（M11：2）

彩版5-11　东西大道M10、M11及M11出土器物

1. M12

2. M13

3. M14

4. M14墓室后壁

彩版5-12　东西大道M12～M14

1. M15

3. M16

2. 青瓷盘口壶（M15：1）

彩版5-13　东西大道M15、M16及M15出土器物

彩版5-14　东西大道M17

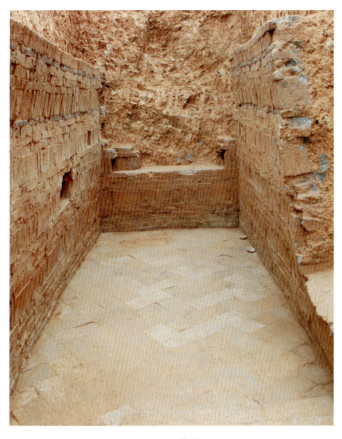

1. M17墓壁

2. 青瓷小碗（M17：1）

3. M17墓室西壁文字

彩版5-15　东西大道M17及其出土器物

1. M18

2. M18排水道

3. M18甬道及墓室前壁

彩版5-16 东西大道M18

1. M19

2. M19墓室

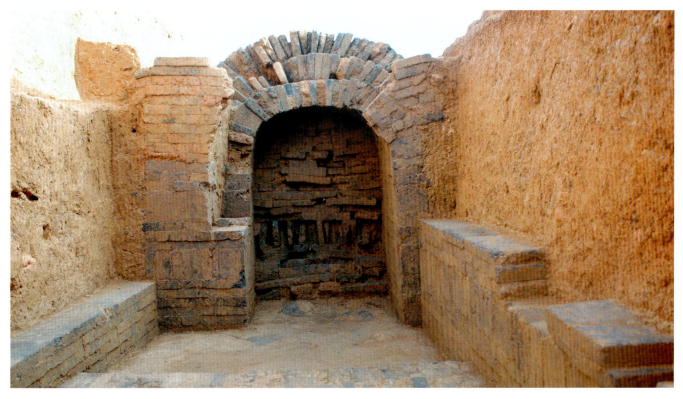

3. M19封门及甬道

彩版5-17　东西大道M19

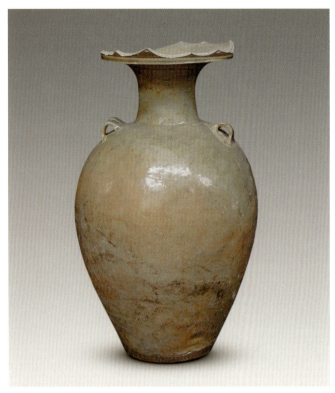

2. 瓷碗（M19：2）

1. 青瓷盘口壶（M19：1）

3. M20

4. M21

彩版5-18　东西大道M19出土器物及M20、M21

1. M21封门

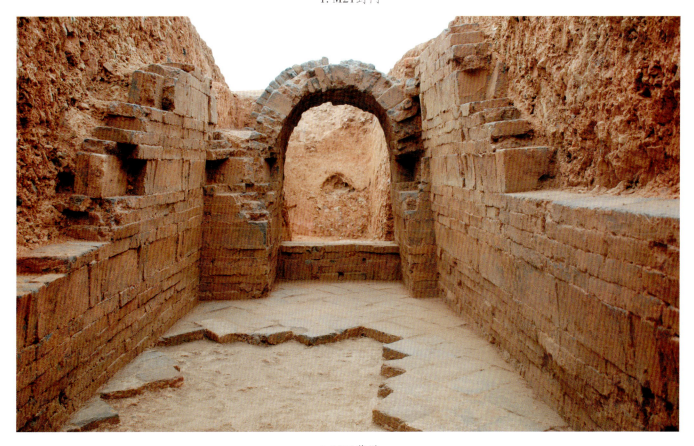

2. M21墓壁

彩版5-19　东西大道M21

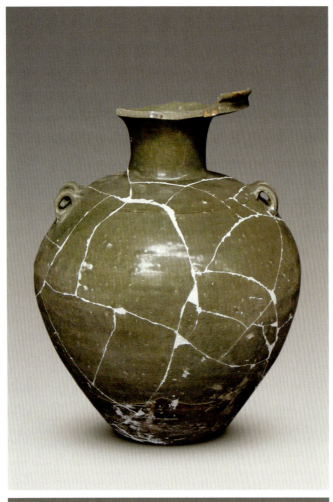

2.青瓷鸡首壶（M21：2）

1.青瓷盘口壶（M21：1）

3.瓷鸡首壶（M21：4）

4.瓷水盂（M21：3）

彩版5-20　东西大道M21出土器物

1. M22

2. M22墓室

3. M22墓壁小龛

4. 青瓷小碗（M22：1）

彩版5-21　东西大道M22及其出土器物

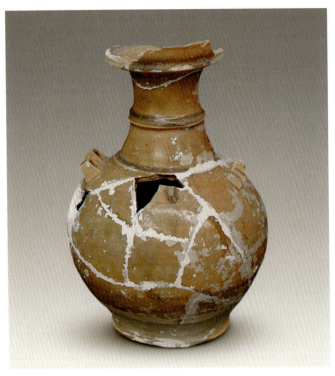

1. 青瓷盘口壶（M23：1）

4. M24（东—西）

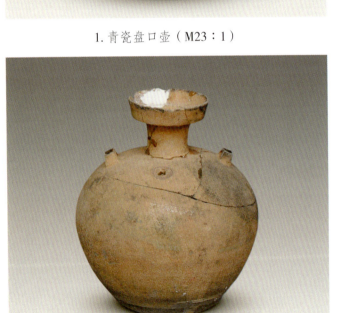

2. 青瓷鸡首壶（M23：7）

3. 青瓷小碗（M23：2）

5. M24（西—东）

彩版5-22　东西大道M23出土器物及M24

1. M25（东—西）

2. M25墓室后壁

3. M25出土器物

4. 陶大口罐（M25：1）

5. 陶小罐（M25：3）

彩版5-23　东西大道M25及其出土器物

1. M26（东—西）

2. M26南壁小龛

3. M26（西—东）

4. 青瓷小碗（M26：1）

彩版5-24　东西大道M26及其出土器物

1. M27（东北—西南）

2. M28（东—西）

3. 青瓷盘口壶（M28：1）

4. M30（西—东）

彩版5-25 东西大道M27、M28、M30及M28出土器物

1. M31墓室棺床（东—西）

2. M31（西—东）

3. 青瓷盘口壶（M31：1）

4. 青瓷小碗（M34：2）

5. 铁钉（M31：4）

彩版5-26　东西大道M31及其出土器物

1. M32（西—东）

2. M33（东—西）

3. M35（北—南）

彩版5-27　东西大道M32、M33、M35

1. M34（西—东）　　　　　　　　　　2. M36（南—北）

彩版5-28　东西大道M34、M36

1. M36排水道

2. M36出土器物

3. 青瓷盘口壶（M36：1）

4. 青瓷盘口壶（M36：2）

彩版5-29　东西大道M36及其出土器物

1. M37（北—南）

2. M38（北—南）

3. 滑石饰品（M37：1）

彩版5-30　东西大道M37、M38及M37出土器物

1. M39（北—南）

2. M39（南—北）

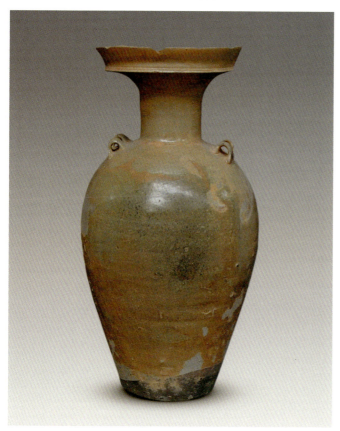

3. 青瓷盘口壶（M39：1）

彩版5-31　东西大道M39及其出土器物

1. M40（北—南）

2. M40（南—北）

3. 青瓷盘口壶（M40：5）

彩版5-32　东西大道M40及其出土器物

1. M41（北—南）

3. M42（南—北）

2. M41封门（北—南）

4. M42封门

彩版5-33　东西大道M41、M42

1. M43（南—北）

3. 铜四铢钱（M43：1）

4. 铜五铢钱（M43：1）

2. M43工作场景

彩版5-34　东西大道M43及其出土器物

1. M44（南—北）

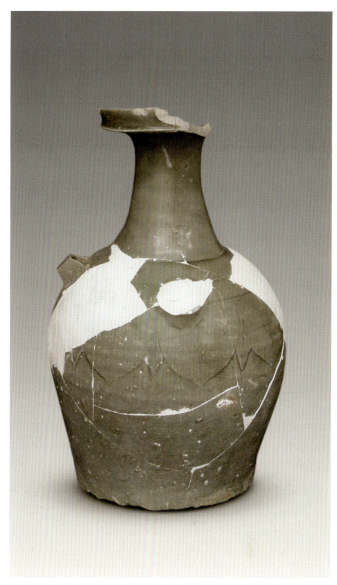

2. 青瓷鸡首壶（M44：1）

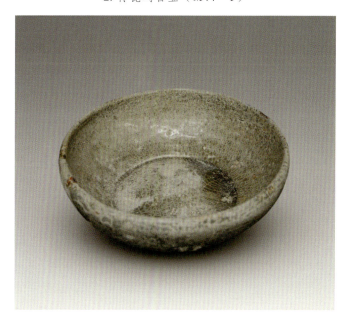

3. 青瓷钵（M44：2）

彩版5-35　东西大道M44及其出土器物

1. M45（北—南）

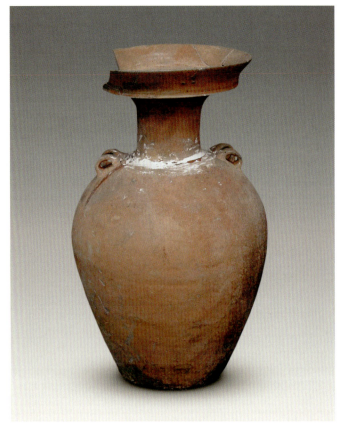

2. 青瓷盘口壶（M45：1）

3. M50（南—北）

彩版5-36　东西大道M45、M50及M45出土器物

1. M51（北—南）

2. M52（南—北）

3. 铜钉（M51：1）

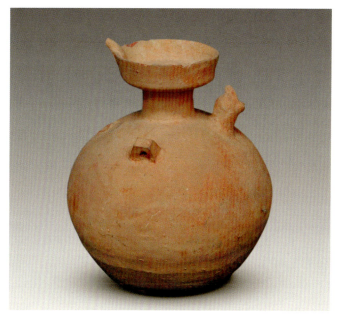

4. 青瓷鸡首壶（M52：1）

5. 青瓷小碗（M52：2）

彩版5-37　东西大道M51、M52及其出土器物

1. M53（西—东）

2. M53排水道

彩版5-38　东西大道M53

1. 釉陶罐（M53：2）

2. 青瓷罐（M53：1）

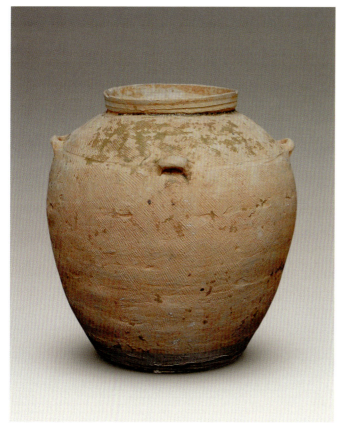

3. 青瓷四系罐（M53：3）

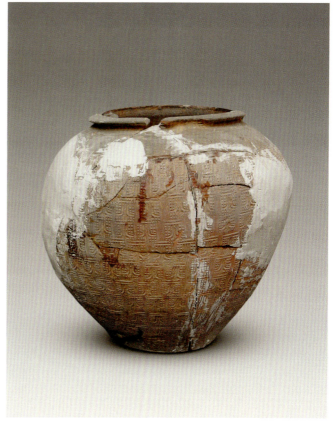

4. 陶罍（M53：4）

彩版5-39　东西大道M53出土器物

1. M55（北—南）

2. 青瓷盘口壶（M55∶2）

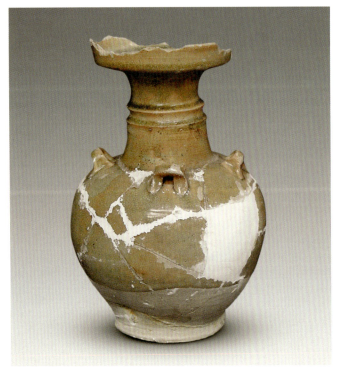

3. 青瓷盘口壶（M55∶1）

彩版5-40　东西大道M55及其出土器物

1. M56（北—南）

3. M58（南—北）

2. M57（南—北）

4. M60器物出土情况

彩版5-41　东西大道M56~M58、M60

1. 瓷小碗（M58：1）

4. 青瓷小碗（M60：3）

2. 青瓷小碗（M58：2）

5. 青瓷钵（M60：2）

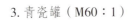

3. 青瓷罐（M60：1）

彩版5-42　东西大道M58、M60出土器物

1. M61

3. M63（南—北）

2. M61封门

4. 陶小口罐（M61：1）

彩版5-43　东西大道M61、M63及M61出土器物